Inga Cornelia Schad

Ordnungspolitik für irrationale Menschen

Gesellschaftspolitische Schriftenreihe der Begabtenförderung der Konrad-Adenauer-Stiftung e. V.

herausgegeben von

Prof. Dr. Armin Dittmann (Universität Hohenheim)
Prof. Dr. Dr. Wolf D. Gruner (Universität Rostock)
Prof. Dr. Oliver Jahraus (Ludwig-Maximilians-Universität München)
Prof. Dr. Beate Neuss (Technische Universität Chemnitz)
Prof. Dr. Günther Rüther

Band 6

LIT

Inga Cornelia Schad

Ordnungspolitik für irrationale Menschen

Eine Synthese aus Psychologie und Ordoliberalismus

LIT

Bibliografische Information der Deutschen Nationalbibliothek
Die Deutsche Nationalbibliothek verzeichnet diese Publikation in der
Deutschen Nationalbibliografie; detaillierte bibliografische Daten sind
im Internet über http://dnb.d-nb.de abrufbar.

ISBN 978-3-643-12443-2
Zugl.: Köln, Univ., Diss., 2012

© LIT VERLAG Dr. W. Hopf Berlin 2014
Verlagskontakt:
Fresnostr. 2   D-48159 Münster
Tel. +49 (0) 2 51-62 03 20   Fax +49 (0) 2 51-23 19 72
E-Mail: lit@lit-verlag.de   http://www.lit-verlag.de

Auslieferung:
Deutschland: LIT Verlag Fresnostr. 2, D-48159 Münster
Tel. +49 (0) 2 51-620 32 22, Fax +49 (0) 2 51-922 60 99, E-Mail: vertrieb@lit-verlag.de
Österreich: Medienlogistik Pichler-ÖBZ, E-Mail: mlo@medien-logistik.at
E-Books sind erhältlich unter www.litwebshop.de

Danksagung

Viele Menschen haben mich während meiner Promotion begleitet. Sie haben mir in Fachdiskussionen neue Gedankenanstöße gegeben, gemeinsam mit mir Höhen und Tiefen meiner Promotion durchlebt und mir immer wieder Kraft gegeben, an meiner Doktorarbeit weiter zu machen. All jenen möchte ich „Danke" sagen.

An erster Stelle möchte ich natürlich ganz besonders meinem Betreuer Prof. Dr. Detlef Fetchenhauer danken, ohne den ich vermutlich nie mit meiner Promotion angefangen und ohne dessen Unterstützung ich diese auch nie beendet hätte. Durch die intensiven fachlichen Gespräche schaffte er es nicht nur, mir jedes Mal neuen Input mit auf den Weg zu geben, sondern auch meine manchmal abgekühlte Begeisterung für die Arbeit aufs Neue zu entfachen. Die Gespräche mit ihm waren immer sehr hilfreich und motivierend. Zwar brachte er mich manchmal durch die ständige Forderung nach Ergebnissen an den Rand der Erschöpfung, jedoch hat er damit vermutlich wesentlich zum Gelingen meiner Arbeit beigetragen. Ebenso möchte ich Dr. Dominik Enste danken, der mir in intensiven Gesprächen über mögliche Probleme hinweg half und mit seinen Ideen meine Arbeit bereicherte. Des Weiteren geht mein Dank an Prof. Dr. Michael Hüther, der mich als Zweitgutachter bei dieser Arbeit unterstützte.

Darüber hinaus möchte ich mich bei meinen Institutskollegen bedanken, die mir nicht nur fachlich, sondern insbesondere menschlich eine große Hilfe waren. Ganz besonders möchte ich Dr. Julia Sauerbrey danken, die mir gerade in der letzten Phase meiner Promotion mit niemals endenden Aufmunterungen und hilfreichen Anregungen zur Seite stand.

Ein ebenso großer Dank geht an meine Arbeitskollegen der IW Consult GmbH, die in der Zeit meiner Promotion oft meine tägliche Arbeit wortlos übernahmen. Ohne ihre Unterstützung hätte ich bestimmt nicht parallel zu meiner Arbeit meine Promotion beenden können. Mein ganz besonderer Dank in diesem Kontext geht an meinen Chef, Ralf Wiegand.

Mein größter Dank geht jedoch an meine gesamte Familie. Sie alle waren für mich eine große emotionale Stütze. Insbesondere meine Eltern, Klaus und Gerlinde Schad, haben nie aufgehört mir zu zuhören und sich mit mir zu freuen. Auch mein Bruder, Dr. Iven Schad, war sowohl fachlich als auch emotional immer für mich da. Durch Diskussionen und Kommentare zu meiner Arbeit hat er einen wichtigen Beitrag zum Gelingen meines Dissertationsprojektes geleistet. Insbesondere möchte ich auch meinem Mann, Dr. Klaus Dankwart, danken, der während der gesamten Promotion an meiner Seite stand und wie kein anderer jede meiner Gefühlsbewegungen und jeden Fortschritt meiner Arbeit miterlebt hat. Ohne ihn wäre ich jetzt nicht da, wo ich bin.

Zum Schluss möchte ich noch Annette Schmitz für das Lesen und Korrigieren meiner Arbeit danken. Außerdem geht mein Dank an die Konrad-Adenauer Stiftung, die mich ideell durch die Möglichkeit der Teilnahme am Promotionskolleg „Soziale Marktwirtschaft" gefördert hat. Insbesondere möchte ich mich in diesem Rahmen bei Elvira Giebel-Felten bedanken, die mich zur Veröffentlichung meiner Arbeit im Rahmen der Gesellschaftspolitischen Schriftenreihe der Begabtenförderung der Konrad-Adenauer-Stiftung e.V. motiviert hat, sowie Dr. Wolfgang-Michael Böttcher, der mich bei der Veröffentlichung meiner Arbeit unterstützt hat. Nicht zuletzt gilt natürlich mein Dank den Herausgebern der Gesellschaftspolitischen Schriftenreihe, die mir diese Veröffentlichung erst ermöglichten.

Vielen Dank an alle, die mir zur Seite gestanden, mich unterstützt und zum Gelingen dieser Arbeit beigetragen haben.

Bonn, im April 2014   Inga Cornelia Schad

Inhaltsverzeichnis

Abbildungsverzeichnis

Tabellenverzeichnis

1 Einleitung

„Das Maß der Wirtschaft ist der Mensch. "
Martin Hoch bei einer Laudatio auf Wilhelm Röpke (1964, S. 355)

Wie sollte Wirtschaftspolitik gestaltet sein? Walter Eucken, Wirtschaftspolitiker und Wegbereiter der Sozialen Marktwirtschaft, würde wahrscheinlich antworten, sie solle menschennah sein. Und vermutlich würden ihm viele zustimmen. Denn schließlich steht der Mensch im Mittelpunkt der Wirtschaftspolitik. Er ist es, der durch sein Denken, Entscheiden und Handeln die wirtschaftlichen Prozesse lenkt. Der Mensch ist es auch, der durch wirtschaftspolitische Maßnahmen und institutionelle Regelungen in seinen Entscheidungen und seinem Handeln beeinflusst wird. Aus diesem Grund ist es auch selbstverständlich, dass der Mensch bzw. Annahmen darüber, wie Menschen agieren, die Grundlage jeder ökonomischen Analyse bilden. Doch was ist, wenn die in der Ökonomie angenommenen Eigenschaften und Verhaltensweisen nicht den tatsächlichen Eigenarten der Menschen entsprechen oder elementare Charakterzüge unberücksichtigt bleiben? Können auch aus ökonomischen Modellen, in denen wesentliche Eigenschaften der Menschen vernachlässigt werden, wirtschaftspolitische Überlegungen abgeleitet werden, die zu einem erfolgreichen und erstrebenswerten Ergebnis führen?

Diese Fragen drängen sich nicht zuletzt deshalb auf, weil sich die empirischen Erkenntnisse mehren, dass Menschen in ihren Verhaltensweisen und Eigenschaften von den theoretischen Annahmen des in der Ökonomie etablierten Menschenbildes, des *homo oeconomicus*, abweichen (vgl. Ariely, 2008; Baron, 2008; Camerer, 2003; DellaVigna, 2009; Fetchenhauer & Haferkamp, 2007; Forsythe, Horowitz, Savin & Sefton, 1994; Gilovich, Griffin & Kahneman, 2002; Henrich et al., 2001; Kahneman, Knetsch & Thaler, 1991; Kahneman & Tversky, 1979). So zeigt sich in empirischen Untersuchungen, dass Menschen nicht immer rational, eigennützig und selbstdisizipliniert agieren, sondern häufig auch irrational, altruistisch und undiszipliniert. Ebenso lässt sich nachweisen, dass Menschen anderen gegenüber kein Desinteresse aufweisen oder nur aus Geldgründen arbeiten. Vielmehr lassen die Untersuchungsergebnisse erkennen, dass Menschen sich an ihren Mitmenschen orientieren und Spaß an ihrer Arbeit haben.

Aus dieser in den letzten Jahren deutlicher gewordenen Diskrepanz zwischen den in der Theorie angenommenen und den empirisch beobachtbaren Eigenschaften der Menschen ergibt sich die Notwendigkeit, die aus der Psychologie bekannten Verhaltensweisen den Annahmen des homo oeconomicus entgegenzustellen und zu hinterfragen, welche Auswirkungen und Bedeutungen die möglichen Unterschiede für die Wirtschaftspolitik haben. Im Mittelpunkt dieser Arbeit steht daher die Frage, wie die wirtschaftspolitischen Grundlagen vor dem Hintergrund der psychologischen Erkenntnisse zu bewerten sind und ob die Wirtschafts- und Sozialpolitik die psychologischen Erkenntnisse stärker berücksichtigen muss. Anders ausgedrückt lautet die zentrale Frage: Brauchen wir eine Ordnungspolitik für irrationale Menschen, d. h. eine Ordnungspolitik, die sich nicht länger an den angenommenen Eigenschaften, sondern an den empirisch ersichtlichen Verhaltensweisen orientiert?

Da die in Deutschland geltende Wirtschaftspolitik der Sozialen Marktwirtschaft auf den Grundlagen des *Ordoliberalismus*, einer Denkschule rund um Walter Eucken (1891-1950) und Friedrich August von Hayek (1899-1992), basiert, wird die Frage nach der wirtschaftspolitischen Bedeutung und einer möglichen Integration der Psychologie in die Wirtschaftspolitik vor dem Hintergrund der ordoliberalen Grundprinzipien diskutiert. Hierzu wird analysiert, wie sinnvoll die wirtschaftspolitischen Grundprinzipien des Ordoliberalismus im Hinblick auf die psychologischen Erkenntnisse sind und wie bzw. ob sich der Ordoliberalismus mit psychologischen Erkenntnissen vereinbaren und erweitern lässt.

Motivation und Hintergrund der Arbeit

Da der wirtschaftspolitische Ordnungsrahmen auf das Wesen des Menschen abgestimmt sein sollte, liegt die Verbindung der beiden Bereiche Ökonomie – im Speziellen der Wirtschaftspolitik – und der Psychologie nahe. Denn wieso sollte die eine Wissenschaft, die ihre direkte Umsetzung im wirtschaftlichen Alltag erfährt und deren Grundlage der Mensch ist, die andere Wissenschaft, die sich ausschließlich mit dem Wesen des Menschen beschäftigt, ignorieren?

Tatsächlich spielte die Psychologie jedoch in der Wirtschaftstheorie und somit auch in der wirtschaftspolitischen Gestaltung über einen langen Zeitraum keine Rolle. Erst seitdem immer mehr Ergebnisse aus psychologischen Untersuchungen auf eine gefährliche Diskrepanz zwischen den Annahmen des homo oeconomicus und den in Realität beobachtbaren Verhaltensweisen hinweisen (s. o.), wird der Ruf nach einer Integration psychologischer Erkenntnisse in die Ökonomie und insbesondere in die Wirtschafts- und Sozialpolitik lauter (vgl. Akerlof & Shiller, 2010; Altmann, Falk & Marklein, 2009; Bögenhold, 2009; Congdon, Kling & Mullainathan, 2011; Enste & Hüther, 2011). Auch gibt es bereits erste Ansätze, wie die Wirtschaftspolitik die psychologischen Erkenntnisse bezüglich des menschlichen Verhaltens berücksichtigen kann und nach Meinung der Vertreter des sogenannten Libertären Paternalismus auch berücksichtigt werden muss (Camerer, Issacharoff, Loewenstein, O'Donoghue & Rabin, 2003; Loewenstein, Brennan & Volpp, 2007; Loewenstein & Haisley, 2007; Thaler & Sunstein, 2003). Da diesen libertär-paternalistischen Ideen jedoch ein normatives Fundament fehlt und sie deshalb häufig willkürlich erscheinen, steht der Umsetzung derartiger Vorschläge die Befürchtung entgegen, die Tür für den Paternalismus zu öffnen (für eine Kritik am Libertären Paternalismus vgl. Kirchgässner, 2012). Diese Kritik ist zwar nicht ganz unberechtigt (hierauf wird später detailliert eingegangen), jedoch besteht die Gefahr bei Nicht-Berücksichtigung der psychologischen Erkenntnisse, zielführende, effiziente oder gar notwendige Änderungen in der Wirtschaftspolitik zu übersehen.

Aus diesem Grund ist es umso wichtiger, die Diskussion, ob psychologische Erkenntnisse in der Wirtschafts- und Sozialpolitik berücksichtigt werden müssen und wie eine solche Integration aussehen kann, auf ein normatives Fundament zu stellen. Da die Wirtschafts- und Sozialpolitik aktuell auf dem Fundament des Ordoliberalismus basiert, ist es sinnvoll und notwendig, die Diskussion um eine mögliche Neuausrichtung der Wirtschaftspolitik ebenfalls vor dem Hintergrund des ordoliberalen Gedankenguts zu führen. Nur so lässt sich analysieren, ob eine Neuausrichtung einerseits notwendig, andererseits auf der normativen Grundlage des Ordoliberalismus möglich ist. Zeigt die Analyse, dass sich die ordoliberalen Grundprinzipien und somit der liberale Gedanke der Sozialen Marktwirtschaft mit psychologischen Erkenntnissen verbinden lassen oder eine Nicht-Berücksichtigung der Erkenntnisse sogar zu Problemen oder Ineffizienzen führt, kann dies als Rechtfertigungsgrundlage für eine „psychologische Wirtschaftspolitik" dienen.

Ob eine derartige Wirtschafts- und Sozialpolitik mit dem Ordoliberalismus und somit den Grundlagen der Sozialen Marktwirtschaft vereinbar ist, lässt sich erst am Ende der Arbeit mit Gewissheit sagen. Da Eucken jedoch stets bemüht war, eine geeignete Ordnung für eine freie

Wirtschaft zu gestalten, „...die dem Wesen des Menschen und der Sache entspricht...." (Eucken, 1952, S. 372), kann vermutet werden, dass der Ordoliberalismus Ansatzpunkte für eine Integration der psychologischen Erkenntnisse birgt. Stets betonte Eucken (1952), dass der Mensch viele situationsspezifische Eigenschaften und Verhaltensweisen zeigt, wodurch er sich deutlich vom gängigen Bild des homo oeconomicus abgrenzte.

Das Ziel der ordoliberalen Vertreter war es, eine lebensnahe Wirtschaftspolitik zu gestalten, „...die nicht nur wirtschaftliche Werte, in Ziffern messbare, in Geldsummen ausdrückbare Werte berücksichtigt, sondern die sich bewusst ist, dass viel wichtiger ist, wie der Mensch sich in seiner Situation fühlt" (Rüstow, 1963, S. 82). Für die Gestaltung einer solchen Wirtschaftspolitik griff Eucken in seinen Analysen auf ökonomische, philosophische und psychologische Aspekte zurück. Das Bestreben, eine menschennahe Wirtschaftspolitik zu entwickeln und die Abgrenzung vom homo oeconomicus lassen somit die Vermutung zu, dass der Ordoliberalismus tatsächlich als Fundament für eine Neuausrichtung der Wirtschaftspolitik dienen könnte und eine psychologische Wirtschaftspolitik somit nicht nur konform mit dem liberalen Gedanken wäre, sondern der Gestaltung des Ordnungsrahmens der Sozialen Marktwirtschaft gleichzeitig neue Impulse verleihen würde.

In Zeiten, in denen das Wirtschaftssystem durch die vergangene – und noch immer anhaltende – Wirtschafts- und Finanzkrise (2008 bis dato) und das Zusammenbrechen von Märkten (Zusammenbruch des Bankensektors ab Herbst 2008) gezeichnet ist, das Vertrauen in bestehende Regelsysteme erschüttert wurde und der Ruf nach Moral immer lauter wird (vgl. Wickert, 2011), scheint zudem der Rückgriff auf ein Ordnungsdenken angebracht, das sich am Wesen des Menschen und seiner Vielfalt orientiert. Denn es kann nicht ausgeschlossen werden, dass eine Unzufriedenheit oder ein Fehlverhalten in einem Wirtschaftssystem durch mangelhafte Annahmen oder Missachtung entscheidender Eigenschaften der Menschen hervorgerufen werden können.

Daher ist es an der Zeit, über eine Veränderung in der Wirtschaftspolitik nachzudenken, d. h. eine Möglichkeit zu diskutieren, *ob* und *wie* sich bisher unbeachtete, jedoch psychologisch relevante Verhaltensweisen in ökonomische Analysen und insbesondere in die Wirtschaftspolitik integrieren lassen.

Vorgehensweise der Arbeit

Um die Frage zu klären, welche Bedeutung die psychologischen Erkenntnisse bezüglich des menschlichen Verhaltens für die Wirtschaftspolitik haben und ob der Ordoliberalismus als Fundament für eine Neuausrichtung der Wirtschaftspolitik dienen kann, wird wie folgt vorgegangen:

Im ersten Teil dieser Arbeit soll durch eine Gegenüberstellung der verschiedenen Eigenschaften des homo oeconomicus mit den Erkenntnissen aus der Psychologie bezüglich des menschlichen Verhaltens veranschaulicht werden, ob und wenn ja, wie stark das theoretische Menschenbild den empirisch ermittelten Verhaltensweisen widerspricht. Dabei bildet der homo oeconomicus das theoretische Ideal, weshalb Abweichungen von seinen Eigenschaften als *Verhaltensanomalien* bezeichnet werden. Ebenfalls wird anhand einer Literaturanalyse untersucht, welche Annahmen den ordoliberalen Arbeiten bezüglich der Verhaltensweisen der Wirtschaftsakteure zugrunde liegen. Diese Ergebnisse werden sowohl den neoklassischen Annahmen bezüglich der menschlichen Verhaltensweisen – also den Eigenschaften des homo oeconomicus – als auch den psychologischen Erkenntnissen gegenübergestellt. Die vergleichende Analyse soll somit einerseits die Diskrepanzen zwischen den theoretischen Annahmen und den empirischen Erkenntnissen über das Verhalten der Menschen verdeutlichen, als auch andererseits Aufschluss darüber geben, ob sich im Ordoliberalismus Hinweise auf Verhaltensanomalien, d. h. vom theoretischen Ideal abweichendes und dem empirischen Bild entsprechendes Verhalten finden lassen. Im Rahmen des Vergleichs der Menschenbilder bzw. der angenommenen oder empirisch beobachtbaren Verhaltensweisen werden zudem fundamentale Theorien aus der Psychologie vorgestellt, die im wirtschaftspolitischen Kontext eine Rolle spielen und für die Gestaltung der Ordnungspolitik von Relevanz sein können. Die Ergebnisse der Analyse bezüglich der unterschiedlichen Annahmen und Erkenntnisse, wie Menschen im wirtschaftlichen Kontext agieren und welche Faktoren ihre Entscheidungen beeinflussen, dienen als Grundlage für die weiterführende Untersuchung.

Im zweiten Teil der Arbeit liegt der Fokus auf der Frage, ob das ordoliberale Regelwerk unter Berücksichtigung psychologischer Erkenntnisse Bestand hat. Aus dieser Untersuchung soll letzten Endes abgeleitet werden, ob der Ordoliberalismus als Basis für eine psychologische Wirtschaftspolitik und somit als Fundament für eine Ordnungspolitik für irrationale Menschen dienen kann. Ebenfalls lässt sich aus der Gegenüberstellung der psychologischen Erkenntnisse und des Ordnungsrahmens, der ein liberales Wirtschaftssystem funktionsfähig halten soll, schlussfolgern, welche psychologischen Faktoren in der Gestaltung der Wirtschaftspolitik von Relevanz sind, durch welche sich die Wirtschaftspolitik effizienter gestalten lassen würde und welche beachtet werden müssen, um Problemen oder Ineffizienzen vorzubeugen.

Im letzten Teil werden gleichermaßen Chancen und Probleme, die sich durch die Berücksichtigung der Psychologie in der Wirtschafts- und Sozialpolitik ergeben, aufgezeigt. Dazu werden Ideen entwickelt, wie eine psychologische Wirtschaftspolitik aussehen könnte und welche Maßnahmen sich daraus ableiten ließen. Ziel dieser Arbeit ist es dabei nicht, wirtschaftspolitische Empfehlungen zu geben. Vielmehr sollen im Hinblick auf relevante Politikfelder mögliche Implikationen und Gestaltungsspielräume sowie sich daraus ergebende Probleme diskutiert werden. Somit sind die im letzten Teil der Arbeit vorgestellten Ideen keine vollständig zur Umsetzung ausgearbeiteten Vorschläge, sondern dienen als Diskussionsgrundlage, wie psychologisch basierte Ansätze und Maßnahmen aussehen und mit welchen Problemen diese einhergehen könnten.

Neben den etablierten Eigenschaften des homo oeconomicus und relevanten Erkenntnissen aus der Psychologie basiert die Arbeit im Allgemeinen auf den beiden Hauptwerken Walter Euckens „Grundlagen der Nationalökonomie" (1950) und „Grundsätze der Wirtschaftspolitik" (1952) sowie zentralen Schriften von Friedrich August von Hayek (1945a; 1959; 1962a; 1964). Ebenso werden Veröffentlichungen von Franz Böhm und Euckens Schülern und nahen Kollegen untersucht.

Insgesamt soll die Arbeit Aufschluss darüber geben, ob eine Neuausrichtung der Wirtschaftspolitik im Lichte psychologischer Erkenntnisse nicht nur notwendig, sondern auf der Basis von Altbewährtem auch möglich ist. Somit steht die Arbeit ganz im Zeichen von Revolution und Tradition zugleich: Revolution, weil zentrale Grundlagen der Ökonomie infrage zu stellen sind und Tradition, weil mögliche Antworten in bereits bestehenden Lösungen und Ideen gesucht werden.

2 Die Eigenschaften des Menschen aus Sicht der Neoklassik, der Psychologie und des Ordoliberalismus

„Welch Chimäre ist doch der Mensch! Welch Unerhörtes, welch Ungeheuer, welch Chaos, welch widersprüchliches Wesen, welch Wunder!"
Blaise Pascal (1623-62)

Jeder Wirtschaftsstudent macht zu Beginn seines Studiums Bekanntschaft mit dem homo oeconomicus – dem Menschen, der immer rational entscheidet, ausschließlich auf seinen eigenen Vorteil bedacht ist, Desinteresse an anderen Menschen zeigt, Verlockungen widersteht, stets weiß, was er will und eigentlich nur arbeitet, um zu konsumieren. Dieser Mensch entspricht nicht dem Menschen, den Blaise Pascal beschreibt. Denn der homo oeconomicus ist nicht widersprüchlich in seinen Handlungen, sondern verfolgt stets seine Ziele. Er ist ein Mensch, dessen Aktionen und Reaktionen berechen- und vorhersagbar sind, wenn die äußeren Umstände bekannt sind. Doch fragt man Wirtschaftsstudenten nach dem homo oeconomicus, lässt sich aus eigenen Beobachtungen heraus sagen, dass sich die wenigsten Studenten in einem solchen Menschenbild wiedererkennen.

Dies ist nicht verwunderlich, denn außerhalb der Theorie existiert homo oeconomicus nicht, er ist kein Abbild der Realität, sondern eine Fiktion (Diekmann & Voss, 2004). Demzufolge lässt sich im Alltag häufig das Gegenteil von dem in der Theorie angenommenen Verhalten beobachten. So wird z. B. ein Raucher, der sich das Rauchen abgewöhnen will, oftmals schwach, wenn er eine Zigarette angeboten bekommt. Ebenso jubelt ein zweitplatzierter Sportler meist weniger als der Drittplatzierte, weil er sich mit dem Sieger vergleicht (Medvec, Madey & Gilovich, 1995) und meist ist der Schmerz über den Verlust von 100 Euro größer als die Freude über den Gewinn von 100 Euro (Kahneman & Tversky, 1979).

Weder entsprechen diese Verhaltensweisen denen, die im theoretischen Modell, dem homo oeconomicus, angenommen werden, noch lassen sie sich im Rahmen der ökonomischen Theorie erklären. Doch dies, so würde Friedman (1953) vermutlich erwidern, ist auch nicht das Ziel des homo oeconomicus. Das Modell soll nicht das Verhalten einzelner Individuen vorhersagen, sondern es soll der Analyse dienen, wie sich Menschen typischerweise in bestimmten Situationen verhalten (Kirchgässner,

1991). Einzelne Individuen können dabei durchaus in ihrem Verhalten von den Annahmen abweichen.

Die Anwendung eines solchen Modells birgt jedoch dann Gefahren, wenn die zugrunde gelegten Annahmen nicht oder nur wenig der Realität, d. h. dem tatsächlichen Wesen des Menschen entsprechen. Denn ist dies der Fall, können sich daraus entwickelte wirtschaftspolitische Ideen und Empfehlungen in der Praxis anders als vorhergesagt auswirken.

Gerade in den letzten Jahren sind die Kritik am homo oeconomicus und die Hinweise darauf, dass die Annahmen bezüglich der Verhaltensweisen der Menschen nicht der Realität entsprechen, gewachsen (für eine Übersicht vgl. Altmann, Falk & Marklein, 2009; Ariely, 2009; Baron, 2008; Beck, 2009; Camerer, Loewenstein & Rabin, 2003; DellaVigna, 2009; Falk, 2003; Fetchenhauer & Haferkamp, 2007; Gilovich, Griffin & Kahneman, 2002). Im Hinblick darauf kommt unweigerlich die Frage auf, welchen Sinn ein realitätsfernes Modell für eine Wissenschaft hat, deren wesentliche Aufgabe die Beschreibung der Realität ist und aus deren Analysen praktische Implikationen abgeleitet werden sollen.

Um eine Aussage treffen zu können, wie realitätsfern der homo oeconomicus ist und inwieweit grundlegende wirtschaftspolitische Ideen auf diesen Annahmen beruhen, müssen die wesentlichen Eigenschaften des homo oeconomicus, nämlich Rationalität, Eigennutz, Desinteresse an anderen, Selbstkontrolle und stabile Präferenzen sowie Arbeitsabneigung auf ihre Validität untersucht werden. Ebenso ist es notwendig, ihre Rolle in der Gestaltung der Wirtschafts- und Sozialpolitik sowie ihre Bedeutung für diese zu beleuchten. Hierzu werden die dem homo oeconomicus typischen Eigenschaften im Einzelnen aus drei Blickwinkeln betrachtet: aus Sicht der Neoklassik, der Psychologie und des Ordoliberalismus. Dieser Vergleich dient der Verdeutlichung, was in der Neoklassik unter den jeweiligen Eigenschaften zu verstehen ist, welche psychologischen Erkenntnisse es bezüglich der jeweiligen Eigenschaften gibt und welche Meinung im Ordoliberalimus bezüglich der Eigenschaften und ihrem Stellenwert vorherrscht.

2.1 Theoretischer Hintergrund

Bevor die Eigenschaften im Einzelnen erläutert und aus den drei Blickwinkeln verglichen werden, wird eine kurze Einordnung der theoretischen Hintergründe dieser Arbeit gegeben. Da sowohl der homo oeconomicus je nach historischer Einordnung unterschiedliche Facetten annehmen kann, als auch in der Psychologie keine einheitliche Theorie bezüglich menschlichen Verhaltens existiert und der Ordoliberalismus eine wirtschaftspolitische Schule darstellt, die aus teils heterogenen Gedankenströmungen besteht, dient der folgende theoretische Abriss der Erläuterung und Eingrenzung der Diskussionsgrundlage.

2.1.1 Neoklassik und die Entwicklung des homo oeconomicus

Wird in dieser Arbeit von der neoklassischen Theorie geredet, wird darunter die Gruppe der wirtschaftswissenschaftlichen Ansätze verstanden, die sich in der zweiten Hälfte des 19. Jahrhunderts entwickelte und bis heute als die Standardtheorie in der Ökonomie gilt. Als ihre wesentlichen Merkmale können der methodologische Individualismus, der Utilitarismus sowie die Annahme des rationalen Verhaltens angesehen werden (vgl. Roth, 2006). Wesentlich für die Neoklassik und ihre methodische Herangehensweise ist die formale Darstellung dieser Merkmale im homo oeconomicus, einem Verhaltensmodell, das die als charakteristisch angenommenen Eigenschaften eines idealtypischen Menschen abbildet. Durch diese systematische Erklärung und Einordnung menschlichen Verhaltens auf Mikroebene lassen sich Aussagen darüber treffen, wie sich Aggregate, z. B. Unternehmen oder Konsumenten auf Makroebene verhalten. „Die Mikrotheorie bietet hier (nur) die Basis, um Makrophänomene erklären zu können" (Kirchgässner, 1991, S. 21; vgl. auch Machlup, 1960).

Der Ursprung der Entwicklung, charakteristische Eigenschaften einzeln von anderen zu betrachten, wie dies für den homo oeconomicus eigen ist, lässt sich bereits vor Beginn der Neoklassik finden. So wies bereits Ricardo (1772-1823) in einem Brief an Malthus darauf hin, dass er die Verhaltensweisen der Menschen von der Wirklichkeit abstrahiert, um sie in theoretischen Modellen verwenden zu können. Dazu unterschied er deutlich zwischen Fragen, die sich auf die Wirklichkeit beziehen und Fragen, die die Wissenschaft betreffen: „...because that is a question of fact not of science" (Ricardo zitiert nach Sraffa, 1962, S. 64).

Zu Recht kann Ricardo somit als Geburtshelfer des homo oeconomicus betrachtet werden. Das vollständige Konzept des homo oeconomicus lässt sich jedoch auf Mill (1806-1873) zurückführen. Auch wenn er noch nicht den Begriff homo oeconomicus verwendet, geht auf ihn die Idee einer Wissenschaft der Wirtschaft zurück, bei der menschliche Verhaltensweisen auf wenige Motive reduziert werden (Manstetten, 2000; Mill, 1974). Statt die Absicht zu verfolgen, eine möglichst genaue Beschreibung des Menschen wiederzugeben, ist Mill (1974) bestrebt, ein Verhaltensmodell zu konstruieren, das sich für die Klärung spezifischer ökonomischer Fragestellungen eignet. Dementsprechend betont er, dass der Mensch in der Theorie nur vom Prinzip des ökonomischen Strebens nach Reichtum bestimmt wird und somit nicht mit dem wirklichen Menschen vergleichbar ist. Diese Äußerung Mills kann als formale Grundlage für ökonomisches Vorgehen betrachtet werden. Indem Mill das menschliche Verhalten auf wenige Motive reduziert, ermöglicht er die Einbindung von menschlichen Eigenschaften in systematische Zusammenhänge (Manstetten, 2000).

Den Höhepunkt der von jeglicher Realität losgelösten Beschreibung erlebte der homo oeconomicus jedoch erst in der Neoklassik, durch Vertreter wie Jevons (1871-1924), Menger (1871-1968), Walras (1874-1954) oder Pareto (1848-1923). Nicht zuletzt aus diesem Grund ist der aus der Mikroökonomie bekannte homo oeconomicus untrennbar mit der neoklassischen Theorie verknüpft.

Von da an galt der homo oeconomicus nur noch als theoretisches Modell des menschlichen Verhaltens, nicht mehr als Abbildung eines Menschen. Die fortschreitende Loslösung des theoretischen Modells von der Wirklichkeit wurde durch das Bestreben, die Methoden der Naturwissenschaften auf die Ökonomie zu übertragen, bedingt. So schreibt Jevons (1924): „Es ist klar, daß die Volkswirtschaftslehre, wenn sie überhaupt eine Wissenschaft sein soll, eine mathematische Wissenschaft sein muß. […] Meine Theorie der Wirtschaft hat indessen rein mathematischen Charakter. […] Die Theorie besteht darin, die Differentialrechnung auf die bekannten Begriffe des Reichtums, des Nutzens, des Werts, der Nachfrage, des Angebots, des Kapitals, des Zinses, der Arbeit und der übrigen Mengenbegriffe anzuwenden, welche zu den täglichen Handlungen des Erwerbes gehören. Da die abschließende Theorie fast jeder anderen Wissenschaft die Anwendung dieser Rechnungsmethode in sich schließt, so können wir ohne ihre Hilfe keine richtige Theorie der Ökonomik besitzen" (S. 2).

Bedingt durch diese zunehmende Mathematisierung der ökonomischen Wissenschaft verschwand der Realitätsbezug des Modells mehr und mehr im Hintergrund, während die mathematische Abbildbarkeit und die Modellkonsistenz an Bedeutung gewannen. Weyles (zitiert nach Leonard 1995) merkt diesbezüglich Folgendes an: „The question of truth [was]…shifted into the question of consistency" (S. 255).

Auch wenn sich nicht sicher sagen lässt, wann genau der homo oeconomicus geboren wurde, ist der wirtschaftende Akteur spätestens seit Jevons der homo oeconomicus, der bis heute vornehmlich die ökonomische Theorie prägt. Eben der Akteur, der Alternativen gemäß seiner Präferenzen bewertet, d. h. die Möglichkeit wählt, die ihm den größten Nutzen verschafft und im Sinne des Eigennutzaxiomes handelt. In diesem Sinne schreibt Rolle (2005): „Eben dies ist ein wesentlicher Aspekt des neoklassischen homo oeconomicus: seine Abgeschlossenheit *gegenüber* der Umwelt im Sinne eines mechanischen Automaten, der zu jeder Zeit und an jedem Ort konstante, also wiederholbare und damit prognostizierbare ‚Bewegungen' vollzieht. Zwar besteht die besondere Leistung dieses Automaten ‚homo oeconomicus' gerade darin, auf Veränderungen seiner Umwelt zu reagieren. Diese Reaktion erfolgt aber rein kausalmechanistisch: quantifizierbare Veränderungen (d. h. ein Steigen oder Fallen) gegebener Variablen führen zu einer definierten Reaktion des homo oeconomicus. Gerade in dieser ‚Vertreibung des realen Menschen aus der Ökonomie' sieht die Neoklassik selbstreflexiv ihre originäre Leistung" (S. 154 f.).

Tatsächlich hat der homo oeconomicus zu einem wesentlichen Erkenntnisforschritt in der ökonomischen Theorie geführt, da es erst durch die Exaktheit des Modells möglich wird, konkrete Angaben und Prognosen über Entscheidungen und Verhalten von Haushalten und Unternehmen zu treffen.

Auch wenn die Neoklassiker, wie Jevons, Walras oder Pareto selber in keiner Weise den Anspruch erhoben, der homo oeconomicus sei ein reales Abbild des Menschen, kann dieser Eindruck durch die Darstellung des homo oeconomcius, wie dies häufig gerade in Lehrbüchern der Mikroökonomie der Fall ist, geweckt werden (Kirchgässner, 1991). Vielleicht aus diesem Grund erntete der homo oeconomicus über die Jahre starke Kritik und Bekundungen der Antipathie. „Man hat ihn „Spuk- und Schreckgespenst" (W. Sombart), „Lustmaschine (F.Y. dgeworth), „Hanswurst im Zirkus der reinen Theorien" (F. Gottl-Ottlilienfeld) oder einen „anrüchiger Bursche" (A. Paulsen) genannt (Tietzel, 1981, S. 117).

2.1.2 Grundlagen und Sichtweisen in der psychologischen Forschung

Auch wenn Psychologie die Lehre vom Erleben und Verhalten der Menschen ist (Fetchenhauer, 2011), existiert kein einheitliches, psychologisches Menschenbild, wie dies in der Ökonomie der Fall ist. Ziel der Psychologie ist es nicht, eine allgemeingültige Theorie über das Handeln und Verhalten der Menschen zu entwickeln, anhand derer sich Vorhersagen treffen lassen. Vielmehr werden Einblicke in die menschliche Psyche gegeben, Verhaltensweisen erklärt und der Mensch in all seinen Facetten beschrieben.

Da in der Psychologie somit verschiedene Eigenschaften beobachtet und Verhaltensmodelle empirisch überprüft werden, kann sie zwar Aussagen über das Verhalten der Menschen machen, entzieht sich jedoch gewissermaßen der Verantwortung, ein alternatives Menschenbild zu entwickeln. Insbesondere der homo oeconomicus, der sich durch die exakte Formulierung seiner Eigenschaften für eine empirische Überprüfung anbietet, geriet nicht zuletzt durch die psychologischen Untersuchungen von Kahneman und Tversky (1972; 1973; 1979; 1982) sowie zahlreichen anderen Wissenschaftlern in die Kritik (für eine Übersicht vgl. Altmann et al., 2009; Ariely, 2009; Baron, 2008; DellaVigna, 2009; Fetchenhauer & Haferkamp, 2007; Gilovich et al., 2002). Bei dieser sogenannten *Heuristik & Bias Forschung* steht die Frage im Vordergrund, wie Menschen Entscheidungen in Momenten der Unsicherheit und des Risikos treffen, welche Heuristiken sie anwenden und welchen kognitiven Verzerrungen sie unterliegen. Dabei gilt der homo oeconomicus als normative Theorie, weshalb Abweichungen von seinen definierten Eigenschaften als Verhaltensanomalien bezeichnet werden. Ergebnisse dieser Untersuchungen erwecken häufig den Eindruck, Menschen würden sich falsch verhalten bzw. liefen Gefahr, viele Fehler zu machen. Jedoch darf nicht vernachlässigt werden, dass sich das Verhalten nur aus der Perspektive des homo oeconomicus als fehlerhaft darstellt.

Vor dem Hintergrund der evolutionären Vergangenheit des homo sapiens können das Anwenden von Heuristiken oder das intuitive (anstelle von logischem) Handeln durchaus sinnvoll und effizient, ja sogar rational (Gigerenzer, 2008) erscheinen. Denn wird der Mensch aus evolutionspsychologischer Perspektive betrachtet, lassen sich viele Verhaltensweisen erklären und begründen. Schließlich ist das Verhalten des Menschen abhängig von der jeweiligen Lebenssituation und passt sich somit an seine Umgebung und die äußeren Umstände an. Vor diesem Hintergrund erscheinen Heuristiken und Eigenschaften der Menschen meist sinnvoll und zielführend.

Da es in der vorliegenden Arbeit um die Frage geht, inwieweit sich falsche Annahmen bezüglich des Verhaltens auf die Wirtschaftspolitik auswirken, wird der Debatte der homo oeconomicus zugrunde gelegt. Aus diesem Grund wird vorwiegend auf Ergebnisse rund um die Heuristik & Bias Forschung zurückgegriffen und Verhaltensweisen, die von den Eigenschaften des homo oeconomicus abweichen, als Anomalien bezeichnet. Dagegen sind Erklärungen dieser Verhaltensweisen aus evolutionspsychologischer Perspektive für diese Arbeit nur von geringem Interesse und werden aus diesem Grund vernachlässigt.

2.1.3 Grundlagen des Ordoliberalismus und seine Vertreter

Als Ordoliberalismus wird die wirtschaftspolitische Denkschule rund um Walter Eucken und seinen Freiburger Universitätskollegen Franz Böhm (1895-1977) sowie Großmann-Doerth (1894-1944) bezeichnet. Die Gründung des Ordoliberalismus, der ebenfalls als Freiburger Schule bekannt ist, lässt sich auf das Jahr 1936 datieren. In diesem Jahr wurde das erste Werk aus der von da an regelmäßig erschienenen gemeinsamen Schriftenreihe „Ordnung der Wirtschaft" veröffentlicht (Goldschmidt & Wohlgemuth, 2008a).

In dem darin abgedruckten Vorwort mit dem Titel „Unsere Aufgabe", verdeutlichten Eucken, Böhm und Großmann-Doerth knapp aber präzise die wesentlichen Motive des Forschungsprogramms der Freiburger Schule. Unverkennbar legten sie dabei den Schwerpunkt auf die Errichtung einer Wettbewerbsordnung, die durch einen geeigneten Rechts- bzw. Ordnungsrahmen zu sichern sei (Böhm, Eucken & Großmann-Doerth, 1936; Goldschmidt & Wohlgemuth, 2008a). Nur in einem freien, wettbewerblichen Markt, so waren sie der Meinung, können knappe Ressourcen optimal verteilt werden, die Wirtschaftsakteure ihre Interessen und Fähigkeiten entdecken und individuelle Bedürfnisse befriedigt werden. Somit stehen die Errichtung und Funktionsfähigkeit eines Wettbewerbssystems im Vordergrund ihrer Arbeit.

Aus ihren Ausführungen lässt sich zudem erkennen, dass Eucken, Böhm und Großmann-Doerth die wesentliche wirtschaftspolitische Aufgabe darin sahen, eine Ordnung für die Wirtschaft zu definieren, die „für die Gesamtheit der Wirtschaft wie auch der Gesellschaft zuträglich ist" (Goldschmidt & Wohlgemuth, 2008b, S. 24) und die „der Freiheit jedes einzelnen und seiner Würde verpflichtet ist" (Goldschmidt & Wohlgemuth, 2008b, S. 22). Nicht zuletzt aus diesem Grund stellte insbesondere Walter Eucken den Mensch in den Mittelpunkt seiner ökonomischen Betrachtungen. Unmissverständlich machte er in seinen Werken klar, dass die Berücksichtigung des menschlichen Denkens für eine erfolgreiche Wirtschaftspolitik unumgänglich ist, da Wirtschaftspolitik einerseits *für* Menschen gestaltet wird und andererseits Menschen *mit* ihrem Verhalten den gesamten wirtschaftlichen Prozess lenken. Seine Analysen stützte Eucken daher weniger auf abstrakte, theoretische Annahmen bezüglich des menschlichen Verhaltens, sondern basierte sie vielmehr auf alltäglichen Beobachtungen (Böhm, 1971), die eine möglichst realitätsnahe Ableitung ermöglichen sollen. Durch den Anspruch, seinen Analysen ein realitätsgetreues Menschenbild zugrunde zu legen, grenzt sich Eucken deutlich von dem damals bereits in der Ökonomie etablierten Modell des homo oeconomicus ab. Immer wieder lassen sich bei Eucken (1950; 1952) Hinweise darauf finden, dass er die Betrachtung der realen Verhaltensweisen für die Erstellung wirtschaftspolitischer Analysen als elementar empfindet.

Auch Friedrich August von Hayek (1899-1992), der neben Eucken als einer der wichtigsten Vertreter des Ordoliberalismus bezeichnet werden kann, grenzt sich von dem Modell des homo oeconomicus ab. So zweifelt er an (Hayek, 1959), dass die strikte Mathematisierung und somit Festlegung menschlicher Verhaltensweisen, wie sie für den homo oeconomicus typisch ist, der Rolle des freien und verantwortlichen Wirtschaftsakteurs gerecht werden kann. Den homo oeconomicus selber bezeichnet er als „Phantom eines Automaten" (1959, S. 281).

Im Mittelpunkt der ordoliberalen Debatte – wie eine geeignete, auf das Wesen des Menschen abgestimmte Wirtschaftspolitik aussehen kann – stand die Frage, wie Menschen die größtmögliche und nötige Freiheit gelassen werden kann, ohne dass dadurch wirtschaftliche und gesellschaftliche Unordnung entsteht. Im Rahmen dieser Diskussion betonen sowohl Eucken als auch seine Kollegen, dass dem Staat eine starke Rolle zukommen muss. Demzufolge sind sie sich einig, dass in einem Wettbewerbssystem der Staat die Regeln, innerhalb derer agiert werden soll, vorzugeben hat und darauf achten muss, dass diese eingehalten werden.

Er soll jedoch nicht lenkend in die Marktprozesse eingreifen. Eucken (1952) formuliert dies folgendermaßen: „Der Staat hat die *Formen*, in denen gewirtschaftet wird, zu beeinflussen, aber er hat nicht den Wirtschafts*prozeß* selbst zu führen. [...] Staatliche Planung der Formen – ja; staatliche Planung und Lenkung des Wirtschaftsprozesses – nein" (S. 72). Seine Aufgabe sah insbesondere Eucken darin, ordnungsstiftende Regeln zu entwickeln, sogenannten Grundprinzipien der Wirtschaftspolitik, die den Rahmen, innerhalb dessen die Akteure frei wirtschaften können, vorgeben. Nicht zuletzt auf Grund dieses Ordnungsprinzips lässt sich die ordoliberale Wirtschaftspolitik auch als *Ordnungspolitik* bezeichnen.

Vertreter des Ordoliberalismus

Neben Böhm, Eucken und Großmann-Doerth werden in Veröffentlichungen oft auch Wissenschaftler wie Wilhelm Röpke, Alexander Rüstow oder eher praxisorientierte Personen wie Alfred Müller-Armack und Ludwig Erhard zum engsten Kreis der Ordoliberalen gezählt (vgl. Ptak, 2004). In dieser Arbeit wird jedoch die von Goldschmidt und Wohlgemuth (2008a) vorgeschlagene Abgrenzung bevorzugt, bei der die genannten Vertreter zwar alle im Großen und Ganzen als Verfechter des ordoliberale Gedankenguts gelten, sich jedoch – je nachdem welchen Schwerpunkt sie in ihrer Arbeit verfolgen (Vanberg, 2011) – zusätzlich in unterschiedliche „Gruppen" einordnen lassen (siehe Abbildung 1).

Freiburger Schule

Obwohl Eucken selber nicht viel von Schulenbildung hielt, wird die Freiburger Lehr- und Forschungsgemeinschaft um Eucken herum oft als *Freiburger Schule* bezeichnet (Külp & Vanberg, 2000). Dies lässt sich darauf zurückführen, dass die Kerngruppe um Eucken, Böhm und Großmann-Dorth recht bald um einen Arbeitskreis, bestehend aus Kollegen und Schülern, erweitert wurde. Zu diesen zählten vor allem Euckens Schüler K. Paul Hensel, Hans Otto Lenel, Friedrich A. Lutz, Karl Friedrich Maier, Fritz W. Meyer und Leonhard Miksch (Goldschmidt & Wohlgemuth, 2008a). Die Freiburger Schule bildet im Wesentlichen den Kern des Ordoliberalismus.

Da die Hauptwerke der Freiburger Schule am Ende der Weimarer Republik und während des Nationalsozialismus entstanden, sind die Arbeiten von Eucken, Böhm und Großmann-Doerth stark von den wirtschaftlichen und gesellschaftlichen Unruhen dieser Zeit geprägt. In dem immer wiederkehrenden Topos von privater Macht, dem ein schwacher, von Interessengruppen gelenkter Staat gegenübersteht, spiegeln sich die Erfahrungen der politischen und wirtschaftlichen Missstände der Weimarer Republik wider. Mit dem Aufstieg des NS-Regimes verschiebt sich dagegen der Fokus in den ordoliberalen Werken hin zu einer immer stärkeren Betonung der individuellen Freiheit, die schließlich einen solchen Stellenwert einnimmt, dass die wirtschaftliche Ausrichtung des Ordoliberalismus als eine Art „Programm der Freiheit" (Eucken, 1952, S. 379; Goldschmidt & Wohlgemuth, 2008a) bezeichnet werden kann. Insbesondere Eucken und Böhm zeigten deutlich ihre Ablehnung gegen die nationalsozialistische Lehre, weshalb ihre Vorlesungen nicht zuletzt zu einem Treffpunkt für regimekritische Zeitgenossen wurden (Goldschmidt & Wohlgemuth, 2008a). Während beide sich strikt jeglicher Kriegsbeteiligung enthielten, verpflichtete sich Hans Großmann-Doerth ab 1939 dem Wehrdienst und fiel im März 1944. Seine NS-Verbundenheit und sein früher Tod sind nicht zuletzt auch der Grund dafür, weshalb Großmann-Doerth in der Literatur häufig weniger Beachtung als Böhm und Eucken findet. Doch auch wenn er als Wissenschaftler nicht den gleichen Stellenwert wie Eucken, Böhm oder Hayek für den Ordoliberalismus hat, trieb er doch vor seinem Tod die gemeinsame Arbeit innerhalb des Freiburger Kreises voran und gab dem Gedankengut eigene Impulse (Blaurock, Goldschmidt & Hollerbach, 2005). Dies lässt sich insbesondere in dem bereits erwähnten Text „Unsere Aufgabe" erkennen (Böhm, Eucken & Großmann-Doerth, 1936).

Moderne Ordnungsökonomik

Bis heute hat sich die Freiburger Lehrstuhltradition der Weiterentwicklung und Pflege des ordoliberalen Ideenguts verschrieben. In diesem Sinne lehren und forschen Vertreter der sogenannten modernen Ordnungsökonomie, wie z. B. Hoppmann, Streit oder Vanberg an unterschiedlichen Orten in der Tradition Walter Euckens. Dabei bleiben sie selbstverständlich in ihren Ideen nicht stehen, sondern übertragen ordoliberale Gedanken auf aktuelle Probleme. Auch wenn sich die Arbeiten der modernen Ordnungsökonomen in Intensität und Ausprägung unterscheiden, setzen sie sich alle grundsätzlich für einen freien Wettbewerb in einem geordneten Rahmen ein. Mit ihren Arbeiten leisten sie einen erheblichen Beitrag zur wirtschafts- und gesellschaftspolitischen Debatte.

Abbildung 1: Der Ordoliberalismus und seine Anhänger

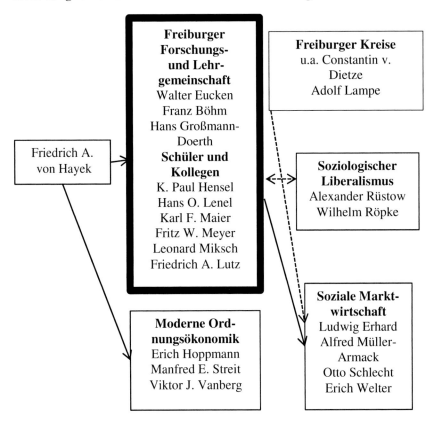

Quelle: Angelehnt an Goldschmidt und Wohlgemuth (2008a)

Friedrich August von Hayek

Wie in der Einleitung angedeutet, zählt neben den bereits genannten Personen auch Friedrich August von Hayek zu dem Kreis der Ordoliberalen und nimmt – obwohl auch er im Grunde nicht exakt zu dem inneren Kern gehört – eine herausragende Stellung für die Entwicklung und Gestaltung des Ordoliberalismus ein. Schon früh, seit den Dreißigerjahren, standen Hayek und Eucken in engem Kontakt zueinander und tauschten sich sowohl schriftlich als auch persönlich regelmäßig über eine freiheitliche Wirtschafts- und Gesellschaftsordnung aus (Vanberg, 2003). Zwar unterschieden sich Hayek und Eucken in ihrer Vorgehensweise, jedoch teilten sie die Ansichten in wesentlichen ordnungspolitischen Grundfragen. Die zentrale Gemeinsamkeit, die Hayek mit den Freiburger Wissenschaftlern verband, bestand in der Meinung, dass individuelle Freiheit und gesellschaftliche Ordnung keine Gegensätze sind. Vielmehr sahen sie in der Befolgung genereller Verhaltensregeln Voraussetzungen für die Erreichung einer Ordnung freier Menschen (Streit & Wohlgemuth, 2000). Doch trotz aller Gemeinsamkeiten im liberalen Denken, lässt sich aufgrund der unterschiedlichen Herangehensweisen in der Literatur mitunter auch die Darstellung von Hayek und Eucken als konträr arbeitende Wissenschaftler finden (Oswald, 2001). Die Unterschiede in der Arbeit von Eucken und Hayek fasst Vanberg (2003) wie folgt zusammen: „Bei den Freiburgern liegt der Akzent darauf, daß die produktive marktliche Wettbewerbsordung eines geeigneten Regelrahmens bedarf und daß eine in diesem Sinne geeignete Wirtschaftsverfassung nicht aus dem spontanen Zusammenspiel der Einzelinteressen heraus entsteht und durchgesetzt wird, sondern daß dies bewußtes und verantwortliches staatliches Handeln erfordert. Bei *Hayek* liegt der Akzent darauf, „daß wir uns angesichts der unaufhebbaren Ordnung unseres Zusammenlebens auf die Koordinationsleistung allgemeiner Regeln und auf das Entdeckungspotential des Wettbewerbs stützen müssen" (S. 18). Während Eucken also an der Bildung der geeigneten Ordnung arbeitete, betonte Hayek die Notwendigkeit der spontanen Ordnung. Im Gegensatz zu dem ersten möglichen Eindruck wiedersprechen sich beide Herangehensweisen jedoch nicht, sondern sind durchaus komplementär (Enste, 2002; Goldschmidt & Wohlgemuth, 2008a; Pies, 2001; Vanberg, 2003).

Im Jahre 1962 wurde Friedrich August von Hayek an die Freiburger Universität berufen, wo er die Nachfolge von Walter Eucken antrat. In seiner Antrittsvorlesung betonte er, dass er es als seine Aufgabe sähe, die Gedanken und Arbeit von Eucken und dem Freiburger Kreis fortzuführen (Hayek, 1969). Nach seinem Amtsantritt brachte Hayek dem ordoliberalen Forschungsprogramm neue Impulse und zählt daher bis heute neben Eucken zu einem der wichtigsten Vertreter des Ordoliberalismus.

Soziologischer Liberalismus

Im Wesentlichen unterscheidet sich der Soziologische Liberalismus, zu dessen Hauptvertretern Röpke und Rüstow gehören, durch seine gesellschaftliche Ausrichtung vom Ordoliberalismus. Zwar fragten auch Eucken, Böhm und Großmann-Doerth, wie eine geeignete Gesellschaftsordnung aussehen könnte, jedoch legten sie ihren Fokus stärker auf die Bildung einer Wirtschaftsordnung. Somit kann der soziologische Liberalismus als eine Abspaltung vom Ordoliberalismus bezeichnet werden, der sich nicht in den Themen und Ideen vom Ordoliberalismus unterscheidet, sondern in seinem Schwerpunkt. Rüstow und Röpke waren in vielen Punkten dem Freiburger Kreis eng verbunden und pflegten einen intensiven, freundschaftlichen Austausch mit dessen Vertretern.

Freiburger Kreise

Während des nationalsozialistischen Regimes trafen sich oppositionelle Wissenschaftler verschiedener Fachrichtungen in regelmäßigen Abständen zu Gesprächskreisen. In diesen tauschten sich die Teilnehmer vorwiegend über wirtschafts- und gesellschaftspolitische Fragen aus. Da die Freiburger Kreise somit keine Forschungsrichtung im eigentlichen Sinne darstellen, werden sie in dieser Arbeit gesondert beschrieben. Constantin von Dietze und Adolf Lampe, die ebenfalls regelmäßig an den Treffen teilnahmen, verfassten gemeinsam mit Walter Eucken das Werk „Wirtschafts- und Sozialordnung" (1943). Dieses liest sich wie ein frühes Manifest der Sozialen Marktwirtschaft (Goldschmidt & Wohlgemuth, 2008a, S. 12).

Soziale Marktwirtschaft

Die politische und wirtschaftliche Ausrichtung der sozialen Marktwirtschaft, die unter Ludwig Erhard kurz nach Einführung in Deutschland zum Wirtschaftswunder führte, war stark vom ordoliberalen Gedankengut geprägt. Dadurch bedingt erlangte der Ordoliberalismus national als auch international kurzzeitig großes Ansehen (Ptak, 2004). Zu den wichtigsten Vertretern der Sozialen Marktwirtschaft zählen Müller-Armack und Ludwig Erhard.

Geprägt wurde der Begriff „Soziale Marktwirtschaft" von Alfred Müller-Armack, der als Staatssekretär im Bundesministerium für Wirtschaft die praktische Ausgestaltung der nationalstaatlichen Wirtschaftsordnung maßgeblich mitgestaltete (Vanberg, 2011). Während Müller-Armack also als Gründer der Sozialen Marktwirtschaft angesehen werden kann, gilt Erhard allgemein als der „Vollstrecker" (Goldschmidt & Wohlgemuth, 2008a). Im Volksmund wird Erhard auch oft als „Vater der Sozialen Marktwirtschaft" bezeichnet.

Ihre grundlegenden Ideen für eine Soziale Marktwirtschaft als Wirt-
schafts- und Gesellschaftsform bekamen Erhard und Müller-Armack aus
dem Ordoliberalismus. In diesem Sinne übernahmen sie als wesentliches
Element die Idee der Wettbewerbsordnung. Den Kerngedanken der somit
neuen Wirtschaftsordnung fasste Müller-Armack (1956) mit folgenden
Worten zusammen: „[…]auf der Basis der Wettbewerbswirtschaft die
freie Initiative mit einem gerade durch die marktwirtschaftliche Leistung
gesicherten sozialen Fortschritt zu verbinden" (S. 245).

Die endgültige Umsetzung der Sozialen Marktwirtschaft entsprach zwar
nicht ganz den Vorstellungen der Freiburger Schule, spiegelte jedoch das
ordoliberale Grundanliegen wieder: „Es geht um die Etablierung von
Markt und Wettbewerb als *Mittel* zur Erreichung gesellschaftlicher *Zwe-*
cke" (Goldschmidt & Wohlgemuth, 2008a, S. 6). In vielen Bereichen
entsprechen die grundlegenden Elemente der Sozialen Marktwirtschaft
den ordoliberalen Ideen und Vorstellungen. Doch trotz vieler identischer
bzw. ähnlicher Aspekte der beiden wirtschaftspolitischen Konzepte dis-
tanzierten sich Vertreter des Ordoliberalismus wie Böhm und Hayek von
dem Konzept der Sozialen Marktwirtschaft. Der Grund hierfür bestand
darin, dass Erhard seine wirtschaftspolitischen Ideen mit Pragmatismus
durchsetzte, dass zwar viele ordoliberale Gedanken zur Anwendung kamen, jedoch andererseits wiederum zentrale Aspekte des Ordoliberalismus vernachlässigt wurden, da sie in der Praxis nicht umsetzbar waren.
Ein Hauptkritikpunkt der Ordoliberalen an der Idee und Umsetzung der
Sozialen Marktwirtschaft war und ist die Tatsache, dass soziale Ziele
über die Sozialpolitik, die in der Sozialen Marktwirtschaft die zweite
Säule neben der Ordnungspolitik bildet, erreicht werden soll. Diese Trennung widerspricht dem ordoliberalen Gedanken, dass Sozialpolitik nicht
gesondert gestaltet werden sollte, sondern die beste Sozialpolitik nur über
eine gute Wirtschaftspolitik erzielt werden kann. So betont Eucken
(1952), dass es keine wirtschaftspolitische Maßnahme gibt, „die nicht
zugleich auch, sei es direkt oder indirekt, soziale Auswirkungen und soziale Bedeutung hätte" (S. 313; Anmerkung: Wenn im Folgenden von
Wirtschaftspolitik die Rede ist, wird somit gleichzeitig auf Sozialpolitik
abgezielt).

In der Trennung zwischen Wirtschafts- und Sozialpolitik sahen Böhm
und Hayek die Gefahr eines „Einfall[s]tor für Interventionen" (Lange-von
Kulessa & Renner, 1998, S. 80). Denn hat der Staat nicht mehr nur die
Rolle des Ordnungshüters inne, sondern auch die eines fürsorglichen

Sozialstaates, so kritisiert Böhm, besteht die Gefahr, dass er zu stark in die wirtschaftlichen Geschehnisse eingreift (Lange-von Kulessa & Renner, 1998). Dementsprechend vermutet Böhm, dass die Anhänger des Wohlfahrtsstaates, wie er die Vertreter der Sozialen Marktwirtschaft bezeichnet, ein Zuwenig an Freiheit in Kauf nehmen, um die sozialpolitischen Ziele zu verwirklichen.

Auf Grund der verschiedenen Auffassungen der Staatsaufgaben lassen sich daher der Ordoliberalismus und die Soziale Marktwirtschaft voneinander unterscheiden, auch wenn die Soziale Marktwirtschaft aus den Ideen des Ordoliberalismus entstanden ist. Demzufolge gehören Müller-Armack und Erhard zwar nicht zum engen Kreis der Ordoliberalen, lassen sich jedoch zu Recht dem erweiterten Kreis des Ordoliberalismus zuordnen.

Die Bedeutung des Ordoliberalismus

Obwohl sich die dargestellten Forschungsrichtungen in einigen Punkten voneinander unterscheiden, verfolgen sie dennoch alle ein gemeinsames Interesse: Die Bildung eines liberalen Wirtschaftssystems, in dem die Akteure frei wählen und agieren können, das jedoch durch einen Wirtschafts- und Rechtsrahmen einer grundlegenden Ordnung verschrieben ist. Diese Forderung nach einem Regelwerk, das den ordnenden Rahmen für die freie, auf Wettbewerb basierende Wirtschaft darstellt, ist einzigartig für den Ordoliberalismus. Nicht zuletzt dadurch unterscheidet sich diese Art der Wirtschaftspolitik von anderen (neo)liberalen Schulen, wie der Chicago School um Milton Friedman (Plickert, 2008).

Der Ordoliberalismus gewann nach Einführung der Sozialen Marktwirtschaft für kurze Zeit an Ansehen, spielte jedoch später international kaum noch eine Rolle. Dies war nicht zuletzt bedingt durch den Bedeutungsrückgang der Wirtschaftspolitik als eigenständiger Bereich in der Volkswirtschaftslehre. Grund für diesen Bedeutungsrückgang war die sich verbreitende Auffassung, wirtschaftspolitische Ideen ließen sich auch aus der mathematisch-rationalen Wirtschaftstheorie entwickeln. Der Höhepunkt dieser Debatte äußerte sich in dem 2009 zwischen Professoren der Volkswirtschaftslehre ausgebrochenen Streit um die Frage, ob wirtschaftstheoretische Modelle die Wirtschaftspolitik gänzlich ersetzen können. Gerade im Hinblick darauf, dass die empirischen Belege den Zweifel an der Gültigkeit der angenommenen Eigenschaften im Modell des homo oeconomicus verstärken, gewinnt der Vorwurf des geringen praktischen Bezugs, den Verfechter der Wirtschaftspolitik gegen die Wirtschaftstheorie vorbringen (Goldschmidt, Wegner, Wohlgemuth, & Zweynert, 2009; Haucap, 2009) an Bedeutung. So stellt sich zurecht die Frage, inwiefern es sinnvoll sein kann, theoretische Modelle, die empirisch offensichtliche Eigenschaften des Menschen missachten, als Grundlage für Entscheidungen zu nehmen, die ihre direkte Umsetzung in der Praxis haben, der sie nachweislich entfremdet sind.

Wenn auch die zukünftige Bedeutung des Faches Wirtschaftspolitik bis heute nicht abschließend geklärt ist, kann gesagt werden, dass der Ordoliberalismus mit der Idee einer menschenwürdigen Wirtschafts- und Gesellschaftsordnung weder an Aktualität noch Brisanz verloren hat. Zudem bilden wesentliche Elemente des Ordoliberalismus die Grundlage unseres Wirtschaftssystems, weshalb er nach wie vor von (wirtschafts-) politischer Bedeutung ist.

Dennoch bleibt die Frage offen, ob es Eucken tatsächlich gelang, ein menschenwürdiges Wirtschaftssystem zu entwickeln. Um eine Antwort darauf geben zu können, muss zunächst analysiert werden, von welchen Verhaltensweisen Eucken und seine Kollegen ausgegangen sind, wie realitätsnah ihr Menschenbild ist, und ob der homo oeconomicus tatsächlich falsche Eigenschaften der Menschen abbildet. Hierzu werden im Folgenden die charakteristischen Eigenschaften des homo oeconomicus im Einzelnen jeweils aus neoklassischer, psychologischer und ordoliberaler Sichtweise betrachtet. Die vergleichende Analyse soll nicht nur Aufschluss darüber geben, inwieweit sich das ordoliberale Menschenbild vom homo oeconomicus unterscheidet, sondern auch, ob sich im Ordoliberalismus implizite Annahmen über menschliches Verhalten finden lassen, die sich auch in psychologischen Untersuchungen widerspiegeln. Anhand der herausgearbeiteten Unterschiede und auch Gemeinsamkeiten kann im weiteren Verlauf der Arbeit die mögliche Relevanz psychologischer Erkenntnisse für die Gestaltung der Wirtschafts- und Sozialpolitik dargestellt werden.

2.2   Rationalität – theoretische Fiktion oder empirische Erkenntnis?

Der homo oeconomicus ist untrennbar mit der Annahme der Rationalität verbunden. Doch gerade diese wird zunehmend durch empirische Untersuchungen infrage gestellt. Trotz der sich mehrenden Evidenz gegen die Rationalitätsannahme wurden Psychologen dennoch lange Zeit, so Ariely (2010), von Ökonomen, die der Rational-Choice-Theorie anhängen, belächelt. Als häufiges Argument, weshalb die Rationalität trotz der empirischen Belege gegen deren Richtigkeit von Bestand ist, führen Ökonomen, wie z. B. Levitt und List (2008) an, dass die empirischen Ergebnisse auf realen Märkten nur von geringer Relevanz sind.

Durch den Zusammenbruch des Finanzmarktes Anfang 2008 wurde jedoch deutlich, dass irrationales Verhalten auf realen Märkten nicht zwangsläufig eliminiert wird und somit die Kritik an der Rationalitätsannahme nicht länger ignoriert werden kann. Selbst Alan Greenspan, der die Finanzmärkte entscheidend durch seine Tätigkeit prägte und davon ausging, auf Märkten ginge es rational zu – d. h. sie unterlägen einer Art effizienter Selbstheilung – stellte diese Annahme in Zweifel, als er sich öffentlich eingestand, dass Märkte nicht so agieren wie angenommen (vgl. hierzu Ariely, 2010; Brooks, 2008). Auf Grund dieses Geschehnisses schreibt David Brooks am 21. Oktober 2008 in der New York Times: „So perhaps this will be the moment when we alter our view of decision-making. Perhaps this will be the moment when we shift our focus from step three, rational calculation, to step one, perception."

Zwar hat auch in der Ökonomie mittlerweile in Bezug auf die Rationalitätsannahme ein sanftes Umdenken begonnen (vgl. Kirchgässner, 2008), jedoch wird in ökonomischen Analysen nach wie vor rationales Verhalten unterstellt. Beobachtet man Menschen im Alltag, lässt sich jedoch unschwer erkennen, dass sie nicht rational agieren. So nehmen sie Situationen subjektiv wahr, unterschätzen Risiken, überschätzen Chancen, lassen sich von Emotionen leiten oder nehmen Informationen verzerrt wahr. Dieses irrationale Verhalten der Menschen hat die Privatwirtschaft schon lange Zeit erkannt und nutzt es für eigene Zwecke. Denn würden sie von rationalen Akteuren ausgehen, hätten Werbeanzeigen, die wenige Informationen vermitteln, stattdessen aber mit attraktiven Menschen, Emotionen oder verlockenden Bildern werben, wohl kaum einen Sinn. Durch irreführende Darstellung von Produkten werden Menschen verleitet Entscheidungen zu treffen, die nicht optimal sind und ihren Wünschen widersprechen.

Da somit irrationales Verhalten für Teilgebiete der Wirtschaft, wie z. B. Marketing bzw. Werbeökonomie, die Grundlage darstellt, muss gefragt werden, ob es nicht an der Zeit ist, die Rationalitätsannahme auch in anderen Teilgebieten zu überdenken. Bevor jedoch eine eindeutige Aussage getroffen werden kann, inwieweit das Verhalten der Menschen in Realität tatsächlich systematisch von der Rationalitätsannahme abweicht, muss betrachtet werden, was überhaupt unter rationalem Verhalten zu verstehen ist. Diese Definition von Rationalität wird den Erkenntnissen aus der Psychologie und den Annahmen, die sich im Ordoliberalismus finden lassen, gegenübergestellt.

2.2.1 Die neoklassische Annahme der Rationalität

Menschen agieren rational. Dies ist eine der zentralen Annahmen im neoklassischen Verhaltensmodell. Diese Annahme ermöglicht es, unter Berücksichtigung der gegebenen Umstände und der individuellen Präferenzen Prognosen zu erstellen, wie Menschen agieren oder entscheiden. Denn ein rationaler Akteur wird, Annahme gemäß, immer die Alternative wählen, die unter gegebenen Umständen und unter Berücksichtigung aller relevanten Informationen die individuellen Bedürfnisse am besten erfüllt, d. h. den Nutzen maximiert. Somit ist das wirtschaftliche Handeln strikt definiert als der rationale Einsatz gegebener Mittel zur Erreichung angestrebter Ziele (Rolle, 2005). Auf Grund der Annahme, dass sich rationale Akteure systematisch verhalten, können das Verhalten oder die Entscheidungen durch das Setzen von externen Anreizen beeinflusst werden.

Anders als häufig angenommen bedeutet eine „rationale" Entscheidung jedoch nicht, eine Wahl unter vollständiger Information zu treffen. „Rationalität bedeutet in diesem Modell lediglich, daß das Individuum prinzipiell in der Lage ist, gemäß seinem relativen Vorteil zu handeln, d. h. seinen Handlungsraum abzuschätzen und zu bewerten, um dann entsprechend zu handeln. Dabei ist zu beachten, daß das Individuum sich immer unter unvollständiger Information entscheiden muß und daß die Beschaffung zusätzlicher Information Kosten verursacht" (Kirchgässner, 1991, S. 17). Zusätzliche Informationen wird ein Individuum somit nur dann suchen, wenn der Nutzen aus der zusätzlichen Informationsbeschaffung die Kosten der Informationssuche übersteigt.

Im Allgemeinen wird es durch die Annahme der Rationalität möglich, unter gegebenen Umständen und der Annahme von Bedürfnissen genaue Aussagen darüber zu tätigen, welche Entscheidung ein Individuum treffen wird. Dabei bedeutet rationales Verhalten jedoch nicht, dass ein Individuum immer die richtige – im Sinne von vernünftig – Entscheidung trifft. So kann es durchaus rational für einen fundamentalistischen Muslim sein, ein Selbstmordattentat zu begehen, wenn er davon überzeugt ist, dass seine Tat belohnt wird. Rational ist somit nur der Entscheidungsprozess, nicht die Entscheidung selber (Kirchgässner, 1991).

Löst man sich von der Lehrbuchvorstellung, der rationale Akteur sei vollständig informiert und maximiere seinen Nutzen, kann das von Simon (1955) ursprünglich als Alternative zum rationalen Menschen vorgestellte Konzept der *eingeschränkten Rationalität* nicht als Gegensatz, sondern als moderne Variante der Rationalitätsannahme betrachtet werden (diese Ansicht lässt sich ebenfalls bei Kirchgässner, 1991, finden). In seinem Konzept unterscheidet Simon zwischen zwei „Arten" von Menschen: Während der eine, der sogenannte Optimizer, stets seinen Nutzen maximiert, befriedigt der andere, der sogenannte Satisficer, seine Bedürfnisse. Da Letzterer somit nicht alle Möglichkeiten abwägt, sondern nur solange Informationen und Optionen überprüft, bis er seine Ansprüche erfüllen kann, bezeichnet Simon ihn als eingeschränkt rational. Dennoch geht auch Simon in seinem Konzept davon aus, dass Menschen unter gegebenen Restriktionen die Alternativen gegeneinander abwägen und gemäß ihren Präferenzen sich für die Alternative entscheiden, die den größten relativen Vorteil verspricht. Somit ist eingeschränkt-rationales Verhalten eben auch „*rationales* und nicht irrationales Verhalten" (Kirchgässner, 1991, S. 33). Denn auch wenn die Informationslage eingeschränkt ist, verhält sich das Individuum im Modell von Simon unter gegebenen Informationen rational.

Da die meisten Entscheidungen unter Unsicherheit oder Risiko getroffen werden, gilt es auch in der Ökonomik, vornehmlich Entscheidungen unter diesen beiden Bedingungen zu analysieren. Als Grundlage hierzu dient das von Neumann und Morgenstern (1947) entwickelte Modell zur Maximierung des Erwartungsnutzens, das die Basis aller spieltheoretischen Analysen bildet. Die empirische Überprüfung dieses formal ausgearbeiteten Modells offenbart jedoch zahlreiche Anomalien, d. h. widersprüchliche Abweichungen vom rationalen Verhalten unter Unsicherheit und Risiko.

Welche Anomalien bezüglich der Rationalitätsanahme gefunden wurden und wie sehr diese Erkenntnisse die Annahme der Rationalität infrage stellen, wird im Folgenden beschrieben.

2.2.2 Psychologische Erkenntnisse bezüglich Rationalität

Eine wesentliche Bedingung im Modell des rationalen Entscheiders unter Unsicherheit und Risiko ist die Konsistenz, mit der Akteure ihre Entscheidung treffen. Doch gerade im Hinblick auf diese Bedingung zeigen Fetchenhauer und Dunning (2009) anhand des sogenannten *trust games*, dass Menschen gegen die Rationalitätsannahme verstoßen.

In diesem Versuchsaufbau interagieren zwei Personen einmalig und vollkommen anonym miteinander, wobei Person A zu Beginn 5 Euro zur Verfügung hat. Dieses Geld kann sie entweder behalten oder an Person B weitergeben. Reicht Person A die 5 Euro weiter, addiert der Versuchsleiter 15 Euro, sodass Person B 20 Euro zur Verfügung hat. Diesen Betrag kann Person B entweder selber behalten oder die Hälfte an Person A zurückgeben. Argumentiert man gemäß der neoklassischen Theorie, ist die Frage, wie sich Person A respektive Person B entscheidet, eindeutig. Person B würde die 20 Euro behalten, da sie so – unter Annahme, dass jeder Spieler sein eigenes Interesse verfolgt und dieses darin besteht, eine möglichst hohe Summe zu erzielen – ihren Nutzen maximieren würde. Da Person A diese Entscheidung von Person B vor der eigenen Entscheidung antizipiert, würde sie die 5 Euro erst gar nicht abgeben. Für sie ist es unter dieser Bedingung rational, das Geld zu behalten, da sie keine Chance auf 10 Euro hat und somit die 5 Euro mehr sind als 0 Euro.

Die Ergebnisse der Studie von Fetchenhauer und Dunning zeigen jedoch etwas anderes: Weit mehr als die Hälfte der Probanden in Rolle der Person A geben zu Beginn des Experiments die 5 Euro an Person B ab. Dieses Verhalten ließe sich nur dann als rational bezeichnen, wenn Person A von einer hohen Wahrscheinlichkeit, Geld zurückzubekommen, ausgehen würde, bzw. die angenommene Wahrscheinlichkeit ihrer Risikoneigung entspräche. Doch wie Fetchenhauer und Dunning zeigen, trifft beides nicht zu. Die Ergebnisse der Studie verdeutlichen, dass die Probanden in der Rolle von Person A nicht nach diesem rationalen Kriterium entscheiden. So schätzen sie im Durchschnitt die Wahrscheinlichkeit, dass Person B das Geld teilt, nur auf 45 Prozent. Diese Wahrscheinlichkeit entspricht jedoch nicht der Risikoneigung, wie sich in einem Kontrollspiel (Lotteriespiel) erkennen lässt. So geben die Probanden im Lotteriespiel an, erst bei einer durchschnittlichen Gewinnwahrscheinlichkeit von 62 Prozent ihre 5 Euro für einen Lottoschein, durch den sie 10 Euro gewinnen können, auszugeben. Das Verhalten von Person A entspricht demnach nicht dem Verständnis von rationalem Verhalten. Auf Grund dieser Beobachtung kann somit gesagt werden, dass die Mehrheit der Probanden *irrational* agiert.

Die ökonomische Annahme, dass Menschen rational entscheiden, wurde durch zahlreiche empirische Studien und Untersuchungen in der Verhaltensforschung widerlegt (zur Übersicht vgl. Ariely, 2010; Baron, 2008; Gilovich et al., 2002). Einige grundlegende Erkenntnisse, wie Menschen entscheiden und agieren, stammen aus Arbeiten von Kahneman und Tversky (Kahneman, 2011; Kahneman & Tversky, 1972; 1973; 1979; Tversky & Kahneman, 1973; 1974; 1981; 1992). So wurde im Wesentlichen durch ihre Forschung populär, dass Menschen systematischen und vorhersagbaren Verzerrungen erliegen, die zu kognitiven Fehlschlüssen im Entscheidungsprozess führen. Diese Fehlschlüsse führen zu einem Verstoß gegen die Rationalitätsannahme und weisen somit darauf hin, dass Menschen irrational handeln. Auch wenn neben Kahneman und Tversky zahlreiche andere Wissenschaftler auf dem Gebiet forschen und durch ihre Ergebnisse zum Erkenntnisfortschritt beitragen, gelten Tversky und Kahneman bis heute als die „Urväter" der Heuristk & Bias Forschung.

Viele der empirisch beobachtbaren Anomalien treten in Bezug auf die Informationsbeschaffung und -gewichtung auf. Während in der ökonomischen Theorie angenommen wird, dass die Akteure die für die Entscheidung relevanten Informationen sorgfältig recherchieren, objektiv wahrnehmen und gemäß ihrer Relevanz gewichten, lässt sich empirisch häufig das Gegenteil beobachten: Menschen nehmen Informationen subjektiv wahr, vernachlässigen relevante Aspekte und ordnen die Bedeutung der gesammelten Daten nach subjektivem Empfinden. Neben vielen anderen Gründen, weshalb Menschen Informationen nur selektiv wahrnehmen, spielt die *Vernachlässigung von sekundären Effekten* oder der *Confirmation Bias* eine Rolle. So kommt es häufig vor, dass Menschen zwar die direkten Auswirkungen ihrer Entscheidung berücksichtigen, sekundäre Effekte jedoch missachten (Baron, Bazerman & Shonk, 2006; Bazerman, Baron & Shonk, 2001; Christandl & Fetchenhauer, 2009; Enste, Haferkamp & Fetchenhauer, 2009). Ebenso konzentrieren sich Menschen häufig unbewusst auf die Suche nach Informationen, die ihre bereits bestehende Meinung oder Annahme bestätigen. Dagegen verschließen sie die Augen vor Hinweisen, die gegen ihre Ansicht sprechen (Jones & Sugden, 2001; Nickerson, 1998). Eine solch eindimensionale Informationssuche kann durch die Motivation bedingt sein, die Argumente zu betrachten, durch die sich die eigene Meinung rechtfertigen lässt (Kunda, 1990). Dieses Phänomen wird in der Psychologie als *motivated reasoning* bezeichnet und erklärt die zugunsten der eigenen Ansicht oder der eigenen Persönlichkeit verzerrte Wahrnehmung. Derartige Verzerrungen in der Informationswahrnehmung veranlassen Menschen jedoch oftmals zu einer suboptimalen oder gar schlechten Entscheidung (gemessen an dem normativen Entscheidungsprozess).

Ein besonderes Problem der Informationsabwägung bei Entscheidungen unter Unsicherheit und Risiko tritt durch die notwendige Ermittlung von Eintrittswahrscheinlichkeiten auf (Kahneman & Tversky, 1982; Kahneman, Slovic & Tversky, 1982). Während in der ökonomischen Theorie davon ausgegangen wird, dass Menschen relevante Informationen betrachten und anhand dieser gemäß den mathematischen Regeln der Wahrscheinlichkeitsrechnung die Eintrittswahrscheinlichkeit und den Erwartungsnutzen berechnen, erweist sich bereits die Informationssuche als irrational. So folgen Menschen in ihrem Entscheidungsprozess Heuristiken, gemäß denen sie Informationen suchen und die Wahrscheinlichkeit einschätzen. Da sie dadurch jedoch häufig relevante Informationen vernachlässigen oder gegen die statistischen Regeln der Wahrscheinlichkeitsrechnung verstoßen, führt die Anwendung derartiger Heuristiken häufig systematisch in die Irre (Kahneman & Tversky, 1972; Tversky & Kahneman, 1973; 1974).

In diesem Kontext sind insbesondere die *Verfügbarkeits- und Repräsentativitätsheuristik* zu nennen (Tversky & Kahneman, 1973; 1974). Demnach orientieren sich Menschen bei der Schätzung von Häufigkeiten an den ihnen verfügbaren Beispielen der betreffenden Kategorie, wohingegen sie andere, weniger präsente Aspekte unberücksichtigt lassen. Eben dies führt zu einer verzerrten Einschätzung und zu einem häufigen Fehlschluss. Deutlich wird die Auswirkung der Verfügbarkeitsheuristik nach Naturkatastrophen. So lässt sich beobachten, dass nach einem erschütternden Ereignis, wie einem Erdbeben, der Verkauf von Erdbebenversicherungen ansteigt, nach einer Weile jedoch wieder nachlässt (Slovik, Kunreuther & Gilbert, 1974). Solange das Geschehnis in den Köpfen der Menschen präsent ist, schätzen sie die Eintrittswahrscheinlichkeit eines Erdbebens viel höher ein als sie eigentlich ist. Verschwindet das Ereignis wieder aus den Köpfen, nimmt auch die gefühlte Wahrscheinlichkeit eines Unglücks ab.

Folgen Menschen der Repräsentativitätsheuristik, um zu einer Einschätzung zu gelangen, konzentrieren sie sich vorwiegend auf auffällige Merkmale, während sie weniger ausgeprägte Aspekte missachten (Kahneman & Tversky, 1973; Tversky & Kahneman, 1974). Häufig werden Menschen auf Grund eines ausgeprägten Merkmals einer bestimmten Berufsgruppe zugeordnet, nur weil dieses Merkmal für diese Gruppe als typisch erachtet wird. Andere Anzeichen, die weniger ins Gewicht fallen, jedoch von gleicher Relevanz sind, werden dagegen missachtet (siehe Beispiel 1).

Beispiel 1: Die Repräsentativitätsheuristik

Kahneman und Tversky (1973) gaben in einer Studie 171 Versuchspersonen folgende Beschreibung eines Mannes: „Jack is a 45-year-old man. He is married and has four children. He is generally conservative, careful, and ambitious. He shows no interest in political and social issues and spends most of his free time on his many hobbies which include home carpentry, sailing, and mathematical puzzles" (S. 241). Die Versuchspersonen sollten schätzen, wie hoch die Wahrscheinlichkeit ist, dass Jack, der aus einer Stichprobe von 100 Personen gezogen wurde, zu der Berufsgruppe „Ingenieure" gehört. Zuvor wurde die eine Hälfte der Versuchspersonen (n=85) darüber aufgeklärt, dass sich in der Gruppe von Personen, aus denen Jack zufällig gewählt wurde, 30 Prozent Ingenieure und 70 Prozent Juristen befinden. Der anderen Hälfte der Versuchspersonen (n=86) wurde das Gegenteil berichtet: es wurde ihnen gesagt, dass 70 Prozent der Personen Ingenieure und 30 Prozent Juristen sind. Unabhängig davon, welche Basisrate den Probanden mitgeteilt wurde, schätzte die Mehrheit der beiden Gruppen die Wahrscheinlichkeit, dass Jack Ingenieur ist, höher ein.

Quelle: Kahneman und Tversky (1973)

Eine weitere gut erforschte Heuristik, die zu kognitiven Fehlschlüssen führt, ist die *Ankerheuristik* (vgl. Carlson, 1990; Epley & Gilovich, 2001; Strack & Mussweiler, 1997; Tversky & Kahnemann, 1974). Tversky und Kahnemann (1974) wiesen nach, dass sich Menschen bei der Schätzung einer numerischen Größe häufig unbewusst an einer anderen Zahl orientieren, auch wenn diese in keinerlei Zusammenhang mit der eigentlichen Sache steht und demnach keine relevante Information darstellt. Im Alltag spielt der Ankereffekt häufig auch in Verkaufs- bzw. Verhandlungssituationen eine wichtige Rolle. So nutzen psychologisch geschulte Verkäufer z. B. den Ankereffekt, um höhere Preise durchzusetzen. Durch geschicktes Erwähnen eines viel zu hohen Preises zu Beginn der Verhandlung schaffen sie es, dem Verhandlungspartner einen Anker zu bieten, an dem er seine weiteren Überlegungen messen wird (Northcraft, & Neale, 1987).

Alles eine Frage der Perspektive

Entscheidungen unter Unsicherheit und Risiko zu treffen, kann Menschen im Alltag bisweilen vor eine große Herausforderung stellen. Aus Angst, eine falsche Wahl zu treffen und am Ende vielleicht sogar einen Verlust zu erleiden, hadern viele mit der Entscheidung. Doch jeder, der schon mal ein Buch über Entscheidungstheorien gelesen oder eine Vorlesung über dieses Thema besucht hat, weiß, dass der Entscheidungsprozess und die Wahl im Grunde ganz einfach ist. Unter Berücksichtigung aller gegebenen Eintrittswahrscheinlichkeiten berechnet man die Erwartungsnutzen der Möglichkeiten und entscheidet sich dann für die Variante, die den höchsten zu erwartenden Nutzen hat. Zwar bleibt das Risiko, ein schlechtes Ergebnis zu erzielen, da die Ereignisse anderes als erwartet, eintreffen können. Die Entscheidung selber sollte jedoch unter Berücksichtigung der nötigen Informationen im Grunde ganz einfach sein – eben ganz rational ermittelbar.

Doch gerade daran scheitert es oftmals. Abgesehen von der Beobachtung, dass Menschen schon bei der Informationsbeschaffung und -abwägung Fehlern unterliegen (wie oben dargestellt), verstoßen sie auch auf Grund der unterschiedlichen Gewichtung von Gewinnen und Verlusten gegen die rationale Entscheidungsfindung.

Einen fundamentalen Beitrag zur Erkenntnis, wie Menschen Entscheidungen unter Risiko und Unsicherheit treffen, liefern Kahneman und Tversky (1979) durch die Formulierung der sogenannten *Prospekt Theorie* (siehe auch Tversky & Kahneman, 1992). In dieser Theorie berücksichtigen sie zentrale Eigenschaften der Menschen, die zu irrationalen Entscheidungen führen können und erläutern, in welcher Hinsicht Menschen von dem rationalen Entscheidungsprozess abweichen. Die Prospekt Theorie stellt somit das psychologische Entscheidungsmodell dar und bildet das Gegenstück zu der normativen Entscheidungsnutzentheorie der Ökonomie, in der ein rationaler Entscheider unterstellt wird. Die Prospekt

Theorie bildet eine zentrale Theorie in der deskriptiven Entscheidungs-forschung und ist gerade auch im Hinblick auf die Frage, wie Menschen im wirtschaftlichen Kontext agieren, von erheblicher Relevanz.

Im Wesentlichen unterscheidet sich die Prospekt Theorie in vier Punkten von der normativen Erwartungsnutzentheorie:

- Die Bewertung des erwarteten Nutzens eines Ereignisses wird nicht absolut bewertet, sondern hängt immer von dem jeweiligen Referenzpunkt ab.
- Stellt das Ergebnis eine Verschlechterung im Verhältnis zum Referenzpunkt dar, wird dieser Verlust als deutlich stärker empfunden als ein im Verhältnis zum Referenzpunkt empfundener Gewinn.
- Da Verluste schwerer wiegen als Gewinne, verhalten sich Menschen im Verlustbereich risikofreudig, im Gewinnbereich dagegen risikoscheu.
- Eintrittswahrscheinlichkeiten werden nicht objektiv bewertet. Vielmehr werden geringe Wahrscheinlichkeiten überbewertet, während hohe Wahrscheinlichkeiten häufig unterbewertet werden.

Gerade der letzte Punkt führt dazu, dass Menschen sichere Ereignisse unsicheren Ereignissen vorziehen, auch wenn sie bei der Wahl des unsicheren Ereignisses den größeren Nutzen zu erwarten hätten. Legen sie dagegen ein zu großes Gewicht auf kleine Wahrscheinlichkeiten (z. B. Seilabriss bei Bungee Jumping), kann es passieren, dass Menschen vor Ereignissen (wie in diesem Fall Bungee Jumping) zurückschrecken, obwohl objektiv betrachtet kein Grund dafür besteht.

Die wohl zentralste Erkenntnis der Prospekt Theorie ist die im dritten Punkt genannte Eigenart der Menschen: Verluste werden schwerer gewichtet als Gewinne. Dieses Ungleichgewicht führt dazu, dass Menschen sich mehr über den Verlust von 10 Euro ärgern, als sie sich über den Gewinn von 10 Euro freuen. Oder anders ausgedrückt: Ein Gewinn von 10 Euro wiegt den Verlust von 10 Euro nicht auf. Aus diesem Grund ist die Wertfunktion (value function) in der Prospekt Theorie im Bereich der Gewinne konkav, während sie im Verlustbereich konvex ist. Zudem ist die Kurve im Bereich der Verluste steiler (siehe Abbildung 2).

Auf die Asymmetrie in der Gewichtung von Gewinnen und Verlusten lässt sich auch das als Verlustaversion bezeichnete Verhalten zurückführen. In diesem Sinne unternehmen Menschen größere Anstrengungen, wenn es darum geht, einen Verlust zu vermeiden, als wenn es darum geht, einen Gewinn in gleicher Höhe zu erzielen. Dieses Ungleichgewicht führt dazu, dass Menschen bei gleichen Informationen zu völlig konträren Entscheidungen kommen, wenn diese auf unterschiedliche Art und Weise dargestellt werden.

Abbildung 2: Gewinn und Verlustbewertung gemäß der Prospekt Theory

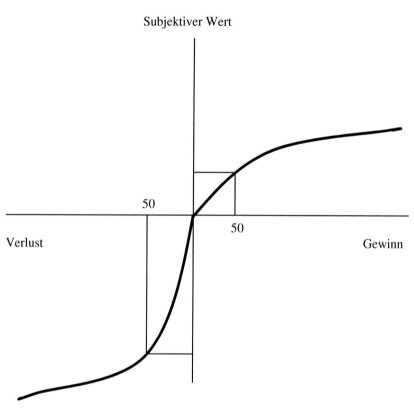

Quelle: eigene Darstellung nach Kahneman und Tversky (1979)

Anhand dieser Erkenntnis lässt sich der aus der Psychologie bekannte *Framingeffekt* erklären (Tversky & Kahnemann, 1981). Dieser besagt, dass Informationen, die in einem Gewinn-Kontext eingebettet sind, anders wahrgenommen werden als Angaben, die in einem Verlust-Kontext beschrieben werden. Dies beeinflusst nicht zuletzt die Entscheidung, da Menschen mehr Risiko auf sich nehmen werden, um eventuelle Verluste zu vermeiden. Werden bei der Darstellung Gewinne betont, tendieren Menschen somit zu einem risikoaversen Verhalten. Werden jedoch Verluste hervorgehoben, bevorzugt die Mehrheit die risikofreudige Variante, da unsichere Verluste akzeptabler erscheinen als sichere Verluste.

In neuroökonomischen Studien (vgl. Martino, Kumaran, Seymour & Dolan, 2006) konnte herausgefunden werden, dass der Framingeffekt durch Emotionen hervorgerufen wird. Somit werden bei der Verarbeitung der Informationen Emotionen ausgelöst, die Menschen in ihren Entscheidungen beeinflussen.

Das geläufigste Beispiel, anhand dessen der Framingeffekt in der Literatur beschrieben wird, stammt von Tversky und Kahnemann (1981) und ist als das sogenannte Asian Disease Problem bekannt (Beispiel 2).

Beispiel 2: Der Framingeffekt

„Imagine that the U.S. is preparing for the outbreak of an unusual Asian disease, which is expected to kill 600 people. Two alternative programs to combat the disease have been proposed. Assume that the exact scientific estimate of the consequences of the programs are as follows: If Program A is adopted, 200 people will be saved. If Program B is adopted, there is 1/3 probability that 600 people will be saved, and 2/3 probability that no people will be saved. Which of the two programs would you favor?" (S. 453). Die Mehrheit der Probanden in der Untersuchung von Tversky und Kahneman entschied sich für Variante A, bei der sicher 200 Leben gerettet werden, während nur wenige der Teilnehmer Option B wählten, bei der mit einer Chance von 1 zu 3 alle überleben, aber andererseits mit einer Chance von 2 zu 3 alle sterben. Einer weiteren Gruppe von Versuchspersonen legten Tversky und Kahneman die gleiche Coverstory vor, jedoch unterschieden sich die beiden Lösungsalternativen in ihrer Formulierung von den Alternativen, die der ersten Gruppe angeboten wurde: „If Program C is adopted, 400 will die. If Program D is adopted there is 1/3 probability that nobody will die, and 2/3 probability that 600 people will die. Which of the two programs would you favor?" (S. 453). Dieses Mal wählte nur eine kleine Minderheit Programm C, obwohl sich diese Alternative in seinem Ergebnis nicht von Programm A unterschied. Der Großteil der Befragten präferierte das risikoreichere Programm. Grund hierfür ist, dass der risikoreiche Versuch alle zu retten, akzeptabler erscheint, als die Option zu wählen, in der sicherlich 400 Menschen sterben. Die gegensätzliche Wahl der Probanden lässt sich nur auf die verschiedenen Darstellungsformen zurückführen, da sich die Alternativen A und C sowie B und D vom Ergebnis nicht unterschieden. Doch während in dem einen Fall der sichere Gewinn hervorgehoben wurde, liegt die Betonung im zweiten Fall auf dem sicheren Verlust. Demzufolge wählen Menschen im zweiten Fall die risikoreichere Variante, da sie sich stärker bemühen, Verluste abzuwenden.

Quelle: Tversky und Kahneman (1981)

Ausgehend von der Prospekt Theorie lassen sich auch andere Verhaltensanomalien, wie z. B. der *Besitztumseffekt* (Kahneman, Knetsch & Thaler, 1990; 1991) erklären. Dieser beschreibt die objektiv betrachtete übersteigerte Wertschätzung einer Sache, die einmal in den Besitz eines Individuums übergegangen ist. Grund hierfür ist, dass der Verlust als Verschlechterung des Status Quo wahrgenommen wird und somit schwerer wiegt als der objektiv betrachtete Wert.

Weitere, in diesem Kontext nicht aufgezählte Phänomene, werden auf Grund der Irrelevanz für diese Arbeit nicht weiter betrachtet.

Abschließende Beurteilung

Die in diesem Kapitel vorgestellten psychologischen Erkenntnisse, wie Menschen entscheiden, zeigen deutlich, dass sie von der in der Ökonomie unterstellten Rationalitätsannahme abweichen. Statt den logischen Regeln der Rationalität zu folgen, wie dies dem homo oeconomicus zugeschrieben wird, wenden Menschen intuitive Entscheidungsheuristiken an und erliegen kognitiven Fehlschlüssen. Die ökonomische Annahme, Menschen agierten rational, trifft somit nicht uneingeschränkt zu. Daher lässt sich sagen, dass die strikte Rationalitätsannahme eindimensional und irreführend sein kann. Dennoch sollten die psychologischen Erkenntnisse bezüglich irrationalen Verhaltens jedoch nicht überbewertet werden. Genauso wenig dürfen sie jedoch missachtet werden. Eine Überbewertung der Erkenntnisse ist deshalb nicht angebracht, weil auch der Rückgriff auf eine Entscheidungsheuristik durchaus effizient, hilfreich und somit rational sein kann. Zudem lässt sich wohl kaum von der Hand weisen, dass sich Menschen bei der Auswahl von Alternativen für die Variante entscheiden, von der sie sich den größten Nutzen versprechen. Es lässt sich somit nicht sagen, dass Menschen keinesfalls rational agieren. Da Entscheidungsheuristiken jedoch meist unbewusst angewendet werden und zu systematischen Verzerrungen führen, muss berücksichtigt werden, dass Menschen eben nicht immer rational handeln.

Anhand der gesamten dargestellten Erkenntnisse lässt sich somit abschließend festhalten, dass es grundsätzlich nicht falsch ist, rationales Verhalten in ökonomischen Modellen anzunehmen. Es kann jedoch gesagt werden, dass es falsch ist, irrationales Verhalten auszuschließen.

2.2.3   Das ordoliberale Verständnis von Rationalität

Wie verhalten oder entscheiden sich Menschen nach Ansicht von Eucken oder Hayek? Als Eucken (1952) sein Hauptwerk „Grundsätze der Wirtschaftspolitik" verfasste, war der homo oeconomicus bereits in den Wirtschaftswissenschaften als grundlegendes Menschenbild etabliert. Somit ließe sich der Schluss ziehen, dass auch Eucken seinen Überlegungen einen rationalen Akteur zugrunde legte. Entgegen dieser Vermutung lässt sich jedoch auf den ersten Blick keine eindeutige, allgemein gültige Aussage darüber treffen, inwieweit im Ordoliberalismus Rationalität als grundlegende Annahme für menschliches Verhalten gilt. Zwar lässt sich aus der Literatur schließen, dass die Rationalität auch im Ordoliberalismus ein wichtiges Element ist, jedoch weicht das ordoliberale Rationalitätsverständnis von der strikten Rationalitätsdefinition, wie sie dem neoklassischen homo oeconomicus eigen ist, ab.

Verschiedene Aspekte in den Arbeiten von Eucken und Hayek lassen erkennen, dass die Rationalitätsannahme nicht im strengen Sinne gilt. Vielmehr ziehen sie in Betracht, dass Menschen häufig auch nicht rational agieren. Insgesamt unterscheiden sich Hayek und Eucken jedoch in ihrer Ansicht, inwieweit Menschen rationales Verhalten unterstellt werden kann. Auch nimmt die Rationalität in ihren Arbeiten ein unterschiedliches Gewicht ein.

Euckens Verständnis von Rationalität

Während Hayek (1945a; 1964) ganze Arbeiten über das Verständnis von Rationalität verfasst, lässt sich bei Eucken nur eine Stelle finden, die Aufschluss über sein Rationalitätsverständnis gibt. So diskutiert er im Werk „Die Grundlagen der Nationalökonomie" (1950), wie der Mensch im wirtschaftlichen Kontext agiert. „Es wird sich zeigen, daß das wirtschaftliche Verhalten beides zugleich ist: Konstant und wandelbar. *Konstant* in einer bestimmten Schicht des einzelnen Menschen, *wandelbar* in anderen Schichten des Menschen" (S. 210/211). Weiter schreibt er: „Konstant: Überall und zu allen Zeiten befindet sich Tag für Tag der Mensch in der Situation, die Spannung zwischen Bedürfnissen und den Mitteln zur Bedürfnisbefriedigung überwinden zu müssen.[…], sondern auch sein Verhalten in der Lösung dieses Problems der Knappheit bleibt im Grundwesentlichen konstant. *Stets nämlich und überall suchen Menschen in ihren wirtschaftlichen Plänen und damit in ihren Handlungen einen bestimmten Zweck mit einem möglichst geringen Aufwand an Werten zu erreichen.* Stets also folgen sie dem sog. ‚Wirtschaftlichen Prinzip'" (S. 211).

Zwar redet Eucken an dieser Stelle nicht explizit von Rationalität, jedoch kann sein Verständnis von wirtschaftlichem Handeln mit rationalem Handeln gleichgesetzt werden. So geht auch Eucken davon aus, dass Menschen unter gegebenen Restriktionen versuchen, ihren Nutzen zu maximieren. Auch wenn an dieser Stelle zu erkennen ist, dass Eucken grundsätzlich rationales Handeln unterstellt, grenzt er sich von der strikten Rationalitätsannahme, wie sie im Modell des homo oeconomicus gilt, ab. Er weist darauf hin, dass Menschen zwar nach dem wirtschaftlichen Prinzip handeln, dies jedoch für einen Außenstehenden anders wirken kann. Somit kritisiert er, dass das wirtschaftliche Prinzip als Grundlage zur Bildung einer Theorie verwendet wurde, die die „*Mannigfaltigkeit*, die in Durchführung des wirtschaftlichen Prinzips zur Geltung kommt" (1950, S. 213) nicht berücksichtigt.

Eucken ist der Ansicht, dass die Verschiedenheiten der Menschen in ihrem wirtschaftlichen Handeln mehr Beachtung finden sollten, als dies in der wirtschaftlichen Theorie der Fall ist. So gibt er zu bedenken, dass die Unterscheidung zwischen subjektiver Befolgung des wirtschaftlichen Prinzips und der objektiven Befolgung in der Anwendung der Theorie berücksichtigt werden muss. Zur Verdeutlichung dieser Unterscheidung beschreibt Eucken einen Bauern, der noch heute gemäß der Dreifelderwirtschaft seine Äcker bestellt, obwohl schon lange bekannt ist, dass diese Anbaumethode ineffizient ist. Aus subjektiver Sicht handelt der Bauer im Sinne des wirtschaftlichen Prinzips, da die Umstellung der Ackerbebauung von altbewährter auf eine neue Methode für den Bauern mit Risiko behaftet ist und ihm daher die Kosten höher erscheinen als der Nutzen. Objektiv betrachtet verstößt der Bauer jedoch gegen das wirtschaftliche Prinzip, da der Mehrwert einer neueren Ackerbebauung bekannt ist. „Mit der Tatsache, daß viele Bauern heute nicht diejenige Kombination von Produktionsmitteln durchführen, ihre Äcker nicht so verwerten, wie es für sie nach der in ihrem Lande bekannten Technik oder nach dem Stande der Preise am günstigsten wäre, rechnet die ökonomische Theorie nicht. Eine Bedingung, welche in der Theorie gesetzt wird, ist also hier nicht voll verwirklicht. – Dieser Sachverhalt muß in der *Anwendung* der Theorie berücksichtigt werden" (Eucken, 1950, S. 214).

Eucken kritisiert an dieser Stelle offensichtlich die in wirtschaftstheoretischen Modellen unterstellte Annahme, dass Menschen unter vollständigen Informationen nach dem wirtschaftlichen Prinzip und somit rational handeln. Dies ist seiner Meinung nach falsch, da Menschen auch unter unvollständigen oder fehlerhaften Kenntnissen nach dem wirtschaftlichen Prinzip handeln können. Eben diese Einschränkung muss Euckens Ansicht nach in theoretischen Modellen berücksichtigt werden. Denn ist dies nicht der Fall, können aus Modellen abgeleitete Handlungsempfehlungen fehlerhaft sein. Um dies zu vermeiden, muss Euckens Meinung nach berücksichtigt werden, dass Menschen ihre Entscheidung anhand eines falschen oder verzerrten Wissensstandes treffen können.

An dieser Stelle lässt sich erkennen, dass Eucken einer Rationalitätsvorstellung folgt, die dem Konzept (Simon, 1955) der eingeschränkten Rationalität entspricht. Das strenge Verständnis von Rationalität, wie es in weiten Teilen der ökonomischen Theorie gilt, kritisiert er dagegen. In diesem Sinne nimmt Eucken an, dass Menschen zwar im Hinblick auf die gegebenen Mittel und dem individuellen Wissensstand versuchen, den Nutzen zu maximieren, ihren Entscheidungen jedoch fehlerhafte Informationen zugrunde liegen können. Da Menschen ihre Entscheidung seiner Meinung nach jedoch bewusst unter Abwägung der vorhandenen Informationen treffen, handeln sie nach seiner Abgrenzung nach zwar nicht streng, jedoch in einem eingeschränkten Maße rational.

Hayeks Verständnis von Rationalität

Wesentlich kontroverser als Eucken äußert sich Hayek (1945a; 1959; 1961) zur Rationalitätsannahme. Seiner Meinung nach (1959) widerspricht die Vorhersehbarkeit der Aktionen, die durch die strikte Annahme von rationalem Handeln resultiert, dem philosophischen und wirtschaftlichen Grundverständnis. Im Gegensatz zu der Annahme, wie sie im Modell des homo oeconomicus zu finden ist, geht Hayek (1945a; 1959; 1961) zudem davon aus, dass Menschen nur über eine beschränkte Vernunft verfügen und sich daher auch fehlerhaft verhalten können.

In diesem Punkt sieht Hayek den größten Gegensatz des Verständnisses bezüglich des Wesens der Menschen in den unterschiedlichen Theorien oder Wissenschaftsbereichen. Er differenziert zwischen zwei Verständnisauffassungen oder wie er es nennt, zwei Arten des Individualismus: Dem neoklassischen Verständnis, in dem das Individuum über eine uneingeschränkte Vernunft verfügt und dem Verständnis der englischen Nationalökonomen, wie Smith, Hume oder Ferguson, die von einer eingeschränkten Vernunft ausgehen. Während er das Verständnis der englischen Nationalökonomen, in deren Tradition er sich sieht, als den wahren oder englischen Individualismus bezeichnet, nennt er das Verständnis der Neoklassiker den „falschen Individualismus" (Hayek, 1945a). Im Gegensatz zum wahren Individualismus, so schreibt Hayek, in dem davon ausgegangen wird, dass die Betrachtung des individuellen Verhaltens nur im gesellschaftlichen Kontext Sinn ergibt, behauptet der falsche Individualismus, dass „isoliert oder für sich abgeschlossene Individuen existieren" (1945a, S. 8).

Bezüglich der Unterschiede der beiden Individualismusarten schreibt er weiter: „Aber das ist nur eine Seite eines viel weitertragenderen Unterschiedes zwischen den beiden Anschauungen: die eine schätzt die Rolle der Vernunft in den Angelegenheiten der Menschen nicht hoch ein und behauptet, daß der Mensch, was er erreicht hat, der Tatsache zum Trotz erreicht hat, daß er nur zum Teil von der Vernunft geführt und seine persönliche Vernunft sehr begrenzt und unvollkommen ist; die andere nimmt an, daß „Die Vernunft" allen Menschen jederzeit in vollem und gleichem Maß verfügbar ist und daß alles, was der Mensch erreicht, das unmittelbare Ergebnis der Herrschaft der Einzelvernunft ist und daher untertan ist. […] Die antirationalistische Einstellung, die den Menschen nicht als ein höchst rationales und intelligentes sondern als ein sehr irrationales und fehlbares Wesen betrachtet, dessen Irrtümer nur im Laufe eines sozialen Prozesses ausgeglichen werden, und die darauf hinzielt, so viel wie möglich aus einem sehr unvollkommenen Material herauszuholen, ist wohl der charakteristischste Zug des englischen Individualismus" (1945a, S. 10).

So wie im englischen Individualismus vertritt auch Hayek in seinen Analysen die Ansicht, dass Menschen nicht von vornherein wissen können, wie sie sich am besten verhalten sollen. Dieses Verständnis, wie es der neoklassischen Theorie anhaftet, lehnt er ab. In seinen Augen verschleiert der a-priori-Charakter über die allumfassende Vernunft die wirklichen Tatsachen (Hayek, 1978).

Auch wenn sich Hayek deutlich vom neoklassischen Rationalitätsverständnis abgrenzt, spielt Rationalität für ihn und seine wirtschaftspolitischen Analysen eine bedeutende Rolle (Hayek, 1959). Er definiert Rationalität jedoch anders, mehr als eine durch den Prozess der Wissenskommunikation stattfindende Lernfähigkeit. „Rationalität kann in diesem Zusammenhang nicht mehr heißen als ein gewisses Maß an Zusammenhang und Konsequenz im Handeln des Menschen, einen gewissen Einfluß des Wissens und der Einsicht, die er erworben hat, auf sein Handeln in einem späteren Zeitpunkt und unter anderen Umständen" (Hayek, 1959, S. 284). Somit beschreibt Hayek Rationalität als die Fähigkeit der Menschen, Konsequenzen aus ihrem teils fehlerhaften Verhalten zu ziehen und diese in zukünftigen Entscheidungen zu antizipieren. Auch wenn Menschen die Auswirkungen ihrer Entscheidungen zunächst nicht einschätzen können und daher Fehler machen, sind sie in der Lage, negative Folgen auf ihre Handlungen und Entscheidungen zurückzuführen und diese Erkenntnisse bei der nächsten Entscheidung zu berücksichtigen. In dieser Lernfähigkeit der Menschen sieht er die Rechtfertigung dafür, dass ihnen – trotz einer eingeschränkten Vernunft – Freiheit in ihren Entscheidungen und Handlungen gewährt werden kann.

Nicht nur durch das andere Verständnis von Rationalität grenzt sich Hayek von der neoklassischen Rationalitätsannahme ab, sondern auch durch die Berücksichtigung von intuitivem Verhalten, das per Definition im Modell des homo oeconomicus ausgeschlossen ist. So geht Hayek (1962a; 1964) davon aus, dass Menschen nicht alle Möglichkeiten vollständig überprüfen und gegeneinander abwägen, sondern vielmehr einer gewissen Intuition, oder wie er es beschreibt abstrakten Regeln, folgen. Damit meint er jedoch nicht Regeln im wörtlichen Sinne, sondern vielmehr Entscheidungsgrundlagen, anhand derer Menschen sich orientieren, ohne erklären zu können, warum sie dies tun. Hayek (1964) nimmt an, dass diese „Regeln" Menschen in Entscheidungssituationen als Wegweiser dienen und ihnen die alltäglichen Entscheidungsprozesse erleichtern. „...daß wir in unserem gesamten Denken von Regeln geleitet (oder sogar gelenkt) werden, die wir nicht erkennen, und daß daher unsere bewusste Vernunft immer nur einige der Umstände in Rechnung stellen kann, die unsere Handlungen bestimmen" (Hayek, 1964, S. 77). An einer anderen Stelle schreibt er: „Er [der Mensch] muß Regeln haben, die sich auf typische Situationen beziehen, die so charakteristisch sind, daß sie den handelnden Personen erkennbar sind, ohne Rücksicht auf die entfernten Wirkungen im speziellen Fall – Regeln, die, wenn sie regelmäßig befolgt werden, in der Mehrzahl der Fälle zum Wohle wirken werden – auch wenn sie dies in den schwierigen Sonderfällen nicht tun, von denen das englische Sprichwort sagt: ‚hard cases make bad law'" (Hayek, 1945a, S. 20).

Auch wenn er erkennt, dass intuitives Entscheiden hilfreich sein kann, räumt Hayek Risiken ein, die mit dem Anwenden von Heuristiken verbunden sind. Denn abstrakte Regeln (bzw. intuitive Entscheidungsheuristiken) führen seiner Meinung nach nicht immer zum Erfolg. Dies macht er in einer späteren Ausführung noch einmal deutlich. So schreibt Hayek (1971), dass die Verhaltensregeln, die sich im Laufe der Zeit in einem selektiven Prozess gebildet haben, auch oftmals dann noch von Bestand sind, wenn sie bereits an Nützlichkeit verloren haben: „Nicht alle diese nichtrationalen Faktoren, die unserem Handeln zugrunde liegen, führen zum Erfolg" (Hayek, S. 34). Auch wenn Hayek dies nicht so sagt, kann anhand dieser Ausführungen der Schluss gezogen werden, dass auch er von irrationalem Verhalten ausgeht.

In seinen Werken betont Hayek, dass dieses nicht rationale Verhalten für die wissenschaftliche Analyse von Bedeutung ist und berücksichtigt werden sollte. „Wir werden feststellen, dass derartige Wahrnehmungen, die die radikalen Behavioristen ignorieren wollen, weil die entsprechenden Reize sich nicht „physikalisch" definieren lassen, zu den wichtigsten Daten zählen, auf die sich unsere Erklärungen der Beziehungen zwischen Menschen stützen müssen" (Hayek, 1962a, S. 16).

Durch dieses Zitat wird deutlich, dass Hayek den Ausschluss von intuitivem Verhalten, wie dies in der neoklassischen Wirtschaftstheorie der Fall ist, als falsch ansieht. Seiner Meinung nach lassen sich viele Verhaltensweisen der Menschen nicht durch rationales Verhalten alleine, sondern durch die gleichzeitige Berücksichtigung von intuitiven Verhaltensweisen erklären. Werden diese von der wissenschaftlichen Analyse ausgeschlossen, bleibt sie Hayeks Meinung nach unvollständig. Folglich werden sich seiner Ansicht nach manche Beobachtungen, insbesondere die in Bezug auf soziale Interaktionen, nicht mit dem theoretischen Modell erklären lassen.

Um analysieren zu können, inwieweit sich Menschen sowohl durch ihre inneren, abstrakten Regeln als auch durch die Justiz erlassenen Gesetze leiten und in ihren Entscheidungen beeinflussen lassen, sieht Hayek eine engere Zusammenarbeit von Ökonomie, Justiz und der Sozialphilosophie als notwendig an. Nur so können seiner Meinung nach alle Beweggründe der Menschen für ihr Handeln umfassend betrachtet und berücksichtigt werden. Er gibt hiermit zu erkennen, dass insbesondere Sozialforschung und Ökonomie nicht unabhängig voneinander existieren sollten und dass die von allen anderen Bereichen isolierte Betrachtung menschlichen Verhaltens nicht zum richtigen Ergebnis führen kann.

Abschließende Gedanken

Unschwer lässt sich erkennen, dass die Rationalitätsannahme somit auch im Ordoliberalismus ein zentrales Element darstellt, die Definition von Rationalität jedoch von der neoklassischen Variante abweicht. Während Euckens Rationalitätsvorstellung eher dem Konzept der eingeschränkten Rationalität entspricht, versteht Hayek (1959) vornehmlich unter rationalem Verhalten die Fähigkeit der Menschen, aus ihren Fehlern zu lernen. Auf Grund dieser Eigenschaft kann nach Ansicht von Hayek den Menschen das Recht, frei entscheiden zu können, gewährt werden. Dabei schließt er jedoch nicht aus, dass Menschen auch falsche Entscheidungen treffen, sie für die Entscheidung relevante Informationen vernachlässigen und sich von ihrer Intuition täuschen lassen. Somit ist der Preis der Freiheit, die alleinige Verantwortung jedes Menschen für seine Handlungen und sein Schicksal, auch wenn er Fehler macht. Die Rationalitätsannahme im Ordoliberalismus ist demnach Fluch und Segen zugleich.

Da der Freiheit im Ordoliberalismus ein zentraler Stellenwert zukommt, spielt auch Rationalität, im Sinne der Lernfähigkeit, eine wichtige Rolle. Sie dient als Rechtfertigigungsgrundlage für die Befürwortung freier Entscheidungen (vgl. Priddat, 1998).

Nicht ersichtlich ist, ob Eucken und Hayek davon ausgehen, dass Menschen nur fallweise Fehler machen oder ob diese Fehler auch systematisch sein können. Da jedoch Hayek betont, dass Freiheit deshalb gewährt werden kann, weil Menschen lernfähig sind, kann vermutet werden, dass er von immer wiederkehrenden, vorhersehbaren Fehlern absieht. Somit lässt sich abschließend sagen, dass sich zwar einige Aspekte, insbesondere bei Hayek, finden lassen, die den psychologischen Erkenntnisse darüber, wie Menschen agieren, entsprechen, ihre Rationalitätsannahme jedoch zumindest in Teilen diesen Erkenntnissen widerspricht.

2.3 Der Mensch – zwischen Eigennutz und Altruismus

Jeder dritte einkommenssteuerpflichtige Bürger in Deutschland spendet regelmäßig knapp 10 Prozent seines Einkommens (Buschle, 2008) und zwei Fünftel aller Personen ab 10 Jahren in Deutschland engagieren sich ehrenamtlich (Kahle & Schäfer, 2005). Warum? Wollen sich Menschen durch derartiges Verhalten besser fühlen? Das Bild eines selbstlosen Menschen, der eine Handlung ausführt, ohne sich davon einen eigenen Vorteil zu versprechen, passt nicht zu dem eigennützigen Menschen, der aus der Ökonomie bekannt ist. Im Hinblick auf die Zahlen bezüglich Spendenaufkommen oder bürgerliches Engagement kann vielmehr der Eindruck entstehen, Menschen handelten uneigennützig. Doch selbstloses Verhalten lässt sich im ökonomischen Modell nicht erklären, da neben Rationalität auch die strikte Verfolgung eigener Interessen als wesentlicher Charakterzug des homo oeconomicus gilt.

Während somit in der wirtschaftswissenschaftlichen Theorie Einigkeit darüber herrscht, dass Menschen nur auf ihren eigenen Vorteil bedacht sind, zeigt der Blick in die Spenden- und Engagement-statistik, dass Menschen nicht immer nur aus eigenem Interesse handeln. Da Abweichungen von der Eigennutzannahme weitreichende Konsequenzen für zahlreiche ökonomische Aufgaben und Bereiche haben können, wie z. B. das optimale Design für Institutionen und Verträge, den Umgang mit öffentlichen Gütern, die Verteilung von Eigentumsrechten sowie vielen weiteren Dingen (Henrich et al., 2001), wird in den folgenden Kapiteln der Frage, ob Menschen eigennützig oder altruistisch handeln, durch die Betrachtung diesbezüglicher neoklassischer, psychologischer und ordoliberaler Annahmen und Erkenntnisse nachgegangen.

2.3.1 Die neoklassische Eigennutzannahme

Als elementares Handlungsmotiv des wirtschaftenden Menschen gilt das eigene Interesse. So wird angenommen, dass es in der Natur des Menschen liegt, im Sinne seines eigenen Wohlergehens zu handeln, ohne dabei auf das Empfinden anderer Menschen zu achten. „Das Individuum handelt (nur) entsprechend seinen eigenen Interessen. Mißgunst, Neid und Altruismus sind damit ausgeschlossen" (Kirchgässner, 1991, S. 16).

Dies klingt zwar zunächst unsympathisch, jedoch lässt sich des Öfteren der positive Aspekt des eigennützigen Handelns in der Literatur finden. So wies Bernhard Mandeville (1724, nach Rolle, 2005) in seiner *Bienenfabel* bereits darauf hin, dass das egoistische Treiben der Menschen zum Anstieg des Gemeinwohls führt und notwendig für eine florierende Gesellschaft ist. Doch der wohl bekannteste Gedanke im Zusammenhang mit dem Eigennutzaxiom geht auf Adam Smith zurück, der betonte, dass durch das eigennützige Handeln die wirtschaftlichen Prozesse gesteuert werden. Smith (1996[1789]) beschreibt dies folgendermaßen: „Nicht vom Wohlwollen des Metzgers, Brauers und Bäckers erwarten wir das, was wir zum Essen brauchen, sondern davon, daß sie ihre eigenen Interessen wahrnehmen. Wir wenden uns nicht an ihre Menschen- sondern an ihre Eigenliebe, und wir erwähnen nicht die eigenen Bedürfnisse, sondern sprechen von ihrem Vorteil" (S. 17). Obwohl Smith neben dem eigenen Interesse dem Menschen noch andere Eigenschaften zuordnete (1996 [1789]), gilt das eigennützige Streben spätestens seit diesem Satz als stärkstes Motiv für menschliches Handeln und ist unumstößlich mit dem wirtschaftenden Menschen verbunden.

Das Eigennutzmotiv gilt als ein wesentlicher Charakterzug des homo oeconomicus und stellt neben der Rationalitätssannahme die Grundlage im ökonomischen Verhaltensmodell dar. Dem Eigennutzmotiv kommt nicht zuletzt deshalb eine bedeutende Rolle zu, weil sich durch die Annahme der Rationalität alleine keine Aussage über das Verhalten in strategischen Situationen treffen lässt. Erst durch die Annahme des Handelns im eigenen Interesse lässt sich sagen, was den individuellen Nutzen der Menschen maximiert, welche Ziele sie verfolgen und welche Entscheidung dementsprechend als rational bezeichnet werden kann (Ockenfels & Raub, 2010).

Da der homo oeconomicus nichts tut, woraus kein Vorteil für ihn resultiert, lassen sich Handlungen aus Gefühlen wie Neid und Missgunst ebenso ausschließen, wie altruistisch bestimmtes Verhalten. Der homo oeconomicus agiert nur dann altruistisch, wenn er sich in strategischen Situationen durch derartiges Verhalten einen Vorteil erhofft. Da ein solches Verhalten in diesem Fall jedoch nicht mehr als altruistisch bezeichnet werden kann, lässt sich purer Altruismus aus dem Modell des homo oeconomicus ausschließen.

Auf die Annahme des Eigennutzes gehen in der Wirtschaftspolitik insbesondere Institutionen zurück, die der Kontrolle oder Straferteilung dienen. Denn unterstellt man Menschen ein strikt eigennütziges Handlungsmotiv, können sie nur durch Kontrollen und Strafen zur Einhaltung von Regeln veranlasst werden (Kirchgässner, 1991). Schließlich muss bedacht werden, dass eigennützige Menschen sich dann nicht an Vorschriften halten werden, wenn sie durch den Regelverstoß einen Vorteil haben.

Die Frage, ob Menschen eigennützig oder altruistisch agieren, ist für das Ergebnis vieler Situationen von großer Wichtigkeit, wie sich am Beispiel des Gefangenendilemmas verdeutlichen lässt. In dem aus der Spieltheorie bekannten Dilemma interagieren zwei Spieler (die Gefangenen) miteinander. Dabei haben sie die Möglichkeit zu kooperieren, d. h. den jeweils anderen nicht zu verraten, oder aber Verrat an dem anderen zu begehen. Kooperiert nur einer, wohingegen der andere Verrat begeht, wird Letzterer bereits nach einem Jahr frei gelassen, während der andere 5 Jahre im Gefängnis bleiben muss. Begehen beide Verrat, bekommen sie beide 4 Jahre Gefängnisstrafe, wohingegen sie bei Kooperation nach nur 2 Jahren entlassen werden (siehe Abbildung 3). Beide Gefangenen müssen unabhängig von dem jeweils anderen ihre Strategie festlegen.

Da in der neoklassischen Theorie davon ausgegangen wird, dass beide Gefangenen eigennützig sind, ist die Frage, welche Stategie beide Spieler wählen werden, eindeutig: Beide werden den jeweils anderen verraten. Grund hierfür ist, dass sie von dem eigennützigen Handeln des anderen ausgehen. In Anbetracht dessen bleibt nur der Verrat als mögliche Strategie, da sie sich schlechter stellen würden, wenn sie selber kooperieren, der andere sie jedoch verrät. Würden die Gefangenen ihrer Entscheidung jedoch nicht das Eigennutzmotiv zugrunde legen, könnten sie sich beide durch die Wahl der Kooperationsstrategie besser stellen.

Die Kritik an der Eigennutzannahme ist in den letzten Jahren, mit zunehmender Evidenz für altruistisches Verhalten, gestiegen (Batson, 2006; Henrich et al., 2001). So konnte in psychologischen Studien sowie empirischen Untersuchungen aus anderen Fachbereichen nachgewiesen werden, dass Menschen in nachgestellten Gefangenendilemma-Situationen nicht immer entsprechend der Eigennutzannahme agieren (für einen Überblick siehe Dawes & Thaler, 1988). Da die Versuchspersonen in diesen Entscheidungssituationen einmalig interagieren, merken Cooper, DeJong, Forsythe und Ross (1996) an, dass sich das kooperative Verhalten nicht mit einem langfristig erhofften Vorteil (Aufbau von Reputation) erklären lässt, sondern nur mit Altruismus. Eben solche Ergebnisse wecken Zweifel an der Eigennutzannahme.

Abbildung 3: Gefangenendilemma

		Gefangener A	
		Kooperation	Verrat
Gefangener B	Kooperation	2 Jahre A 2 Jahre B	1 Jahr A 5 Jahre B
	Verrat	5 Jahre A 1 Jahr B	4 Jahre A 4 Jahre B

Quelle: eigene Darstellung

Auch ein Blick in die Tageszeitung lässt vermuten, dass Menschen nicht nur aus eigenem Interesse handeln. So war am 3. Januar 2007 in der New York Times die Geschichte von Wesley Autrey, einem 50 Jahre alten Mann, der am 2. Januar 2007 auf die New Yorker U-Bahn-Gleise sprang, um das Leben eines anderen Menschen zu retten, zu lesen: An diesem Tag wartete Autrey mit seinen beiden Töchtern (4 und 6 Jahre) gerade auf die U-Bahn, als er beobachtete, wie ein junger Student einen epileptischen Anfall erlitt, bei dem er strauchelte und auf die U-Bahn-Gleise stürzte. Da sich in diesem Moment bereits die U-Bahn mit großer Geschwindigkeit näherte, handelte Autrey ohne zu überlegen. Er ließ seine beiden Töchter zurück, die angsterfüllt mit anschauen mussten, wie ihr Vater kurz vor dem Eintreffen der U-Bahn auf die Gleise sprang. Da Autrey es nicht mehr rechtzeitig schaffte, den verkrampften Körper des Studenten auf den Bahnsteig zu heben, legte er sich auf ihn und presste ihn soweit es ging auf den Boden, während die U-Bahn über sie beide hinwegrollte. Als die Bahn zum Stehen kam, zogen Helfer den unverletzten Autrey unter der Bahn hervor. Auch der gestürzte Student hatte nichts außer ein paar Kratzern erlitten. Wesley Autrey hatte das Leben eines jungen Mannes gerettet und war dabei selber dem Tod nur haarscharf entkommen. Als Autrey später von Reportern zu dem Geschehenen befragt wurde, sagte er nur: „I don't feel like I did something spectacular; I just saw someone who needed help, [...] I did what I felt was right" (Buckley, 2007). Wesley Autrey wurde nach seiner Tat als Held gefeiert und ihm wurde große Ehre zuteil. Anhand der ökonomischen Theorie lassen sich Geschichten wie die von Autrey jedoch kaum erklären. Die einzig ökonomisch sinnvolle Begründung für ein solches Verhalten scheint die zu sein, dass Autrey die Absicht hatte, als Held gefeiert zu werden. Nicht das Leben des anderen war es, was er retten wollte, sondern die Ehre, die ihm hinterher zuteil wurde, wollte er bekommen.

Doch klingt eine solche Erklärung plausibel? Verfolgte Autrey wirklich ein so egoistisches Ziel als er sich entschied, vor der U-Bahn auf die Gleise zu springen, um einen anderen Menschen zu retten? Wohl eher nicht. Denn die Tat war offensichtlich zu gefährlich, als dass Autrey sein Leben riskiert hätte, nur um hinterher als Held gefeiert zu werden. Nein, Wesley Autrey handelte anscheinend in diesem Moment ganz selbstlos.

Grundsätzlich kann es sich bei der Geschichte von Autrey natürlich um einen Einzelfall handeln, der die neoklassische Annahme des Eigennutzmotives nicht infrage stellt, da Abweichungen vom angenommenen Verhalten auch in der neoklassischen Theorie nicht gänzlich ausgeschlossen werden. Lässt sich jedoch feststellen, dass in vielen Menschen ein Wesley Autrey steckt, muss zurecht diskutiert werden, ob die Annahme des Eigennutzes weiter von Bestand sein kann.

2.3.2 Eigennutz versus Altruismus – eine psychologische Betrachtung

Die Frage, ob Menschen nur ihre eigenen Interessen verfolgen oder doch aus Nächstenliebe handeln, ist eine Frage, die sowohl Wissenschaftler unterschiedlicher Fachrichtungen als auch Dichter und Schriftsteller seit vielen Jahren beschäftigt. Doch auch wenn oftmals die Meinung vorherrscht, Menschen würden nur von Eigennutz angetrieben, lassen Beispiele wie das von Autrey oder die hohe Spendenbereitschaft der Menschen Zweifel an der empirischen Relevanz des Eigennutzmotivs aufkommen. Vielmehr entsteht der Eindruck, dass Menschen nicht nur ihr eigenes Interesse verfolgen, sondern häufig auch von altruistischen Motiven getrieben werden. Offen bleibt jedoch prinzipiell die Frage, ob aus scheinbar altruistischem Verhalten direkt der Schluss gezogen werden kann, dass die Eigennutzannahme nicht zutrifft. So ließe sich ebenfalls argumentieren, dass das eigentliche Motiv, das einer Handlung zugrunde liegt, nicht purer Altruismus ist, sondern eher der Wunsch, sich „gut zu fühlen" oder aber das Gefühl des „schlechten Gewissens" zu besänftigen (Batson, 2006). Letzten Endes wäre dementsprechend das eigentliche Motiv der beobachtbaren altruistischen Handlung, Eigennutz. Auch Michael Ghiselin, ein bekannter Evolutionsbiologe, hat mit seiner Aussage „Scratch an altruist and watch a hypocrite bleed" (Ghiselin, 1974, S. 247) auf diese Möglichkeit angespielt.

Die Frage, ob es puren Altruismus, d. h. Verhalten, bei dem sich Handelnde weder einen materiellen noch einen psychologischen Vorteil versprechen (Definition von Altruismus im sozialpsychologischen Sinne) gibt, wird in unterschiedlichen Fachgebieten immer wieder diskutiert (Fetchenhauer & Bierhoff, 2004). Doch auch wenn die Frage bisher noch nicht endgültig geklärt wurde, konnte in zahlreichen Untersuchungen und Studien gezeigt werden, dass die Eigennutzannahme, wie sie im neoklassischen Modell des homo oeconomicus gilt, in der Realität nicht zutrifft (Batson, 1991; 2006; Dovidio, Allen & Schroeder, 1990; Fehr & Gächter, 2000; Forsythe, Horowitz, Savin und Sefton, 1994; Henrich et al., 2001; für einen allgemeinen Überblick siehe Camerer, 2003). So weisen die Ergebnisse der bereits in Kapitel 2.2.2 beschriebenen Studie von Fetchenhauer und Dunning (2009) nicht nur darauf hin, dass Menschen im Rahmen des trust games gegen die Rationalitätsannahme verstoßen, sondern auch, dass ihr Verhalten im Widerspruch zur Eigennutzannahme steht. Wären Menschen nur an ihrem eigenen Vorteil interessiert, sollte keiner der Spieler in der Rolle von Person B den erhaltenen Betrag von 20 Euro mit dem Spielpartner, Person A, teilen. Schließlich haben sie keinen Vorteil davon, sondern stellen sich dadurch schlechter. Tatsächlich konnte jedoch beobachtet werden, dass rund 80 Prozent der Person(en) B ihre 20 Euro mit Person(en) A teilten, anstatt den Betrag vollständig für sich selbst zu behalten.

Diese offensichtliche Bereitschaft der Menschen in anonymen und einmaligen Interaktionen eigene Ressourcen zur Verfügung zu stellen, d. h.

Kosten auf sich zu nehmen, ohne dafür unmittelbar einen Gegenwert zu erhalten, widerspricht dem in der ökonomischen Standardtheorie angenommenen Eigennutzmotiv.

Ein derart dem Eigennutzmotiv gegensätzliches Verhalten lässt sich ebenfalls deutlich in experimentellen Untersuchungen, wie z. B. dem Ultimatum-, Diktator- oder Public Good Game erkennen (Bolton & Ockenfels, 2000; Fehr, Naef & Schmidt, 2006; Forsythe et al., 1994; Henrich et al, 2001; Ockenfels, 1999). Statt nur im eigenen Interesse zu handeln und sich ausschließlich auf den eigenen materiellen Vorteil zu konzentrieren, legt die Mehrheit der Versuchspersonen in diesen Spielen Wert auf Gerechtigkeit und reziprokes Verhalten.

Verdeutlichen lässt sich dies am Beispiel des Ultimatumspiels. Typischerweise besteht dieses aus zwei Teilnehmern: dem Proposer und dem Responder. Der Proposer hat die Aufgabe, einen ihm zugeteilten Geldbetrag zwischen sich und dem Responder aufzuteilen. In der Regel interagieren die Spieler anonym und nur einmalig. Dadurch kann ausgeschlossen werden, dass die Teilnehmer aus Gründen einer reziproken Erwartungshaltung handeln oder Reputationseffekte aufbauen. Während der Proposer dem Responder eine beliebige Aufteilung der Geldsumme vorschlagen kann, hat der Responder nur die Möglichkeit, den ihm angebotenen Betrag zu akzeptieren oder ihn abzulehnen. Nimmt er das Angebot nicht an, gehen beide Spieler leer aus. Akzeptiert er, bekommt jeder den ihm zugeteilten Betrag. Gemäß der Eigennutzannahme lässt sich das Ergebnis der Aufteilung der Geldsumme einfach bestimmen. Da selbst der kleinste Geldbetrag mehr Nutzen stiftet als gar kein Geld, akzeptiert der Responder jeden Betrag >0. Der Proposer antizipiert dieses Verhalten und bietet dem Responder daher den kleinstmöglichen Betrag, also etwas knapp über 0 an. Durch diese Strategie würde jeder der beiden Interaktionspartner unabhängig von dem anderen seinen Nutzen maximieren.

Im Allgemeinen zeigt sich jedoch in Ultimatumspielen ein anderes Ergebnis: Statt den kleinstmöglichen Betrag an den Interaktionspartner zu geben, gibt der Großteil der Teilnehmer mehr als 20 Prozent der zur Verfügung stehenden Geldsumme an den Interaktionspartner ab (Camerer, 2003; Forsythe et al., 1994). Bei einer gesamten Summe von z. B. 10 Euro bieten die Proposer dem Responder demnach im Durchschnitt 4 oder 5 Euro an. Somit zeigen diese Ergebnisse, dass Menschen anders agieren, als im Modell des homo oeconomicus angenommen.

Doch nicht nur an der Reaktion des Proposers lässt sich das von der Eigennutzannahme abweichende Verhalten erkennen; auch die Reaktionen der Responder weisen darauf hin, dass sich Menschen nicht nur von ihrem eigenen Nutzen, sondern auch von anderen Motiven wie Altruismus oder Gerechtigkeit leiten lassen. So lehnt fast die Hälfte der Responder Angebote, die, bei einer gesamten Summe von z. B. 10 Euro, unter 2 Euro liegen, ab. Da in diesem Fall jedoch nicht nur der Responder, sondern auch der Proposer leer ausgeht, widerspricht die ablehnende Reaktion der Eigennutzannahme (Camerer, 2003). Responder scheinen somit nicht zuerst daran zu denken, wie sie ihren eigenen Nutzen maximieren können, sondern das Angebot an- oder ablehnen, je nachdem wie fair sie die Aufteilung empfinden.

Im Hinblick auf die letztgenannten Ergebnisse ließe sich wiederum argumentieren, dass Proposer im Ultimatumspiel, die einen größeren Betrag als 0 an den Responder geben, doch gemäß der Eigennutzannahme agieren, da sie antizipieren, dass die Responder ein unfaires Angebot ablehnen werden. Diese Vermutung kann jedoch durch den Vergleich mit den Ergebnissen aus Diktatorspielen verworfen werden. Dieses unterscheidet sich in seinem Aufbau vom Ultimatumspiel durch die fehlende Möglichkeit des Responders, den ihm angebotenen Betrag abzulehnen. Dadurch bedingt muss er jeden Betrag akzeptieren, selbst dann, wenn der Proposer einen Betrag in Höhe von 0 Geldeinheiten anbietet. Der Proposer kann somit eigennützig handeln, ohne eine ablehnende Haltung des Proposers und den damit einhergehenden Verlust des Geldbetrages fürchten zu müssen. Trotz dieser Möglichkeit zeigt sich, dass im Durchschnitt die Versuchsteilnehmer (in der Rolle des Proposers) im Diktatorspiel, 20 Prozent des Betrags abgeben. Somit verhalten sich die Proposer im Diktatorspiel zwar weniger freigibig als im Ultimatumspiel, jedoch verdeutlichen diese Ergebnisse, dass neben strategischen Gedanken, Altruismus ein Motiv ist (Camerer, 2003).

In einem Experiment von Forsythe et al. (1994), das sowohl das Ultimatum- als auch das Diktatorspiel umfasst, lassen sich durch den direkten Vergleich der Ergebnisse aus den beiden Spielen die Unterschiede in der Verteilung erkennen. In beiden Versuchssituationen stand den Respondern der Betrag von 10 $ zur Verfügung. Deutlich zu sehen ist die im Diktatorspiel geringere Bereitschaft der Proposer, den Geldbetrag zu teilen (siehe Abbildung 4). Während im Ultimatumspiel niemand den Geldbetrag vollständig für sich behält, sind dies im Diktatorspiel 21 Prozent. Dennoch geben jedoch auch 21 Prozent im Diktatorspiel freiwillig die Hälfte der Geldsumme an den Responder.

Abbildung 4: Angebotene Beträge im Diktator- und Ultimatumspiel, Verteilung in Prozent

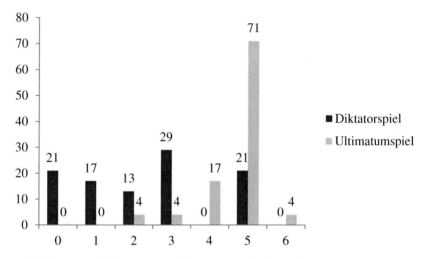

Quelle: Forsythe et al. (1994) aus Bolton und Ockenfels (2000)

Soziale Normen bestimmen das Zusammenleben

Anhand der Ergebnisse aus Ultimatum- und Diktatorspiel lässt sich erkennen, dass Menschen ihren Entscheidungen nicht vorwiegend eigennützige Motive zugrunde legen. Vielmehr lassen sie sich von Gerechtigkeitsprinzipien, d. h. einer Art Set von Regeln, die das Miteinander bestimmen, in ihrem Handeln und ihren Entscheidungen leiten (Fetchenhauer, 2010). Sie legen Wert darauf, gemäß diesem Verständnis von Fairness behandelt zu werden, als auch selber danach zu handeln. In diesem Sinne lehnen sie Ungerechtigkeiten ab und wollen selber als gerechte Menschen wahrgenommen werden (Fetchenhauer & Dunning, 2006).

Dieser Wunsch lässt sich auf die Vermutung zurückführen, dass gerechtes Handeln und insbesondere das „Handeln nach distributiver Gerechtigkeit" als soziale Norm in der Gesellschaft gilt, d. h. als eine allgemein von der Gesellschaft akzeptierte Regel, auf der menschliche Interaktionen beruhen und gemäß derer Menschen im Normalfall bestrebt sind zu handeln.

Gerechtigkeitsprinzipien, die als soziale Normen fungieren, bestimmen nicht nur das gesellschaftliche Zusammenleben, sie dienen Menschen auch als moralische Richtschnur. Insbesondere im wirtschaftlichen Kontext spielen sie eine wichtige Rolle und sollten nicht unberücksichtigt bleiben. Werden Gerechtigkeitsprinzipien nicht eingehalten und somit eine soziale Norm gebrochen, kann dies schwerwiegende Folgen für den wirtschaftlichen Erfolg haben. In diesem Kontext weisen Kahnemann, Knetsch und Thaler (1986) darauf hin, dass die Gerechtigkeitspräferenz der Menschen als Schranke für die Profitgier von Unternehmen dienen kann. Denn agieren Unternehmen offensichtlich gegen die als Norm empfundenen Gerechtigkeitsprinzipien, werden sie von der Bevölkerung für ihr normbrechendes Verhalten bestraft. Ein bekanntes Beispiel hierfür ist der weltweite Boykott von Shell im Jahr 1995. Nachdem bekannt wurde, dass Shell eine Bohrinsel im Atlantik versenken wollte, ohne die toxischen Substanzen vorher zu entfernen, wurde das Unternehmen dafür abgestraft, sodass sie einen Umsatzrückgang von 50 Prozent erlitten. Erst nach Änderung der Strategie erholte sich das Unternehmen.

Ein solches Verhalten wird in der Psychologie als altruistische Bestrafung bezeichnet. Altruistisch deshalb, weil in Untersuchungen (Fehr & Gächter, 2002a; Gürerk, Irlenbusch & Rockenbach, 2006; Marlowe et al., 2008) beobachtet wurde, dass Menschen andere für ihr ungerechtes Verhalten sogar dann bestrafen, wenn sie sich in einer einmaligen und anonymen Interaktion befinden und somit selber keinen Vorteil von einer durch die Bestrafung zu erwarteten Verbesserung des Verhaltens haben. Da jedoch davon auszugehen ist, dass das bestrafte Individuum sein Verhalten anpasst, profitiert ein anderer Kooperationspartner in einer späteren Situation von der Bestrafung, die der vorherige Interaktionspartner auf seine Kosten durchgeführt hat.

Anhand der Ergebnisse aus neuroökonomischen Untersuchungen (Quervain et al., 2004) lässt sich altruistische Bestrafung als eine Art Milderung von negativen Emotionen beschreiben, die Menschen dann empfinden, wenn sie beobachten, dass ein anderer gegen das Prinzip der Gerechtigkeit oder andere soziale Normen verstößt (Fehr & Fischbacher, 2004; Fehr & Gächter, 2002a; Mikula, Scherer & Athenstaedt, 1998). In einer Serie von Experimenten zeigen Fehr und Fischbacher, dass Menschen selbst dann dazu neigen, Normverletzer auf ihre eigenen Kosten zu bestrafen, wenn sie die Abweichung der Norm nur beobachten, selber jedoch die Ungerechtigkeit nicht tragen müssen (third-party punishment).

Zudem lässt sich erkennen, dass die Bestrafung umso höher ausfällt, je stärker der Normverletzer von der sozialen Norm der Gleichverteilung abweicht.

Altruistische Bestrafung zeigt nicht nur, dass menschliches Verhalten durch die Befolgung sozialer Normen determiniert wird, sondern dient in der Wissenschaft auch als Erklärung für Kooperation zwischen Menschen (Fehr & Gächter, 2002a; Gintis, Bowles, Boyd & Fehr, 2003). Während sich kooperatives Verhalten in anonymen Situationen durch frühere Theorien, wie die Weitergabe von Genen (Hamilton, 1964) oder den reziproken Altruismus (Trivers, 1971) nur teilweise erklären lassen (Gintis et al., 2003), konnte nachgewiesen werden, dass die Kooperationsbereitschaft steigt, sobald die Möglichkeit der altruistischen Bestrafung gegeben ist (Fehr & Gächter, 2002a; Gürerk et al., 2006; Marlowe et al., 2008).

Beispiel 3: Altruistische Bestrafung fördert Kooperation – Verdeutlichung am Public Good Game

Im Rahmen eines „Public Good Game" wurden die Versuchspersonen in unterschiedliche Gruppen mit jeweils 4 Spielern eingeteilt. Jeder Teilnehmer bekam 20 Geldeinheiten, von denen er so viele Einheiten pro Spielrunde für ein öffentliches Gut abgeben konnte wie er wollte. Für jede Geldeinheit, die pro Runde für das öffentliche Gut gegeben wurde, bekamen die Spieler, unabhängig davon, wie viel Geldeinheiten sie selber zu Beginn der Runde gegeben hatten, 0.4 Geldeinheiten ausbezahlt. Die Spielsituation an sich stellt somit ein Dilemma dar: Ist kein Gruppenmitglied bereit, etwas von seinen Geldeinheiten für das öffentliche Gut zu geben, hat jedes Mitglied am Ende der Runde 20 Geldeinheiten – so wie zu Beginn. Gibt jedes Gruppenmitglied die gesamten 20 Einheiten ab, bekommt am Ende jeder Spieler 32 Geldeinheiten und macht somit Gewinn. Da ein Gruppenmitglied jedoch für jede eigene Geldeinheit, die es gespendet hat, nur 0.4 Geldeinheiten und somit weniger zurückbekommt, sollte gemäß der Eigennutzannahme niemand etwas von seinen Geldeinheiten abgeben.

Zusätzlich zu den bisher genannten Spielbedingungen hatten die Gruppenmitglieder aus manchen Gruppen die zusätzliche Möglichkeit, andere Gruppenmitglieder für ihr Verhalten zu bestrafen. Dazu konnten sie am Ende einer Runde eine Summe zwischen 0 und 10 Geldeinheiten als Strafmaß wählen. Diese Geldeinheiten mussten sie zwar abgeben, jedoch bekam das Gruppenmitglied, das bestraft werden sollte, pro geleistete Geldeinheit eines bestrafenden Mitglieds 3 Geldeinheiten abgezogen. Es zeigte sich, dass die Grup-penmitglieder regelmäßig die Möglichkeit, andere Spieler für ihr Verhalten zu bestrafen, in Anspruch nahmen. Dabei ließ sich erkennen, dass die Spieler, die kooperierten, d. h. Geldeinheiten in das öffentliche Gut einzahlten, andere Spieler, die nicht kooperierten oder von dem als gerecht empfundenen Beitrag abwichen, bestraften. Je größer die Abweichung war, desto stärker wurden die Spieler bestraft. Insgesamt zeigte die Untersuchung deutlich, dass die durchschnittliche Kooperationsbereitschaft anstieg, sobald die Möglichkeit der Bestrafung im Versuchsaufbau gegeben war.

Quelle: Fehr und Gächter (2002a)

Moral als innerer Kompass – ethische Heuristiken

Wie gezeigt wurde, handeln und urteilen Menschen häufig nach Gerechtigkeitsprinzipien. Diese determinieren nicht nur als soziale Normen das Zusammenleben, sondern bilden auch die Basis für Entscheidungen. Während in der Ökonomie Entscheidungen anhand der Abwägung, ob etwas effizient oder ineffizient ist, getroffen werden, basieren Menschen im Alltag ihre Urteile meist auf Gerechtigkeits- bzw. Fairnessüberlegungen (Haferkamp, Fetchenhauer, Belschak & Enste, 2009). Diese Erkenntnis ist insbesondere im Kontext der Gestaltung von Wirtschafts- und Sozialpolitik von Bedeutung. Denn werden Maßnahmen von dem überwiegenden Teil der Gesellschaft als ungerecht empfunden, können sie zu Unmut und Ablehnung führen, selbst wenn sie effizient und wohlfahrtssteigernd sind.

Bei ihrer Entscheidung, was gerecht und was ungerecht ist, orientieren sich Menschen jedoch nicht immer an klar definierten Gerechtigkeitsprinzipien. Oftmals folgen sie einer Art innerem Kompass, ihrer Moral. Was moralisch verwerflich und was unbedenklich ist, entscheiden Menschen intuitiv (Haidt, 2001). Dabei lassen sie sich von Heuristiken leiten. Doch ebenso wie die Heuristiken, die im Kontext von Nutzenabwägungen beschrieben wurden (vgl. Kapitel 2.2.2), zu kognitiven Fehlschlüssen führen können, kommen Menschen oftmals auch durch die Anwendung von sogenannten ethischen Heuristiken zu verzerrten Urteilen. Bekannte und für die Arbeit relevante Heuristiken in diesem Zusammenhang sind:

- Do-no-harm Heuristik
- Omission Bias
- Status Quo Bias
- Fixed Pie Bias
- Parochialismus

Da die genannten Heuristiken und Entscheidungsverzerrungen auch in der Gestaltung und Empfindung der Wirtschafts- und Sozialpolitik eine Rolle spielen, sollen sie im Folgenden einzeln beschrieben werden.

Die *Do-no-harm Heuristik* beschreibt die individuelle Aversion, anderen Menschen Schaden zuzufügen (Baron 1995; 1998). Das oberste Ziel ist es demnach, möglichen Schaden von anderen abzuwenden, selbst wenn einer Vielzahl von Menschen dadurch geholfen werden könnte. Die Anwendung dieser Heuristik kann zu der Festschreibung des aktuellen Zustandes führen, da die Änderung einer Situation dann als ungerecht empfunden wird, wenn auch nur einer kleinen Gruppe an Menschen durch eine Maßnahme Schaden zugefügt wird (Bsp. Abschaffung von Subventionen). So weisen auch Enste und Hüther (2011) auf das Problem hin, dass Maßnahmen und Reformen häufig abgelehnt werden, wenn in den Medien hervorgehoben wird, welche Nachteile einzelnen Gruppen, wie z. B. Hartz IV Empfängern oder Geringverdienern, durch eine Änderung entstehen können.

Der Wunsch, niemandem zu schaden, hängt eng mit dem sogenannten *Omission Bias* zusammen (Baron 1998; Baron & Ritov 1994). Dieser besagt, dass Menschen die eventuellen Folgen, die durch eine Aktion auftreten können, schlimmer empfinden als mögliche negative Konsequenzen, die durch das Unterlassen einer Handlung ausgelöst werden. Kurz gesagt präferieren Menschen einen Schaden, der durch Unterlassen entsteht, als Schaden, der auf eine Aktion folgt. Durch diese verzerrte Wahrnehmung lässt sich z. B. auch erklären, warum Menschen aktive Sterbehilfe moralisch verwerflich finden, passive Sterbehilfe jedoch als moralisch vertretbar (Sugarman, 1986).

Auch der *Status Quo Bias* hängt eng mit der Do-no-harm Heuristik und dem Omission Bias zusammen. So besagt der Status Quo Bias, dass Menschen dazu neigen, einen Zustand – sei er auch willkürlich festgelegt – nach einer Weile als gerecht wahrzunehmen und jede Abweichung als ungerecht zu beurteilen (Kahneman, Knetsch & Thaler 1991; Samuelson & Zweckhauser 1988). Die Auswirkungen des Status Quo Bias lassen sich deutlich bei der in Deutschland geführten (2007) Diskussion um die Erhöhung des Renteneintrittsalters von 65 auf 67 Jahren beobachten. Obwohl das Eintrittsalter von 65 Jahren 1916, als die Höhe des Renteneintrittsalters festgelegt wurde, eher zufällig gewählt wurde und die Lebenserwartung im Vergleich zu heute weitaus niedriger war (Statistisches Bundesamt, 2012a), empfand die Mehrheit der Bürger eine Erhöhung als ungerecht (Haferkamp et al. 2009). Dieses Ungerechtigkeitsempfinden verursachte langwierige Debatten, wodurch sich die Durchführung der Reform hinauszögerte.

Der *Fixed Pie Bias* sowie der *Parochialismus* treten insbesondere dann auf, wenn es um die Frage geht, welche Verteilung gerecht ist (Baron, Bazerman, & Shonk, 2006; Bazerman, Baron & Shonk, 2001). Statt in Betracht zu ziehen, dass bei einem Handel beide Parteien gewinnen können, erliegen Menschen häufig dem Irrglauben, dass es sich bei der zu verteilenden Summe um einen „festen Kuchen" dreht. Dementsprechend sind sie der Meinung, dass die eine Seite nur Verluste machen kann, wenn die andere Seite gewinnt. Die strikte Konzentration auf die Verteilung einer feststehenden Summe kann dazu führen, dass Möglichkeiten zur allgemeinen Wohlfahrtssteigerung außer Acht gelassen werden oder Verhandlungen sowie Reformen sogar scheitern (Malhotra & Bazerman, 2008).

Im Unterschied zu dem Fixed Pie Bias wird beim Parochialismus das Ausland mit einbezogen (Kemp, 2007). Nicht zuletzt deshalb wird er in der Literatur häufig auch als anti-foreign bias bezeichnet (Caplan, 2007). Auf Grund der Fixed Pie Annahme erleidet die eigene Gruppe (Insider) durch Außenstehende (Outsider) einen Nutzenverlust, da mögliche Gewinne der Outsider als Verluste für die Insider wahrgenommen werden.

Viele der Globalisierungskritiken lassen sich auf den Parochialismus zurückführen. In diesem Sinne fanden Enste et al. (2009) heraus, dass die Mehrheit der Bevölkerung in Deutschland einen Arbeitsplatzabbau in Deutschland dann akzeptabel fände, wenn dafür an einer anderen Stelle in Deutschland alternative (ein, fünf oder zehn) Stellen geschaffen würden (die Anzahl der Stellen wurde variiert und abwechselnd abgefragt). Die Zustimmung für einen Arbeitsplatzabbau sinkt jedoch deutlich, wenn die alternativen Jobs nicht in Deutschland, sondern im Ausland entstehen würden (siehe Abbildung 5).

Abbildung 5: Verdeutlichung des Parochialismus, Angabe in Prozent

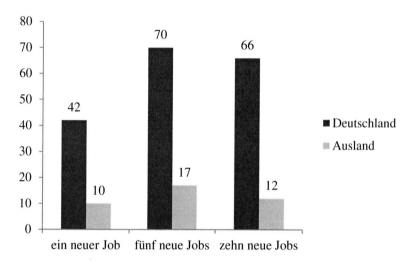

Quelle: Enste et al. (2009)

Abschließende Bemerkungen

Auch wenn Menschen bezüglich der Beurteilung, was gerecht und was nicht gerecht ist, durch das Anwenden von Heuristiken in die Irre geführt werden können, bestimmt das Gerechtigkeitsempfinden den Alltag. Statt danach zu fragen „was bringt mir den größten Nutzen" fragen Menschen viel häufiger, „was ist gerecht". Wären Menschen in ihrem Handeln jedoch alleine durch die Erfüllung ihrer eigenen Interessen bestimmt, so wie in der neoklassischen Theorie angenommen, würden Gerechtigkeitsprinzipien und das moralische Empfinden für ihre Entscheidung nur eine untergeordnete Rolle spielen.

Insgesamt weisen die psychologischen Erkenntnisse daraufhin, dass Menschen nicht wie in der neoklassischen Theorie angenommen, nur eigennützig agieren, sondern ebenso altruistische Motive verfolgen und die Interessen anderer berücksichtigen. Da eben diese Eigenschaft bei Menschen relativ stark ausgeprägt ist, besteht die Gefahr, dass die Missachtung altruistsichen Verhaltens im ökonomischen Modell zu ineffizienten bzw. fehlerhaften Ergebnissen führt. Denn wird Altruismus ausgeschlossen, können sich Maßnahmen, die auf Grund der Eigennutzannahme als sinnvoll und zielführend erachtet werden, kontraproduktiv auswirken (vgl. hierzu Untersuchungen zu Reaktionen von Kontrollen (Falk & Kosfeld, 2006), Strafen (Fehr & Rockenbach, 2003; Gneezy & Rustichini, 2000a) oder Anreizen (Fehr & Gächter, 2002b; Irlenbusch & Sliwka, 2005)).

2.3.3   Der Stellenwert der Eigennutzannahme im Ordoliberalismus

Inwieweit Eucken, Böhm oder Hayek den Menschen Eigennutz als wesentlichen Charakterzug zuschreiben, lässt sich auf den ersten Blick nicht deutlich erkennen. Viele der ordoliberalen Ideen basieren jedoch auf der Annahme, Menschen würden sich an sozialen Normen orientieren und verfügten über eine Art Grundmoral, d. h. ein Verständnis dafür, welches Verhalten moralisch verwerflich und welches allgemeinhin akzeptiert und vertretbar ist. Da diese Annahme jedoch im Widerspruch, oder zumindest in Disharmonie zu der Eigennutzannahme steht, lässt sich schlussfolgern, dass weder Eucken noch seine ordoliberalen Wissenschaftskollegen von rein eigennützigen Akteuren ausgehen.

Dieser Schluss kann aus unterschiedlichen Anmerkungen und Äußerungen gezogen werden, jedoch vor allem aus der von Eucken (1952) formulierten Verpflichtung zu moralischem Verhalten: „Erstens: darum, daß der Einzelne verpflichtet ist, im Rahmen der Gemeinschaft des Hauses oder Betriebes, in denen er lebt oder in persönlichen Beziehungen steht, nicht „egoistisch" zu handeln. Dies ist ein moralisches Postulat, das stets und in allen Wirtschaftsordnungen gilt" (S. 354). Natürlich ließe sich argumentieren, dass ein Postulat nicht bedeuten muss, dass Menschen sich daran halten. Doch welchen Sinn würde ein solches Postulat machen, wenn Eucken stets von eigennützigen Akteuren ausginge?

Zudem betont Eucken, geht es ihm nicht darum, Regeln für das Wirtschaftssystem zu formulieren, sondern die geeignete Ordnung zu bestimmen. Mit den Worten Leonard Miksch' sagt er: „Geordnet kann nur – im Gegensatz zu ,geregelt' – werden, wenn sich die Menschen diszipliniert verhalten" (Eucken, 1952, S. 179). Auch in diesem Fall kann angemerkt werden, dass eigennütziges Handeln nicht gleich auch undiszipliniertes Verhalten bedeutet. Jedoch würde sich ein eigennütziger Akteur nicht an eine gegebene Ordnung halten, solange ihm beim Verstoß gegen diese ein Vorteil entsteht. Somit lässt sich anhand Euckens Betonung der *Ordnung* der Wirtschaft schließen, dass er von der freiwilligen Einhaltung des ordnenden Rahmens und somit einer – wie oben beschrieben – Art Grundmoral der Menschen ausgeht.

Ebenfalls deutet die im Ordoliberalismus beständige Betonung, die individuelle Freiheit sei in einem Wirtschaftssystem von großer Wichtigkeit, daraufhin, dass die ordoliberalen Vertreter moralisches Verhalten unterstellen und somit von der Annahme, Menschen streben nur nach dem eigenen Vorteil, Abstand nehmen. Deutlich wird dies insbesondere durch die Worte Röpkes (1962): „Sie [die Freiheit] ist undenkbar ohne die moralischen Regeln, denen wir uns verpflichtet fühlen. Freiheit ohne Normen, ohne Selbstdisziplin der einzelnen und der Gruppen der Gesellschaft muß in furchtbare Unfreiheit umschlagen" (S. 8). Unmissverständlich gibt Röpke mit diesem Satz zu verstehen, dass er moralisches Verhalten als notwendige Voraussetzung für die individuelle Freiheit ansieht. Handeln Menschen nicht nach moralischen Werten, würde seiner Meinung nach das freiheitliche System in ein lasterhaftes Treiben führen.

Die Annahme, Menschen werden nicht nur von Eigeninteresse, sondern auch von ihrer Moral beeinflusst, lässt sich somit an mehreren Stellen in der ordoliberalen Literatur erkennen. Für Eucken (1952) ist Grundmoralität jedoch nicht nur, anders als für Röpke, die Voraussetzung für Freiheit, sondern er geht auch davon aus, dass sich ein moralisches Verständnis erst durch die Freiheit entwickeln kann. So argumentiert er mit den Worten Kants: „Das metaphysische Hindernis aller Moral ist die Verweigerung der Freiheit." Weiter schreibt Eucken: „Freiheit ist für die großen Moralisten dieser Zeit die Voraussetzung aller Moral; denn nur der frei wollende und handelnde Mensch steht vor Entscheidungen, nur er kann wirklich wählen. […] Nur freie Entscheidung ermöglicht Erkennen und Verwirklichung der verbindlichen moralischen Wertordnung" (S. 176). Der Glaube daran, dass sich Moral durch Freiheit entwickelt sowie der weiter oben aufgeführte Appell an die Moral lassen somit den Schluss zu, dass Eucken kein rein eigennütziges Streben unterstellt, sondern ebenfalls von ethischen Handlungsmotiven ausgeht.

Moral – ein abstraktes Regelsystem

Noch deutlicher als Eucken hebt Hayek in seinen Werken (1959; 1962a; 1964; 1971) hervor, dass Menschen von Regeln der Moral gelenkt werden und somit nicht nur angetrieben durch das eigene Interesse agieren. Er vertritt dabei die gleiche Meinung wie David Hume, dass „die Regeln der Moral keine Schlußfolgerungen unserer Vernunft sind" (Hayek, 1964, S. 77). Somit definiert er Moral als etwas Abstraktes, d. h. als eine Art intuitives Wertesytem, das sich dem Verstand des Menschen nicht vollständig erschließt (Hayek, 1957; 1964). Allgemein argumentiert Hayek, dass sich aus der Moral generelle Regeln ergeben, die Menschen befolgen, ohne Rücksicht darauf zu nehmen, was im Einzelfall von ihrer Befolgung abhängt. Sie folgen diesen moralischen Regeln, ohne genau zu wissen, warum sie dies tun – sie folgen ihnen intuitiv. Hayek schließt den Gedanken mit in seine Überlegungen ein, dass Menschen scheinbar über eine moralische Intuition verfügen, die ihnen sagt, was sie *nicht* tun sollen. Interessanterweise vertritt Hayek – ohne dies weiter zu erläutern – jedoch die Meinung, dass die Intuition ihnen dagegen nicht sagt, *was* sie tun sollen (Hayek, 1962a).

In diesem Kontext geht Hayek (1961) darauf ein, dass das moralische Urteil der Menschen auf ethischen Prinzipien beruht, die in der Wirtschaft keine Berücksichtigung finden. Dementsprechend kommt es in einer Wettbewerbsordnung seiner Meinung nach immer wieder zu Ungerechtigkeitsempfindungen. Da in einer Wettbewerbsordnung ausschließlich die Leistung und somit das Ergebnis für die Beurteilung von Bedeutung ist, empfinden Menschen die Entlohnung häufig als ungerecht. Denn im Gegensatz zu der rein effizienzbezogenen Bewertung beurteilen Menschen die moralische Intention einer Handlung.

Wie Eucken, stellt auch Hayek (1971) deutlich heraus, dass moralische Überzeugungen eine grundsätzliche Voraussetzung für eine in Freiheit lebende Gesellschaft ist. „Es ist eine Tatsache, die all die großen Vorkämpfer der Freiheit, außerhalb der rationalistischen Schule, nicht müde wurden zu betonen, daß Freiheit ohne tief eingewurzelte moralische Überzeugungen niemals Bestand gehabt hat und daß Zwang nur dort auf ein Mindestmaß herabgesetzt werden kann, wo zu erwarten ist, daß die Individuen sich in der Regel freiwillig nach gewissen Grundsätzen richten. Es ist von Vorteil, wenn die Befolgung solcher Regeln nicht erzwungen wird, nicht nur, weil Zwang an sich etwas schlechtes ist, sondern auch, weil es oft wünschenswert ist, daß Regeln nur in den meisten Fällen befolgt werden und der Einzelne die Möglichkeit hat, sie zu übertreten, wenn es ihm wert scheint, den Tadel seiner Mitmenschen auf sich zu nehmen, den dies hervorrufen wird" (Hayek, 1971, S. 79).

Diese Äußerung Hayeks lässt erkennen, dass er von der Einhaltung moralischer Regeln ausgeht, da dieses Verhalten als soziale Norm betrachtet wird. Die Möglichkeit, dass Menschen gegen die Norm verstoßen, ist zwar gegeben, bleibt seiner Meinung nach aber in einem vertretbaren Rahmen, da Verstöße gesellschaftlich bestraft werden. Hayek betrachtet altruistische Bestrafung, die aus einem tiefen Wunsch nach Moral und Gerechtigkeit heraus entsteht, somit als Mittel zur Durchsetzung kooperativen Verhaltens in der Gesellschaft.

Moral schließt Eigennutz nicht aus

Auch wenn sowohl Eucken als auch Hayek davon ausgehen, dass Menschen moralisch handeln, darf nicht der Schluss gezogen werden, sie würden stets von altruistischem Verhalten ausgehen. Im Gegenteil – Eucken (1952) nimmt vielmehr an, dass Menschen vornehmlich in ihrem eigenen Interesse wirtschaften. Denn gerade in der Tatsache, dass Menschen eigennützig oder „egoistisch" (Eucken, 1952, S. 352) handeln (da er an dieser Stelle nicht nur von Eigennutz, sondern Egoismus redet, geht er sogar noch einen Schritt weiter als dies im neoklassischen Modell, in dem stets nur vom Eigennutzmotiv gesprochen wird (Kirchgässner, 1991), der Fall ist), sieht er grundsätzlich den Erfolg der Wettbewerbsordnung begründet. „Die Wettbewerbsordnung aber zwingt auch den reinen Egoisten, für das Gesamtinteresse tätig zu sein; z. B. einen Kaufmann oder Unternehmer, der rein egoistisch handelt, sinnvoll (und ohne es zu wollen) der Überwindung der Knappheit an Konsumgütern zu dienen" (Eucken, 1952, S. 365). Seiner Meinung nach gelingt es keiner anderen Wirtschaftsordnung ebenso gut wie der Wettbewerbswirtschaft, Einzelinteressen so zu lenken, dass sie dem Gesamtwohl dienen.

Allerdings, so betont Eucken auch, darf nicht das Missverständnis aufkommen, dass die Wettbewerbsordnung an die Selbstsucht der Menschen appelliert. Der Egoismus ist nicht Voraussetzung für das Gelingen der Wettbewerbsordnung – die Wettbewerbsordnung ist nur ein effizientes Mittel, den Egoismus zu bändigen. So schreibt Eucken (1952): „Man behauptet, die Wettbewerbsordnung appelliere ausschließlich an den Eigennutz oder an die Selbstsucht als Triebkraft. Das ist nicht wahr. Sie ist realistisch genug, um die ungeheure Kraft des Egoismus und des Selbsterhaltungstriebes in Rechnung zu stellen, aber sie weiß zugleich, daß andere Motive im Einzelinteresse der Haushalte und Betriebe ebenfalls zum Ausdruck kommen. Noch mehr: Sie ist der einzige Ordnungs-typ, welcher die Kräfte des Egoismus bändigt" (S. 365).

Anhand dieser Aussage lässt sich deutlich erkennen, dass Eucken nicht den Eigennutz als alleiniges Handlungsmotiv betrachtet, wie dies im ne-oklassischen Modell der Fall ist. Er zieht dagegen in Betracht, dass Men-schen auch andere, wie z. B. altruistische Interessen verfolgen können. Für die Lösung des wirtschaftspolitischen Problems – die Koordinierung von Einzel- und Gesamtinteressen – ist für Eucken die Unterscheidung zwischen Altruismus und Egoismus in erster Linie jedoch irrelevant. Das Entscheidende in seinen Augen ist vielmehr, dass jeder nach dem wirt-schaftlichen Prinzip handelt. Dabei ist es egal, ob sich jemand um sein eigenes Wohlergehen oder das von anderen Menschen bemüht. „Handeln sie „egoistisch" oder aus „Eigennutz"? Vielleicht, vielleicht auch nicht. Das ist schwer von außen her festzustellen. Vielleicht denkt die Hausfrau, die einkauft, nur an sich persönlich; vielleicht handelt sie nur für andere, nämlich für die übrigen Mitglieder ihres Haushaltes. [...] Stets ist das Planen und Handeln auf einen gewissen einzelwirtschaftlichen Zweck gerichtet, was keineswegs heißt, daß egoistisch oder aus Eigennutz ge-handelt werden muß" (Eucken 1952, S. 355). Dadurch, dass jeder nach dem wirtschaftlichen Prinzip handelt, d. h. mit möglichst wenig Aufwand versucht sein Ziel zu erreichen, sorgt jeder Einzelne dafür – ob er nun eigennützige oder altruistische Ziele verfolgt – dass die Knappheit an Ressourcen so gut wie möglich überwunden werden kann. So sagt Eu-cken, dass die Unterscheidung von Egoismus und Altruismus nichts mit dem wirtschaftlichen Prinzip zu tun hat (Eucken, 1952, S. 352). Wirt-schaftlich handeln kann sowohl der eigennützige als auch der altruistische Mensch.

Doch lässt sich tatsächlich so einfach sagen, dass beide, Altruisten sowie Egoisten gleichermaßen wirtschaftlich handeln? Diese Frage stellt sich nicht zuletzt auf Grund der im vorherigen Kapitel vorgestellten psycholo-gischen Untersuchungsergebnisse, die darauf hinweisen, dass altruisti-sche Menschen nicht unweigerlich versuchen, mit möglichst wenig Auf-wand ihr Ziel zu erreichen. Denn handeln sie altruistsich, ist für die Ent-scheidung nebensächlich, wie viel Kosten entstehen.

An dieser Stelle lässt sich erkennen, dass Eucken wesentliche Aspekte unberücksichtigt lässt. So vernachlässigt er nicht nur, dass altruistische Handlungsweisen nicht unweigerlich wirtschaftlich sein müssen. Er missachtet auch, dass für die Gestaltung der Wettbewerbsordnung, d. h. für die Formulierung und Festlegung ordnender Prinzipien, die das Handeln der Wirtschaftsakteure bestimmen und beeinflussen sollen, die Unterscheidung, ob Menschen eigennützig oder altruistisch handeln, von Relevanz ist. Schließlich können sich die Androhungen von Strafen z. B. bei altruistischen Menschen anders auswirken als bei eigennützigen Menschen (Fehr & Rockenbach, 2003; Gneezy & Rustichini, 2000a; vgl. Kapitel 2.3.2). Auch bei der Frage, wie öffentliche Güter zur Verfügung gestellt werden sollen, ist es von Relevanz, welchen Handlungsmotiven Menschen folgen. Da Eucken die Unterscheidung jedoch als irrelevant ansieht, besteht die Gefahr, dass er in seinen Überlegungen bezüglich der ordnenden Prinzipien mögliche unerwünschte Wechselwirkungen und Reaktionen vernachlässigt. Ob sich dieses einseitige Denken in der Formulierung seiner wirtschaftspolitischen Prinzipien und in deren Wirkungsweise bemerkbar macht, wird die Analyse der Prinzipien vor dem Hintergrund psychologischer Erkenntnisse zeigen (vgl. Kapitel 3).

Stärker noch als bei Eucken lässt sich bei Hayek (1959) erkennen, dass er von altruistischen Motiven im Handeln der Menschen ausgeht. So schreibt er: „Es ist zweifellos ein Element der Natur der meisten Menschen und vielleicht sogar die wichtigste Bedingung ihres Glücks, daß sie die Wohlfahrt anderer Menschen zu ihrer Hauptaufgabe machen. […] Das wichtigste Objekt, für das uns die allgemeine Meinung die Verantwortung auferlegt, ist natürlich das Wohl unserer Familie. Aber wir zeigen auch unsere Wertschätzung anderer Menschen darin, daß wir sie zu unseren Freunden und ihre Ziele zu den unseren machen" (S. 286).

Diese Annahme bezüglich menschlichen Verhaltens lässt sich auch bei Dietze, Eucken und Lampe (1943) finden. Er ist der Ansicht, dass Menschen Kräfte aufbringen, um ihr eigenes Leben oder das Leben ihrer engsten Familie möglichst gut zu gestalten. Dem Verhalten liegt seiner Meinung nach sowohl Eigennutz als auch Opferbereitschaft zugrunde. Auch wenn somit Hayek und Dietze hauptsächlich von altruistischem Verhalten gegenüber Freunden und Verwandten ausgehen, grenzen sie sich von der Annahme des rein eigennutzorientierten Verhaltens ab. Inwieweit die Unterscheidung zwischen eigennützigen oder altruistischen Motiven in ihren Augen für wirtschaftspolitische Überlegungen von Relevanz ist, lässt sich nicht erkennen. Weder Hayek noch Dietze gehen explizit auf die Notwendigkeit oder die Irrelevanz beider Handlungsmotive ein.

Abschließend lässt sich somit festhalten, dass die Vertreter des Ordoliberalismus nicht das Bild eines rein eigennützigen Menschens ihren wirtschaftspolitischen Überlegungen zugrunde legen, sondern ebenfalls von altruistischen Handlungsmotiven ausgehen. Insbesondere die Hervorhebung, dass die Befolgung moralischer Vorstellungen und sozialer Normen das gesellschaftliche Zusammenspiel regelt und Voraussetzung einer Ordnungspolitik ist, in der Wirtschaftsakteure frei agieren, lassen dies erkennen. Inwieweit die von Eucken vertretene Meinung, ob Menschen altruistisch oder eigennützig handeln, sei für die Diskussion um die Gestaltung des Wirtschaftssystems irrelevant, Auswirkungen auf die Formulierung seiner wirtschaftspolitischen Empfehlungen hat, wird sich in der späteren Diskussion (vgl. Kapitel 3) zeigen.

2.4 Die Bedeutung des sozialen Vergleichs

Warum herrscht in so vielen deutschen Unternehmen Intransparenz bezüglich der Gehaltsstruktur? Fragt man Personalleiter, antworten sie meist, dass Transparenz der Gehälter Unzufriedenheit bei den Mitarbeitern hervorruft. Doch auch wenn diese Antwort zunächst kontraintuitiv klingen mag, ist sie nicht unbegründet. Denn oftmals lässt sich beobachten, dass Arbeitnehmer, die im Grunde mit ihrem Gehalt zufrieden sind, plötzlich große Unzufriedenheit verspüren, wenn sie die Gehälter von Kollegen sehen. So kann das Einkommen, das absolut betrachtet dem Arbeitnehmer einen hohen Nutzen stiftet, durch einen Vergleich mit den Gehältern von Kollegen an Nutzen verlieren. Anhand der neoklassischen Theorie lässt sich dieses Phänomen jedoch nicht erklären, da der homo oeconomicus sich nicht mit anderen vergleicht und ihm somit egal ist, was andere verdienen. Würden Menschen dem Bild des homo oeconomicus entsprechen, müsste somit gelten: Allein die Höhe des Gehalts ist ausschlaggebend für das Wohlbefinden. Tatsächlich lässt sich jedoch beobachten, dass Menschen sich mit anderen vergleichen und ihre Zufriedenheit stark davon beeinflusst wird, wie sie im sozialen Vergleich dastehen.

Ein eindrucksvolles Gedankenexperiment, durch das die Bedeutung des sozialen Vergleichs offensichtlich wird, stammt von Frank (2007). In diesem stellt er zwei Welten zur Auswahl. Während man in Welt A ein 370 qm großes Haus bewohnen würde, steht in Welt B ein nur 280 qm Haus zur Verfügung. Die Nachbarn und Freunde in Welt A hätten größere Häuser, wohingegen das eigene Haus in Welt B das Größte ist. Tatsächlich, so schreibt Frank, entscheidet sich die Mehrheit seiner Zuhörer in Vorträgen bei diesem Gedankenexperiment für Welt B, obwohl das Haus in dieser Welt, absolut gesehen, kleiner ist und somit aus ökonomischer Sicht weniger Nutzen stiftet.

Die Präferenz der Menschen für das kleinere Haus, wie im Beispiel von Frank, sowie die beobachtbare Abhängigkeit der individuellen Zufriedenheit vom Zustand anderer Mitmenschen, lässt Zweifel an der Annahme des gegenseitigen Desinteresses, die dem Modell des homo oeconomicus zugrunde liegt, aufkommen. Da die Bedeutung von sozialen Vergleichsprozessen für viele wirtschaftspolitische Entscheidungen, wie z. B. die fortwährende Debatte um Wachstum oder Gerechtigkeit, von Relevanz ist, wird der Frage, ob sich Menschen mit anderen vergleichen und welche Auswirkung dies auf ihren Nutzen hat, nachgegangen. Dazu wird, wie auch in den vorangegangenen Kapiteln, zunächst erläutert, welche Annahme darüber in der neoklassischen Theorie gilt, welche Erkenntnisse es aus der Psychologie gibt und welche Meinung im Ordoliberalismus vertreten wird.

2.4.1 Annahme bezüglich des sozialen Vergleichs in der Neoklassik

Untrennbar mit dem Eigennutzmotiv hängt in der neoklassischen Theorie die Annahme zusammen, dass Menschen an ihren Mitmenschen desinteressiert sind. Da der homo oeconomicus nur auf seinen eigenen Vorteil bedacht ist, steigt sein Nutzen, wenn sein absoluter Wohlstand steigt. Wie es anderen Personen aus dem Bekanntenkreis, der Nachbarschaft oder auf der Straße geht, interessiert den homo oeconomicus nicht und beeinflusst deshalb auch nicht seinen Nutzen. Seine individuelle Nutzenfunktion ist somit unabhängig von anderen. John Rawls beschreibt ein solches Verhalten mit einer „gegenseitig desinteressierte[n] Vernünftigkeit" (Rawls, 1971, S. 168).

Entsprechend dieser Annahme des gegenseitigen Desinteresses braucht der homo oeconomicus auch keine anderen Menschen, um sich an ihnen zu orientieren. Er entscheidet strikt nach seinen eigenen Bedürfnissen und sein alleiniger Zustand ist relevant für seine Entscheidungen. Möchte man das Verhalten eines homo oeconomicus mit anderen Worten beschreiben, ließe sich sagen, dass er völlig desinteressiert daran ist, was sein Umfeld macht oder wie es seinen Mitmenschen geht.

Dieses Konzept stößt jedoch immer wieder an seine Grenzen. So stieg z. B. kurz nach der Wende in Ostdeutschland zwar der gesamte Wohlstand an, die individuelle Zufriedenheit der Menschen jedoch nicht (Lippl, 2003). Derartige Beobachtungen lassen sich jedoch unter Annahme des gegenseitigen Desinteresses bzw. der Annahme, Menschen würden strikt ihren absoluten Zustand beurteilen, nicht erklären. Nicht zuletzt aus diesem Grund wird diese angenommene Charaktereigenschaft des homo oeconomicus zunehmend infrage gestellt.

2.4.2 Psychologische Erkenntnisse bezüglich sozialer Vergleichsprozesse

Die Frage, wie zufrieden Menschen sind und was sie zufrieden macht, ist eine Frage, die normalerweise von Psychologen oder Soziologen untersucht wird (Oswald, 1997). Auf Grund der oben beschriebenen eindeutigen Annahme, dass die Zufriedenheit alleine durch den individuellen Nutzen determiniert wird, sahen Ökonomen lange Zeit keine Notwendigkeit, sich mit dieser Frage auseinanderzusetzen. Durch Untersuchungen zum Zusammenhang von Wohlstand und Zufriedenheit (Easterlin, 1974, 1995) kamen jedoch auch unter Ökonomen Zweifel auf, ob der soziale Vergleich für Menschen nicht doch eine Rolle spielt und sich dieser auf den individuellen Nutzen auswirkt (Easterlin, 1974; 1995; 2003; Frank, 2007; 2012; Frey & Stutzer, 2002).

In seinen Untersuchungen, *ob*, und wenn ja, *wie* Wohlstand und Glück zusammenhängen, beobachtete Easterlin, dass durch ein steigendes Einkommen nicht unweigerlich das individuelle Glück zunimmt. Dementsprechend konnte er (1974) zwischen 1949 und 1970 in den USA zwar einen Anstieg des Pro-Kopf-Einkommens nachweisen, jedoch keinen Anstieg in der durchschnittlichen Zufriedenheit. Diese Erkenntnis ist seitdem als Easterlin-Paradox in der Literatur bekannt. Als mögliche Erklärung dieses Phänomens führte Easterlin an, dass die Zufriedenheit der Menschen weniger von ihrem absoluten Einkommen oder Wohlstand abhängt, sondern vielmehr davon beeinflusst wird, wie wohlhabend sie sich in Relation zu anderen Menschen einschätzen. So liegt seiner Meinung nach nahe, dass die individuelle Zufriedenheit nur dann ansteigt, wenn das individuelle Einkommen in Relation zu den Einkommen anderer zunimmt. Steigt jedoch das Pro-Kopf-Einkommen insgesamt, bleibt die relative Position eines Jeden gleich und somit auch die individuelle Zufriedenheit.

Mitunter, so merkt Easterlin an, ließe sich mit diesem Zusammenhang ebenfalls die Beobachtung erklären, dass die durchschnittliche Zufriedenheit in reichen Ländern nicht unbedingt höher ist als armen Ländern. Bedenkt man nämlich, dass die Zufriedenheit eines Landes steigen würde, wenn sich das Einkommen eines einzelnen Individuums und somit auch die individuelle Zufriedenheit erhöht, kann vermutet werden, dass die Zufriedenheit in ärmeren Ländern deshalb höher sein kann, weil sich nur einzelne Situationen verbessern.

Nicht ganz konform mit dieser Annahme ist dagegen die Beobachtung, dass soziale Ungleichheit die durchschnittliche Zufriedenheit in einem Land reduzieren kann (Alesina, Di Tella & MacCulloch, 2004; Graham & Felton, 2005; Smyth & Qian, 2008). In diesem Sinne kamen Alesina et al. in einer Untersuchung zur Zufriedenheit von Europäern und Amerikanern zu dem Schluss, dass Individuen weniger zufrieden sind, wenn die soziale Ungleichheit in einem Land hoch ist. Nicht zuletzt auf Grund dieses Zusammenhangs vermuten Christensen, Herskind und Vaupel (2006), dass Dänemark, ein Land mit einer geringen sozialen Ungleichheit, deshalb zu den glücklichsten Ländern weltweit gehört.

Unabhängig davon zeigen Alesina et al. interessanterweise in ihrer Studie auch, dass es in den USA (bei einem Vergleich der Gini Koeffizienten nach Wu, Perloff und Golau (2002) pro Staat und Jahr) eher Reiche sind, deren Zufriedenheit durch eine hohe soziale Ungleichheit gedämpft wird, wohingegen es in Europa eher die armen Menschen sind, deren Zufriedenheit durch Ungleichheit sinkt (zur genauen Beschreibung der Methodik siehe Alesina et al., 2004).

Während sich letztere Beobachtung dadurch erklären lässt, dass sich ärmere Menschen im Vergleich mit reichen Menschen noch ärmer fühlen und daher unzufrieden sind, gibt die zweite Beobachtung zunächst Rätsel auf. Doch eine mögliche Erklärung sehen Alesina et al. darin, dass Europäer ihre Gesellschaft nicht als mobil wahrnehmen, Amerikaner dagegen davon ausgehen, dass sich ihre gesellschaftliche Stellung ändern kann. Durch diese grundsätzliche Einstellung bedingt haben reiche Menschen in den USA demnach Angst, bald zu den Armen zu gehören, wohingegen arme Europäer befürchten, für immer in der unteren Einkommensschicht zu bleiben.

Ganz offensichtlich wird demnach die durchschnittliche Lebenszufriedenheit eines Landes von sozialen Vergleichsprozessen bestimmt. Vergleichen Menschen ihre finanzielle oder soziale Situation mit der Situation anderer, die besser gestellt sind, wirkt sich dies negativ auf die Zufriedenheit aus.

Vergleiche dienen der Orientierung

Während soziale Vergleichsprozesse in der Ökonomie nach wie vor eine eher untergeordnete Rolle spielen, stellen sie in der Psychologie wichtige Erkenntnisse im Hinblick auf die Erklärung menschlichen Verhaltens und Empfindens dar. So sieht Festinger (1954) die Eigenschaft von Individuen, sich mit anderen zu vergleichen, als einen wesentlichen Bestandteil im Verhalten der Menschen an. In seiner Theorie der sozialen Vergleichsprozesse geht er davon aus, dass Menschen das Bedürfnis haben, sich mit anderen zu vergleichen, da ihnen dieser Vergleich einen Anhaltspunkt über ihre eigenen Fähigkeiten oder die Beurteilung ihres Könnens bietet. Ohne eine solche Einordnung, wo sie sich in der Gesellschaft befinden und wie ihre Situation im Vergleich zu anderen ist, fällt es Menschen generell schwer, ihren eigenen Zustand zu beurteilen.

Festinger kommt zusätzlich zu dem Ergebnis, dass sich Menschen im Allgemeinen mit Personen, die ihnen ähnlich sind, vergleichen. Doch während sie ihre Meinung mit der Meinung von sowohl besser als auch schlechter gestellten Personen messen, tendieren sie dazu, ihre Fähigkeiten insbesondere den Fähigkeiten von „besseren" Personen gegenüberzustellen. Dieser Aufwärtsvergleich beruht auf einem Bedürfnis nach Selbstverbesserung und hängt eng mit dem Leistungsmotiv zusammen. In diesem Sinne kommt auch Nicholls (1984) zu dem Schluss, dass Menschen erst dann in der Lage sind, ihren Erfolg einzuschätzen, wenn sie diesen mit den Leistungen anderer vergleichen. Dies führt dazu, dass Menschen durch den Vergleich mit anderen angespornt werden und ihre eigene Leistung verbessern (Bandura & Jourden, 1991).

Die Beobachtung, dass Menschen nicht nur auf sich selber konzentriert sind, sondern sich mit anderen vergleichen, zeigt sich auch im Bereich der Konformitätsforschung. Eines der bekanntesten Experimente, das verdeutlicht, dass sich Menschen auf Grund eines Konformitätswunsches von den Urteilen anderer beeinflussen lassen, ist das Linienexperiment von Asch (1951; 1955; 1957). In diesem Versuch sollten die Versuchspersonen entscheiden, welche von drei Linien identisch zu der Referenzlinie ist (siehe Abbildung 6). Während die Versuchspersonen in weniger als einem Prozent eine falsche Antwort gaben, solange sie die Meinungen der anderen nicht hören konnten, gaben sie in 36,8 Prozent der Fälle eine falsche Antwort, wenn sie innerhalb der Gruppe antworten mussten (in diesem Fall gaben die restlichen Gruppenmitglieder auf Anweisung des Experimentators bewusst eine falsche Antwort ab). Erklären lässt sich das Ergebnis durch den Wunsch, konform mit der Meinung der anderen zu sein.

Abbildung 6: Linienexperiment

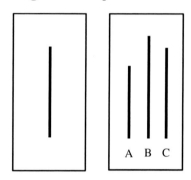

Quelle: Asch (1955)

Ergebnisse wie dieses zeigen deutlich, dass Menschen durch andere Menschen beeinflusst werden, sich mit anderen vergleichen und Konformität gegenüber Dissonanz präferieren. Würden sie sich aber desinteressiert anderen gegenüber verhalten, würden solche sozialen Vergleichsprozesse keine Rolle im Verhalten der Menschen spielen. Die Annahme des gegenseitigen Desinteresses, wie sie in der neoklassischen Theorie gilt, kann somit empirisch nicht bestätigt werden.

2.4.3 Die Rolle des sozialen Vergleichs im Ordoliberalismus

Anders als in der neoklassischen Theorie spielen im Ordoliberalismus soziale Vergleichsprozesse eine wichtige Rolle. Zwar spricht Eucken die Bedeutung des sozialen Vergleichs nur an einer Stelle explizit an, jedoch basieren implizit elementare Aspekte des Ordoliberalismus, wie die Frage nach einer gerechten Verteilung oder die Leistungssteigerung durch Wettbewerb, auf der Annahme, dass Menschen sich miteinander vergleichen.

Im Kontext der Debatte, wie der Wohlstand verteilt werden sollte, betont Eucken (1952), dass für die meisten Menschen das Verteilungsproblem das zentrale Problem, welches die Wirtschaftspolitik lösen muss, darstellt. Da jedoch einem desinteressierten Menschen egal sein kann, wie sich der Wohlstand verteilt, solange er selber, absolut gesehen, ausreichend davon hat, macht die Fokussierung des Verteilungsproblems erst unter der Annahme sozialer Vergleichsprozesse Sinn. So erkennt Eucken, dass Menschen nicht an den wirtschaftlichen Prozessen selber, von denen im Grunde der Wohlstand abhängt, interessiert sind, sondern ihnen eine andere Frage näher liegt: „Warum erhalte ich ein kleineres Einkommen als mein Nachbar? – fragt der Arbeiter. Ist es nicht möglich, daß ich mehr bekomme?" (Eucken, 1952, S. 12). An dieser Stelle weist Eucken explizit darauf hin, dass sich Menschen mit anderen vergleichen. Dadurch wird deutlich, dass er nicht, wie in der neoklassischen Theorie, von einem desinteressierten Miteinander ausgeht, sondern berücksichtigt, dass Menschen ihren eigenen Wohlstand erst in Relation zu dem Wohlstand anderer beurteilen.

Auch implizit lässt sich daraus schließen, dass Eucken erkannt hat, dass nicht primär der absolute Wohlstand die Zufriedenheit der Menschen beeinflusst, sondern der relative Wohlstand entscheidend ist. Denn wieso sonst sollte die Verteilungspolitik „ein eminent wichtiger Teil der Wirtschaftspolitik" (Eucken, 1952, S. 13) sein? Schließlich, so lässt sich annehmen, müsste Eucken, wenn er Menschen Desinteresse an anderen unterstellen würde, eher nach der Wirtschaftspolitik suchen, durch die der größtmögliche Wohlstand zu erreichen ist. Im Gegensatz dazu richtet Eucken jedoch seine Wirtschaftspolitik so aus, dass durch sie das Verteilungsproblem bestmöglich gelöst wird. Die Suche nach einer gerechten Verteilung in einem Wirtschaftssystem ist jedoch nur dann von großer Bedeutung, wenn, wie bereits oben erwähnt, Menschen Wert auf eine gerechte Verteilung legen. Da sich dies bei desinteressierten Menschen ausschließen lässt, lässt sich daraus ableiten, dass Eucken in seinen Analysen und Ausführungen von einem Menschen ausgeht, der sich mit anderen vergleicht.

Noch stärker lässt sich aus der Betonung der Leistungssteigerung *durch* den Wettbewerb ableiten (Böhm, 1937; 1950; Eucken, 1949; 1950; 1952), dass dem Ordoliberalismus ein Menschenbild zugrunde liegt, das in diesem Punkt den psychologischen Erkenntnissen über das Handeln und Verhalten der Menschen näher ist, als dem Bild des homo oeconomicus. So kann zwar grundsätzlich nicht ausgeschlossen werden, dass auch Menschen, ohne sich mit anderen zu vergleichen, ein Interesse daran haben, sich absolut gesehen besser zu stellen und daher ihre Leistung steigern. Jedoch betont Eucken, dass die Wirtschaftsakteure sich nicht nur deshalb bemühen, sondern insbesondere durch den Wettbewerb als wirtschaftliche Marktform zur individuellen Leistungssteigerung angeregt werden. Da sich zurecht fragen lässt, ob ein Prozess, in dem Menschen ihre Leistung zwar steigern, sich aber nicht mit anderen vergleichen, als *Wettbewerb* bezeichnet werden kann, lässt sich annehmen, dass Eucken nicht von gegenseitig desinteressierten Menschen ausgeht. Schließlich impliziert der Begriff „Wettbewerb", dass mindestens zwei Personen darum wetteifern, jeweils besser als der andere zu sein. In diesem Sinne bewertet z. B. auch ein Profisportler seine Leistung selten absolut, sondern vergleicht seine Erfolge mit denen anderer Sportler. Er vergleicht sich nicht nur, weil er besser als andere sein will, sondern auch weil ihm der Vergleich als Anhaltspunkt dient, um seine eigene Leistung einstufen zu können (vgl. vorheriges Kapitel). Ist er mit seiner relativen Leistung unzufrieden, wird ihn das anspornen, eine Steigerung zu erzielen.

Da Wettbewerb der elementare Bestandteil der ordoliberalen Wirtschaftspolitik ist, kann der Schluss gezogen werden, dass der *sich vergleichende Mensch* Grundlage und Voraussetzung für das Gelingen des Ordoliberalismus ist.

2.5 Präferenzen und Verlockungen – wie willensstark ist der Mensch?

Fettleibigkeit ist Deutschlands Volkskrankheit Nummer eins – derartige Sätze sind seit einigen Jahren immer öfter in den Medien zu hören oder zu lesen (vgl. ARD, 2010; Berres, 2010; ZEIT online, 2012a). Tatsächlich gilt mittlerweile jeder vierte Deutsche als zu dick (Gößwald, Lange, Kamtsiuris & Kurth, 2012). In Anbetracht der möglichen Folgeerscheinungen von Fettleibigkeit, wie z. B. Diabetes oder chronische Kreuz- und Gelenkschmerzen, ist die Vorstellung, dass Menschen dick sein wollen, absurd. Doch wie erklärt sich, dass Menschen trotz dem Wunsch nach Gewichtsreduktion immer wieder zu Produkten greifen, die im Widerspruch zu ihrem langfristigen Ziel stehen?

Der lasterhafte Verzehr von Speisen ist nur ein Beispiel dafür, dass Menschen kurzfristigen Verlockungen oftmals nicht standhalten können, selbst in Momenten, in denen sie die anschließende Reue antizipieren.

Während in der ökonomischen Theorie angenommen wird, dass Menschen wissen, was sie wollen und dementsprechend handeln, lässt sich im Alltag oftmals das Gegenteil beobachten. Nicht nur, dass viele Menschen häufig nicht genau wissen, welche Entscheidung sie treffen sollen; in vielen Fällen entscheiden sie sich auch widersprüchlich zu ihren Zielen und Vorstellungen. So kann immer wieder beobachtet werden, dass Menschen im Grunde wissen, welche Entscheidung langfristig gesehen besser wäre, sich kurzfristigen Verlockungen jedoch nicht entziehen können. Während manche stark genug sind, um den kurzfristigen Verheißungen zu widerstehen und das langfristige Ziel zu verfolgen, werden wieder andere schwach, vernachlässigen die langfristigen Konsequenzen und erliegen der Versuchung.

Doch was sind die Gründe, warum Menschen oft gegen ihre Präferenzen agieren? Und lässt sich überhaupt sagen, dass sie nicht gemäß ihren Präferenzen handeln? Diesen Fragen wird im Folgenden durch die Gegenüberstellung der neoklassischen Annahmen, Menschen handelten gemäß ihrer Präferenzen, den psychologischen Erkenntnissen bezüglich Selbstkontrollproblemen und der ordoliberalen Sicht bezüglich Selbstkontrolle und Willensschwäche, nachgegangen.

2.5.1 Der selbstbeherrschte Mensch der Neoklassik

Momente der Versuchung oder Verlockung, wie oben beschrieben, kennt der homo oeconomicus nicht. Er agiert stets im Sinne seiner Präferenzen, auch wenn dies bedeutet, dass er dafür auf kurzfristige Vergnügen verzichten muss. Das heißt jedoch nicht, dass er sich nie für kurzfristige Ereignisse entscheidet. Vielmehr bedeutet es, dass er genau abwägt, welche Alternative – die in weiter Zukunft liegende oder die kurzfristige – mehr Nutzen stiftet. Dabei ergibt es durchaus Sinn, das weit entfernte Ereignis als weniger wertvoll zu beurteilen (es wird hierbei von Diskontierung gesprochen) als das in naher Zukunft liegende. Schließlich kann sich auch der homo oeconomicus nicht sicher sein, wie lange er noch lebt.

Über die Höhe der Diskontierungsrate selber macht die neoklassische Theorie keinerlei Aussage. Es wird jedoch angenommen, dass sie konstant bleibt, d. h. Ereignisse mit dem gleichen zeitlichen Abstand auch gleich bewertet werden, unabhängig davon, wann die Ereignisse eintreten. Dies bedeutet, dass sich der homo oeconomicus z. B. im Falle der

Entscheidung zwischen den Alternativen „50 Euro sofort oder 70 Euro in 2 Wochen" genauso entscheidet wie zwischen den Möglichkeiten „50 Euro in 10 Wochen oder 70 Euro in 12 Wochen". Wählt er 70 Euro in 12 Wochen, wird er sich Annahme gemäß auch für die 70 Euro in 2 Wochen entscheiden, selbst wenn er die 50 Euro sofort bekommen könnte. Seine Präferenzen bleiben somit gleich, auch wenn die Ereignisse näher rücken.

Ändert der homo oeconomicus dennoch sein Verhalten, bedeutet dies nicht, dass sich seine Präferenzen verändert haben, sondern dass die Restriktionen andere sind. Da angenommen wird, dass sich Präferenzen wesentlich langsamer verändern als Restriktionen, werden in der neoklassischen Theorie stabile Präferenzen unterstellt. Dabei wird nicht hinterfragt, wo die Präferenzen herkommen oder wie sie sich beeinflussen lassen (Kirchgässner, 1991). Präferenzen werden als gegeben und konstant hingenommen.

Somit gilt also in der ökonomischen Theorie, dass der homo oeconomicus gemäß dieser Präferenzen handelt, langfristige und kurzfristige Konsequenzen einschätzt und entsprechend abwägt, durch welche Entscheidung er seinen Nutzen maximieren kann. Von gegenwärtigen Verlockungen, die nur kurzfristig den Nutzen erhöhen, langfristig jedoch mehr Schaden verursachen, lässt er sich nicht in die Irre führen.

Entsprechend dieser Annahme geht Friedman (1957) z. B. auch davon aus, dass Menschen, die eine Präferenz für ein zukünftig ausreichendes Sparvermögen haben, im Zustand der Erwerbstätigkeit auf dieses Ziel hinarbeiten und regelmäßig sparen. Doch gerade am Beispiel des Sparens zeigt sich eine gefährliche Diskrepanz zwischen der theoretischen Annahme und dem in Realität zu beobachtbaren Verhalten. So lässt sich z. B. unter der Annahme stabiler Präferenzen und einem starken Willen nicht erklären, dass von 77 Prozent Amerikanern, die in einer Umfrage den Wunsch äußerten, Geld zu sparen, nur 14 Prozent tatsächlich ihr Sparziel erreichten (Taylor, Funk & Clark, 2007).

Da die Fähigkeit der Menschen, genügend Selbstkontrolle aufzubringen um an langfristigen Zielen festzuhalten, gerade im wirtschaftlichen Kontext von großer Relevanz ist, muss die Frage gestellt werden, ob sich die Annahme des starken Willes bzw. der Selbstkontrolle durch empirische Ergebnisse stützen lässt, oder ob sie verworfen werden muss.

2.5.2 Selbstkontrolle – Erkenntnisse der Psychologie

Häufig zeigt sich in der Realität, dass gerade bei intertemporalen Entscheidungen, wie z. B. dem Sparen, Menschen nicht an ihren Zielen festhalten, sondern konträr zu diesen agieren (DellaVigna, 2009; Loewenstein & Thaler, 1989). So geben sie z. B. ihr gesamtes Monatseinkommen aus, obwohl sie bis Ende des Jahres einen gewissen Betrag sparen wollen. Dabei antizipieren sie häufig bereits während der Shoppingtour, dass sie dadurch ihr langfristiges Ziel nicht mehr erreichen und ihr Verhalten bereuen werden.

Ein Grund, weshalb Menschen gerade bei intertemporalen Entscheidungen anders agieren als es ihrer Zielsetzung entspricht, liegt darin, dass diese Entscheidungen die Abwägung zwischen dem Nutzen kurzfristiger und langfristiger Ereignisse verlangen. So bedeutet Sparen auf heutigen Konsum zu verzichten, um später von der Entscheidung zu profitieren. Während in der Theorie davon ausgegangen wird, dass Menschen fähig sind, kurzfristigen Befriedigungen zu widerstehen, solange ihnen (in diesem Fall) das Sparen und somit der Konsumverzicht langfristig mehr Nutzen verspricht, erliegen in Realität viele der kurzfristigen Versuchung. Es zeigt sich somit, dass Menschen Probleme haben, die langfristigen Folgen einer Entscheidung angemessen in ihrer Entscheidungsfindung zu berücksichtigen (Rabinovich & Webley, 2007; Thaler, 1990) bzw. den kurzfristigen Verlockungen auf Grund der langfristigen Folgen zu widerstehen.

In der psychologischen Literatur wird ein solcher Verstoß gegen Ziele auf mangelnde Selbstkontrolle zurückgeführt (Shefrin & Thaler, 1988; Thaler & Shefrin, 1981; Wärneryd, 1989; Webley & Nyhus, 2006). Da Menschen nicht die nötige Willensstärke besitzen, geben sie kurzfristigen Verlockungen nach, verstoßen gegen gute Vorsätze und agieren konträr zu ihren Präferenzen.

Grundsätzlich muss an dieser Stelle jedoch kritisch angemerkt werden, dass von mangelnder Selbstkontrolle nur dann gesprochen werden kann, wenn stabile Präferenzen unterstellt werden. Denn angenommen, Präferenzen wären nicht stabil, sondern würden sich schnell ändern – wie ließe sich dann sagen, dass ein Mensch willensschwach ist, wenn er einer kurzfristigen „Versuchung" nachgibt? Vielleicht entspricht diese Handlung, die unter der Annahme von stabilen Präferenzen wie mangelnde Selbstkontrolle aussieht, genau den gegenwärtigen Vorlieben. Da sich Präferenzen nur indirekt aus den Restriktionen und dem Verhalten schließen und daher empirisch nicht untersuchen lassen, kann die Frage, ob Präferenzen stabil sind, nicht endgültig beantwortet werden (Kirchgässner, 1991).

Empirisch beobachtbar ist jedoch, dass Menschen anders agieren, als in der neoklassischen Theorie angenommen. So bewerten sie ein zur Auswahl stehendes Set an Alternativen unterschiedlich, je nachdem in welcher zeitlichen Entfernung es sich befindet. Dadurch bedingt entscheiden sich Menschen oftmals in einem Zustand, in dem die Alternativen direkt vor ihnen liegen für eine Möglichkeit, die sie in einem „nüchternen" Zustand, d. h. mit zeitlicher Entfernung, nicht wählen würden (vgl. Kirby, 1997; Laibson, 1998; Strotz, 1955). Konkret bedeutet dies, dass ein Ereignis umso wertvoller erscheint, je näher es kommt. Strotz bezeichnet dies als hyperbolische Diskontierung.

Während in der ökonomischen Theorie angenommen wird, dass Menschen ihren intertemporalen Entscheidungen eine stabile Diskontierungsrate zugrunde legen und somit das Set an Alternativen unabhängig von der zeitlichen Entfernung bewerten, macht Strotz deutlich, dass die Diskontierungsrate sich mit der Zeit verändert. Dies wiederum führt häufig zu irrationalem Verhalten, da Menschen ihren Präferenzen nicht treu bleiben, sondern plötzlich Dinge in der Gegenwart präferieren, denen sie, als sie noch in der Zukunft lagen, keine Beachtung schenkten.

Auch Liberman und Trope (2004) erklären anhand der sogenannten *construal level theory*, dass ein Ereignis, das noch weit in der Zukunft liegt, anhand seiner zentralen Merkmale bewertet wird. Kommt es jedoch näher, gewinnen zunehmend auch periphere Attribute an Bedeutung und das Ereignis erscheint verlockender. Dadurch wird es für Menschen umso schwerer einer Versuchung zu widerstehen, je näher ein Ereignis rückt. Nicht zuletzt aus diesem Grund verstoßen Menschen immer wieder gegen ihre Vorsätze und somit gegen ihre Präferenzen.

Mit Taktik zum Ziel

Sind sich Menschen darüber bewusst, dass sie kurzfristigen Verlockungen häufig nicht widerstehen können, wenden sie unterschiedliche Selbstkontroll-Taktiken bzw. Strategien an. Ein wahrlich einprägsames Beispiel dafür lässt sich bereits in der klassischen Sage von Odysseus finden. Während Odysseus der Schiffsbesatzung befahl, sich die Ohren mit Wachs zu verstopfen, um den Gesang der Sirenen nicht zu hören, ließ er sich selber von seiner Mannschaft an den Mast binden. Dadurch konnte er dem Gesang lauschen, ohne der Versuchung zu erliegen, das Schiffsruder an sich zu reißen, dem Gesang zu folgen und somit seinem Untergang entgegenzufahren.

Derartige Strategien lassen sich auch heutzutage in vielen unterschiedlichen Bereichen finden. So schließen Menschen, die sich vornehmen, regelmäßig an kulturellen Veranstaltungen teilzunehmen z. B. Theaterabos ab. Andere wiederum, die den Vorsatz haben, mehr Sport zu machen, binden sich durch eine Mitgliedschaft an ein Fitnessstudio. Durch Verträge schaffen sie sich selber gegenüber eine Art Verbindlichkeit, die ihnen helfen soll, ihre langfristigen Ziele zu verfolgen.

Beispiel 4: Der Erfolg der Christmas Clubs

Über eine lange Zeit hinweg erfreuten sich in den USA die sogenannten *Christmas Clubs* einer hohen Beliebtheit. Mitglieder zahlten ein Jahr lang wöchentlich eine gewisse Summe an Geld auf ein Konto ein. Abheben konnten sie das Geld jedoch nur am 1. Dezember. Normalerweise wurde das Geld jedoch anders als bei einem Sparkonto, kaum verzinst. Erfolgreich war das Konzept somit nicht wegen der guten Konditionen, sondern eher weil eine Mitgliedschaft die Menschen vor sich selber schützte und ihnen half, ihren Sparplan strikt zu verfolgen. Durch das vertragliche Sparen kamen sie nicht in Versuchung, Geld, das für Weihnachten bestimmt war, frühzeitig auszugeben. Ebenfalls war jeder an einen regelmäßigen Sparplan gebunden und hatte bis Weihnachten mit Garantie die Summe gespart, die er sich vorgenommen hatte.

Quelle: Thaler und Sunstein (2009)

Durch derartige Taktiken können Menschen die Kosten reduzieren, die dann entstehen, wenn sie Selbstkontrolle aufbringen müssen, um Verlockungen zu widerstehen (Shefrin & Thaler, 1988). Schließt jemand z. B. einen Sparvertrag ab, muss er sich keine Gedanken mehr über sein Sparverhalten machen oder gar die Entscheidung „zu sparen" jedes Mal aufs Neue treffen. Da der Sparbeitrag in der Regel automatisch abgebucht wird, kann er somit sparen, ohne Kosten für die Selbstkontrolle tragen zu müssen.

Die Gründe, weshalb Menschen oftmals zu wenig Selbstkontrolle haben, verdeutlichen Thaler und Shefrin (1981) anhand einer Darstellung des Menschen als Organisation, in der sowohl ein Planer als auch ein Macher am Werk sind. Ein ähnlicher Gedanke lässt sich sowohl bei Sigmund Freud (2000[1923]), der das Seelenleben als eine Beziehung zwischen den Instanzen „Es", „Ich" und „Über-Ich" beschrieb, als auch bei Donald McIntosh (1969) finden. Letzterer formulierte dies folgendermaßen: „The idea of self-control is paradoxical unless it is assumed that the psyche contains more than one energy system, and that these energy systems have some degree of independence from each other" (zitiert nach Thaler & Shefrin, 1981, S. 394). Auch Thaler und Shefrin beschreiben Planer und Macher häufig als voneinander unabhängige Akteure. Während sich der Planer von Kognitionen leiten lässt, folgt der Macher seinen Emotionen. Dadurch lässt sich Letzterer schnell in Versuchung führen und tendiert zu unüberlegten Aktionen. Selbstbeschränkungen, wie oben dargestellt, können dem Planer jedoch helfen, den Macher zu kontrollieren, ohne hierfür die ganze Zeit Anstrengung auf sich nehmen zu müssen.

Es sind jedoch nicht alle Menschen in der Lage zu antizipieren, wie dominant der Macher in ihnen bisweilen sein kann. Sie überschätzen daher häufig ihre eigene Fähigkeit zur Selbstkontrolle und sehen es nicht als nötig an, Hilfsmittel in Form von z. B. Sparverträgen anzuwenden, um sich selbst zu schützen. In einer Studie fanden Rabinovich und Webley (2007) heraus, dass diejenigen, die in der Lage waren, ihr vorgenommenes Sparvermögen zu realisieren, häufig auf Strategien, wie z. B. vertraglich gebundene Sparpläne zurückgriffen, während die, die ihr Sparvorhaben nicht erreichten, weniger erfolgreiche Strategien zur Selbstkontrolle verfolgten. So gaben die weniger erfolgreichen Sparer z. B. an, dass sie Shoppingtouren vermeiden oder nur wenig Geld mit sich nehmen, um sich selber zu kontrollieren. Diese Taktiken sind häufig einfacher und weniger technisch, bergen jedoch eine höhere Gefahr, in Momenten der Verlockung doch schwach zu werden, da sie leichter zu brechen sind.

Abschließend ist in diesem Kontext zu erwähnen, dass mangelnde Selbstkontrolle den sozioökonomischen Status eines Menschen beeinflussen kann (Barrick & Mount, 1991) und somit kein triviales Problem darstellt. Betrachtet man die Zahlen der Tabakabhängigen, lässt sich dieses Ergebnis nachvollziehen: So stellt das Robert Koch Institut (2011) fest, dass in den niedrigeren Bildungsgruppen häufiger geraucht wird als in der oberen Bildungsgruppe (siehe Tabelle 1). Webley and Nyhus (2006) wiesen zudem nach, dass die Fähigkeit, Belohnungen aufzuschieben (dies ist mit Selbstkontrolle gleichzusetzen), sowohl von der Erziehung als auch von dem sozialen Umfeld abhängig ist. Sie konnten zeigen, dass sich Kinder an der Fähigkeit ihrer Eltern, Belohnungen aufzuschieben, orientieren. Diese Erkenntnis lässt vermuten, dass sich – neben weiteren Gründen – nicht zuletzt auch aus diesen Gründen die soziale Milieustruktur generationenübergreifend, d. h. von den Eltern auf ihre Kinder, mit erhöhter Wahrscheinlichkeit fortsetzt, da mangelnde Selbstkontrolle den Aufstiegskampf erschwert.

Tabelle 1: Rauchverhalten nach Bildungsgruppen in Deutschland, Angabe in Prozent

Geschlecht, Bildung		Rauchverhalten		
		Raucher (täglich oder gelegentlich)	Exraucher	Nicht-raucher
Beide Geschlechter	Untere Bildungsgruppe	31,6	21,1	47,3
	Mittlere Bildungsgruppe	32,6	27,4	39,9
	Obere Bildungsgruppe	21,8	29,9	48,3

Quelle: angelehnt an Robert Koch Institut (2011); Tabelle erstellt unter www.gbe-bund.de [20.10.2012]

Abschließende Bemerkung

Insgesamt zeigen sowohl die Ergebnisse aus psychologischen Untersuchungen als auch aktuelle Zahlen zum Rauch-, Ess- und Trinkverhalten, dass Menschen oftmals nicht in der Lage sind, an ihren langfristigen Zielen festzuhalten. Die ökonomische Annahme, dass Menschen ihre langfristigen Ziele strikt verfolgen, ist daher falsch und irreführend. Durch die zunehmende Attraktivität, je näher ein Ereignis kommt, fällt es Menschen oftmals schwer, kurzfristigen Verlockungen standzuhalten. Häufig werden sie schwach und agieren widersprüchlich zu ihren Vorsätzen. Da gerade mangelnde Selbstkontrolle schwerwiegende Probleme verursachen kann, sollte die Erkenntnis in ökonomischen Modellen berücksichtigt werden.

2.5.3 Die ordoliberale Annahme bezüglich Selbstkontrolle

Wie schon bei den bereits diskutierten Aspekten – Rationalität, Eigennutz und Desinteresse an den Mitmenschen – kann auch in Bezug auf die Annahme, Menschen verfolgten strikt langfristige Ziele, eine Abweichung des ordoliberalen Menschenbildes von dem neoklassischen festgestellt werden. So lassen sich sowohl bei Eucken als auch Hayek Hinweise erkennen, dass sie weder von stabilen Präferenzen, noch von ausreichender Selbstkontrolle ausgehen. Während Eucken (1950; 1952) auf beide Aspekte eingeht, betont Hayek (1971) insbesondere, dass Menschen nur über eine mangelnde Selbstkontrolle verfügen. Er geht in seinen Ausführungen soweit, dass er Handeln aus mangelnder Selbstkontrolle als Bedrohung der Freiheit betrachtet: „Aber der Gegensatz zu „innerer Freiheit" ist nicht Zwang von Seiten anderer, sondern der Einfluss vorübergehender Emotionen, oder moralische und intellektuelle Schwäche. Wenn es jemand nicht gelingt, durchzuführen, was er in nüchterner Überlegung zu tun entschieden hat, wenn seine Absichten oder seine Kräfte ihn im entscheidenden Augenblick verlassen und er nicht das tut, was er irgendwie doch noch zu tun wünscht, sagen wir auch manchmal, er sei unfrei, ‚Sklave seiner Leidenschaften'" (Hayek, 1971, S. 20). Momente der Schwäche sieht Hayek somit darin begründet, dass Menschen sich von Emotionen leiten lassen, die situationsbedingt eine andere Entscheidung hervorrufen, als dies in weniger emotionalen Momenten der Fall gewesen wäre.

Auch bei Eucken (1952) lässt sich erkennen, dass er nicht davon ausgeht, dass Menschen immer über ein ausreichendes Maß an Selbstkontrolle verfügen, um ihre langfristigen Ziele zu verfolgen. Dies lässt sich implizit anhand der Ausführungen, dass Menschen in der Initiative zu Sparen gestärkt werden sollten, erkennen. Würde er davon ausgehen, dass Menschen an langfristigen Zielen strikt festhalten, würde er die Notwendigkeit, sie in ihrem Vorhaben zu unterstützen, nicht erwähnen. Vielmehr würde er annehmen, dass sie auch ohne externe Hilfe oder Stütze ihr Ziel verfolgen und erreichen können. Dieser von Eucken nur kurz angesprochene Gedanke lässt sich auch bei seinem Schüler Maier (1950) in ausführlicher Form finden. So macht Maier darauf aufmerksam, dass man nicht davon ausgehen kann, dass Menschen selbstständig durch Vorratsbildung für einen gewissen Lebensstandard vorsorgen. Im Gegensatz zu Eucken macht er deutlich, dass der Grund hierfür in mangelnder Voraussicht und mangelnder Beherrschung liegt. Aus diesem Grund ist es Maiers Meinung nach notwendig, Menschen dazu zu veranlassen, alles dafür zu tun, selber vorzusorgen. „Man sollte deshalb alles tun, um möglichst viele auf den Boden der Sicherung durch Vorrat zu heben, dadurch, dass man Einrichtungen propagiert, die den guten Moment im Menschen benützen, wie das Zwecksparen für eine Altersrente oder für ein Haus usw....." (Maier, 1950, S. 186).

Aus diesem Zitat lässt sich nicht nur ableiten, dass Maier von einer mangelnden Selbstdisziplin der Menschen ausgeht; in seinen Worten spiegelt sich zudem das Modell des Planers und des Machers von Thaler und Shefrin (1981) wider. Zwar bezeichnet Maier das vorsorgende Wesen des Menschen nicht als *Planer*, jedoch weist er auf den guten Moment hin, den man nutzen sollte, um Menschen dazu zu bringen, Selbstkontroll-Strategien, wie eben z. B. das Zwecksparen, anzuwenden.

Doch wie bereits zu Beginn angeführt, behandeln Eucken, Hayek und Maier nicht nur das Problem der mangelnden Selbstkontrolle. Eucken diskutiert auch die Variabilität der Präferenzen. So gibt er zu bedenken, dass Bedürfnisse (und somit die Präferenzen) beweglich sind und sich Menschen aus diesem Grund nicht nach einem festen Muster verhalten. Während ein Arbeiter das eine Mal bei steigendem Lohn mehr Arbeitskraft anbietet, fragt er ein andermal bei ebenfalls steigendem Lohn weniger Arbeit nach. Die Annahme von gleichbleibenden Präferenzen in ökonomischen Modellen kritisiert er. Er betont, dass die Berücksichtigung von stimmungsabhängigen Bedürfnissen sowie die Beeinflussbarkeit von Präferenzen für die wirtschaftspolitische Analyse notwendig sind. Eben damit grenzt er sich deutlich gegen die neoklassische Annahme der stabilen und unbeeinflussbaren Präferenzen sowie dem starken Willen, gemäß diesen stets zu handeln, ab.

2.6 Arbeit als Selbstzweck – oder doch nur Mittel zum Zweck?

Als Gerhard Schröder im April 2001 die Worte äußerte: „Es gibt kein Recht auf Faulheit in unserer Gesellschaft", brachte er eine hitzige Debatte über vermeintlich faule Arbeitslose ins Rollen (zitiert nach Oschmiansky, Kull & Schmid, 2001). Doch Schröder war nicht der erste Politiker, der die Faulheit der Menschen für die hohe Arbeitslosigkeit verantwortlich machte. Bereits 1975 löste Arendt als damaliger Bundesarbeitsminister eine Faulheitsdebatte aus, in dem er sich über den sozialen

Wildwuchs und Leistungsmissbrauch in der Gesellschaft beklagte (Oschmiansky et al., 2001). Ebenso machte Helmut Kohl, nachdem der Aufschwung kurz nach der Wende ausblieb, faule Arbeitslose implizit für den Zustand verantwortlich. So sagte er, dass Deutschland kein „kollektiver Freizeitpark" werden dürfe. Auch als Guido Westerwelle 2010 kritische Äußerungen über das mangelnde Engagement von Hartz IV Empfänger machte, kam es erneut zu einer Faulheits-Debatte (Stumberger, 2010).

Derartige Kommentare oder Äußerungen erregen häufig die Gemüter und polarisieren die Gesellschaft sowie die politischen Lager. Aber sie ziehen nicht nur eine politische Diskussion nach sich; sie erfreuen sich auch einer hohen Medienbeliebtheit. Printmedien mit Hang zur Polemik greifen Äußerungen dieser Art besonders gerne auf, um sie als Aufhänger für erneute Kampagnen gegen Arbeitslose zu verwenden. Durch die medienwirksame Ausschmückung von Einzelfällen, wie z. B. der Geschichte von *Florida Rolf*, einem arbeitslosen Deutschen, der in Florida wohnte und Sozialhilfe empfing, schüren sie zusätzlich die Debatte um Sozialschmarotzer, die auf Kosten der arbeitenden Bürger leben, bewusst an.

Doch lässt sich tatsächlich annehmen, dass Menschen immer die Arbeitslosigkeit wählen würden, wenn sie ausreichende finanzielle Kompensation erhielten? Gehen Menschen tatsächlich nur arbeiten, um Geld zu verdienen oder stiftet ihnen die Arbeit auch einen anderweitigen Nutzen, der sich nicht durch Ausgleichszahlungen ersetzen lässt?

Grundsätzlich kann nicht ausgeschlossen werden, dass manche Menschen faul sind und deshalb bei ausreichend hohen Transferzahlungen nicht arbeiten gehen. In solchen Fällen würde eine Kürzung von staatlicher Unterstützung sicher zu einer Reduktion der Arbeitslosigkeit (unter der Voraussetzung ausreichender freier Arbeitsplätze) führen. Die Frage ist jedoch, ob angenommen werden kann, dass Menschen *nur* aus finanziellen Gründen arbeiten gehen. Was, wenn Menschen Spaß an ihrer Arbeit haben und diese auch bei geringer Bezahlung ausführen würden?

Die Annahme, was Menschen motiviert zu arbeiten, spielt im wirtschaftspolitischen Kontext eine große Rolle. Sie beeinflusst nicht nur die Debatte, durch welche Maßnahmen sich Arbeitslosigkeit reduzieren ließe, sondern ist ebenfalls entscheidend für die Gestaltung der Arbeitsbedingungen. Wird z. B. alleine eine extrinsische, d. h. monetäre Arbeitsmotivation den wirtschaftspolitischen Überlegungen bezüglich der Reduktion von Arbeitslosigkeit zugrunde gelegt, werden vorwiegend finanzielle Kürzungen als zielführende Maßnahmen in Betracht gezogen. Ebenso werden vorwiegend finanzielle Anreize oder Bestrafungen bei der Gestaltung der Arbeitsbedingungen eine Rolle spielen. Durch diese eindimensionale Annahme der extrinsischen Arbeitsmotivation besteht jedoch die Gefahr, alternative Möglichkeiten zur Reduktion von Arbeitslosigkeit zu übersehen oder durch Arbeitsbedingungen eine konträre Wirkung zu erzielen.

Da somit die Annahme der Arbeitsmotivation für wirtschafts- und insbesondere arbeitspolitische Überlegungen von zentraler Bedeutung ist, muss hinterfragt werden, ob Menschen tatsächlich nur arbeiten, um zu leben, oder doch leben, um zu arbeiten. Hierzu wird zunächst die neoklassische Annahme bezüglich der Arbeitseinstellung der Menschen betrachtet. Dieser werden im Anschluss die psychologischen Erkenntnisse sowie die im Ordoliberalismus zugrunde gelegte Annahme bezüglich der Arbeitsmotivation gegenübergestellt.

2.6.1 Arbeitseinstellung und -motivation aus neoklassischer Perspektive

Das Motiv der faulen Arbeitslosen lässt sich nicht nur in der Politik finden, sondern spielt auch in der Ökonomie eine bedeutende Rolle. Zwar wird in diesem Bereich das Thema nicht polemisiert, jedoch gilt die grundsätzliche Arbeitsabneigung als eine typische Eigenschaft des homo oeconomicus. So wird in der neoklassischen Standardtheorie angenommen, dass Menschen grundsätzlich Freizeit, also die Zeit, in der sie nicht arbeiten, dem Arbeiten vorziehen. Demnach gilt, dass Arbeit den Nutzen schmälert, während Freizeit den Nutzen steigert.

Da Individuen jedoch den Arbeitslohn benötigen, um ihre Bedürfnisse befriedigen zu können, müssen sie einer Arbeit nachgehen (Gabisch, 1990). Somit ist die Arbeit für den homo oeconomicus nur ein Mittel zur Erreichung seiner Ziele. Er wird versuchen, mit dem geringsten Arbeitseinsatz das größtmögliche Ergebnis zu erreichen. Arbeit an sich hat für den homo oeconomicus keinen Selbstzweck (Faber & Petersen, 2008). Aus dieser Annahme lässt sich der Schluss ziehen, dass Menschen keine intrinsische Arbeitsmotivation haben, sondern nur aus monetären Gründen, also auf Grund einer externen Motivation, einer Arbeit nachgehen. Nicht zuletzt argumentieren Ökonomen auch deshalb, dass es für Menschen ab einer gewissen Höhe der Transferzahlungen attraktiver sein kann auf Staatskosten zu leben (dieser Zustand wird in der Literatur auch als „Sozialhilfefalle für Arbeitslose" (Eekhoff & Roth, 2002) bezeichnet), als sich ihren Lebensunterhalt durch eine Erwerbstätigkeit zu verdienen (Bonin & Schneider, 2006; Knabe, 2005). Doch kann ein Leben ohne Arbeit bei hohen bzw. ausreichenden Ersatzzahlungen tatsächlich erfüllend sein?

2.6.2　Eine psychologische Betrachtung der Arbeitseinstellung und -motivation

„Ich habe sehr gern gearbeitet und würde es auch jetzt gern tun. Man kommt mit anderen Menschen zusammen, hat einen bestimmten Freundes- oder Kollegenkreis. Als Arbeitsloser kommt man sich komisch vor. Jedes Mal, wenn ich durch die Tür vom Arbeitsamt gehe, fühle ich mich beobachtet und von der Seite schief angesehen." (Marianne S., 21 Jahre, Friseuse, arbeitslos, zitiert nach Schober, 1987). Nicht zuletzt lassen Aussagen wie die von Marianne S. Zweifel an der neoklassischen Annahme aufkommen, dass Menschen nur aus monetären Gründen arbeiten. So lässt sich bemängeln, dass auf Grund dieser Annahme lediglich die pekuniären Effekte im Kontext der Arbeitslosendebatte berücksichtigt werden, alle anderen Aspekte, wie z. B. Verlust der sozialen Kontakte oder des Selbstwertgefühls (Kieselbach, 2003) dagegen keine oder nur geringfügige Berücksichtigung finden. Dabei belegen Studien, dass sich Arbeitslosigkeit stark auf das persönliche Wohlbefinden auswirkt (Clark & Oswald, 1994; Frey & Stutzer, 2000; Grobe & Schwartz, 2003; Oswald, 1997; Winkelmann & Winkelmann, 1998) oder sogar zu seelischen Störungen und Krankheiten führen kann (Berth, Förster & Brähler 2003; Brinkmann & Potthoff, 1983; Liem & Rayman, 1982; Paul & Moser, 2009). Berth et al. (2003) zeigen, dass neben finanziellen Problemen insbesondere die Faktoren Zukunftsungewissheit, unausgefüllte Zeit, die Einschränkung des Aktionsfeldes und der Wegfall von Sozialkontakten den Zustand zu Beginn der Arbeitslosigkeit prägen und das Befinden der Betroffenen beeinflussen. Insgesamt kann gezeigt werden, dass Arbeitslose unter mehr Angst, Depressionen, psychischem Distress und Selbstzweifel leiden als Erwerbstätige. Diese Reaktionen bzw. Konsequenzen von Arbeitslosigkeit sollten sich jedoch nicht zeigen, wenn Menschen, wie in der Theorie angenommen, Freizeit dem Zustand der Erwerbstätigkeit grundsätzlich vorziehen, solange sie einen finanziellen Ausgleich bekommen.

Der Frage, ob eventuell die finanzielle Einbuße bei Verlust des Arbeitsplatzes die Ursache für alle psychischen und darauffolgenden physischen Leiden darstellt und somit als Auslöser von sekundären Beschwerden betrachtet werden kann, ging Oswald (1997) nach. Hierzu stellte er die Behauptung auf, dass eine finanzielle Kompensation den Wegfall des Lohnes bei Arbeitsplatzverlust auffangen und die psychischen Begleiterscheinungen ausbleiben müssten. Er kam jedoch zu dem Schluss, dass keine dem Lohn identische Ersatzzahlung ausreichen würde, sondern eine überhöhte zusätzliche Geldsumme nötig wäre, um Menschen für den Verlust ihres Arbeitsplatzes zu kompensieren. Dieses Ergebnis bestätigt, dass Arbeitslose nicht nur unter dem finanziellen Verlust leiden, sondern auch emotionalen Schaden nehmen und nicht-pekuniäre Effekte bei Arbeitsplatzverlust schwerer wiegen können als die finanziellen Einbußen. Dadurch lässt sich erkennen, dass Menschen nicht nur aus Gründen des Gelderwerbs arbeiten, sondern ebenfalls andere Motive eine Rolle spielen. In diesem Sinne wird auch in der Psychologie sowohl von extrinsischer, als auch intrinsischer Arbeitsmotivation gesprochen (vgl. Katzell & Thompson, 1990).

Einstellung zur Arbeit

Arbeiten Menschen auf Grund einer intrinsischen Motivation, so kann beobachtet werden, dass sie auch dann einer Arbeit nachgehen, wenn diese nicht ausreichend vergütet wird (Heyman & Ariely, 2004). In ihrer Untersuchung teilten Heyman und Ariely die Probanden in drei verschiedene Gruppen ein und gaben allen die gleiche Aufgabe. Die Versuchsteilnehmer sollten in fünf Minuten auf dem PC-Bildschirm Kreise in Quadranten ziehen. Während die Teilnehmer der ersten Gruppe mit 5 Euro entlohnt wurden, bekamen die Probanden der zweiten Gruppe 50 Cent. Diejenigen, die zu der dritten Gruppe gehörten, bekamen nichts. Am Ende des Versuchs zeigte sich, dass die dritte Gruppe die größte Arbeitsleistung erbracht hatte. Anhand der Ergebnisse dieser Untersuchung lässt sich somit deutlich erkennen, dass Menschen auch dann einer Arbeit nachgehen, wenn sie nicht angemessen entlohnt wird. Nicht nur der externe, d. h. monetäre Anreiz, sondern ebenfalls die intrinsische Motivation, arbeiten zu wollen, bewegt Menschen dazu, Leistung zu erbringen.

Die Untersuchungsergebnisse von Heyman und Ariely zeigen zudem, dass die Arbeitsleistung von Menschen sinkt, wenn sie grundsätzlich intrinsisch motiviert sind, diese Motivation jedoch durch einen externen Anreiz verdrängt wird. Denn während die Mitglieder der dritten Gruppe bestrebt waren, eine gute Leistung zu erbringen, da sie dem Experimentator einen Gefallen tun wollten, strengten sich die Teilnehmer der zweiten Gruppe auf Grund der geringen Entlohnung nur geringfügig an. In einer Reihe ähnlicher Experimente kommen Gneezy und Rustichini (2000b) auf Grund der Ergebnisse deshalb zum Schluss: „Pay enough or don´t pay at all" (vgl. auch Frey & Osterloh, 2000).

Wird in der Gestaltung der Arbeitsbedingungen nicht ausreichend berücksichtigt, dass Menschen nicht nur des Geldes wegen arbeiten, kann es zu einem Crowding Out Effekt der intrinsischen Motivation durch externe Anreize bei Berufstätigen kommen und somit kontraproduktiv wirken. Ein solcher Crowding Out Effekt lässt sich in unterschiedlichen Situationen beobachten. Er zeigt sich z. B. dann, wenn zur Leistungsüberwachung von Angestellten Kontrollmechanismen in Unternehmen eingeführt werden. Da Angestellte Kontrollen als Misstrauensbeweis empfinden, sinkt ihre Leistungsmotivation und der Output fällt im Vergleich zu der Situation ohne Kontrollen geringer aus (Falk & Kosfeld, 2006; Sliwka, 2006).

Das Paradox der Arbeit

In engem Zusammenhang mit der Frage, ob Menschen nur des Geldes wegen arbeiten, oder aber aus anderen Gründen einer Erwerbstätigkeit nachgehen, steht das Flow-Erlebnis, das heißt, das „Aufgehen im eigenen Tun" (Csikszentmihalyi, 2004, S. 56, zitiert nach Rheinberg, Manig, Kliegl, Engeser & Vollmeyer, 2007, S. 112). Auf dieses Phänomen stieß Csikszentmihalyi, als er beobachtete, dass Personen einer Tätigkeit engagiert nachgingen, obwohl sie keine nennenswerte Belohnung dafür erhielten (Csikszentmihalyi, 1999).

Interessanterweise erleben Menschen mehr solcher Flow-Momente in ihrem beruflichen Alltag als bei der Ausführung von Freizeitaktivitäten. Im Gegensatz dazu konnten Schallberger und Pfister (2001) jedoch kontroverse Ergebnisse replizieren die zeigen, dass Menschen während der Arbeit verstärkt den Wunsch äußern, lieber einer anderen Tätigkeit nachzugehen und den Freizeitzustand deutlich dem Arbeitszustand gegenüber präferieren. Diese gegensätzlichen Gefühle, die durch Arbeit ausgelöst werden können, werden in der Wissenschaft als Paradox der Arbeit bezeichnet. Schallberger und Pfister erklären dieses Phänomen damit, dass Arbeit stark ambivalent erlebt wird, wohingegen das Empfinden in der Freizeit gleichförmig ist. So erfahren arbeitende Menschen zwar häufiger Momente der Befriedigung (wenn sie ein anspruchsvolles Ziel erreicht haben) als in der Freizeit, empfinden jedoch auch öfter Stress und Frustration. Da diese Art von negativen Gefühlen nie oder nur geringfügig mit Freizeitaktivitäten verbunden ist, wird Freizeit im Großen und Ganzen zwar präferiert, befriedigt Menschen jedoch auf die Dauer weniger als ihre Arbeit.

Andere Wissenschaftler erwägen, dass das Empfinden der Arbeit mit der vorherrschenden sozialen Norm zusammenhängt. So argumentiert Clark (2003), dass sowohl Arbeiten als auch Nicht-Arbeiten eine soziale Norm darstellen kann. Je nachdem, welcher Zustand als soziale Norm gilt, erleiden diejenigen, die die Norm brechen, einen höheren Nutzenverlust (Frey & Stutzer, 2002). In diesem Sinne wiesen Stavrova, Schlösser und Fetchenhauer (2011) nach, dass die Lebenszufriedenheit von arbeitslosen Menschen von der vorherrschenden Arbeitsnorm beeinflusst wird. So zeigten sie, dass die Lebenszufriedenheit von Arbeitslosen in den Ländern, in denen Arbeiten als Norm gilt, geringer ist, als die Lebenszufriedenheit von Arbeitslosen in Ländern, in denen die Arbeitsnorm nicht so stark ausgeprägt ist (vgl. auch Clark & Oswald, 1994; Shields, Price & Wooden, 2009). Grund hierfür ist der stärkere gesellschaftliche Druck, dem Arbeitslose in Ländern, in denen die Arbeitsnorm stark ausgeprägt ist, ausgesetzt sind. Auch diese Erkenntnisse weisen darauf hin, dass Menschen nicht alleine aus monetären Zwecken arbeiten gehen. Denn sinkt ihre Lebenszufriedenheit auf Grund des empfundenen gesellschaftlichen Drucks bei Arbeitslosigkeit, wird die Motivation, sich eine neue Arbeitsstelle zu suchen, nicht nur monetär motiviert sein. Vielmehr wirkt sich der Wunsch, gesellschaftlich integriert und akzeptiert zu sein auf die Arbeitsmotivation positiv aus. Selbst wenn sie einem Arbeitslohn adäquates Arbeitslosengeld bekommen würden, wäre ihr individueller Nutzen niedriger als im Zustand der Erwerbstätigkeit. Dies widerspricht der neoklassischen Annahme, Menschen gingen nur arbeiten, um konsumieren zu können.

Abschließend lässt sich sagen, dass die eindimensionale Annahme der neoklassischen Theorie, Menschen empfänden Arbeit nur als ein lästiges

Übel, viele relevante Aspekte bezüglich der Arbeitseinstellung vernachlässigt. Passender ist eher die Aussage von Thomas Mann (1875-1955),
deutscher Schriftsteller und Nobelpreisträger, der einmal gesagt hat: „Arbeit ist schwer, ist oft genug ein freudloses und mühseliges Stochern;
aber n i c h t arbeiten – das ist die Hölle."

2.6.3 Arbeitseinstellung und -motivation unter ordoliberaler Perspektive

Das Thema der Arbeitslosigkeit spielt im Ordoliberalismus eine bedeutende Rolle. Jedoch ist dieses Thema für Eucken (1952) nicht nur aus
wirtschaftlichen Gründen von großer Relevanz, sondern auch, weil er der
Ansicht ist, dass der Einsatz der eigenen Arbeitskraft für das Selbstwert-
gefühl eines jeden Menschen wichtig ist. In diesem Sinne schreibt er:
„Der einzelne hat in der modernen arbeitsteiligen Welt nicht nur wirtschaftliche Not zu fürchten, sondern auch den Verlust seiner Möglichkeiten als Person. Und zwar wiederum in doppelter Weise. Er muß damit
rechnen, daß er aus Gründen, die nicht in ihm selbst zu liegen brauchen,
von dem sozialen Zusammenwirken ausgeschlossen und an den Rand der
gesellschaftlichen Existenzbedingungen gedrückt wird. Das bedeutet
nicht nur Gefährdung der wirtschaftlichen Existenz, sondern, was ebenso
schwer oder schwerer wiegt, ein Brachliegen seiner Kräfte, eine Behinde-
rung der Entfaltungsmöglichkeiten und eine unverdiente Demütigung
seines Selbstgefühls" (S. 317/318).

Da Euckens Meinung nach Arbeitslosigkeit für einen Menschen negative
psychische Folgen haben kann, bedeutet soziale Sicherheit für ihn nicht
nur, dass Menschen wirtschaftlich abgesichert sind, sondern auch, dass
sie die Möglichkeit haben, ihre Fähigkeiten zu nutzen. Daraus lässt sich
schließen, dass Eucken neben den monetären Gründen, weshalb Menschen einer Arbeit nachgehen, auch nicht-monetäre Aspekte berücksichtigt. Denn warum sonst sollte er in Betracht ziehen, dass der Verlust des
Arbeitsplatzes eine Demütigung des Selbstwertgefühls nach sich zieht,
wenn er davon ausgehen würde, dass Arbeiten für Menschen keinen
Selbstzweck erfüllt?

Ein weiterer Aspekt, der Anlass zur Vermutung gibt, dass Eucken neben
den finanziellen Problemen, die aus der Arbeitslosigkeit resultieren, die
psychischen Folgen berücksichtigt, ist die Einbettung des Themas in den
Kontext der sozialen Gerechtigkeit. So lässt sich aus seinen diesbezügli-

chen Ausführungen ableiten, dass er von keiner freiwilligen Wahl des Zustands der Arbeitslosigkeit ausgeht (Eucken, 1952; 1951). Denn warum sollte Eucken sonst unterstellen, dass ein Mangel an Arbeitsplätzen von den Betroffenen als sozial ungerecht empfunden wird? Da Eucken sich für staatliche Absicherung im Falle einer wirtschaftlichen Notlage ausspricht, kann eine schlechtere wirtschaftliche Lage nicht alleine der Grund sein, warum er den Arbeitsplatzverlust als sozial ungerecht bezeichnet.

Diese Sichtweise schließt jedoch nicht aus, dass Eucken annimmt, dass Menschen durch monetäre Anreize zu einer größeren Arbeitsleistung angeregt werden können. So betont er (Eucken, 1950), dass Menschen aus zwei Gründen arbeiten: Der erste Grund besteht darin, dass sie mit dem Verdienst ihren Bedarf decken. Die zweite Motivation, so ist Eucken der Meinung, liegt im Gewinnstreben. Da Menschen in beiden Fällen des Geldes wegen arbeiten gehen, kann vielmehr angenommen werden, dass Eucken die wesentliche Arbeitsmotivation in monetären Aspekten begründet sieht. Wesentlich bei Eucken ist somit, dass er offensichtlich die psychischen Folgen von Arbeitslosigkeit erkennt und somit eine intrinsische Arbeitsmotivation nicht ausschließt, jedoch vornehmlich monetäre Arbeitsanreize in den Vordergrund stellt.

Anders als bei Eucken lässt sich bei Hayek (1971) ein direkter Hinweis darauf erkennen, dass er nicht nur von einer extrinsischen, sondern auch einer intrinsischen Arbeitsmotivation ausgeht. So stellt er fest, dass ein Pianist auch ohne jegliche Bezahlung seine Tätigkeit mit vollem Einsatz ausüben würde, da er Freude an seiner Arbeit hat.

Zudem weist Hayek (1961) darauf hin, dass Menschen die Entlohnung nach Leistung als ungerecht empfinden könnten. Dieses Ungerechtigkeitsempfinden wird seiner Meinung nach deshalb ausgelöst, weil Menschen mit ihrem Arbeitseinsatz auch moralische Absichten oder sonstige Intentionen verfolgen. Würden Menschen jedoch nur aus finanziellen Aspekten einer Erwerbstätigkeit nachgehen, kann die Annahme, dass sie die Nicht-Berücksichtigung von moralischen Absichten als ungerecht empfinden, ausgeschlossen werden.

Gleichzeitig weist er jedoch ebenfalls darauf hin, dass eine zu hohe Arbeitslosenunterstützung eine erfolgreiche Suche nach einem neuen Arbeitsplatz mildern könnte. Als Grund hierfür nennt er die dadurch abgeschwächte Flexibilität der Arbeitssuchenden bezüglich Lohnvorstellungen und Mobilität. Diese Argumentation lässt den Schluss zu, dass Hayek unterstellt, dass Individuen in diesem Fall kein Grund mehr hätten, eine Arbeitsstelle zu suchen, wenn sie finanziell kompensiert würden. So schreibt er: „In beiden Fällen verlangt die Behebung der Arbeitslosigkeit Flexibilität der Löhne und Mobilität der Arbeitnehmer selbst; beides wird jedoch herabgesetzt in einem System, das allen Arbeitslosen einen bestimmten Prozentsatz des von ihnen früher verdienten Lohnes zusichert" (Hayek, 1971, S. 381). Ebenso weist Hayek (1971) darauf hin, dass die individuelle Arbeitsleistung mit Lohnabzug durch z. B. Besteuerung sinken kann. Diese beiden Befürchtungen lassen sich nur durch die Unterstellung einer monetären Arbeitsmotivation begründen. Somit lässt sich erkennen, dass Hayek davon ausgeht, dass Menschen aus mehreren Gründen arbeiten: um Geld zu verdienen und weil es ihnen Spaß macht.

Abschließend kann festgehalten werden, dass sowohl Euckens als auch Hayeks Meinung nach, nicht nur finanzielle Anreize auf dem Arbeitsmarkt eine Rolle spielen, sondern Individuen auch aus moralischen Gründe bzw. intrinsischer Motivation heraus einer Arbeit nachgehen. Inwieweit sie in Betracht ziehen, dass Menschen auch ohne eine monetäre Vergütung zu erhalten einer Arbeit nachgehen, lässt sich jedoch nicht eindeutig sagen. So ziehen sie beide eine intrinsische Arbeitsmotivation in Betracht, stellen jedoch die monetären Gründe in den Vordergrund. Während Eucken jedoch stärker die psychische Belastung durch aufkommende Selbstzweifel betont, die Menschen zum Arbeiten veranlasst, zieht Hayek explizit auch den empfundenen Spaß als Arbeitsgrund in Betracht. Somit lassen sich sowohl bei Eucken als auch bei Hayek Gedanken erkennen, die sich auch in psychologischen Untersuchungen zur Arbeitseinstellung und -motivation widerspiegeln. Durch die Abwägung unterschiedlicher Gründe, weshalb Menschen einer Arbeit nachgehen, grenzen sich zudem beide, Eucken und Hayek, vom Modell des homo oeconomicus ab.

2.7 Fazit

Auch wenn der homo oeconomicus seit seiner Geburt in der Neoklassik teilweise starker Kritik ausgesetzt war und einige Modifikationen durchlebt hat (Kirchgässner, 2008), stellt er auch heute noch die Grundlage vieler ökonomischer Analysen dar. Dabei sind die Eigenschaften Rationalität, Eigennutz, Desinteresse Mitmenschen gegenüber, stabile Präferenzen und Willensstärke sowie seine Arbeitsabneigung typisch für ihn.

Andere Verhaltensweisen, wie Willensschwäche, Altruismus oder soziale Vergleichsprozesse werden ihm dagegen nicht zugesprochen und somit in ökonomischen Analysen ausgeschlossen. Doch spiegelt der homo oeconomicus tatsächlich wider, wie sich Menschen verhalten?

Nein. Die Erkenntnisse aus empirischen Untersuchungen zeigen, dass Menschen häufig anders agieren als in der Theorie angenommen. Zwar kann anhand der psychologischen Erkenntnisse nicht der Schluss gezogen werden, dass es keine rationalen, eigennützigen und selbstbeherrschten Menschen gibt, die nur des Geldes wegen arbeiten und desinteressiert an ihren Mitmenschen sind. Jedoch widerlegen die empirischen Untersuchungen die Dominanz dieser bzw. die Nicht-Existenz anderer Verhaltensweisen.

Gerade dann, wenn die psychologischen Untersuchungsergebnisse diametral zu den neoklassischen Annahmen stehen, wie dies bezüglich der Eigennutzannahme und dem Desinteresse anderer gegenüber sowie der vorausgesetzen Selbstdisziplin der Fall ist, sollten empirisch beobachtbare Verhaltensweisen in wirtschaftlichen Analyen nicht vernachlässigt werden. Denn schließlich bilden diese Analysen häufig die Grundlage wirtschaftspolitischer Empfehlungen, die ihre direkte Umsetzung in der Praxis erfahren. Diesbezüglich drängt sich unweigerlich die Frage auf, wie sinnvoll und zielführend praxisrelevante Maßnahmen sein können, wenn sie aus Analysen abgeleitet werden, die sich auf realitätsferne Annahmen bezüglich der menschlichen Verhaltensweisen stützen.

Werden nur einzelne Eigenschaften im Modell herausgestellt, während andere per Definition vollständig ausgegrenzt werden, stellt dies den Menschen nicht nur verzerrt dar, sondern kann auch zu fehlerhaften Ergebnissen in den Analysen führen. In diesem Sinne vergleicht Schmoller (1883) die Ableitung wirtschaftspolitischer, d. h. realitätsnaher Maßnahmen aus realitätsfernen Modellen mit der Arbeit eines Chemikers: „Der Chemiker darf wagen, von den physikalischen Eigenschaften eines chemischen Gegenstandes zu abstrahieren, aber wenn er die atmosphärische Luft untersuchte und nach dem Grundsatz der Mengerschen Isolierung sagte: ich ziehe dabei nur den Stickstoff in Betracht, weil er vorherrscht, so würde man ihn sofort aus dem Laboratorium hinauswerfen" (zitiert nach Schlicht, 2003, S. 5). Genauso wenig wie ein Chemiker einen nur geringfügig auftretenden Stoff vernachlässigen darf, sollten auch praxisrelevante Analysen nicht auf Modelle gestützt werden, die nur wenige

Eigenschaften beinhalten, dabei jedoch keine möglichen Wechselwirkungen bei gegebenenfalls sekundären Verhaltensweisen berücksichtigen. Denn wie in der Chemie können auch wirtschaftspolitische Maßnahmen bei Vernachlässigung einer relevanten Eigenschaft fehlschlagen oder das Gegenteil des ursprünglich Intendierten bewirken.

Wie gezeigt, kritisieren auch die Vertreter des Ordoliberalismus wie Eucken, Böhm und Hayek, die bestrebt waren, menschennahe Wirtschaftspolitik zu gestalten, die eindimensionale Darstellung des Menschen in der ökonomischen Theorie. Da sie betonen, dass die Wirtschaftspolitik nur dann ihre Ziele erreichen kann, wenn sie sich an dem Wesen des Menschen orientiert, distanzieren sie sich vom Bild des homo oeconomicus. Im Gegensatz zu ihren neoklassischen Kollegen ordnen Vertreter des Ordoliberalismus dem Menschen weniger stringente Verhaltensweisen zu. Vielmehr gehen sie davon aus, dass Menschen oftmals situationsspezifisch agieren. So unterstellen sie Menschen z. B. nicht nur die Verfolgung des eigenen Interesses, sondern bedenken auch, dass Menschen um das Wohl anderer besorgt sind, ebenso wie sie sich mit anderen vergleichen. Auch unterstellen sie keine stetige Willensstärke, sondern berücksichtigen ebenfalls die Disziplinlosigkeit der Menschen.

In vielen Aspekten lassen sich Übereinstimmungen mit den psychologischen Erkenntnissen bezüglich des Verhaltens der Menschen erkennen. Dennoch bleiben die ordoliberalen Annahmen bezüglich der Menschen auch nicht unbeeinflusst von dem in der Ökonomie omnipräsenten Menschenbild. Stärker als Hayek z. B. wird bei Eucken deutlich, dass er von einer grundsätzlichen Rationalität ausgeht, auch wenn sein Rationalitätsverständnis von der neoklassischen Definition abweicht (für einen Überblick über die Ergebnisse siehe Tabelle 2). Da die ordoliberalen Annahmen bezüglich des menschlichen Verhaltens sowohl Parallelen zu den psychologischen Erkenntnissen, als auch zu dem neoklassischen homo oeconomicus ausweisen, lässt sich nicht ausschließen, dass auch Ordoliberale ihre wirtschaftspolitischen Ideen auf einseitige oder fehlerhafte Annahmen basieren.

Welchen wirtschaftspolitischen Rahmen Walter Eucken im Speziellen und Ordoliberale im Allgemeinen in Anbetracht der von ihnen unterstellten Eigenschaften der Menschen als zielführend und zweckdienlich für das Gelingen einer effizienten Wirtschaft ansehen, wird im folgenden Kapitel dargestellt. Eine Diskussion der wirtschaftspolitischen Grundprinzipien vor dem Hintergrund psychologischer Erkenntnisse soll zudem Aufschluss darüber geben, ob – und wenn ja – welche Auswirkungen gegebenenfalls unberücksichtigte Verhaltensanomalien auf die ordoliberale Wirtschaftspolitik haben können.

Tabelle 2: Die Eigenschaften des homo oeconomicus aus Sicht der Neoklassik, der Psychologie und des Ordoliberalismus

Neoklassische Annahme	Psychologische Erkenntnisse Rationalität	Ordoliberale Ansicht
• Menschen handeln rational. • Sie bewerten ihre Möglichkeiten. • Sie wählen die Alternative, die den größten Nutzen verspricht.	• Menschen folgen nicht immer den logischen Regeln der Rationalität. • Sie wenden intuitive Entscheidungsheuristiken an und erliegen systematischen Verzerrungen. • Aber sie greifen auf die Alternative zurück, von der sie glauben, den größten Nutzen erwarten zu können.	Allgemein • Rationalität ist ein wichtiges Element im Ordoliberalismus. • Rationalität wird als Fähigkeit zu lernen gesehen. Eucken • Menschen wollen bestimmtes Ziel mit möglichst wenig Aufwand erreichen (Wirtschaftlichkeitsprinzip). • Aber sie können falsche Informationslage zugrunde legen. Hayek • Menschen sind irrationale Menschen, die Fehler machen, aus diesen jedoch im sozialen Prozess lernen.

Neoklassische Annahme	Psychologische Erkenntnisse	Ordoliberale Ansicht
	Eigennutz	
• Menschen sind nur auf ihren eigenen Nutzen bedacht. • Sie machen nichts, von dem sie sich keinen Nutzen versprechen.	• Menschen sind keine Egoisten, aber auch keine Heiligen. • Sie legen auf Gerechtigkeit wert. Sie wollen als gerecht wahrgenommen werden und gerecht behandelt werden. • Sie unternehmen auch Handlungen, von denen sie keinen offensichtlichen Nutzen haben. • Verstößt jemand gegen ein Gerechtigkeitsprinzip, sind andere bereit, denjenigen dafür zu bestrafen, auch wenn sie keinen Nutzen davon haben. • Menschen folgen einem intuitiven Moralverständnis.	<u>Allgemein</u> • Menschen handeln eigennützig und altruistisch. • Sie haben ein moralisches Verständnis. • Menschen halten sich an soziale Normen. • Moral ist Voraussetzung für Freiheit. <u>Eucken</u> • Menschen handeln immer wirtschaftlich, ob egoistisch oder altruistisch. <u>Hayek</u> • Menschen handeln gemäß intuitiver Regeln, einer Moralvorstellung.

Neoklassische Annahme	Psychologische Erkenntnisse	Ordoliberale Ansicht
Soziale Vergleichsprozesse oder (Des-)Interesse anderen gegenüber		
• Menschen sind nicht an ihren Mitmenschen interessiert. • Sie bewerten ihren absoluten Nutzen.	• Menschen haben Interesse an ihren Mitmenschen. • Sie vergleichen sich mit anderen und orientieren sich an diesen. • Sie bewerten ihren relativen Nutzen.	• Menschen vergleichen sich mit ihren Mitmenschen. • Sie bewerten ihren relativen Nutzen.
Selbstkontrolle		
• Menschen wissen, was sie wollen. • Sie wägen langfristigen gegen kurzfristigen Nutzen ab. • Sie verfolgen ihre Ziele mit starkem Willen, ohne schwach zu werden.	• Je näher ein Ereignis kommt, desto verlockender wird es. • Menschen vernachlässigen häufig den langfristigen Nutzen in Anbetracht des kurzfristigen Nutzens. • Sie werden schwach und erliegen Versuchungen.	<u>Allgemein</u> • Menschen sind nicht immer selbstkontrolliert. <u>Eucken</u> • Menschen brauchen Hilfe, um ihre Ziele zu verfolgen. <u>Hayek</u> • Menschen sind häufig Sklaven ihrer Leidenschaft, sie sind schwache Wesen.

Neoklassische Annahme	Psychologische Erkenntnisse Arbeit als Last	Ordoliberale Ansicht
• Menschen ziehen immer den Zustand der Freizeit dem Zustand des Arbeitens vor. • Sie gehen aus monetären Gründen arbeiten.	• Menschen führen eine Arbeit auch aus Spaß (intrinsisch motiviert) aus. • Nicht zu arbeiten verursacht Krankheiten. Arbeit bedeutet somit nicht nur finanzielle, sondern auch soziale Absicherung. • Extrinsische Motivation kann intrinsische Motivation verdrängen.	• Menschen arbeiten hauptsächlich aus finanziellen Gründen, haben aber auch Spaß an der Arbeit. • Menschen verlieren an Selbstachtung, wenn sie nicht arbeiten gehen. Arbeit bedeutet somit auch soziale Absicherung.

Quelle: Eigene Darstellung

3 Der Ordoliberalismus im Lichte der Psychologie

„Die Lösung der modernen Wirtschaftsordnungs-Probleme denkend vor-
zubereiten, ist Sache der Wissenschaft. Die Ordnung ist zu suchen, wel-
che der Sache, der historischen Situation und dem Menschen entspricht. "
Walter Eucken (1947a, S. 149)

Für Walter Eucken gehört die Wirtschaftspolitik zu den Wissenschaften,
die eine starke Relevanz für das praktische Leben haben, d. h. „unmittelbar für die Gestaltung der Wirklichkeit wichtig werden" (Eucken, 1947b,
S. 54). Aus diesem Grund war es auch stets sein Anliegen, sich bei der
Gestaltung der Wirtschaftsordnung am Wesen des Menschen zu orientieren. Mit dem Satz: „Die Meinung der Menschen, ihre geistige Haltung
sind für die Richtung der Wirtschaftspolitik vielfach wichtiger als die
wirtschaftliche Tatsache selbst" (S. 210) gibt Eucken (1952) unmissverständlich zu verstehen, dass er es als wesentlich ansieht, sich bei seinen
Überlegungen an den Eigenschaften und Denkweisen der Menschen, d. h.
der Wirtschaftsakteure, zu orientieren. Nur unter Berücksichtigung ihrer
Verhaltensweisen – so seine Überzeugung – können erfolgreiche wirtschaftspolitische Maßnahmen entwickelt werden.

Dementsprechend betont Eucken auch, dass die von ihm formulierten
wirtschaftspolitischen Prinzipien praxistauglich sein müssen. „*So* werden
diese Prinzipien gewonnen. Sie sind nicht aus Axiomen deduktiv abgeleitet, und sie werden nicht etwa der Geschichte entgegengesetzt. Vielmehr
sind sie in denkender Durchdringung der Geschichte, und zwar vor allem
der Wirtschaftspolitik und der Erfahrungen, die mit der Wirtschaftspolitik
gemacht wurden, entwickelt. Sie tragen *praktischen* Charakter" (Eucken
1952, S. 252).

Doch wie praxistauglich sind die ordoliberalen Grundprinzipien tatsächlich? Wie gerecht wird die ordoliberale Wirtschaftspolitik dem Wesen
des Menschen? Und hat Eucken die Verhaltensweisen und Eigenschaften
der Menschen richtig erkannt, die für die Gestaltung der Wirtschaftspolitik von Relevanz sind?

Diese Fragen drängen sich auf, da die schlichte Erkenntnis, wirtschaftspolitische Maßnahmen am Verhalten der Menschen auszurichten, noch
nicht ausreicht, um die Grundlagen für eine Wirtschaftspolitik zu schaffen, die erfolgreich und dem Wesen der Menschen gerecht ist. Schließlich
hat die Gegenüberstellung der Annahmen und Erkenntnisse bezüglich des

Verhaltens der Menschen aus neoliberaler, psychologischer und ordoliberaler Perspektive (vgl. Kapitel 2) ergeben, dass auch Eucken, Hayek und Böhm ihre wirtschaftspolitischen Ideen auf Annahmen basieren, die sich in psychologischen Untersuchungen nicht bestätigen oder gar widerlegen lassen. Somit ist nicht auszuschließen, dass auch die von den Ordoliberalen formulierten wirtschaftspolitischen Empfehlungen ihre Praxistauglichkeit sowie Wirksamkeit verfehlen oder sich anders als intendiert auswirken. Jedoch ist es ebenso möglich, dass Ordoliberale erkannt haben, dass nicht jedes von den theoretischen Annahmen abweichende Verhalten wirtschaftspolitisch von Relevanz ist und somit einige Eigenschaften, die sich in psychologischen Untersuchungen beobachten lassen, vernachlässigt werden können.

Nicht zuletzt aus diesem Grund müssen die von den Ordoliberalen – und im Speziellen von Eucken – formulierten wirtschaftspolitischen Ideen vor dem Hintergrund der psychologischen Erkenntnisse untersucht und auf ihre Sinnhaftigkeit überprüft werden. Die Analyse soll Aufschluss darüber geben, ob Ordoliberale auf Grund der impliziten Annahmen, die sie bezüglich menschlichen Verhaltens getroffen haben, tatsächlich zu wirtschaftspolitischen Empfehlungen gelangen, die sich an dem Wesen des Menschen orientieren und zu einem wirtschaftlich effizienten Ergebnis führen.

Dementsprechend stehen folgende Fragen im Mittelpunkt der in diesem Kapitel erfolgenden Analyse:

- Führen die von Eucken formulierten wirtschaftspolitischen Ideen unter Berücksichtigung der psychologischen Erkenntnise, wie Menschen agieren, zu einem wirtschaftlich erfolgreichen und effizienten Ergebnis?
- Führen die Grundprinzipien tatsächlich dazu, dass Menschen im Wettbewerb, der von den Ordoliberalen als das effizienteste Wirtschaftssystem betrachtet wird, ihren Nutzen maximieren können?
- Bewirken die wirtschaftspolitischen Grundprinzipien tatsächlich das von den Ordoliberalen Intendierte oder können sie gegebenenfalls sogar unter Berücksichtigung psychologischer Erkenntnisse das Gegenteil bewirken?

Eine eingehende Betrachtung der ordoliberalen Grundprinzipien, die bis heute die Wirtschaftspolitik Deutschlands prägen und die den Kern des Ordoliberalismus darstellen, soll Antwort auf diese Fragen geben. Dabei werden die Prinzipien unter Berücksichtigung relevanter psychologischer Erkenntnisse analysiert und auf mögliche Mängel oder Ergänzungsmöglichkeiten hin untersucht. Die Analyse soll Antwort auf die Frage geben, ob der Ordoliberalismus auch unter Berücksichtigung der Erkenntnisse aus der Psychologie als Basis für eine effiziente Wirtschaftspolitik dienen kann oder ob diese neu überdacht werden muss. Denn schließlich sollte, wie auch von Lenel (1980) angemerkt, gelten: „Maßnahmen sollen so gewählt werden, daß sie nicht durch (oft unvorhersehbare) Reaktionen der einzelnen Wirtschaftssubjekte zunichte gemacht oder sehr verstärkt werden und daß sie nicht die Koordination ihrer Entscheidungen verzerren" (S. 327).

Die Analyse dient zudem als Ausgangspunkt einer weiterführenden Überlegung, *ob* und wenn ja, *welche* Gestaltungsspielräume sich durch die Integration der Psychologie für die Wirtschaftspolitik ergeben.

3.1 Freiheit in Ordnung – Grundprinzipien des Ordoliberalismus

In seinen Überlegungen, wie ein liberales Wirtschaftssystem gestaltet sein muss, ließ sich Walter Eucken (1950) stets von der zentralen Frage leiten: Wie muss die Wirtschafts- und Sozialordnung beschaffen sein, in der sich ein menschenwürdiges und erfolgreiches Leben entwickeln kann?

Die Antwort darauf sah er im Wettbewerb verwirklicht. In diesem, so glaubt Eucken (1952), können Menschen ihre eigenen Interessen verfolgen, ohne dabei gegen das Gesamtinteresse zu agieren. So schreibt er: „Den spontanen Kräften der Menschen zur Entfaltung zu verhelfen und zugleich dafür zu sorgen, daß sie sich nicht gegen das Gesamtinteresse wenden, ist das Ziel, auf das sich die Politik der Wettbewerbsordnung richtet" (Eucken, 1952, S. 365). Er argumentiert, dass der Wettbewerb die Einzelinteressen so koordiniert, dass jedes Individuum seinen Nutzen optimieren und gleichzeitig damit auch das Allgemeinwohl steigern kann. Anders als Adam Smith (1966[1759]), der davon ausgeht, dass der Wettbewerb wie eine „unsichtbare Hand" Einzel- und Gesamtinteressen lenkt, sieht Eucken die Konflikte zwischen Individuen und der Allgemeinheit jedoch nicht alleine durch den Wettbewerb gelöst. Vielmehr ist er der Ansicht, dass Wettbewerb ohne eine vorgegebene Ordnung zu Behinderungs- oder Schädigungswettbewerb ausarten kann, in dem die Freiheit

Einzelner sogar eingeschränkt und dem Allgemeinwohl geschädigt werden kann (Eucken, 1949; Vanberg, 2011). Genau wie Böhm (1937) ist daher auch Eucken der Ansicht, dass Menschen zwar frei agieren sollen, jedoch im Zweifel der Ordnung immer Vorrang zu gewähren ist. Somit kommt Eucken in seinem Werk „Grundsätze der Wirtschaftsordnung" zu dem Schluss, dass in einem Wettbewerbssystem bestimmte Prinzipien gelten müssen, die es dem Wettbewerb ermöglichen, sein gesamtes wirtschaftliches und gesellschaftliches Potenzial zu entfalten. Eucken macht sich daher für die Einhaltung konstituierender und regulierender Prinzipien stark, die den Wettbewerb ermöglichen und schützen.

Während die konstituierenden Prinzipien der Herstellung der Wettbewerbsordnung dienen, sind die regulierenden Prinzipien notwendig, um die Wettbewerbsordnung funktionsfähig zu halten und wirtschaftlichen Fehlstellungen entgegenzuwirken. Zu den konstituierenden Prinzipien zählen dabei Folgende (nach Eucken, 1952, S. 255-291):

Herstellung eines funktionsfähigen Preissystems: In einer Wettbewerbsordnung brauchen Menschen etwas, an dem sie sich orientieren können. Nur dadurch können die wirtschaftlichen Prozesse effizient gelenkt werden. Diese Orientierung sieht Eucken in den Preisen gegeben. Jedoch müssen sich diese Preise frei, d. h. unbeeinflusst bilden können. In der Herstellung eines funktionsfähigen Preissystems sieht Eucken das Grundprinzip des marktwirtschaftlichen Systems.

Stabilisierung des Geldwertes: Preise, so glaubt Eucken, können ihre Aufgabe nur erfüllen, wenn der Geldwert stabil bleibt. Daher ist alles Mögliche dafür zu tun, den Geldwert stabil zu halten.

Der Zugang zu Märkten muss offen sein: Das Problem der privaten Macht stellt für Eucken die größte Gefahr für die Wettbewerbsordnung dar. Um diese Gefahr zu mindern, sind mögliche Situationen, die die Bildung privater Macht erleichtern, zu verhindern. Dazu zählt vor allem, Märkte offen zu halten und nicht durch z. B. Einfuhrverbote oder Prohibitivzölle zu schließen.

Der Besitz von Privateigentum muss ermöglicht werden: Nur durch den Besitz von Privateigentum, so glaubt Eucken, entwickeln Menschen das nötige Fingerspitzengefühl, um im Wettbewerb im wirtschaftlichen Sinne effiziente Entscheidungen treffen zu können. Daher muss die Bildung von Eigentum in einer Wettbewerbsordnung gewährleistet sein.

Vertragsfreiheit muss garantiert werden: Vertragsfreiheit, so betont Eucken, ist eine Voraussetzung des Zustandekommens der vollständigen Konkurrenz. Denn nur solange die Marktteilnehmer die Möglichkeit haben frei zu wählen, kann Konkurrenz entstehen. Allerdings darf die Vertragsfreiheit nicht dafür benutzt werden, die Freiheit anderer einzuschränken.

Jeder Marktteilnehmer muss haftbar gemacht werden können: Wer frei entscheidet, muss für seine Entscheidung auch geradestehen. Dieses Prinzip muss Euckens Meinung nach in einer Wettbewerbsordnung gelten, damit Menschen aus ihren Fehlern lernen und demzufolge in einer nächsten, ähnlichen Situation ihre Entscheidung bewusster abwägen können.

Konstanz der Wirtschaftspolitik: Die Konstanz der Wirtschaftspolitik ist deshalb von großer Bedeutung, da ohne sie keine große Investitionstätigkeit in Gang kommt. Ist die Wirtschaftspolitik wechselhaft, entsteht Unsicherheit, die sich wiederum schlecht auf die Investitionen ausübt. Da die psychologischen Erkenntnisse von keiner Relevanz für dieses Prinzip sind, wird das Prinzip im Rahmen dieser Arbeit nicht weiter betrachtet. Trotz der Einhaltung der konstituierenden Prinzipien, so arbeitet Eucken heraus, kommt es in der Wettbewerbsordnung zu Problemen und wirtschaftlichen Fehlstellungen. Um diese Mängel zu beheben, müssen zusätzlich zu den konstituierenden Prinzipien regulierende Prinzipien zur Anwendung kommen (Eucken 1952, S. 291-304):

Monopolkontrolle: Da es Euckens Ansicht nach in der Wettbewerbsordnung trotz Einhaltung der konstituierenden Prinzipien zu gewissen Machtpositionen kommen wird, muss eine Monopolaufsichtskontrolle etabliert werden, die die Bildung von Monopolen verhindert oder natürliche Monopole kontrolliert und die innehabenden Wirtschaftsakteure dazu veranlasst, sich so zu verhalten, *als ob* vollständige Konkurrenz bestünde. Auf Grund der für diese Arbeit als irrelevant erachteten Diskussion des Zusammenhangs von natürlichen Monopolen und Monopolaufsichtskontrolle vor dem Hintergrund der psychologischen Erkenntnisse wird dieses Prinzip nicht gesondert berücksichtigt. Relevante Aspekte des Prinzips werden im Kontext der Debatte um die Offenhaltung von Märkten (siehe konstituierendes Prinzip „*Der Zugang zu Märkten muss offen sein*") aufgegriffen und diskutiert.

Einkommenspolitik: In der vollständigen Konkurrenz, so Eucken, werden die Einkommen aller Arbeitnehmer durch einen anonymen Marktprozess zugeteilt, der keine ethischen Gesichtspunkte berücksichtigt. Um etwaige unvermeidbare Ungleichverteilungen zu beheben, müssen Einkommen umverteilt werden.

Korrektur bei externen Effekten: Eucken weist darauf hin, dass der gesamtwirtschaftliche Prozess dann nicht mehr effizient geleitet werden kann, wenn Individuen negative Effekte, die von ihrem Verhalten verursacht werden, in ihren individuellen Wirtschaftsrechnungen nicht berücksichtigen. Damit die Lenkung dennoch gewährleistet ist, legt Eucken fest, dass solch negative externe Effekte notfalls durch Eingriffe in individuelle Pläne unterbunden werden müssen.

Berücksichtigung von anomalem Angebotsverhalten: Mit diesem regulierenden Prinzip weist Eucken auf das Problem hin, dass es auf dem Arbeitsmarkt zu einem Absinken der Löhne kommen kann, wenn bei sinkendem Lohn mehr Arbeit nachgefragt wird, da die Menschen ansonsten ihre Bedürfnisse nicht decken können. Wenn dieser Fall eintritt, ist Euckens Meinung nach die Einführung eines Mindestlohnes notwendig. Da dieses Prinzip jedoch nur in einem bestimmten Moment zum Tragen kommt und für diese Arbeit nur von geringer Relevanz ist, wird es im Folgenden nicht weiter betrachtet.

„Alle Prinzipien – die konstituierenden und die regulierenden – gehören zusammen. Indem die Wirtschaftspolitik konsequent nach ihnen handelt, wird eine Wettbewerbsordnung aufgebaut und funktionsfähig gemacht. Jedes einzelne Prinzip erhält nur im Rahmen des allgemeinen Bauplanes der Wettbewerbsordnung seinen Sinn" (Eucken, 1952, S. 304). Mit diesen Sätzen betont Eucken die Notwendigkeit der gleichzeitigen Anwendung und Gültigkeit der Prinzipien (Überblick über die Prinzipien siehe Abbildung 7). Er macht deutlich, dass nur durch die Interdependenz der ordnungspolitischen Regeln und Prinzipien die Wettbewerbsordnung ihre Aufgabe erfüllen und zu wirtschaftlichem sowie gesellschaftlichem Erfolg führen kann.

Zentrale Fragestellung

Die Grundprinzipien, so glaubt Eucken (1952), ermöglichen eine erfolgreiche und menschenwürdige Wirtschaftsordnung. Doch können diese Prinzipien, die den Kern des Ordoliberalismus darstellen, auch als normatives Fundament einer Wirtschaftspolitik dienen, die sich an den psychologischen Erkenntnissen bezüglich des menschlichen Verhaltens orientiert und nicht das Bild des homo oeconomicus zugrunde legt?

Abbildung 7: Ordoliberale Grundprinzipien

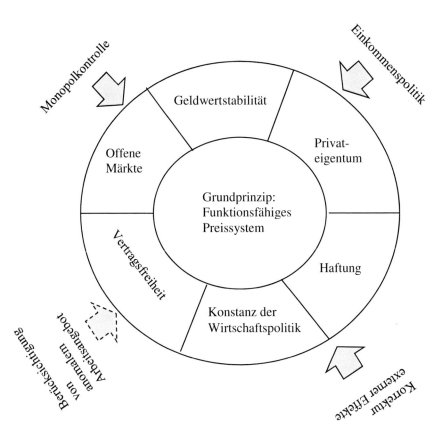

Quelle: angelehnt an Schüller und Krüsselberg (2004)

Um dies beantworten zu können, muss die bereits mehrfach angedeutete Frage geklärt werden: Haben die Vertreter des Ordoliberalismus, im Speziellen Eucken, Böhm und Hayek, aus den von ihnen angenommenen menschlichen Verhaltensweisen wirtschaftspolitische Rückschlüsse gezogen, die sich auch unter Berücksichtigung psychologischer Erkenntnisse als zielführend und effizient erweisen? Oder anders ausgedrückt: Ist die von ihnen vorgeschlagene und entwickelte Wirtschaftsordnung auch für Menschen, die nur eingeschränkt rational, uneigennützig oder disziplinlos agieren, geeignet und dienlich?

Zur Klärung dieser Frage müssen sowohl der Wettbewerb als auch die wirtschaftspolitischen Grundprinzipien unter Berücksichtigung der Erkenntnisse aus der Psychologie auf ihre Sinnhaftigkeit untersucht werden. Dazu werden im Folgenden die von den Ordoliberalen entwickelten wirtschaftspolitischen Ideen im Hinblick auf die Erkenntnisse aus Kapitel 2 näher untersucht. Denn schließlich sind die allgemeinen Annahmen darüber, wie sich Menschen im wirtschaftlichen Kontext verhalten und wie sie auf bestimmte institutionelle Anreize reagieren, für die wirtschaftspolitischen Schlussfolgerungen ausschlaggebend. Betrachtet man die wirtschaftspolitischen Grundideen des Ordoliberalismus im Lichte der psychologischen Erfahrungen, ergeben sich drei Möglichkeiten:

1. Ordoliberale haben Annahmen bezüglich menschlicher Verhaltensweisen getroffen, die sich auch in psychologischen Befunden widerspiegeln. Darüber hinaus haben sie anhand dieser Annahmen richtige Schlussfolgerungen gezogen, weshalb sie wirtschaftspolitische Ideen formuliert haben, die auch unter Berücksichtigung der psychologischen Erkenntnisse zu der Erfüllung des angestrebten Ziels führen. Der Ordoliberalismus eignet sich somit als Fundament für eine Ordnungspolitik für Menschen, die von den angenommenen Eigenschaften des homo oeconomicus systematisch abweichen.

2. Ordoliberale haben Annahmen bezüglich menschlicher Verhaltensweisen getroffen, die sich nicht oder nur teilweise in psychologischen Befunden widerspiegeln. Dadurch kommen sie zu wirtschaftspolitischen Ideen, die nur bedingt zu einem effizienten Ergebnis führen. Der Ordoliberalismus bedarf einiger Anpassungen, Erweiterungen und Korrekturen, damit er als Fundament für eine Ordnungspolitik für Menschen dienen kann, die nicht agieren wie im Modell des homo oeconomicus angenommen.

3. Ordoliberale haben Annahmen bezüglich menschlicher Verhaltensweisen getroffen, die sich nicht oder nur teilweise in psychologischen Befunden widerspiegeln. Daher kommen sie auch zu Schlussfolgerungen, durch die nicht das erwünschte Ergebnis erzielt werden kann. Mögliche psychologisch basierte Erweiterungen oder Änderungen sind nicht konform mit dem Ordoliberalismus. Deshalb eignet er sich nicht als Fundament für eine Ord-

nungspolitik für eingeschränkt rationale, uneigennützige oder undisziplinierte Menschen.

Im Folgenden soll zunächst der Wettbewerb als Marktform unter Berücksichtigung der psychologischen Erkenntnisse betrachtet werden, bevor im Anschluss die ordoliberalen Grundprinzipien im Einzelnen auf ihre „psychologische Tauglichkeit" hin untersucht werden.

Eine separate Betrachtung des Wettbewerbs vor der Untersuchung der einzelnen Prinzipien ist deshalb sinnvoll, weil die Prinzipien nicht für sich alleine angewendet werden, sondern nur in einem wettbewerblichen System Sinn machen und vor allem dazu dienen, den Wettbewerb als solchen herzustellen und funktionsfähig zu halten. Zudem gibt die separate Untersuchung Aufschluss darüber, ob durch die Einhaltung der Prinzipien mögliche Mängel des Wettbewerbs korrigiert werden können.

3.2 Wettbewerb – System voller Möglichkeiten und Irrwege

3.2.1 Bedeutung und Funktion des Wettbewerbs aus ordoliberaler Sicht

Der Wettbewerb als Entdeckungsverfahren – so lautet einer von Hayeks (1969) bekanntesten Aufsätzen. Darin beschreibt er den Wettbewerb als einen dynamischen Prozess, im Rahmen dessen die Marktakteure erst entdecken, *wie* knapp und *wie* wertvoll die einzelnen Güter sind. Weder Anbieter noch Nachfrager, so schreibt Hayek (1969), können von vornherein vollständiges Wissen über vorherrschende Bedürfnisse haben und daher auch nicht wissen, welcher Preis für welches Gut gerechtfertigt ist. Dieses Wissen wird erst durch die Interaktion von Angebot und Nachfrage auf dem Markt generiert. Während Unternehmen (Anbieter) im Rahmen des Wettbewerbs erfahren, welche Güter auf dem Markt nachgefragt werden, haben Konsumenten (Nachfrager) die Möglichkeit die Alternativen zu entdecken, durch die sie ihre Bedürfnisse am besten befriedigen können.

Diese Definition von Wettbewerb spiegelt auch Euckens (1952) Meinung darüber wider, welche Funktion der Wettbewerb erfüllt und weshalb er das geeignete Marktsystem darstellt. Zwar stellt Eucken nicht wie Hayek den stetigen Prozesscharakter des Wettbewerbs und die dadurch stattfindende Wissensgenerierung in den Vordergrund, jedoch schreibt auch er,

dass Marktteilnehmer erst im Leistungswettbewerb ein Gespür dafür
entwickeln, welche Güter am Markt nachgefragt werden und welchen
Wert sie haben. Wenn Unternehmen Produkte anbieten, die nicht den
Bedürfnissen der Konsumenten entsprechen, wird sich kein Bedarf ein-
stellen und somit keine Nachfrage entstehen. Um Verluste zu vermeiden,
werden sie diese Produkte schon bald vom Markt nehmen müssen. Erfolge machen die Unternehmen nur dann, wenn sie die Bedürfnisse der
Konsumenten erkennen und Güter anbieten, die diese Bedürfnisse befriedigen. Durch den stetigen Wettstreit der Anbieter untereinander sind sie
angehalten, die Bedürfnisse der Konsumenten so gut wie möglich zu
erkennen und dementsprechend auch zu befriedigen. So schreibt Eucken
(1953): „Leistungswettbewerb ähnelt einem Wettlauf. In paralleler Anstrengung sollte die Leistung des Einzelnen gesteigert werden, und am
Ziel sollten die Konsumenten entscheiden" (S. 16). Somit gilt seiner
Meinung nach im Wettbewerb: Unternehmen bieten an – Konsumenten
entscheiden darüber, was gut oder was schlecht ist.

An dieser Einstellung zeigt sich deutlich, dass Eucken den Konsumenten
im Wettbewerb die Aufgabe zuschreibt, die wirtschaftlichen Prozesse
durch ihre Nachfrage zu steuern. Im Allgemeinen herrscht im Ordoliberalismus die Meinung vor, dass Konsumenten über die nötige Souveränität
verfügen, um das Angebot auf dem Markt zu lenken. Böhm (1950) beschreibt dies mit folgender Metapher: „...der Konsument als Organist
unmittelbar am Manual der Wirtschaftsorgel" (S. 53). So wie ein Organist bestimmt, welcher Klang auf dem Instrument ertönt, ist Böhm davon
überzeugt, dass auch Konsumenten durch ihre Handlungen vorgeben,
welche Angebote der Markt hervorbringt.

Insbesondere durch die Annahme, dass Konsumenten in einer Wettbewerbswirtschaft durch ihre Nachfrage das Angebot steuern und somit für
die optimale Bedürfnisbefriedigung sorgen, sieht Eucken die Menschen-
würdigkeit des Systems begründet. Indem Menschen im Wettbewerb ihre
Interessen – wie in keinem anderen System – entdecken können und
durch ihre Nachfrage dafür sorgen, dass Unternehmen die Güter entwickeln, können sie ihren individuellen Nutzen maximieren (Böhm, 1950;
Eucken 1949; 1952; 1953; Hayek, 1945b; 1969).

Die Frage, ob der Wettbewerb auch weniger rationalen Individuen dient,
lässt sich weder bei Eucken noch bei Böhm finden. Hayek (1982) hebt
dagegen explizit hervor, dass Menschen nicht rational agieren müssen,

um die Vorzüge des Wettbewerbssystems nutzen zu können. Die Annahme, der Wettbewerb könne sein ganzes Potenzial nur dann entfalten,
wenn Menschen rational agieren, weist er entschieden zurück. Vielmehr
betont er, dass es gerade erst der Wettbewerb ist, der dafür sorgt, dass
Menschen rational handeln. So schreibt er: „Competition […] is the
method by which we have all been led to acquire much of the knowledge
and skills we do possess. This is not understood by those who maintain
that the argument for competition rests on the assumption of rational behavior of those who take part in it. But rational behavior is not a premise
of economic theory, though it is often presented as such. The basic con-
tention of theory is rather that competition will make it necessary for
people to act rationally in order to maintain themselves. It is based not on
the assumption that most or all the participants in the market process are
rational, but, on the contrary, on the assumption that it will in general be
through competition that a few relatively more rational individuals will
make it necessary for the rest to emulate them in order to prevail. In a
society in which rational behavior confers an advantage on the individual,
rational methods will progressively be developed and be spread by imita-
tion" (S. 73).

Für Hayek ist der Wettbewerb somit gerade für irrationale Menschen ein
geeignetes System. Da sie im Wettbewerb gezwungen sind, Gewinne zu
machen, werden sie sich aus eigenem Interesse an erfolgreicheren Akteuren orientieren. Da diese nach Annahme von Hayek rationale Akteure
sind, werden auch irrationale Menschen im Laufe des Prozesses rationaler agieren.

Leistung und Gerechtigkeit im Wettbewerb

Auch wenn Hayek den Wettbewerb grundsätzlich, ebenso wie Eucken
und Böhm, als geeignetes Wirtschaftssystem ansieht, erkennt er einen
Nachteil in dem System. Er geht davon aus, dass die Leistungsvergütung,
die Eucken (1952) im Wettbewerb als sinnvoll und förderlich betrachtet,
von den Wirtschaftsakteuren als ungerecht empfunden wird. In diesem
Sinne schreibt Hayek (1962b): „Kommutative Gerechtigkeit bedeutet hier
eine Entlohnung nach dem Wert, den unsere Leistungen tatsächlich für
unsere Mitmenschen haben und der sich in dem Preis ausdrückt, den andere für diese Leistungen zu zahlen bereit sind. Dieser Wert hat, wie wir
zugestehen müssen, keinen notwendigen Zusammenhang mit moralischem Verdienst. Er ist der gleiche. Ob nun eine bestimmte Leistung bei

einem Menschen das Ergebnis von großer Mühe und schweren Opfern war oder von einem anderen mit spielender Leichtigkeit oder sogar zum Vergnügen vollbracht wurde, oder ob der eine das Erforderliche durch kluge Voraussicht oder durch reinen Zufall im richtigen Augenblick zu bieten hatte. Kommutative Gerechtigkeit nimmt keinerlei Rücksicht auf persönliche oder subjektive Umstände, auf Bedürfnis oder gute Absicht, sondern allein darauf, wie das Ergebnis der Tätigkeit eines Menschen tatsächlich von denen, die davon Gebrauch machen, gewertet wird. Das Resultat einer solchen Belohnung nach dem Wert des Ergebnisses erscheint vom Standpunkt einer distributiven Gerechtigkeit oft höchst ungerecht. Es entspricht selten dem, was wir als das subjektive Verdienst einer Leistung betrachten" (S. 642). Hayek beurteilt die Leistungsvergütung im Wettbewerb somit durchaus kritisch, erkennt jedoch auch, dass in einem Wettbewerbssystem die Leistungsvergütung die einzig sinnvolle Lösung darstellt, da sich einerseits die Intention einer Handlung nicht bewerten lässt und andererseits der Leistungslohn zu einer Leistungssteigerung und Verbesserung führt.

Im Gegensatz zu Hayek betont Eucken (1952) insbesondere die Stärke des Leistungslohns. Zwar fügt auch er einschränkend hinzu, dass durch den Leistungslohn eine mögliche Ungleichverteilung entstehen und dies als Schwäche des Systems betrachtet werden kann. Seiner Meinung nach lässt sich diese Ungleichheit jedoch durch einen regulierenden Eingriff (vgl. Kapitel 3.9.1) beheben.

3.2.2   Wettbewerb aus psychologischer Perspektive

Je mehr Alternativen zur Verfügung stehen, desto eher können Menschen die Alternative finden, die genau ihren Bedürfnissen entspricht. Zwar sagen Eucken, Böhm oder Hayek dies nicht explizit, jedoch ist diese Annahme implizit in ihren Ausführungen über den Wettbewerb enthalten. Schließlich ist das Entdeckungsverfahren ein fortwährender Prozess, in dem Anbieter immer wieder neue Produkte auf den Markt bringen und Nachfrager die Möglichkeit haben, Angebote zu entdecken, die gegebenenfalls ihre Bedürfnisse besser erfüllen als vorherige Angebote.

Tatsächlich lässt sich im Alltag jedoch häufig beobachten, dass sich Menschen von einer großen Auswahl überfordert fühlen. Dies kann sogar dazu führen, dass sie die Entscheidung aufschieben, eine falsche Wahl treffen oder die Entscheidung ganz unterlassen. Das nicht immer ein

Mehr an Wahlmöglichkeiten auch gleich *besser* ist, zeigen Iyengar und Lepper (2000) in einer Untersuchung zum Wahlverhalten in Situationen mit einer großen oder kleinen Alternativen-Vielfalt. In diesem Kontext weisen sie nach, dass zwar mehr Menschen an Verkaufs- und Probierständen in Supermärkten stehen bleiben, wenn viele unterschiedliche Marmeladensorten (zwischen 24 und 30 Sorten) angeboten werden, jedoch mehr Konsumenten eine Kaufentscheidung treffen, wenn nur wenige Sorten zur Verfügung stehen (6 Sorten). Auch sind diejenigen, die zwischen wenigen Sorten wählen, mit ihrer Wahl zufriedener. Im Rahmen ihrer Untersuchung weisen Iyengar und Lepper darauf hin, dass Menschen sich durch Wahlmöglichkeiten zwar prinzipiell besser stellen, sich dies jedoch ins Gegenteil kehrt, wenn zu viele Alternativen zur Auswahl stehen. Übersteigt die Anzahl von Möglichkeiten ein gewisses Maß (wo dieses Maß liegt, lässt sich nach aktuellem Forschungsstand nicht genau bestimmen), kann dies den Nutzen mindern. Da Ordoliberale jedoch davon ausgehen, dass der Wettbewerb gerade wegen der Angebotsvielfalt, die durch den Wettstreit der Anbieter entsteht, ein empfehlenswertes Wirtschaftssystem ist, steht die Erkenntnis, das ein Zuviel an Möglichkeiten den Nutzen senken kann, im Widerspruch zu der ordoliberalen Begründung.

Durch die große Vielfalt verlieren Menschen nicht nur den Überblick – sie entwickeln ebenfalls das Gefühl, etwas zu verpassen oder zu übersehen. Dies ist insbesondere dann der Fall, wenn sie den Wunsch haben, nicht nur eine Alternative zu finden, die ihren Bedürfnissen entspricht (Satisficer), sondern diejenige, die tatsächlich die beste Alternative ist (Maximizer, siehe hierzu Schwartz et al., 2002). Schwartz (2009) weist darauf hin, dass der Wunsch in einer Welt voller Möglichkeiten, immer die beste Entscheidung zu treffen, sogar die Lebenszufriedenheit senken und zu Depressionen führen kann. Auch Shin und Ariely (2004) zeigen in einem computerbasierten Experiment, dass viele Auswahlmöglichkeiten den Menschen nicht immer zum Vorteil dienen. Streben Menschen danach, die beste Alternative zu finden, laufen sie Gefahr, auf Grund der stetigen Suche nach etwas Besserem die wesentlichen Möglichkeiten, die ihren Nutzen steigern, zu vernachlässigen oder zu übersehen.

Da in einem wettbewerblichen System die Wahlmöglichkeiten stetig wechseln und die Anzahl an Alternativen immer weiter zunimmt, lassen derartige Untersuchungsergebnisse die Befürchtung aufkommen, dass der Wettbewerb sich nicht nutzensteigernd auswirkt – wie von Ordoliberalen angenommen – sondern die Auswahl und die Möglichkeiten Menschen überfordern.

Auch der durch die Auswahlmöglichkeiten entstehende Informations- und Abwägungsaufwand kann dazu führen, dass der Wettbewerb Menschen schadet, anstatt Nutzen stiftet. Denn um diesen Aufwand zu bewältigen und die kognitive Anstrengung zu reduzieren, wenden Menschen Entscheidungsheuristiken an. Diese Faustregeln ermöglichen es ihnen zwar, den großen Aufwand, der durch die Vielfalt an Möglichkeiten hervorgerufen wird, zu bewältigen (vgl. Kapitel 2.2.2), jedoch laufen Menschen dadurch auch Gefahr, in die Irre geführt zu werden. Da die heuristische Entscheidung auf keinem rationalen, sondern einem intuitiven Prozess beruht, vernachlässigen sie oftmals relevante Informationen, überbewerten unwichtige Details oder erliegen kurzfristigen Verlockungen. Dies kann zu suboptimalen oder schlechten Entscheidungen führen. So lässt sich z. B. beobachten, dass Menschen aus Angst, sich durch einen Produktwechsel oder Vertragswechsel schlechter zu stellen, an Altbewährtem festhalten (Status Quo) und dadurch alternative Angebote vernachlässigen (Samuelson & Zeckhauser, 1988). Ebenso fällt es Menschen schwer, von einer Empfehlung abzuweichen, da sie einen möglichen Schaden durch Nichtstun weniger bedauern als sich durch eine abweichende Entscheidung schlechter zu stellen (Omission Bias, vgl. Kapitel 2.3.2; Baron & Ritov, 1994).

Oftmals lassen sich Menschen auch durch unwesentliche periphere Merkmale ablenken, weshalb sie zu Produkten greifen, die nicht ihrem Interesse entsprechen und nach denen sie – mit einem gewissen Abstand betrachtet – nicht fragen würden (vgl. Kapitel 2.5.2). Zwar ist dies kein Effekt, der ausschließlich im Wettbewerb hervorgerufen wird, jedoch wird er im Wettbewerb verstärkt. Denn schließlich nimmt im Wettbewerb die Anzahl der Möglichkeiten zu, da Anbieter stets durch innovative Produkte und Marketingstrategien versuchen neue Kunden zu gewinnen. Dadurch bedingt haben Menschen nicht nur die Möglichkeit, die Alternative zu finden, die ihren Nutzen maximiert, sondern werden auch mehr Verlockungen ausgesetzt, als in einem nicht-wettbewerblichen Wirtschaftssystem. Armstrong (2008) schreibt diesbezüglich: „The reason that competition does not help in these cases is that competition is good at giving consumers what they think they want, not what they end up consuming" (S. 125).

Das irrationale Verhalten, ob auf Grund mangelnder Selbstkontrolle oder Befolgen von Heuristiken, nutzen Anbieter aus, um das Interesse der Konsumenten zu wecken und sie als Kunden zu gewinnen. Grundsätzlich ist dem zwar nichts entgegenzusetzen, jedoch ist dieses Verhalten dann als kritisch zu betrachten, wenn dadurch Bedürfnisse geweckt werden, die der Kunde im Grunde nicht hat oder er Produkte kauft, die seinen Nutzen nicht steigern (zwar agieren auch Anbieter irrational, jedoch liegt im Rahmen dieser Arbeit die Frage darauf, welche Auswirkungen das irrationale Verhalten der Nachfrager hat; aus diesem Grund wird der Fokus auf die Nachfrager gelegt). Im Gegensatz zu der Annahme von Eucken, Hayek und Böhm, Menschen entdeckten im Wettbewerb ihre Interessen und Bedürfnisse, lässt sich somit beobachten, dass sie vielmehr im Wettbewerb vermeintliche Bedürfnisse und Interessen suggeriert bekommen.

Ariely (2010) verweist in diesem Kontext auf die Geschichte des Perlenhändlers James Assael aus Tahiti. Als dieser die schwarz-blau schimmernden Perlen kurz nach seiner Entdeckung auf dem Markt anbot, stieß er damit auf keine Nachfrage. Vielen potenziellen Kunden gefiel die Farbe nicht, die Perlen befriedigten somit nicht ihre Bedürfnisse. Um die Perlen dennoch am Markt gewinnbringend anzubieten, suggerierte der Perlenhändler den Nachfragern durch eine auffällige Werbung und eine exorbitante Bepreisung der Perlen im Schaufenster, direkt neben Diamanten, einen großen Wert der schwarz-blauen Perlen. Dadurch weckte er ein vorher nie dagewesenes Bedürfnis. Bis heute zählen die Perlen mit zu den teuersten Schmuckstücken.

Gerade durch das letztgenannte Beispiel entsteht der Eindruck, dass sich Eucken, Hayek und Böhm mit ihrer Annahme bezüglich des Wettbewerbssystems irren: Zwar entdecken Konsumenten im Wettbewerb Interessen und Bedürfnisse, jedoch steigert die Befriedigung dieser nicht unweigerlich den individuellen Nutzen. Dementsprechend entdecken auch Anbieter nicht die Bedürfnisse der Konsumenten. Vielmehr suggerieren sie den Nachfragern, welche Produkte ihre Wünsche befriedigen und welche den größtmöglichen Nutzen stiften.

Doch wenn Angebote vielmehr die Nachfrage lenken, anstatt – wie von Eucken, Hayek und Böhm angenommen – die Nachfrage das Angebot, muss die Frage gestellt werden, ob die Konsumentensouveränität ausreicht, um das Angebot so zu lenken, dass dadurch der Nutzen maximiert werden kann. Schließlich stellt sich die Frage, ob Böhm mit seiner Metapher Recht behält. Sind es tatsächlich die Konsumenten, die die „Wirt-schaftsorgel" spielen und bestimmen welches Lied erklingt, oder sind sie vielmehr nur die Tasten der Orgel, die das Lied spielen, welches der Or-ganist (die Anbieter) vorgibt?

Leistung und Gerechtigkeit im Wettbewerb vor dem Hintergrund der psychologischen Erkenntnisse

Abgesehen von den bisher diskutierten Problemen, die im Wettbewerb verstärkt oder hervorgerufen werden, lassen sich unter Berücksichtigung der psychologischen Erkenntnisse insbesondere Schwierigkeiten in Be-zug auf das Gerechtigkeitsempfinden im Wettbewerb erkennen. Diese entsprechen den Problemen, auf die auch Hayek (1962b) hinweist (s. o.).

Während in einer Wettbewerbsordnung jedes Individuum nach seiner Leistung belohnt wird und somit Effizienzkriterien der Bewertung zu-grunde gelegt werden, beurteilen Menschen oftmals die Intention einer Handlung. Dies hat zur Folge, dass Menschen Handlungen eher anhand Gerechtigkeitskriterien als anhand Effizienzkriterien bewerten (Fetchen-hauer, 2009; vgl. Kapitel 2.3.2). Da im Wettbewerb jedoch hauptsächlich Ergebnisse und nicht Absichten beurteilt werden, kann es zu einem Unge-rechtigkeitsempfinden der Menschen kommen.

Doch nicht alleine das negative Empfinden kann Probleme und Unzufrie-denheit verursachen. Werden Menschen nur nach Leistung bezahlt, kön-nen dadurch unerwünschte Reaktionen hervorgerufen werden. So lässt sich in Experimenten zur Arbeitsleistung in Abhängigkeit von Leistungs-löhnen erkennen, dass die Leistungsvergütung zur Verdrängung von intrinsischer Motivation und somit sogar zu einem Leistungsrückgang führen kann (Fehr & Gächter, 2002b; Irlenbusch & Sliwka, 2005). Die negativen Auswirkungen der Leistungsvergütung sehen Frey und Oster-loh (2000) darin begründet, dass sich der Lohn an individueller, messba-rer Leistung orientiert, andere qualitative Faktoren jedoch nicht berück-sichtigt werden. Fällt der Lohn zu gering aus, kann dies einerseits den Arbeitnehmern das Gefühl vermitteln, ihre individuelle Leistung sei nicht so viel wert, was sich wiederum tatsächlich auf die Leistung nieder-schlägt. Andererseits können Arbeitnehmer die Lust verlieren, sich über die messbare Leistung hinaus anzustrengen, wenn nur allein diese belohnt wird. Da Menschen im Wettbewerb nach Leistung beurteilt werden, kön-nen diese beschriebenen, aus der psychologischen Forschung bekannten

Effekte auftreten. Somit würde der Wettbewerb bzw. der Leistungslohn nicht unweigerlich wie von Eucken und Böhm angenommen, zu einer Leistungssteigerung, sondern unter Umständen sogar zu einem Leistungsrückgang führen.

Bedenkt man all diese kritischen Aspekte, stellen sich schlicht folgende Fragen: Ist der Wettbewerb tatsächlich ein für das Wesen des Menschen geeignetes Wirtschaftssystem? Und steigert der Wettbewerb tatsächlich sowohl den individuellen als auch den gesamtwirtschaftlichen Nutzen?

3.2.3 Wirtschaftspolitische Beurteilung von Wettbewerb unter Berücksichtigung psychologischer Erkenntnisse

Niemand, so sind sich Hayek, Böhm und Eucken einig, kann *a priori* wissen, welche Interessen er hat, durch was die individuellen Bedürfnisse am besten befriedigt werden können und welche Güter den Nutzen maximieren. Weder können Anbieter dies wissen, noch wissen es die Nachfrager. Doch im Wettbewerb können sie es entdecken. Dieser bietet Anbietern die Möglichkeit, die Bedürfnisse der Nachfrager zu erforschen und die Alternativen zu entwickeln, die diese Bedürfnisse befriedigen. Ebenso bietet sich den Nachfragern durch die im Wettbewerb entstehenden Alternativen die Möglichkeit, genau das Angebot zu entdecken, das ihren Nutzen maximiert. In eben diesem Prozess sehen Ordoliberale den Vorteil des Wettbewerbs gegenüber einem Wirtschaftssystem, wie der Planwirtschaft, das nicht-wettbewerblich organisiert ist und in dem Interessen a priori bestimmt werden müssen.

Überdenkt man die ordoliberale Argumentation vor dem Hintergrund der psychologischen Erkenntnisse, stellt sich jedoch die Frage, ob der Wettbewerb auch dann seine Aufgabe erfüllt, wenn Menschen nicht immer rational handeln. Denn entdecken sie – durch irrationales Verhalten bedingt – nur ihre vermeintlichen Interessen und treffen sie fehlerhafte Entscheidungen oder verzweifeln an zu viel Auswahlmöglichkeiten, ist zu hinterfragen, ob Menschen im wettbewerblichen Entdeckungsverfahren tatsächlich in der Lage sind, ihren Nutzen zu maximieren oder ob sie gar Gefahr laufen, Schaden zu nehmen. Somit muss diskutiert werden, ob der Wettbewerb unter Berücksichtigung der psychologischen Erkenntnisse eventuell wirtschaftlich unerwünschte Wirkungen hervorrufen kann.

Dabei steht jedoch nicht die Frage im Vordergrund, ob sich ein anderes Wirtschaftssystem besser eignen würde. Vielmehr liegt der Fokus der

Debatte darauf, ob bzw. welche Probleme sich im Wettbewerb zeigen, wenn die Annahme von rationalen Akteuren aufgehoben wird. Demnach soll untersucht werden, ob der Wettbewerb unter Berücksichtigung der psychologischen Erkenntnisse seine Aufgabe uneingeschränkt erfüllt, oder ob die psychologischen Erkenntnisse wirtschaftspolitische Auswirkungen haben, d. h. Ineffizienzen oder Dysfunktionalitäten entstehen können. Erst anschließend kann diskutiert werden, ob wirtschaftspolitische Ergänzungen oder Änderungen notwendig und möglich sind, um den Wettbewerb als funktionsfähiges und sinnvolles System zu erhalten, oder ob gar über alternative Wirtschaftssysteme nachgedacht werden muss. Die Systemfrage ist somit nachgelagert. Dementsprechend wird auch bei den ordoliberalen Grundprinzipien nicht nach alternativen Regeln gefragt, sondern zunächst diskutiert, ob die psychologischen Erkenntnisse Auswirkungen auf die Funktion des Ordnungsrahmens haben.

Die Qual der Wahl

Immer öfter hört und liest man von der sogenannten Quarterlife Crises – der Sinnkrise der Mitzwanziger (vgl. Hoffmann, 2002; Kubitscheck, 2011). Im Gegensatz zu der Krise der Mitvierziger, die befürchten, keine Möglichkeiten im Leben mehr zu haben, stürzen junge Erwachsene in die Sinnkrise, weil ihnen zu viele Möglichkeiten offen stehen. Abby Wilner und Alexandra Robbins beschreiben in „Quarterlife Crisis" (2003) ausführlich die Probleme, die für junge Erwachsene durch die „Qual der Wahl" aufkommen. Nicht aus Angst, dass sie keine Möglichkeit im Leben mehr haben, sondern aus Angst, eine falsche Entscheidung zu treffen oder eine gute, bessere Möglichkeit zu verpassen, stürzen sie in die Identitätskrise. Was für die ältere Generation, die weniger Alternativen im Leben hatte, wie ein Luxusproblem aussehen mag, löst bei den Jüngeren Angst, Unsicherheit und Orientierungslosigkeit aus. Unfähig sich zu entscheiden, stehen sie oftmals zahllosen Möglichkeiten gegenüber, zwischen denen sie frei wählen können.

Dieser Beobachtung lässt sich zwar entgegnen, dass die Unsicherheit und Angst, eine falsche Entscheidung zu treffen, keine spezielle Problematik des Wettbewerbs ist; jedoch muss bedacht werden, dass derartige Probleme durch den Wettbewerb aus zweierlei Gründen intensiviert werden. Erstens steigt mit der Anzahl der Möglichkeiten auch die Angst, *die* beste Alternative zu verpassen. Gerade für den Wettbewerb ist es jedoch typisch, viele verschiedene und immer mehr Möglichkeiten hervorzubringen. Somit wird das Problem im Wettbewerb verstärkt. Zweitens unterliegen Menschen im Wettbewerb dem Druck, besser sein zu müssen als andere, wodurch die Angst, die beste Alternative nicht zu erkennen, zusätzlich gesteigert wird.

Während Ordoliberale gerade die Eigenschaft des Wettbewerbs, durch Auswahlmöglichkeiten die individuellen Interessen und die Alternativen zur optimalen Bedürfnisbefriedigung zu entdecken, als den wesentlichen Vorzug identifizieren, erweist sich gerade dieses Entdeckungsverfahren in der Realität oftmals als psychische Belastung. Was sich auf individueller Ebene am Beispiel der Marmeladenauswahl (Iyengar & Lepper, 2000, s. o.) erkennen lässt, äußert sich, wie anhand der Quarterlife Crisis ersichtlich, immer öfter in Massenphänomenen: Zu viel Auswahl kann Menschen überfordern und sogar Depressionen auslösen. Statt den Nutzen zu steigern, wie im Ordoliberalismus angenommen, mindern zu viele Wahlmöglichkeiten den Nutzen. Leiden viele Menschen in Form von psychischen Krankheiten unter den negativen Auswirkungen des Wettbewerbs, wirkt sich dies nicht nur auf den individuellen, sondern wegen der sinkenden Leistungsfähigkeit auch auf den gesamtwirtschaftlichen Nutzen aus.

Eine stetige Ausweitung der Möglichkeiten und Liberalisierung in allen Bereichen ist somit unter Berücksichtigung der psychologischen Erkenntnisse nicht bedingungslos zu befürworten. Zwar steigern Wahlmöglichkeiten die Chance, genau das Produkt oder den Lebensweg zu entdecken, der den Nutzen maximiert, jedoch nur dann, wenn die Auswahl die Akteure nicht überfordert. In diesem Fall bewirkt die Eigenschaft des Wettbewerbs, viele Möglichkeiten zu bieten, das Gegenteil des Erwarteten.

Es sollte somit in der wirtschaftspolitischen Gestaltung berücksichtigt werden, dass der Wettbewerb und die dadurch entstehenden Möglichkeiten den Akteuren nur dann Nutzen stiften, wenn diese sie nicht überfordern. Das teilweise irrationale Verhalten der Menschen zieht somit die Notwendigkeit einer Richtungsweisung oder einer Einschränkung an Möglichkeiten nach sich. Wo die Grenze liegt, also wann ein „viel" tatsächlich ein „zu viel" ist, lässt sich jedoch anhand des aktuellen Forschungstandes nur schwer sagen. Im abschließenden Teil der Arbeit werden jedoch beispielhaft Ideen diskutiert, wie Menschen durch psychologisch gestützte wirtschaftspolitische Maßnahmen Orientierungshilfen an die Hand gegeben werden können und somit die Last der Wahl reduziert werden kann.

Wer lenkt das Angebot?

Nicht nur die psychischen Folgen des Wettbewerbs wirken sich negativ auf den Nutzen aus. Auch die Eigenschaft der Menschen, Informationen selektiv wahrzunehmen und sich durch nebensächliche Aspekte in Versuchung führen zu lassen, werden im Wettbewerb verstärkt und können sich negativ auf den Nutzen auswirken.

Dieses nutzenmindernde Verhalten lässt sich insbesondere im Konsumgütermarkt beobachten, weshalb der Fokus im Folgenden auf diesen gerichtet ist. Immer wieder setzen sich Anbieter im Wettbewerb durch, deren Produkte, objektiv betrachtet, im Gegensatz zu konkurrierenden Produkten keinen Vorteil haben. Doch gilt etwas als modisch und begehrenswert, wie im Beispiel der Perlen, steigt die Nachfrage an. So etablieren sich z. B. Sommerschuhe, die halb aus Sandalen und halb aus Stiefeln bestehen und somit im Grunde weder für den Sommer, noch für den Winter geeignet sind. Dennoch werden sie nachgefragt. Weshalb? Nicht, weil sie den Nutzen maximieren, sondern weil sie in Zeitschriften beworben und als begehrenswert dargestellt werden.

In der Praxis ist zu beobachten, dass die Privatwirtschaft das irrationale Verhalten der Nachfrager erkannt hat und zu eigenen Gunsten nutzt. So würde vermutlich kein Schokoladenhersteller auf die Idee kommen, mit den enthaltenen Inhaltsstoffen und Nährwerten zu werben. Stattdessen wird das mit dem Produkt in Verbindung stehende Gefühl von Leichtigkeit, Geselligkeit oder Freundschaft hervorgehoben. Auch in Werbespots für Automobile wird häufig das Gefühl von Männlichkeit, Abenteuer und ewiger Jugend betont. Eine solche Werbung vermittelt Emotionen, lenkt von den wesentlichen Eigenschaften des Produktes ab und verleitet Nachfrager zu Kaufentscheidungen.

Kaufen Nachfrager jedoch nur auf Grund hervorgerufener Gefühle, kann der Eindruck entstehen, dass Böhm tatsächlich im Unrecht ist: Nicht die Nachfrager bestimmen, was angeboten wird, sondern die Anbieter selber lenken das Angebot. In diesem Fall hätten die Konsumenten keine ausreichende Souveränität mehr, um das Angebot zu bekommen, das tatsächlich ihren Nutzen steigert bzw. maximiert. Der Wettbewerb wäre somit als ungeeignet zu beurteilen, da das Angebot nicht den Nutzen maximieren würde und die Ressourcenverteilung ineffizient wäre.

Doch auch wenn sich hin und wieder, wie im Falle der schwarz-blauen Perlen, Güter am Markt etablieren, deren Nachfrage auf der Suggestion eines Bedürfnisses beruht, lässt sich beobachten, dass trotz allem Nachfrager das Angebot steuern. Denn auch wenn sich heutzutage nicht nachvollziehen lässt, wie wertvoll die Perlen tatsächlich sind, spenden sie denjenigen, die Perlen erwerben, einen Nutzen. Dementsprechend ist das Angebot von dauerhaftem Bestand. Gelingt es Anbietern, eine ausreichend große Nachfrage für Güter zu generieren, die im Grunde *keiner* Bedürfnisbefriedigung dienen, halten sich diese Produkte meist nur kurzfristig am Markt. Denn selbst wenn Anbieter über emotionale oder auffällige Werbung das Interesse vieler Nachfrager wecken, merken Konsumenten nach dem Erwerb des Produktes, ob es tatsächlich ihre Bedürfnisse befriedigt und den Nutzen erhöht oder nur den Anschein vermittelt. Steigert das Produkt den individuellen Nutzen nicht, werden sie es nicht länger nachfragen, selbst wenn ihnen Anbieter das Bedürfnis nach dem Produkt suggerieren. Dementsprechend bleiben solche Produkte auch nur eine Modeerscheinung.

Aus dieser Überlegung lässt sich der Schluss ziehen, dass mögliche Nutzenverluste, die durch irreführende Angebote entstehen, auf Makroebene vernachlässigt werden können. Zwar werden Wirtschaftsakteure auf individueller Ebene in Versuchung und in die Irre geführt, wodurch sie Nutzenverlust erleiden können, jedoch bewirkt dies auf Makroebene keine wirtschaftliche Schieflage. Denn auch wenn sie Entscheidungen treffen, die ihren Nutzen nicht erhöhen, lässt sich, wie aus der Lerntheorie bekannt (Thorndike, 1932) und von Hayek angenommen (1945a; 1978; 1982), erkennen, dass Menschen im Allgemeinen aus ihren Fehlern lernen. Da der Wettbewerb ihnen ermöglicht, unter Berücksichtigung der gesammelten Erfahrungen eine erneute Wahl zu treffen, profitieren sie letzten Endes von dem Wettbewerb. Bedingt durch die Lernfähigkeit der Nachfrager und die Möglichkeit, die der Wettbewerb bietet, andere Alternativen auf deren Bedürfnisbefriedigung zu testen, sind auch Anbieter gezwungen, die Interessen und Bedürfnisse der Nachfrager zu entdecken. Der Wettbewerb stellt sich somit tatsächlich als gewinnbringendes Entdeckungsverfahren dar, so wie von Hayek beschrieben. Zwar kann der Eindruck, dass Anbieter viel mehr die Nachfrager lenken, entstehen und in individuellen Fällen zutreffen. Jedoch lässt sich der Schluss ziehen, dass sich eine mögliche Irreführung der Nachfrager durch die Anbieter auf gesamtwirtschaftlicher Ebene nicht auswirkt und somit Nachfrager, wie von Böhm (1950) angenommen, das Angebot bestimmen – auch wenn sie nicht immer rational agieren. Dies zeigt, dass nicht jedes in der Psychologie beobachtbare Verhalten von wirtschaftspolitischer Relevanz ist.

Wettbewerb steigert nicht immer den Nutzen

Auch wenn festgestellt werden kann, dass Nachfrager das Angebot selbst dann lenken, wenn sie nicht rational agieren, lässt sich die Frage, ob der Wettbewerb irrationalen und rationalen Akteuren gleichermaßen nutzt, dennoch nicht ganz so einfach und eindeutig beantworten. Denn auch wenn sich Anbieter grundsätzlich an den Interessen der Nachfrager orientieren müssen, bietet ihnen das irrationale Verhalten der Nachfrager die Möglichkeit, dieses zu ihren Gunsten und zu Kosten der Nachfrager auszunutzen.

Um den Entscheidungsaufwand zu reduzieren, der durch die Vielfalt der wählbaren Möglichkeiten entsteht, wenden Menschen häufig Entscheidungsheuristiken an. Diese erleichtern ihnen zwar die Wahl, jedoch laufen sie Gefahr, wichtige Alternativen und Informationen zu vernachlässigen. Dadurch bedingt können sie sich im Wettbewerb schlechter stellen als dies in einem regulierten Markt der Fall wäre. Diese Aussage lässt sich anhand der Beobachtungen im britischen Markt für Telefonauskünfte untermauern.

Diesbezüglich schildert Armstrong (2008), dass nach der Liberalisierung des Marktes in 2003 die Menschen in England plötzlich statt nur einer Telefonnummer rund 200 unterschiedliche Nummern und somit Anbieter zur Auswahl hatten, bei denen sie Auskünfte einholen konnten. Doch statt den günstigsten Anbieter zu wählen, entschieden sich die Verbraucher eher für den Anbieter, dessen Nummer am einprägsamsten war. Demzufolge kristallisierten sich nach etwa einem Jahr zwei Anbieter heraus, die zusammen 80 Prozent des Marktes beherrschten. Diese marktdominante Stellung hatten sie jedoch nicht ihrer herausragenden Leistung zu verdanken, sondern der Tatsache, dass ihnen die Nummern gehörten, die am leichtesten zu merken waren. Denn um den Informationsaufwand zu reduzieren, der dann entstand, wenn Nachfrager eine Telefonauskunft benötigten, gingen die meisten dazu über, sich die einfachste Nummer zu merken und diesen Anbieter jedes Mal, unabhängig davon, ob er der für sie beste Anbieter war oder nicht, anzurufen. Dadurch konnten sie zwar die Suchkosten reduzieren, jedoch nicht die direkten Kosten des Services. Da die Anbieter keiner Regulierung mehr unterlagen, konnten sie zu höheren Preisen als vorher anbieten. Tritt ein solcher Fall ein, erfüllt der Wettbewerb nicht die von den Ordoliberalen angenommene Aufgabe. Weder regt er Anbieter zur Leistungssteigerung an, noch können die Nachfrager ihren Nutzen durch den Wettbewerb steigern.

Ein ähnliches Problem wie auf dem britischen Markt für Telefonauskünfte lässt sich auf dem deutschen Energiemarkt erkennen. Zwar zeigt der Markt seit der Liberalisierung 1998/99 wettbewerbliche Strukturen, jedoch bleibt der Wettbewerb hinter seinen Möglichkeiten zurück (Monopolkommission, 2011). So können die Endverbraucher zwar zwischen vielen Stromanbietern zu unterschiedlichen Preisen wählen, jedoch wird der Markt zu 80 Prozent von den Energieversorgungsunternehmen RWE, E.ON, EnBW und Vattenfal beherrscht (Monopolkommission, 2011). Auf Grund der Marktmacht ist es nicht verwunderlich, dass die Energiepreise seit der Liberalisierung gestiegen sind. Dieser Preisanstieg lässt sich nur teilweise durch gestiegene Kosten für die Energieunternehmen rechtfertigen. Vielmehr liegt er darin begründet, dass die Energieanbieter im Wettbewerb zu den Preisen anbieten können, die sie am Markt erzielen wollen und können. So konnten Leprich und Junker (2010) zeigen, dass RWE z. B. seinen Kunden im Jahr 2009 rund 2,3 Mrd. Euro zu viel in Rechnung stellte (gemessen an einer für DAX-Unternehmen üblichen Rendite).

Doch warum suchen sich Nachfrager nicht einfach einen Anbieter, von dem sie zu einem günstigeren Preis Strom beziehen können? Schließlich, so lässt sich anhand Vergleichsportalen wie z. B. Verivox oder Check 24 erkennen, gibt es viele Anbieter, die zu weit niedrigeren Preisen Strom anbieten als die vier großen Energieunternehmen. Würden sich Verbraucher immer das für sie beste Angebot heraussuchen, ließe sich von einem regen Anbieterwechsel ausgehen, was wiederum zu sinkenden Preisen führen würde.

Tatsächlich wechselten jedoch gemäß einer Studie der Universität Oldenburg (Kemfert, 2003) seit der Liberalisierung nur 10-20 Prozent der Verbraucher ihren Anbieter (auch bis Anfang 2012 hatten laut Angaben des

Internetportals „Stromversorger-Energieversorger" nur ein geringer Teil der Bevölkerung von der Möglichkeit des Anbieterwechsels Gebrauch gemacht). Zurückführen lässt sich diese Wechselträgheit auf den Status Quo Bias, d. h. die Tendenz der Menschen, den einmal gewählten Zustand beizubehalten (vgl. Kapitel 2.3.2). Da die vier großen Energieanbieter bereits vor der Liberalisierung am Markt agierten (sie entstanden aus Zusammenschlüssen der Preussen-Elektra, Bayernwerke, RWE, VEW, Bewag, HEW, Laubag und VEAG), profitieren sie von der Wechselträgheit der Nachfrager. Ohne einen erheblichen Kundenverlust zu befürchten, können sie zu höheren Preisen anbieten als ihre Wettbewerber. Da die Energieanbieter in einem nicht-regulierten Markt dieses irrationale Verhalten der Nachfrager zu ihren Gunsten und auf Kosten der Nachfrager ausnutzen können, lässt sich sagen, dass der Wettbewerb seine Aufgabe in diesem Teilmarkt nicht erfüllt und Menschen, die nicht rational agieren, sogar schadet.

Der Wettbwerb schützt irrationale Akteure

Ganz im Gegensatz zu dem Beispiel des britischen Telefonauskunftmarktes oder dem Energiemarkt lässt sich in anderen Situationen das Gegenteil beobachten. So zeigt sich z. B. im Markt für Informations- und Kommunikationstechnologien (IKT), dass Nachfrager trotz irrationalen Verhaltens von den Anbietern nicht ausgenutzt werden. Obwohl sie einerseits, durch den Wettbewerb bedingt, den Überblick über die Angebotsvielfalt verlieren und somit Gefahr laufen, sich schlechter zu stellen, ist es gerade der Wettbewerb, der sie davor schützt, Nutzenverluste zu erleiden.

Die Situation im IKT-Markt stellt sich wie folgt dar: Während es am Anfang im Mobilfunkbereich nur einen großen Anbieter gab, gibt es heute neben den bekannten Anbietern wie Telekom, E-Plus oder O2 noch viele andere, wie z. B. Congstar, Fonic, Simyo, callmobile, 1&1 etc. Alle bieten vielseitige Handy- und Tarifoptionen an, die sich beliebig miteinander kombinieren lassen. So kann nicht nur jeder Kunde zwischen unterschiedlichen Handymodellen wählen, sondern auch zwischen Prepaidoder Vertragshandy, Flatrate oder Minutenabrechnung, mit oder ohne Festnetznummer, inklusive oder exklusive Internet sowie vielen anderen Dingen mehr. Hat ein Kunde zwischen den vielfältigen Möglichkeiten gewählt, bieten sich ihm kurze Zeit später bereits neue Kombinationsmöglichkeiten, durch die er gegebenenfalls seine Bedürfnisse besser befriedigen kann. Während genau diese Angebotsvielfalt den Nutzen von rationalen Akteuren steigert, können sich Menschen, die nicht rational agieren, eben dadurch überfordert fühlen. Aus Angst, sich auf Grund der Unübersichtlichkeit durch einen Wechsel schlechter zu stellen, tendieren viele dazu, den Status Quo beizubehalten. So wechseln viele selbst dann nicht, wenn ein anderer Anbieter durch seine Angebote die jeweils individuellen Bedürfnisse besser erfüllen könnte. Dementsprechend zeigt sich im Mobilfunkmarkt, ebenso wie im Energieversorgungsmarkt, eine auffällige Wechselträgheit (siehe Abbildung 8). Diese ist gerade unter dem Aspekt der sich stetig ändernden Angebote erstaunlich.

Abbildung 8: Wechselbereitschaft von Telefon-, Internet- oder Handyanbieter von 2009 bis 2011 in Prozent

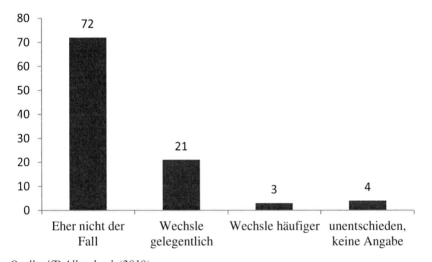

Quelle: ifD Allensbach (2010)

In Anbetracht dieser Beobachtung ließe sich vermuten, dass auch in diesem Markt die Anbieter das Verhalten der Konsumenten zu eigenen Gunsten nutzen und der Wettbewerb zur Ausbeutung irrationaler Menschen führt. Große Anbieter, wie Telekom oder O2, die eine marktdominierende Stellung erreicht haben, könnten zu schlechteren Konditionen als ihre Konkurrenten anbieten, ohne einen gefährlichen Kundenverlust befürchten zu müssen. Zwar neigen marktdominante Anbieter zu höheren Preisen als andere Anbieter, jedoch zeigt sich, dass alle Anbieter, ob groß oder klein, ihre Angebote stetig anpassen und (aus Nachfragersicht) optimieren. Selbst Vertragskunden, die im Grunde für einen bestimmten

Zeitraum an gewisse Konditionen gebunden sind, werden in vielen Fällen über Änderungen informiert und bekommen Alternativen angeboten. Darin zeigt sich, dass Anbieter das Verhalten der Nachfrager, die auf Grund des Status Quo Bias zu einer Wechselträgheit tendieren, nicht zu ihren Gunsten ausnutzen.

Im Gegensatz zu den im vorherigen Abschnitt angeführten Beispielen zeigt sich in diesem Fall, dass der Wettbewerb seine Funktion erfüllt, zu Preissenkungen führt (Statistisches Bundesamt, 2012b) und auch Menschen nutzt, die nicht rational agieren. Erklären lässt sich dies durch die Schwartz´sche (2008) Argumentation, die sich auf den IKT-Markt übertragen lässt. So geht Schwartz davon aus, dass wenige rationale Akteure ausreichen, um Anbieter davon abzuhalten, Ausbeuterverträge zu veranschlagen (vgl. auch Armstrong, 2008; Laibson & Yariv, 2004). Anbieter, so argumentiert er, wissen nicht, ob es sich bei ihren Kunden um rationale oder irrationale Menschen handelt. Würden sie Verträge anbieten, denen ein rationaler Entscheider keine Beachtung schenken würde, bestünde die Gefahr, potenzielle Kunden zu verlieren. Der einzige Weg, dies zu vermeiden, besteht darin, Angebote am Markt zu präsentieren, die auch einen gut informierten, rationalen Akteur ansprechen und somit im Wettbewerb Bestand haben.

Ein derartiges Verhalten der Anbieter lässt sich auf die Angst vor Reputationsverlust durch einige wenige rationale Akteure, die sich hinreichend über alternative Möglichkeiten informieren, zurückführen. Obwohl auch in diesem Fall Anbieter auf die Wechselträgheit der Nachfrager vertrauen könnten, lässt sich beobachten, dass Anbieter jedoch auf Grund des Wettbewerbsdrucks zugunsten der Nachfrager agieren. Das Bewusstsein, dass sich Nachfrager jeder Zeit an erfolgreichen Strategien rationaler Akteure orientieren können, hält Anbieter davon ab, das irrationale Verhalten der Nachfrager auszunutzen. In diesem Fall verstärkt der Wettbewerb somit einerseits das irrationale Verhalten, schützt irrationale Menschen jedoch andererseits vor Ausbeute und erhöht den Nutzen.

Auch wenn eingeschränkt-rationale Akteure möglicherweise nicht die erfolgreichen Strategien von rationalen Akteuren imitieren, so wie Hayek dies annimmt (für eine Kritik an der Annahme, Irrationalitäten würden im Wettbewerb eliminiert, vgl. Shiller, 2003; Shleifer, 2000), kann der Wettbewerb, wie am Beispiel des IKT-Marktes erläutert, sein Nutzenpotenzial entfalten. Die Tatsache, dass sich Menschen an rationalen Akteuren orientieren könnten, reicht aus, um irrationale Akteure vor Schaden zu schützen und den individuellen als auch gesamtwirtschaftlichen Nutzen durch Wettbewerb zu erhöhen.

Wann schadet und wann schützt der Wettbewerb?

Warum der Wettbewerb in manchen Bereichen nicht-rational agierenden Akteuren nützt, in anderen Bereichen jedoch schadet, lässt sich nicht eindeutig sagen. Es kann jedoch vermutet werden, dass sich Faktoren wie „die häufige Nutzung", „das Bewusstsein über Alternativen" oder „die Vertrautheit mit dem Produkt" sowie „die einfache Orientierungsmöglichkeit an anderen Akteuren" positiv auswirken. So kommen die meisten Menschen z. B. mehrmals am Tag mit ihrem Mobiltelefon in Berührung und tauschen sich oftmals mit anderen Personen über neue Angebote im Mobilfunkbereich aus. Dagegen sind sich jedoch nur die wenigsten tatsächlich über die Preise ihres Stromanbieters bewusst oder unterhalten sich mit Freunden und Bekannten über Angebote der Energieversorger. Außerdem kann angenommen werden, dass der Stromverbrauch wesentlich unbewusster abläuft als die Handynutzung. Ein Grund, weshalb der Wettbewerb im Energiemarkt seine Aufgabe, die ihm Ordoliberale unterstellen, unter Berücksichtigung irrationaler Verhaltensweisen nicht erfüllt, kann somit in einer geringeren Aufmerksamkeit liegen. Denn in diesen Fällen befürchten Anbieter vermutlich weniger, durch rationale Akteure auch irrationale Akteure als Kunden zu verlieren.

Die hier diskutierten negativen Auswirkungen des Wettbewerbs für irrationale Akteure und für die gesamte Wirtschaft müssen in der Wirtschaftspolitik berücksichtigt werden. Denn werden derartige Auswirkungen vernachlässigt, kann durch Wettbewerb genau das Gegenteil von dem Intendierten bewirkt werden. Damit der Wettbewerb sein Nutzenpotenzial und seine Schutzfunktion entfalten kann, müssen insbesondere in Bereichen, die nachträglich dereguliert werden oder in denen sich nur geringe Orientierungsmöglichkeiten bieten, zusätzliche wirtschaftspolitische Gestaltungsmöglichkeiten überlegt werden, durch die Nachfrager geschützt werden können. So reicht die Schaffung von Wettbewerb alleine oftmals nicht aus, um den individuellen und gesamtwirtschaftlichen Nutzen zu steigern.

Abschließend lässt sich die zu Beginn des Kapitels angeführte Frage, ob der Wettbewerb den Nutzen auch dann steigert, wenn Menschen nicht rational agieren, somit nur bedingt mit „Ja" beantworten. So lenken die Nachfrager zwar einerseits trotz irrationaler Verhaltensweisen das Angebot zu ihren Gunsten und profitieren von der Leistungssteigerung der Anbieter, jedoch sind sie andererseits überfordert von dem Angebot und laufen Gefahr, von Anbietern ausgebeutet zu werden.

Die häufig verlautbare wirtschaftspolitische Forderung nach mehr Wettbewerb und mehr Wahlmöglichkeiten ist somit unter Berücksichtigung der psychologischen Erkenntnisse nicht bedingungslos zu befürworten. Damit der Wettbewerb sein Potenzial, das Ordoliberale in ihm gesehen haben, entfalten kann, muss berücksichtigt werden, dass Menschen von den Auswahlmöglichkeiten häufig überfordert sind und Anbieter das irrationale Verhalten zu ihren Gunsten und Ungunsten der Nachfrager ausnutzen können. Dementsprechend sind wirtschaftspolitische Überlegungen anzustellen, wie Menschen die Last der Wahl genommen werden kann bzw. welche Hilfestellungen sinnvoll und möglich sind, um die positiven Effekte des Wettbewerbs zu fördern und unerwünschte Wirkungsweisen zu verhindern. Somit lässt sich sagen, dass der Wettbewerb den individuellen und gesamtwirtschaftlichen Nutzen zwar steigern kann, jedoch nicht ohne zusätzliche Hilfestellungen und Schutzvorkehrungen.

Das Empfinden von Leistung und Gerechtigkeit im Wettbewerb – wirtschaftspolitische Auswirkungen

Die bisherige Diskussion lässt die Frage, ob der Wettbewerb ein System ist, das für das Wesen des Menschen geeignet, oder wie Eucken sagen würde, ein menschenwürdiges System ist, (noch) offen. Die Beobachtung, dass Menschen sich durch die vielen Möglichkeiten überfordert fühlen und an psychischen Krankheiten leiden, weckt jedoch Kritik am Wettbewerb.

Tatsächlich kann der Wettbewerb, wie im vorherigen Abschnitt hergeleitet, von Nachfragern bisweilen als Bürde empfunden werden. Aber auch Anbieter, gleich ob Produzent oder Arbeitnehmer, können unter dem Druck, stets besser als andere sein zu müssen, leiden. Erschwerend kommt hinzu, dass häufig der Eindruck entsteht, im Wettbewerb würde nur die Leistung alleine zählen, während andere Aspekte, wie moralische Intention oder Anstrengung und Mühe, unberücksichtigt bleiben. Durch derartiges Empfinden lässt sich auch eine Unzufriedenheit mit dem System erklären, auf die Umfrageergebnisse des Allensbach Instituts hinweisen (vgl. Vanberg, 2005). Diese Befragung hat gezeigt, dass im Frühjahr 1990 insgesamt 77 Prozent der Menschen in Ostdeutschland eine gute Meinung von dem marktwirtschaftlichen System hatten, während es 2001 nur noch 21 Prozent waren. Die Aussage „Wettbewerb ist gut. Er bringt die Leute dazu, hart zu arbeiten und neue Ideen zu entwickeln" unterstützte zwar die Mehrheit der West- und Ostdeutschen, jedoch billigten insgesamt nur 39 Prozent der Befragten der Sozialen Marktwirtschaft das Attribut *Menschlichkeit* zu. Dagegen empfanden weitaus mehr (64 Prozent der Ost- und Westdeutschen) die Planwirtschaft als menschlich. Dieses Ergebnis weist auf eine starke Unzufriedenheit mit dem wettbewerblichen System hin. Doch ist der Wettbewerb tatsächlich menschenunwürdig? Ist der Wettbewerb vielleicht kein geeignetes System, wenn die Menschen nicht dem Bild des homo oeconomicus entsprechen?

Würden Menschen wie im Modell des homo oeconomicus angenommen, agieren, wäre diese Diskussion überflüssig, da sie weder mit der Angebotsvielfalt überfordert, noch mit der Leistungsvergütung unzufrieden wären. Im Gegenteil: Da der homo oeconomicus ungern arbeitet, wäre die individuelle Leistung tatsächlich nur über einen Leistungslohn zu steigern. Auch Güter würden strikt nach ihrem materiellen Wert beurteilt. Eine alternative Vergütung und Bewertung wäre weder sinnvoll noch notwendig.

Da Menschen jedoch nicht dem Bild des homo oeconomicus entsprechen, kann die reine Leistungsbeurteilung zu Unzufriedenheit und einem Ungerechtigkeitsempfinden führen, so wie Hayek (1962b) dies bereits in Erwägung gezogen hat. Hayek übersieht jedoch, dass im Wettbewerb zur Leistungsvergütung alternative Bewertungs- und Vergütungsmodelle möglich sind, ohne einen Leistungsrückgang zu befürchten. So entsteht das Gefühl von Unzufriedenheit zwar erst dadurch, dass Menschen nicht agieren, wie im Modell des homo oeconomicus angenommen, jedoch ergeben sich gerade dadurch neue Vergütungsmöglichkeiten oder Optionen der Leistungsanerkennung.

Im Gegensatz zu der Annahme, Leistung könne nur über einen Leistungslohn gesteigert werden, zeigen die Ergebnisse aus Untersuchungen zur Arbeitsleistung und -zufriedenheit das Gegenteil (vgl. Kapitel 2.6.2). Da Menschen nicht nur auf Grund externer Anreize arbeiten (monetäre Vergütung), bietet sich den Arbeitgebern die Möglichkeit, Arbeitnehmer nicht nur nach messbarer Leistung zu bewerten, sondern ebenfalls qualitative Aspekte mit in der Beurteilung zu berücksichtigen. So können sie durch Vertrauen und Achtung ihren Mitarbeitern gegenüber ihre Wertschätzung zeigen und ihnen dadurch vermitteln, dass sie z. B. ihre Anstrengung oder kollegiales Verhalten registrieren und honorieren. Diese Wertschätzung der nicht messbaren Leistung kann wiederum zu mehr Zufriedenheit und einer Leistungssteigerung seitens der Arbeitnehmer führen.

Auch Unternehmer beklagen sich häufig über einen Leistungsdruck, der sie zu kostengünstigeren Produktionsverfahren, niedrigeren Löhnen oder weniger Sozialleistungen veranlasst. Doch gerade diesbezüglich lässt sich beobachten, dass Nachfrager Produkte häufig nicht nur anhand des materiellen Wertes beurteilen, sondern auch den Umgang mit Mitarbeitern, ethische Produktionsverfahren oder andere für sie relevante Aspekte bewerten. Dies lässt sich deutlich am Fall Schlecker erkennen. So war nicht zuletzt auch dar schlechte Umgang mit den Angestellten ein Grund, weshalb die Umsatzzahlen bei der Drogeriemarktkette Schlecker in den letzten Jahren rückläufig waren (vgl. Alter, 2012). Ebenso zeigt der weltweite Boykott von Shell (vgl. Kapitel 2.3.2), dass Konsumenten bereit sind, unmoralisches Verhalten von Unternehmen zu bestrafen. Die messbare Leistung, das Endprodukt, ist somit nur ein Aspekt, der das Urteil der Nachfrager über einen Anbieter ausmacht.

Das Wissen über die Bedeutung für Nachfrager von Gerechtigkeitsprinzipien und ethischen Handlungsweisen bietet Anbietern die Möglichkeit, die ihnen wichtigen Aspekte trotz eines empfundenen Kosten- und Leistungsdrucks weiter zu verfolgen. Zwar wird dadurch der Leistungsdruck nicht geringer, jedoch werden sie sich am Markt nicht unweigerlich besser positionieren können, wenn sie aus Kostengründen unethische Strategien anwenden.

Umfrageergebnissen zufolge lässt sich zudem erkennen, dass sich bereits über die Hälfte (64 Prozent) der deutschen Unternehmen bürgerschaftlich, d. h. sozial, engagieren (Enste, Neumann & Schare, 2012). Da somit das Handeln nach Gerechtigkeitsprinzipien im Wettbewerb sowohl erwünscht als auch bereits praktiziert wird, kann der Wettbewerb nicht *per se* als ein System beurteilt werden, in dem nur die messbare Leistung bewertet werden kann und bewertet wird. Der Wettbewerb ist somit nicht unweigerlich ein System, das dem Wesen des Menschen widerspricht.

Probleme entstehen erst dann, wenn – wie im Arbeitsumfeld häufig beobachtbar – bei der Gestaltung der Rahmenbedingungen nicht berücksichtigt wird, dass Menschen nicht wie in der Neoklassik angenommen agieren. Denn werden sie durch externe Anreize zur Leistungssteigerung motiviert, können nur messbare Faktoren der Bewertung zugrunde gelegt werden. Dies erhöht nicht nur die Unzufriedenheit, es kann auch zu Crowding Out Effekten führen (vgl. Kapitel 2.6.2). Ebenfalls können dadurch falsche Anreize gesetzt werden, die Menschen zu unerwünschtem Verhalten verleiten. In diesem Kontext weist Shleifer (2004) darauf hin, dass die reine Leistungsvergütung und der Druck des Wettbewerbs, der auf jedem lastet, Menschen zu unmoralischen Handlungen motivieren. Denn bekommen sie das Gefühl vermittelt, nur der Output würde gemessen und bewertet, kann der Wettbewerbsdruck dazu führen, dass moralische Aspekte vernachlässigt werden, nur um einen Leistungsvorsprung zu bekommen und so im Wettbewerb bestehen zu können.

Ein Beispiel, das vor kurzer Zeit den gesamten Wissenschaftsbereich der Wirtschafts- und Sozialpsychologie erschütterte, kann dies verdeutlichen: Es wurde der Skandal aufgedeckt, dass Diederik Stapel, ein anerkannter und hochbegabter Wissenschaftler, ein Großteil seiner Daten gefälscht hatte. Dies hat er nicht getan, weil er anders nicht in der Lage gewesen wäre, gute Studien zu veröffentlichen, sondern deshalb, weil hochbegabte Wissenschaftler im holländischen Hochschulsystem mit viel Geld belohnt werden. Als „hochbegabt" gilt, wer die meisten Publikationen hat. In einer offiziellen Stellungnahme schreibt er: „Ich konnte den Druck nicht aushalten, Erfolge zu erzielen, Studien zu veröffentlichen, immer besser zu sein. Ich wollte zu viel, zu schnell" (zitiert nach Reuters, 2011).

Anhand dieses Beispiels lässt sich die Frage stellen, wie sinnvoll ein System ist, in dem intelligente Wissenschaftler, die aus Interesse und Spaß forschen, dazu motiviert werden, zu betrügen. Doch nicht das wettbewerbliche System ist verantwortlich für derartiges Verhalten sowie Unzufriedenheit oder Ungerechtigkeitsempfinden. Vielmehr sind es die Rahmenbedingungen, die den Wettbewerb ungerecht und unmoralisch erscheinen lassen. Denn wie hergeleitet wurde, sind Menschen auch ohne den permanenten Druck oder die externe Anreizsetzung bereit, ihre Leistung zu steigern. Somit kann gesagt werden, dass der Wettbewerb auch für Menschen, die nicht dem Bild des homo oeconomicus entsprechen, ein sinnvolles und geeignetes System ist. Es ist nur dann ungeeignet, ineffizient und für die Akteure belastend, wenn nicht berücksichtigt wird, dass Menschen von den theoretischen Annahmen abweichen und der Wettbewerbsrahmen so gestaltet wird, als ob Menschen agierten wie der homo oeconomicus.

Tabelle 3: Wettbewerb – Pro und Contra

Ordoliberale Begründung für Wettbewerb	Bewertung des Prinzips unter Berücksichtigung der psychologischen Erkenntnisse
Der Wettbewerb dient den Menschen als Entdeckungsverfahren und steigert ihren Nutzen.	*Zustimmung:* Menschen lernen aus ihren Fehlern, deshalb hilft ihnen das wettbewerbliche Entdeckungsverfahren, die Alternative zu finden, die ihren Nutzen steigert. *Ablehnung:* Sie können sich überfordert fühlen. Der Wettbewerb kann Menschen, die nicht oder nur eingeschränkt agieren, schaden. *Fazit:* Damit der Wettbewerb sein gesamtes Potenzial entfalten kann, müssen Orientierungshilfen geschaffen werden, die zu mehr Überblick im Wettbewerb führen und Menschen schützen.
Der Wettbewerb steigert die Leistung.	*Zustimmung:* Durch den Leistungsdruck steigern Menschen im Wettbewerb ihre Leistung. *Ablehnung:* Wird die Leistungsvergütung nur an messbaren Faktoren ausgemacht, kann dies zu einer sinkenden Leistung kommen. Der Wettbewerb wird als menschenunwürdig und ungerecht empfunden. *Fazit:* Bei der Gestaltung des Vergütungsrahmens muss berücksichtigt werden, dass Menschen nicht nur nach messbarer Leistung beurteilen und beurteilt werden wollen, sondern auch die Intention einer Handlung bewerten.

Quelle: eigene Darstellung

Ob sich die herausgearbeiteten Probleme (für eine Zusammenfassung der Ergebnisse siehe Tabelle 3), die im Wettbewerb entstehen können, wenn Menschen nicht agieren wie der homo oeconomicus, möglicherweise durch die von Eucken formulierten Grundprinzipien beheben lassen, wird sich in der weiteren Untersuchung zeigen. Zwar hat die Analyse ergeben, dass Eucken, Böhm und Hayek wesentliche Aspekte nicht ausreichend oder gar nicht bedacht haben, weshalb es zu Problemen im Wettbewerb kommen kann. Doch auch Eucken glaubt nicht, wie bereits in Kapitel 3.1 erläutert, dass der Wettbewerb ohne einen geeigneten Rahmen sein Nutzenpotenzial entfalten kann. Dabei betont er, dass die rahmenbildenden Prinzipien auf das Verhalten der Menschen angepasst sein müssen. Wie praxistauglich die von ihm formulierten Prinzipien tatsächlich sind, inwieweit sie wirtschaftliche Fehlstellungen verhindern können, irrationalen Menschen geeignete Orientierungshilfe bieten oder unerwünschten Verhaltensweisen entgegenwirken, wird im Folgenden analysiert.

3.3   Lenkung durch Preise

3.3.1   Die Bedeutung von Preisen im Ordoliberalismus

Das Grundprinzip im Ordoliberalismus ist die Errichtung und Bewahrung eines funktionsfähigen Preissystems. In diesem Sinne schreibt Eucken (1952), dass die wirtschaftlichen Prozesse gelenkt werden „indem die Herstellung eines funktionsfähigen Preissystems vollständiger Konkurrenz zum wesentlichen Kriterium jeder wirtschaftspolitischen Maßnahme gemacht wird. *Dies ist das wirtschaftsverfassungsrechtliche Grundprinzip*" (S. 254). Bilden sich Preise frei zwischen Angebot und Nachfrage, spiegeln sie den Wert und die Knappheit eines Gutes wider und dienen dadurch den Wirtschaftsakteuren als Richtungsweiser. Orientieren sich die Wirtschaftsakteure an diesen Signalen, werden nach Ansicht von Eucken die wirtschaftlichen Prozesse effizient gelenkt und die Ressourcen optimal verteilt. Aus diesem Grund gilt es, ein Preissystem im Wettbewerb zu etablieren und dieses vor möglichen Beeinflussungen zu schützen.

Preise fungieren nach Ansicht von Böhm (1950) im Wettbewerb als zentrale Orientierungspunkte für die Wirtschaftsakteure. „Wenn wir die Wirtschaftssubjekte bei ihrem praktischen Verhalten beobachten, so werden wir entdecken, daß sie sich bei der Aufstellung, Durchführung und Korrektur ihrer souveränen Wirtschaftspläne allerdings an etwas orientieren, das allen gemeinsam erkennbar ist, nämlich an den *Preisen*" (Böhm, 1950, S. 14). Die Signale, die von den Preisen ausgehen, dienen seiner Meinung nach als eine Art Richtungsweiser, der es den Menschen ermöglicht, effizient zu wirtschaften. Ohne diese, so ist auch Eucken (1953) der Meinung, würden Wirtschaftsakteure Gefahr laufen, sich im Wettbewerb zu verlieren. In diesem Sinne schreibt er: „Was der Kopf eines Menschen nicht leisten kann, leistet hier der Preismechanismus. Niemand überblickt den Wirtschaftsprozeß als Ganzes, aber niemand braucht ihn hier auch zu übersehen, denn der Automatismus der Preise vollzieht hier die Koordination der freiplanenden Haushalte und Betriebe, in denen jeweils nur ein kleiner Teil des wirtschaftlichen Gesamtprozesses abläuft" (S. 11).

Folgt man Euckens Ausführungen über das Preissystem, lässt sich feststellen, dass er von dem Gelingen der Lenkung durch Preise ausgeht, solange die Preise sich frei bilden können. Eine mögliche Gefährdung der Lenkungsfunktion sieht er nur in der Beeinflussung der Preise. Er berücksichtigt dagegen nicht den Fall, dass sich Preise am Markt etablieren können, die zwar nicht wegen einer direkten Beeinflussung den falschen Wert des Produktes widerspiegeln, jedoch auf Grund irrationaler Verhaltensweisen falsche Signale senden. Ebenso vernachlässigt er, dass Menschen die Informationen, die in Preisen enthalten sind, entweder missverstehen oder missachten und sich von anderen Faktoren, wie z. B. Emotionen leiten lassen.

Böhm (1950) dagegen schließt letztgenannten Einwand nicht grundsätzlich aus. So geht er sehr wohl davon aus, dass Menschen sich bisweilen nicht an Preisen orientieren, obwohl diese die nötigen Signale senden. Eine Gefährdung des Preissystems oder den Verlust der Lenkungsfunktion sieht er dadurch jedoch nicht gegeben, da er annimmt, dass sich Menschen langfristig an Preisen orientieren müssen, wenn sie nicht dauerhaft Misserfolg erleiden wollen. Diese Annahme formuliert er folgendermaßen: „Jedoch ist auf andere Weise dafür gesorgt, daß jeder ein elementares Interesse daran hat, seine Pläne an den Preisen zu orientieren. Tut er es nämlich nicht, so ist es sein eigener Schaden, […] Richtet sich das einzelne Wirtschaftssubjekt nach den Preisen, so ist es sein eigener Vorteil, und dieser Vorteil kann sehr erheblich sein. Es findet also eine sehr wirksame Belohnung für richtiges Planen und eine sehr wirksame Bestrafung für unrichtiges Planen statt. […] Jeder realisiert seinen Erfolg und seinen Mißerfolg selbst; [...]" (S. 15/16). Böhm geht davon aus, dass Menschen zwar kurzzeitig die Informationen der Preise missachten können, jedoch aus eigenem, wirtschaftlichem Interesse sich langfristig daran orientieren werden.

Die Möglichkeit, dass Menschen sich zwar an Preisen orientieren wollen, dies jedoch nicht können, weil sie entweder Signale falsch verstehen oder nicht genügend Selbstkontrolle haben, um der von dem Preis angezeigten Richtung zu folgen, schließt Böhm aus. Diesbezüglich stellt sich jedoch die Frage, ob tatsächlich davon ausgegangen werden kann, dass Menschen die Informationen, die in Preisen enthalten sind, immer wahrnehmen und sich an diesen orientieren, oder dass Preise immer die richtigen Informationen über Wert und Knappheit des Gutes senden. Welche Bedeutung hätte es, wenn Preise – obwohl sie sich frei bilden – ihre Lenkungsfunktion verfehlten?

Um diese Fragen zu beantworten, muss zunächst betrachtet werden, welche Erkenntnisse sich aus der Psychologie auf den Kontext der Preise ableiten und welche Phänomene sich diesbezüglich beobachten lassen.

3.3.2 Die Funktion der Preise unter Berücksichtigung der psychologischen Erkenntnisse

Aus den in Kapitel 2.2.2 dargestellten Untersuchungsergebnissen kann abgeleitet werden, dass Menschen Signale und Informationen oftmals verzerrt bzw. falsch wahrnehmen, wodurch sie Gefahr laufen, fehlgelenkt zu werden. So kann z. B. die Eigenart der Menschen, Informationen nur selektiv wahrzunehmen, dazu führen, dass sie sich statt an den relativen Preisen, an absoluten Preisen orientieren. Dementsprechend erkennen Menschen oftmals nicht, dass ein Gut zwar absolut betrachtet einen günstigeren Preis hat, relativ zu der in der Packung enthaltenen Menge jedoch teurer ist als ein Alternativprodukt (Schoenheit & Schudak, 2012). Ebenfalls lassen sich Menschen durch die Darstellung der Preise lenken, wodurch sie Gefahr laufen, die tatsächlichen Informationen der Preise zu übersehen oder misszuverstehen.

Auch der Ankereffekt (vgl. Kapitel 2.2.2) kann die Funktionalität der Preise stören. Denn festigt sich ein willkürlich gewählter Preis als Anker in den Köpfen der Nachfrager, nehmen diese nachfolgende Preise nicht mehr unabhängig von dem Ankerpreis wahr. Durch den Ankereffekt können sich sogar, wie im Beispiel der Perlen (Ariely, 2008; vgl. Kapitel

3.2.2; 3.2.3), Preise dauerhaft am Markt etablieren, die nicht notwendigerweise den Wert des Gutes widerspiegeln. Ist dies der Fall, erfüllen Preise nicht länger die ihnen im Ordoliberalismus zugeschriebene Funktion. Obwohl sie sich frei bilden, spiegeln sie nicht unbedingt den Wert des Produktes wider und senden somit gegebenenfalls falsche Signale.

Im Kontext von Markenprodukten lässt sich zudem beobachten, dass der Preis häufig nicht der Güte des Produkts entspricht. D.h. Menschen sind nicht nur bereit, einen hohen Preis für ein Produkt zu zahlen, weil das Produkt tatsächlich von guter Qualität ist. Vielmehr glauben sie an den hohen Wert des Produktes, *weil* es teuer ist. Lassen sich Menschen mehr durch einen Markennamen als durch die tatsächliche Qualität beeinflussen, wird dies als Labelingeffekt bezeichnet (Christandl, Stukenberg, Lotz & Fetchenhauer, 2010; Levin & Gaeth, 1988). Christandl et al. konnten z. B. zeigen, dass Menschen Trinkwasser besser bewerten, wenn sie glauben, dass es sich dabei um eine teure Marke anstatt Leitungswasser handelt. Die Bewertung selber, so zeigen die Untersuchungen, war dabei vollkommen davon unabhängig, ob es sich tatsächlich um teures Markenwasser handelte oder billiges Leitungswasser, das den Versuchspersonen als teures Markenwasser verkauft wurde. Dadurch lässt sich erkennen, dass Markenwasser nicht qualitativ höherwertig als Leitungswasser ist, sondern nur als höherwertig empfunden wird. In einem solchen Fall kann nicht mehr gesagt werden, dass der Preis die Qualität widerspiegelt oder sich Menschen von Preisen leiten lassen. Viel mehr orientieren sie sich an einem Label. Somit verlieren Preise häufig ihre Lenkungsfunktion, wohingegen andere Faktoren, wie in diesem Fall ein Markenname, an Signalcharakter gewinnen.

Während Anker-, Framing- oder Labelingeffekte von der Privatwirtschaft oftmals bewusst genutzt werden, um Menschen von der eigentlichen Information des Preises abzulenken und zu Anbietergunsten zu beeinflussen, können Preise auch aus Gründen der fehlenden individuellen Selbstkontrolle ihre Lenkungsfunktion verlieren. So sind es häufig nicht die Preise, die die Entscheidung eines Akteurs lenken, sondern Emotionen, wie plötzliches Verlangen oder Ungeduld (vgl. Kapitel 2.5.2). Überwiegen derartige Gefühle in einer Kaufentscheidung, werden Preise und die darin enthaltenen Informationen häufig nebensächlich oder gar missachtet. Demzufolge treffen Individuen Kaufentscheidungen, die vollkommen unabhängig von den Preisen stattfinden.

Lässt sich in Anbetracht dieser dargestellten psychologischen Erkenntnisse tatsächlich sagen, dass Preise, solange sie sich frei bilden, die für eine effiziente Lenkung der Wirtschaftsprozesse nötigen Informationen senden und Menschen sich an ihnen orientieren? Gerade im Hinblick auf die Wirkungsweise der Preise auf individueller Ebene kann die Frage verneint werden, da Menschen oftmals durch die beschriebenen Effekte die Informationen der Preise fehlerhaft oder verzerrt wahrnehmen. Ob sich das aus der Psychologie bekannte Verhalten jedoch auf die gesamte Funktion des Preissystems auswirkt und welche Bedeutung dies für die Wirtschaftspolitik hat, lässt sich weniger eindeutig sagen und muss im folgenden Kapitel näher diskutiert werden.

3.3.3 Wirtschaftspolitische Bedeutung der psychologischen Erkenntnisse für das Preis-Lenkungssystem

Haben sich Eucken und Böhm getäuscht? Sorgt ein Preissystem letzten Endes gar nicht für eine effiziente Lenkung der wirtschaftlichen Prozesse? Die Klärung dieser Fragen hängt unweigerlich mit der Debatte zusammen, ob sich die durch irrationales und undiszipliniertes Verhalten hervorgerufene Missachtung und Fehlwirkung der Preise, die sich auf individueller Ebene beobachten lässt, auch auf Makroeben bemerkbar macht.

Da die Vertreter des Ordoliberalismus nicht von vollkommen rationalen Menschen ausgehen (vgl. Kapitel 2.3.2), so wie dies in der neoklassischen Theorie der Fall ist, beschäftigt sich auch Böhm (1950) mit der Frage, ob individuell-irrationales Verhalten zu einer wirtschaftlichen Fehlstellung auf gesamtwirtschaftlicher Ebene führen kann. „Dabei liegen die Dinge durchaus so, daß jede falsche Orientierung den sinnvollen Ablauf der Wirtschaft stört, daß nicht nur der unvernünftig Planende, sondern auch andere Wirtschaftssubjekte und die Gesamtheit einen gewissen Schaden davon haben, einen Schaden, der sich sehr ernstlich summieren kann, wenn *viele* wegweiserwidrig disponieren, namentlich dann, wenn viele ein und denselben Fehler begehen" (S. 15). Böhm erkennt das Problem, dass Menschen trotz der Signale, die in den Preisen enthalten sind, bisweilen falsch planen. Demzufolge berücksichtigt er auch, dass dieses Verhalten den gesamten Wirtschaftsprozess gefährden könnte.

Er kommt in seinen Überlegungen jedoch zum Schluss, dass das gesamt-wirtschaftliche Problem, das durch ein Fehlverhalten der Individuen auf-treten kann, bereits auf Mikroebene korrigiert wird und somit nicht weiter ins Gewicht fällt. Dadurch, dass Menschen langfristig aus eigenem Inte-resse dazu gezwungen werden, sich an Preisen zu orientieren, so Böhms Meinung, werden sie sich bemühen, die tatsächlichen Informationen zu erkennen. „Tut er es nämlich nicht, so ist es sein eigener Schaden, und der ihn selbst treffende Schaden ist in der Regel sehr viel größer als der Schadensanteil, der die anderen und die Gesamtheit trifft" (Böhm, 1950, S. 15/16). Da Menschen auf individueller Ebene langfristig versuchen werden, Schaden zu verhindern, glaubt Böhm, wird sich ein möglicher-weise preismissachtendes Verhalten auf Makroebene nicht bemerkbar machen.

Dieser Ansicht kann in weiten Teilen auch unter Berücksichtigung der psychologischen Erkenntnisse zugestimmt werden. So lässt sich zwar nicht von der Hand weisen, dass Menschen Anker- und Framingeffekten erliegen und sich somit in die Irre führen lassen. Es kann jedoch aus der Lerntheorie abgeleitet werden, dass Menschen aus Fehlern lernen. So hat Thorndike (1932) nachgewiesen, dass sich Verhaltensweisen, aus denen eine positive Konsequenz folgt, festigen und verstärkt werden, während Verhaltensweisen mit einer negativen Konsequenz fallengelassen werden. Überträgt man dies auf die Missachtung der Preise durch Anker- und Framingeffekte, kann abgeleitet werden, dass sich Menschen auf die Dauer bemühen werden, Preise und deren Informationen zu beachten, um wirtschaftliche Misserfolge zu vermeiden. Denn machen sie Verluste, wenn sie derartigen Effekten erliegen, werden sie ihr Verhalten überden-ken, Marketingstrategien hinterfragen und ihr Verhalten dementspre-chend anpassen. Die Missachtung bzw. Dysfunktionalität der Preise, die durch Anker- oder Framingeffekte auf individueller Ebene auftritt, wird sich daher auf Makroebene nicht bemerkbar machen und somit keine wirtschaftspolitischen Auswirkungen haben.

Von einer solchen, durch den Lerneffekt hervorgerufenen Korrektur der Funktionsstörung des Preissystems auf individueller Ebene kann jedoch nicht grundsätzlich ausgegangen werden. So ist eine ineffiziente Lenkung der gesamtwirtschaftlichen Prozesse dann nicht auszuschließen, wenn sich Preise am Markt etablieren, die nicht die Qualität oder die Knappheit eines Gutes widerspiegeln oder Menschen Signale und Informationen von Preisen auf Grund mangelnder Selbstkontrolle missachten.

Erstgenannter Fall lässt sich in Bezug auf Markenprodukte beobachten. Wie im vorherigen Kapitel beschrieben (vgl. Christandl et al., 2010), bewerten Menschen Markenprodukte oftmals deshalb besser, weil sie glauben, dass sie besser sein müssen. Dieser Irrglaube wird nicht zuletzt durch das falsche Signal eines hohen Preises, der die vermeintliche hohe Wertigkeit widerspiegelt, hervorgerufen. Erliegen Menschen dem Labelingeffekt, werden sie somit auf Grund der Annahme, Markenprodukte seien besser, bereit sein, den höheren Preis zu zahlen.

Die häufigen Preisunterschiede zwischen Nicht-Markenprodukten und Markenprodukten (z. B. kostet eine Herren Thermo-Laufjacke bei Tchibo zwischen 20 und 40 Euro, während eine solche Jacke z. B. von adidas zwischen 80 und 200 Euo kostet) verdeutlichen, dass sich höhere Preise für Markenprodukte tatsächlich langfristig am Markt etablieren. Die Wirkung des Labelingeffektes macht sich somit auf Makroebene bemerkbar, was unter Umständen zu einer Dysfunktionalität des Preissystems führen kann. Denn etablieren sich Preise am Markt, die trotz der unbeeinflussten Bildung nicht die Wertigkeit und die Knappheit des Gutes widerspiegeln, sorgt das Preissystem eben nicht, wie von Eucken angenommen, für eine effiziente Lenkung der wirtschaftlichen Ressourcen.

Doch sollten deshalb Preise reguliert oder Markenprodukte verboten werden? Wohl kaum. Schließlich lässt sich deshalb nicht sagen, dass sich Menschen *nicht* von Preisen lenken lassen. Denn selbst wenn die Preise nicht immer der Wertigkeit eines Gutes entsprechen, dienen sie den Wirtschaftsakteuren dennoch als Richtmaß und Orientierung. In diesem Sinne schreibt auch Böhm (1950): „Der Konsument z. B. befragt zuerst seine Gelüste: er will gut essen und trinken und rauchen, ferner will er besser wohnen, er benötigt einen neuen Anzug, Schuhe, Kohlen, Kochtöpfe, eine Leiter, Werkzeuge, sodann steht sein Wunsch nach einem Auto, nach einem Obstgarten, nach einer schönen Reise, und Violinstunden will er auch noch nehmen. Danach unterrichtet er sich, was alle diese Dinge kosten. Und sodann schaut er in seinen Geldbeutel. Da er feststellt, daß er knapp bei Kasse ist, trifft er seine Entscheidung darüber, auf was er verzichten will. Bei dieser Entscheidung läßt er sich nicht nur von der Dringlichkeit seiner Gelüste, sondern auch von den Preisen der Befriedigungsgüter bestimmen. Er entschließt sich z. B. zu der Violinstunde, obwohl ihm an dem Auto viel mehr gelegen wäre" (S. 14/15). Wird ein solcher in Abhängigkeit der Preise stattfindender Entscheidungsprozess unterstellt, kann also angenommen werden, dass nur diejenigen, die sich teure Produkte leisten können, diese auch erwerben. Andere dagegen, die in Anbetracht ihres finanziellen Budgets kein Markenprodukt kaufen können, werden sich nach alternativen Produkten umsehen. Somit lässt sich die Auswirkung des Labelingeffektes auf Makroebene zwar beobachten, jedoch kann von der Notwendigkeit wirtschaftspolitischer Maßnahmen oder Ergänzungen im Ordnungsrahmen abgesehen werden.

Diese Argumentation ist jedoch dann hinfällig, wenn sich Menschen nicht, wie von Böhm beschrieben, anhand ihres Budgets und der Preise entscheiden, sondern auf Grund mangelnder Selbstkontrolle über ihre finanziellen Möglichkeiten leben (vgl. Kapitel 2.5.2). Tatsächlich weist die (mit Ausnahme von 2008) seit 1999 (rund 2000 Insolvenzverfahren) stetige Zunahme der Privatinsolvenzverfahren in Deutschland darauf hin (2009 waren es 101 000 Insolvenzverfahren; Statistisches Bundesamt, 2011), dass Menschen teuren Verlockungen oftmals nicht widerstehen können. So kaufen gerade junge Erwachsene häufig Markenprodukte, die sie sich eigentlich auf Grund des Preises und ihrer finanziellen Lage nicht leisten können (vgl. Spiegel Online, 2012). Dennoch zahlen sie den Preis, weil sie das Produkt in dem Moment der Entscheidung besitzen wollen. Treffen Menschen Entscheidungen auf Grund ihrer situationsbedingten Emotionen und kurzfristigen Verlangen, lässt sich nicht mehr sagen, dass sie sich von Preisen leiten lassen – vielmehr bestimmen andere Faktoren ihre Entscheidungen.

Die Missachtung von Preisen auf Grund mangelnder Selbstkontrolle kann insbesondere dann zu einem gesamtwirtschaftlichen Problem werden, wenn die Anzahl der verschuldeten Privathaushalte eine kritische Masse überschreitet. Denn geben private Haushalte mehr aus als sie einnehmen, geraten sie in eine Schuldenfalle, aus der sie meist nicht ohne fremde bzw. staatliche Hilfe herauskommen. Das Armutsniveau eines Landes steigt insgesamt an und die Kosten für Sozialleistungen nehmen zu.

Mit derartigen Problemen hat die USA bereits seit einigen Jahren zu kämpfen (vgl. Tigges, 2008). Wird das Problem durch zusätzliche wirtschaftliche Aspekte wie die derzeitige (2008 bis dato) Wirtschafts- und Finanzkrise verschärft, steigt das gesamtwirtschaftliche Risiko.

Die Beispiele der hohen Privatverschuldung in den USA und der steigenden Insolvenzfälle in Deutschland zeigen deutlich, dass die Fehllenkung durch mangelnde Selbstkontrolle und das Versagen der Preislenkungsfunktion nicht auf individueller Ebene eliminiert wird, sondern durchaus zu einer ineffizienten Steuerung auf Makroebene führen kann. Trifft das Problem der fehlenden Disziplin auf viele Menschen zu, tritt der von Böhm skizzierte, jedoch ausgeschlossene Fall ein: „...einen Schaden, der sich sehr ernstlich summieren kann, wenn *viele* wegweiserwidrig disponieren..." (Böhm, 1950, S. 15, siehe oben). Aus diesem Grund kann der Schluss gezogen werden, dass mangelnde Selbstkontrolle zu einem Versagen des Preissystems führen und negative wirtschaftliche Auswirkungen nach sich ziehen kann.

Die ordoliberale Idee, Menschen über Preise zu lenken, kann – so lässt sich abschließend sagen – auch aus psychologischer Perspektive als sinnvoll bewertet werden. Schließlich, so wurde hergeleitet, führt die Missachtung der Preise zwar zu individuellem Schaden, jedoch wird dieser auf individueller Ebene behoben, weshalb Preisdysfunktionalitäten auf Grund irrationaler Verhaltensweisen keine gesamtwirtschaftlichen Auswirkungen nach sich ziehen.

Tabelle 4: Lenkung durch Preise – Pro und Contra

Ordoliberale Begründung für Lenkung über Preise	Bewertung des Prinzips unter Berücksichtigung der psychologischen Erkenntnisse
Ein funktionsfähiges Preissystem bildet die Basis in einem Wettbewerbssystem. Die Preise dienen den Wirtschaftsakteuren als Informationsträger und Richtungsweiser.	*Zustimmung:* Menschen lernen aus Fehlern. Deshalb werden sie sich langfristig an Preisen orientieren. Nur so haben sie Erfolg. *Ablehnung:* Haben Menschen keine ausreichende Selbstkontrolle, verlieren Preise ihre Funktion. *Fazit:* Es müssen Maßnahmen, die Menschen zur Selbstkontrolle erziehen, angeboten und implementiert werden, damit Preise ihre Aufgabe erfüllen können.

Quelle: eigene Darstellung

Die Betrachtung der psychologischen Erkenntnisse bezüglich des menschlichen Verhaltens hat jedoch auch ergeben, dass das Preissystem, so wie es von Eucken vorgeschlagen wurde, Ineffizienzen aufweist, die im wirtschaftspolitischen Kontext beachtet werden müssen (für eine Zusammenfassung der Ergebnisse siehe Tabelle 4). So hat die Analyse ergeben, dass die Missachtung der Preise durch mangelnde Selbstkontrolle ein durchaus komplexes wirtschaftspolitisches Problem darstellt. Denn wollen sich Menschen an Preisen orientieren, schaffen dies jedoch auf Grund mangelnder Willensstärke nicht, verlieren Preise ihre Funktion. Da die Ursache jedoch nicht in den Preisen an sich liegt, muss nicht das Preissystem anders gestaltet oder verändert werden. Vielmehr gilt es, Maßnahmen zu implementieren, die Menschen zur Selbstkontrolle erziehen und es ihnen ermöglichen, sich an Preisen zu orientieren.

3.4 Geldwertstabilität – Motor der Wirtschaft

3.4.1 Die ordoliberale Begründung für die Notwendigkeit eines stabilen Geldwertes

Neben einem funktionsfähigen Preissystem sieht Eucken (1952) die Stabilität des Geldwertes als wesentliches Kriterium für ein effizientes und erfolgreiches Wirtschaften in einer Wettbewerbsordnung an. Seiner Meinung nach erzielen in einer Wettbewerbsordnung diejenigen Gewinne, die gut und sinnvoll wirtschaften. Diejenigen, die weniger sinnvoll oder gar schlecht planen, werden Verluste machen. Ist der Geldwert jedoch instabil, lässt sich nicht nachvollziehen, ob Gewinne oder Verluste deshalb auftreten, weil jemand gut bzw. schlecht gewirtschaftet hat, oder weil sich der Wert des Geldes verändert hat. Denn in der In- oder Deflation steigen und fallen die Preise ungleichmäßig. So bleiben vor der Inflation entstandene Schulden z. B. gleich, während die Preise für Produkte ansteigen. Dementsprechend macht ein Unternehmen Gewinne, auch wenn es nicht sinnvoll gewirtschaftet hat (Eucken, 1952). Da die Wirtschaftsprozesse jedoch nur dann in einer Wettbewerbsordnung richtig gelenkt werden können, wenn Menschen anhand der wirtschaftlichen Konsequenzen ihrer Entscheidungen sehen können, ob sie sinnvoll gehandelt haben, schreibt Eucken (1952): „Hier [in der Wettbewerbsordnung] gilt das Prinzip: Alle Bemühungen, eine Wettbewerbsordnung zu verwirklichen, sind umsonst, solange eine gewisse Stabilität des Geldwertes nicht gesichert ist. Die Währungspolitik besitzt daher für die Wettbewerbsordnung ein Primat" (S. 256). Doch nicht nur, um nachvollziehen zu können, welche Entscheidungen zu Gewinnen oder Verlusten geführt haben, ist eine gewisse Geldwertstabilität von Nöten. Folgt man der Argumentation Euckens, ist die Geldwertstabilität auch deshalb eine grundsätzliche wirtschaftspolitische Voraussetzung, da das Geld seine drei Funktionen – Wertaufbewahrungsfunktion, Tauschfunktion und Recheneinheitsfunktion – nur dann erfüllen kann, wenn der Geldwert stabil ist (wenn im Folgenden von Stabilität die Rede ist, ist damit kein fester, sondern ein in einem gewissen Rahmen schwankender Wert gemeint).

Die Stabilität des Geldwertes hat für Eucken eine solch große wirtschaftspolitische Bedeutung, dass er die Einrichtung einer von der Politik unabhängigen Zentralbank vorschlägt. Diese soll notfalls über Eingriffe in das Geld- und Kreditsystem für Geldwertstabilität sorgen und somit die Funktionen des Geldes schützen sowie wirtschaftliche Missstände durch In- oder Deflation verhindern.

3.4.2 Die Bedeutung des Geldwertes aus psychologischer Perspektive

Die Erfahrungen der Vergangenheit, schreibt Eucken (1952) selber, haben gezeigt, welch negative wirtschaftliche Folgen es haben kann, wenn der Stabilität des Geldwertes keine Bedeutung beigemessen wird. Denn wird von politischer Seite der Veränderung des Geldwertes nicht entgegengewirkt, steigt die Gefahr, dass es durch voranschreitende In- oder Deflation zu wirtschaftlichen Missständen kommt. Die Geldwertstabilität ist von diesem Gesichtspunkt von großer Bedeutung.

Doch welche Rolle spielt die Geldwertstabilität für die Menschen im Alltag? Wie nehmen ökonomische Laien Schwankungen des Geldwertes wahr und welchen Effekt hat dies auf ihr wirtschaftliches Handeln?

Da in der Ökonomie von rationalen Akteuren ausgegangen wird, gilt annahmegemäß, dass sich Menschen am realen Wert des Geldes orientieren. Dies bedeutet, dass z. B. ein Anstieg der Inflationsrate um 2 Prozent bei einer gleichzeitigen Gehaltssteigerung von 2 Prozent keinen Effekt auf die wirtschaftlichen Überlegungen der Akteure hat, da die Kaufkraft unverändert bleibt. Der Anstieg der Inflationsrate um 2 Prozent bei gleichbleibenden Gehältern wird dagegen entsprechend des realen Wertverlustes als Rückgang der Kaufkraft wahrgenommen.

Psychologische Studien zeigen jedoch, dass diese Annahme nicht zutrifft. Da sich Menschen nicht am realen, sondern am nominalen Geldwert orientieren, besteht häufig eine Diskrepanz zwischen dem wahrgenommenen und dem realen Geldwert (Fehr & Tyran, 2001; Shafir, Diamond & Tversky, 1997; Svedsäter, Gamble & Gärling, 2007; Tyran, 2007). Bedingt durch dieses als Geldillusion bezeichnete Phänomen laufen Menschen Gefahr, wirtschaftlich suboptimale Entscheidungen zu treffen oder gar Verluste zu machen. Diese könnten sie vermeiden, wenn sie sich am realen Geldwert orientieren würden (Svedsäter et al., 2007). So fanden Shafir et al. (1997) in einer Reihe von Experimenten heraus, dass sich die Mehrheit der Versuchteilnehmer in ihrer Entscheidung bezüglich der Attraktivität einer wirtschaftlichen Handlung, gemessen am Wertgewinn, auf nominale Wertveränderungen konzentrierte, reale Wertveränderungen jedoch vernachlässigte. Dementsprechend wertete der Großteil der befragten Personen einen Hausverkauf mit einer 23-prozentigen (246.000$) Preissteigerung (im Vergleich zum ursprünglichen Kaufpreis von 200.000$) bei gleichzeitiger Inflation von 25 Prozent als „besseres Geschäft", als den Hausverkauf mit einem 23-prozentigen (154.000$) Verlust (im Vergleich zum ursprünglichen Kaufpreis von 200.000$) bei einer Deflation von 25 Prozent. Ebenso wiesen Shafir et al. in ihrer Versuchsreihe nach, dass sich Menschen mehr über eine nominale Gehaltssteigerung von 2 Prozent bei einer Inflation von 3 Prozent freuen als über ein stabiles Gehalt bei einer Inflation von 0 Prozent. Deutlich konnten Shafir et al. somit zeigen, dass Menschen unwirtschaftliche Entscheidungen treffen, wenn sie einer Geldillusion erliegen.

Da ökonomische Laien komplexe wirtschaftliche Zusammenhänge häufig nicht erfassen (für einen Überblick vgl. Christandl & Fetchenhauer, 2009; Christandl & Gärling, 2011), ist es nicht verwunderlich, dass das Empfinden der Menschen bezüglich der Preisänderungen oftmals in nur einem geringen Zusammenhang mit den realen Fakten steht (vgl. Ranyard, Missier, Bonini, Duxbury & Summers, 2008). Es kann beobachtet werden, dass Menschen Preisveränderungen nicht exakt wahrnehmen, sondern über- oder unterschätzen (für einen Überblick über Befunde und Erklärungen vgl. Moser, 2007). Erliegen Menschen der bereits beschriebenen Geldillusion, unterschätzen sie meist die Inflationsrate. Nach der Einführung des Euro ließ sich dagegen eine systematische Überschätzung der Inflation erkennen. Während die Mehrheit der Menschen in Deutschland Preissteigerungen wahrnahm, konnten diese durch offizielle Statistiken nicht bestätigt werden (Statistisches Bundesamt, 2002).

In einer Reihe von Experimenten konnten Traut-Mattausch, Schulz-Hardt, Greitemeyer und Frey (2004) nachweisen, dass sich diese „Teuro-Illusion" durch die Erwartung der Menschen, mit der Euroeinführung würde alles teurer, erklären lässt. Im Rahmen ihrer Versuchsreihe legten sie den Versuchsteilnehmern zwei Speisekarten vor – eine mit DM-

Preisen und eine mit Euro-Preisen –, die entweder eine Preissteigerung, keine Preisveränderung oder eine Preissenkung erkennen ließen. Es zeigte sich, dass die Teilnehmer eine tatsächliche Preissteigerung überschätzten und bei stabilen Preisen eine Preissteigerung wahrnahmen. Sanken die Preise, herrschte das Empfinden vor, Preise blieben stabil.

Zusätzlich zu dieser Erkenntnis lässt sich die verzerrte Preiswahrnehmung zudem dadurch erklären, dass die meisten Menschen die Preisveränderung anhand der von ihnen am häufigsten gekauften Güter beurteilen. Die objektiv berechenbare Inflationsrate wird dagegen anhand der Preisänderung einer bestimmten Warenauswahl ermittelt. Steigen die Preise von alltäglichen Produkten wie Lebensmittel oder Benzin, während Preise für nicht alltägliche Produkte, wie Mobiltelefon oder Computer sinken, ist die gefühlte Inflation höher als die tatsächliche Inflationsrate, die in Statistiken ausgewiesen wird (Lunn & Duffy, 2010; Ranyard et al., 2008).

Auch im März 2012 war nach Angaben von UniCredit (vgl. Der Tagesspiegel, 2012) eine deutliche Diskrepanz zwischen der gefühlten Inflationsrate (3,7 Prozent) und der offiziellen Inflationsrate (2,1 Prozent) in Deutschland zu spüren. Zurückführen lässt sich dies auf die in dieser Zeit hohen Benzinpreise und gestiegenen Lebensmittelkosten. Der Unterschied zwischen der realen Entwicklung wirtschaftlicher Größen sowie Geschehnissen und dem Empfinden der Menschen ist somit nicht von der Hand zu weisen.

Die verzerrte Wahrnehmung von Inflation bzw. Preisveränderungen darf in der ökonomisch-politischen Debatte – darauf weisen Wissenschaftler (Beissinger & Knoppik, 2003; Fehr & Tyran, 2005; Tyran, 2007) hin – nicht länger vernachlässigt werden. Während Ökonomen lange Zeit davon ausgingen, dass Verhaltensanomalien langfristig im Markt eliminiert werden oder, wie Tobin (1972) schreibt „An economic theorist can, of course, commit no greater crime than to assume money illusion" (S. 3), zeigen sowohl Laboruntersuchungen als auch Marktbeobachtungen, dass falsche bzw. irrationale Erwartungen der Menschen die Marktgeschehnisse beeinflussen (Brunnermeier & Julliard, 2008; Fehr & Tyran, 2001; Tyran, 2007). So passen z. B. Unternehmen ihre Entscheidungen den unterschiedlichen Reaktionen der Menschen bezüglich Nominal- und Reallohnänderungen an, was sich wiederum auf den Arbeitsmarkt auswirken kann.

Hat die verzerrte Wahrnehmung der Menschen somit tatsächlich Auswirkungen auf die Gesamtwirtschaft, sollten Verhaltensanomalien auch in der wirtschaftspolitischen bzw. geldpolitischen Debatte stärker berücksichtigt werden.

3.4.3   Die Auswirkungen der Geldillusion auf die Wirtschaftspolitik

Sollte die verzerrte Wahrnehmung der Menschen bezüglich der Preisveränderungen sowie das Phänomen der Geldillusion in der Geld- und Währungspolitik stärker berücksichtigt werden? Für Eucken ist die Geldwertstabilität nicht zuletzt deshalb von solch hoher Relevanz, da seiner Meinung nach Preise ihre Lenkungsfunktion bei einem schwankenden Geldwert verlieren. Vor dem Hintergrund der psychologischen Erkenntnisse betrachtet, kann dieser Überlegung zugestimmt werden. Denn orientieren sich Menschen an nominalen, nicht jedoch an realen Werten, können Menschen, bedingt durch die Geldillusion, die von den Preisen ausgehenden Signale missverstehen und unrentable Entscheidungen treffen (vgl. hierzu Shafir et al., 1997). Schwankt der Geldwert nur in einem kleinen Rahmen, können durch die minimale Differenz zwischen realem und nominalem Geldwert mögliche wirtschaftliche Ineffizienzen reduziert werden. Aus diesem Grund kann Euckens Annahme, eine Geldpolitik, deren Ziel die Stabilität des Geldwertes ist, sei für die Erhaltung der Lenkungsfunktion der Preise notwendig, durch die psychologischen Erkenntnisse bestätigt werden.

Doch nicht nur durch diese Argumentation lässt sich die Sinnhaftigkeit eines stabilen Geldwertes vor dem Hintergrund der psychologischen Erkenntnisse verdeutlichen. Auch kann eine Politik des stabilen Geldwertes unangemessenen Erwartungen der Menschen bezüglich der Inflation entgegenwirken. Denn wie die psychologischen Erkenntnisse zeigen, entsprechen die Erwartungen der Menschen bezüglich des Geldwertes nicht unbedingt den ökonomischen Fakten. Da unbegründete Inflationsängste zu Verhaltensweisen der Wirtschaftsakteure führen können, die sich sowohl auf die Konjunktur als auch auf den Finanzmarkt negativ auswirken, sollte durch einen stabilen Geldwert derartigen Ängsten entgegengewirkt werden. So lässt sich zwar annehmen, dass sich unangemessene Erwartungen nicht durch Geldwertstabilität verhindern lassen, jedoch lassen sich die durch Medienberichte (z. B. BILD-Schlagzeile vom 11. Mai 2012: „Inflations-Alarm!") angeheizten Inflationsängste vermutlich dann reduzieren, wenn sich die Inflationsangst über einen längeren Zeitraum als unbegründet erweist.

Die Betrachtung der Politik des stabilen Geldwertes vor dem Hintergrund der psychologischen Erkenntnisse weckt jedoch auch Zweifel an der uneingeschränkten Sinnhaftigkeit einer solchen Wirtschaftspolitik. Beissinger und Knoppik (2003) weisen darauf hin, dass Geldwertstabilität dann zu Problemen auf dem Arbeitsmarkt führen kann, wenn anomales Verhalten der Menschen bei niedrigen Inflationsraten zu nach unten starren Nominallöhnen führt. Während sich bei hohen Inflationsraten (z. B. von 5 Prozent) Reallöhne durch eine Steigerung der Nominallöhne (z. B. von 3 Prozent) meist ohne erhebliche Widerstände von Arbeitnehmern oder Gewerkschaften anpassen lassen, wird eine Reallohnanpassung bei niedriger Inflationsrate meist als unfair empfunden. Schließlich würde eine Reallohnsenkung von 2 Prozent (wie im Falle der Reallohnsenkung im Zustand der steigenden Inflation) eine Senkung der Nominallöhne um 1 Prozent bedeuten, wenn die Inflationsrate z. B. nur bei einem Prozent liegen würde. Da – bedingt durch die Geldillusion – ein Absenken der Nominallöhne stärker als Verlust wahrgenommen wird als im Falle der Reallohnsenkung, kann vermutet werden, dass ein solches Verhalten zu Streiks oder sonstigen Widerständen im Unternehmen führen würde. Denn wie bereits Kahneman, Knetsch und Thaler (1986) herausfanden, neigen Menschen dazu, Unternehmen für als unfair empfundene Handlungen zu bestrafen. Um somit den bei einer Nominallohnkürzung möglicherweise entstehenden Widerstand zu vermeiden, werden Unternehmen daher von Reallohnanpassungen absehen, was wiederum zu unrentablen Gehältern und schlussendlich einem Stellenabau führen kann.

In Anbetracht dieser Argumentation würde somit Geldillusion in einer Umgebung der niedrigen Inflation, d. h. eines nur leicht schwankenden Geldwertes, zu negativen Folgen auf dem Arbeitsmarkt führen. Um mit Sicherheit sagen zu können, ob die Politik des stabilen Geldwertes mit Schuld an der Arbeitslosigkeit in Deutschland trägt, bedarf es jedoch weiterführender Forschung.

Da es jedoch für eine positive wirtschaftliche Entwicklung notwendig ist, Probleme nicht erst ex post zu bekämpfen, sondern bereits ex ante zu verhindern, sollten mögliche durch Verhaltensanomalien ausgelöste Fehllenkungen in der Wirtschaftspolitik in Betracht gezogen und stärker berücksichtigt werden.

Um sagen zu können, wie eine derartige Berücksichtigung im institutionellen Umfeld in der Praxis aussehen könnte, bedarf es weiterer Untersuchungen. Festgehalten werden kann, dass die Wirtschaftspolitik bei der Verfolgung des Ziels, den Geldwert stabil zu halten, mögliche Probleme, die unter Berücksichtigung der psychologischen Erkenntnisse mit dieser Politik verbunden sind, nicht vernachlässigen sollte (für eine Zusammenfassung der Ergebnisse siehe Tabelle 5).

Tabelle 5: Geldwertstabilität – Pro und Contra

Ordoliberale Begründung für Geldwertstabilität	Bewertung des Prinzips unter Berücksichtigung der psychologischen Erkenntnisse
Geldwertstabilität schützt die Funktionsfähigkeit des Preissystems. Sie ist für eine positive wirtschaftliche Entwicklung notwendig.	*Zustimmung:* Ein stabiler Geldwert bewahrt Menschen vor unrentablen Entscheidungen. Er schützt vor wirtschaftlichen Verlusten. Ebenso kann er unangemessene Erwartungen bezüglich der Preisveränderung reduzieren. *Ablehnung:* Ein stabiler Geldwert kann bedingt durch das Phänomen der Geldillusion zu Problemen auf dem Arbeitsmarkt führen. *Fazit:* Die Politik des stabilen Geldwertes sollte nicht ohne Berücksichtigung von Verhaltensanomalien und den dadurch möglichen Problemen verfolgt werden. Es sollten Mechanismen eingeführt werden, die eine Beobachtung der mensch-lichen Unvollkommenheiten ermöglichen, wodurch möglichen Problemen frühzeitig entgegengewirkt werden kann.

Quelle: eigene Darstellung

3.5   Verbot von Marktschranken – Öffnung der Märkte

3.5.1   Die Bedeutung von offenen Märkten aus ordoliberaler Sicht

„Jede Art des „Behinderungswettbewerbes", also Sperren jeglicher Form, Treurabatte, Exklusivverträge und Kampfpreise gegen Außenseiter mit dem Ziel der Vernichtung oder Abschreckung sind zu verbieten" (Eucken, 1952, S. 267).

Eucken vertritt die Meinung, dass jede Art der Marktabschottung und Wettbewerbsbehinderung die Gefahr der Monopolbildung erhöht und die wirtschaftliche Situation verschlechtert. Die Offenheit der Märkte, d. h. die Abschaffung von Handelsgrenzen und die Möglichkeit des freien Handels ist für ihn somit eine Grundvoraussetzung für das Gelingen der Wettbewerbsordnung. Aus diesem Grund schlägt er ein Verbot auf konstitutioneller Ebene von jeglichen Marktbeschränkungen vor, die von Angebots- oder von Nachfrageseite ausgehen.

Eine Regel, die die Marktabschottung verhindern soll, empfindet er deshalb als nötig, weil er davon ausgeht, dass Wirtschaftsakteure versuchen werden, sich gegen den Wettbewerb zu schützen und dementsprechend Maßnahmen ergreifen, die ihnen kurzfristig Nutzen stiften, bei denen der langfristige, gesamtwirtschaftliche Schaden jedoch überwiegt. Ein solch wirtschaftsunfreundliches Verhalten, so glaubt Eucken, zeigen Menschen deshalb, weil sie die Zusammenhänge der wirtschaftlichen Prozesse nicht verstehen: „Daß der Wettbewerb ihnen demgegenüber auf die Dauer stärker nützt, wird meist nicht gesehen, denn diese Erkenntnis setzt die gedankliche Durchdringung des Gesamtwirtschaftsprozesses voraus, während die unmittelbaren Vorteile des Monopols direkt in die Augen springen. Die Wettbewerbsordnung löst ein gesamtwirtschaftliches Problem; aber den Berufsständen liegen die unmittelbaren partiellen Gruppeninteressen näher" (Eucken, 1952, S. 326).

Eucken geht somit davon aus, dass Wirtschaftsakteure, ob Individuen oder Gruppen, die kurzfristigen Vorzüge der Abschottung erkennen, den langfristigen Nutzen des Wettbewerbs jedoch nicht. Deshalb, so glaubt er, werden sie den Wettbewerb durch Marktschranken zu hindern versuchen. Der gleiche Gedanke lässt sich auch bei seinem Schüler Karl Maier (1950) finden, der jedoch noch stärker als Eucken selber betont, dass Wirtschaftsakteure sich abschotten, um ökonomische Sicherheit zu erlangen. Demzufolge gehen sowohl Eucken als auch Maier davon aus, dass Wirtschaftsakteure zwar bewusst die Entscheidung zur Marktabschottung treffen, damit jedoch keine marktzerstörerischen Interessen verfolgen. Ein solches Verhalten schadet dennoch dem Wettbewerb. Eucken schlägt daher vor, derartigen Abschottungstendenzen bereits auf konstitutioneller Ebene entgegenzuwirken und formuliert das Verbot der Errichtung jeglicher Marktschranken bzw. bestimmt, dass Märkte offen gehalten werden müssen.

Da es Euckens Meinung nach trotz des konstituierenden Prinzips zu dem Versuch Einzelner kommen wird, sich durch Marktabschottung gegen den Wettbewerb zu schützen, sieht er die Genehmigung staatlicher Eingriffe zur Verhinderung von derartigem Bestreben als notwendig an. Dementsprechend legt er zusätzlich in seinem regulierenden Prinzip zur Machtkontrolle fest, dass dem Staat ein Instrument an die Hand gegeben werden soll, das ihm den Markteingriff sowie die Zerschlagung von Machtpositionen ermöglicht. So schreibt er über die Aufgabe des Monopolamtes: „Aber es ist gesetzlich daran gebunden, nur da einzugreifen, wo die Symptome einer monopolistischen Marktform von außen her feststellbar sind" (Eucken, 1952, S. 295).

Grundsätzlich stellt sich jedoch die Frage, ob Eucken in der Annahme richtig liegt, Wirtschaftsakteure versuchten sich vor Wettbewerb zu schützen, sodass sowohl ein konstituierendes Prinzip als auch ein regulierendes Prinzip zur Offenhaltung der Märkte und Entgegenwirken von Machtpositionen notwendig ist. Ebenso ist fraglich, ob die Abschaffung jeglicher faktischer, d. h. wirtschaftlicher Handelshemmnisse ausreicht, um Wettbewerb herzustellen und aufrechtzuerhalten.

3.5.2 Offene Märkte, Marktabschottung und Freihandel aus Sicht der Psychologie

Das Argument Euckens, das ihn im Wesentlichen dazu bringt, das Verbot von Marktschranken als wirtschaftspolitisches Grundprinzip zu verankern, lässt sich auch im Kontext psychologischer Forschung zum ökonomischen Laienverständnis (Menschen mit keinem oder geringem ökonomischen Sachverstand) beobachten.

So zeigt sich, dass Menschen häufig sekundäre Effekte vernachlässigen, was zu einer verzerrten Wahrnehmung der Wirkung einer bestimmten Handlung führen kann (Baron, Bazerman & Shonk, 2006; Bazerman, Baron & Shonk, 2001; Christandl & Fetchenhauer, 2009; Enste, Haferkamp & Fetchenhauer, 2009). Bedingt durch dieses kurzsichtige Verhalten kann somit davon ausgegangen werden, dass Wirtschaftsakteure wettbewerbswidrig agieren werden, wenn sie direkte Vorteile aus diesem Verhalten erzielen. Mögliche Langzeitfolgen, die aus der Wettbewerbsbehinderung resultieren und sich somit sowohl negativ auf die Gesamtwirtschaft als auch auf die individuelle Situation auswirken können, berücksichtigen sie dabei nicht.

Während Eucken von einer bewussten Entscheidung der Akteure zum Schutz vor Wettbewerb ausgeht, weisen psychologische Erkenntnisse darauf hin, dass Menschen häufig auch eine wettbewerbsabwehrende Haltung auf Grund einer verzerrten Wahrnehmung gesamtwirtschaftlicher Prozesse einnehmen und somit eher reagieren als agieren. So führt der Glaube, Verluste zu erleiden, wenn Verhandlungspartner, Konkurrenten oder das Ausland Gewinne machen (Fixed Pie Bias; Parochialismus, vgl. Kapitel 2.3.2), zu einem Ungerechtigkeitsempfinden. Aus dem Gefühl heraus, sich vor Ungerechtigkeiten schützen zu müssen und zu *dürfen*, entwickeln Akteure wiederum unweigerlich ein abschottendes Verhalten. Gerade in Bezug auf Geschäfte mit dem Ausland lässt sich beobachten, dass Menschen den freien Handel ablehnen und protektionistische Maßnahmen bevorzugen (Kemp, 2007; Rubin, 2003). Enste, Haferkamp und Fetchenhauer (2009) konnten in diesem Zusammenhang nachweisen, dass nur ein geringer Anteil von Menschen ohne (erlernte) ökonomische Kenntnisse die völlige Abschaffung von Zöllen befürwortet. Dagegen unterstützt die Mehrheit den Schutz der deutschen Wirtschaft durch Subventionen von in Deutschland produzierenden Unternehmen. Dieses Ergebnis zeigt, dass Menschen Maßnahmen, durch die die Position der eigenen Gruppe (in diesem Fall des eigenen Landes) geschützt werden kann, auch dann unterstützen, wenn diese den Wettbewerb durch Handelshemmnisse einzuschränken.

Durch den Wunsch, die Position der eigenen Gruppe bzw. des eigenen Landes zu stärken, kann es zu wettbewerbsbehinderndem Verhalten kommen. So zeigen Untersuchungen, dass Konsumenten Produkte aus ihrem Heimatland ausländischen Angeboten vorziehen (vgl. Okechuku, 1994; Verlegh & Steenkamp, 1999). Eine solche Bevorzugung einheimischer Produkte kann möglicherweise zu Marktbarrieren führen und den internationalen Wettbewerb hemmen.

Eine andere Art von Wettbewerbsbehinderung kann dann auftreten, wenn Nachfrager dazu tendieren, den gewohnten Zustand beizubehalten (Status Quo Bias, vgl. Kapitel 2.3.2). Verharren Nachfrager auf Grund des Status Quo Bias bei einem Anbieter, werden es alternative Anbieter unter Umständen schwer haben, sich am Markt zu etablieren.

Im Hinblick auf die dargestellten Erkenntnisse kommt die Vermutung auf, dass der Abbau von wirtschaftlichen Marktschranken, wie Zöllen oder Exklusivverträgen, nicht ausreicht, um den Wettbewerb zu ermöglichen und funktionsfähig zu halten. Führt individuell-irrationales Verhalten tatsächlich zu Wettbewerbshemmnissen, stellt sich die Frage, welche Bedeutung diese Erkenntnisse für die Wirtschaftspolitik hat.

3.5.3 Bedeutung der psychologischen Erkenntnisse für die Wirtschaftspolitik der offenen Märkte

Können in offenen Märkten, in denen wirtschaftliche Marktbarrieren abgebaut und verhindert werden, dennoch Wettbewerbsschranken ent- bzw. bestehen?

Auch wenn dies im ersten Moment befremdlich klingen mag, ist die Frage mit „Ja" zu beantworten. Am Beispiel des Streits rund um den Internet Explorer des Softwareherstellers Microsoft lässt sich verdeutlichen, dass sich die Tendenz der Menschen, den Status Quo beizubehalten, gesamtwirtschaftlich auswirken kann. Wie dieser Fall zeigt, konnte Microsoft Marktschranken errichten, ohne gegen Wettbewerbsregeln zu verstoßen.

Im Dezember 2007 klagte der norwegische Browser-Entwickler „Opera" gegen Microsoft mit dem Vorwurf, Microsoft würde durch die automatische Integration des Internet Explorers im Microsoft-eigenen Betriebssystem „Windows" Markteintrittsschranken auf dem Browsermarkt errichten (Heise online, 2009a). Microsoft wehrte sich gegen die Klage mit der Angabe, die Vorinstallierung des Internet Explorers wäre nur eine Hilfestellung sowie ein Vorschlag. Jedem Nutzer sei es freigestellt, einen anderen Browser auf seinem PC zu installieren. Die automatische Vorinstallation stellte somit vordergründig keine Marktschranke dar. Weder verhinderte Microsoft, dass Nutzer ihres Betriebssystems einen anderen Browser installierten, noch boykottierten sie durch sonstige Exklusivvereinbarungen den Wettbewerb. Microsoft handelte demzufolge nicht wettbewerbswidrig. Dennoch errichteten sie durch die Vorinstallation des eigenen Browsers und somit der geschickten Nutzung des Status Quo Bias eine Markteintrittsbarriere, die es anderen Browser-Anbietern erschwerte, sich am Markt zu etablieren. Da viele Nutzer die Voreinstellung beibehielten, gewann Microsoft dank seiner Marktdominanz für Betriebssysteme auch im Markt für Web Browser an Marktanteilen.

Zur Beilegung des Streits bot Microsoft an, den Windows-Nutzern bei Inbetriebnahme eines neuen Systems alternative Web Browser in alphabetischer Reihenfolge zur Installation vorzuschlagen (Heise online, 2009b). Doch auch gegen diese Idee wehrte sich Opera, da ihr Browser auf Grund des Anfangsbuchstabens „O" am Ende des Auswahlfeldes angesiedelt gewesen wäre. Opera befürchtete, Nutzer könnten den links platzierten Browser als Empfehlung wahrnehmen und auf Grund des Status Quo Bias diesen auch langfristig beibehalten.

Aus diesen Debatten und dem Streit folgte letztendlich, dass Internetnutzer seit einiger Zeit bei Inbetriebnahme ihres Systems aus unterschiedlichen Web Browsern ihren Bevorzugten aussuchen können. Auf der Internetplattform: www.browserchoice.eu werden ihnen dabei die Web Browser in randomisierter Reihenfolge vorgeschlagen (siehe Abbildung 9).

Abbildung 9: Auswahl des Webbrowsers

Quelle: screenshot von www.browserchoice.eu [06.11.2011; 11:45 Uhr und 11:46 Uhr]

Bemerkenswert an diesem Fall ist, dass die Klage gegen Microsoft sowie die Diskussion um die Darstellung der alternativen Wahlmöglichkeiten hinfällig wäre, wenn Menschen rational agierten. Würden Menschen handeln wie in der neoklassischen Theorie angenommen, würden sie rein objektiv entscheiden, welcher Browser ihren Ansprüchen am ehesten entspricht. Da sie sich jedoch offensichtlich von Voreinstellungen leiten lassen, war es Microsoft möglich, den Browsermarkt zu eigenen Gunsten abzuschotten. Die Auswirkung des Status Quo Bias lässt sich anhand der Entwicklung der Marktanteile erkennen. Während Microsoft im Juli 2007 noch mit 58,5 Prozent Marktanteil den Browsermarkt dominierte, verloren sie seit der Debatte um eine Vorinstallation des Browsers kontinuierlich an Anteilen (aktueller Stand Mai 2012: 22,1 Prozent; http://www.browser-statistik.de/marktanteile/).

Aus diesem Beispiel kann zwar nicht abgeleitet werden, dass die Tendenz der Menschen, den Status Quo beizubehalten, grundsätzlich den Aufbau von Marktschranken forciert, jedoch wirkt er sich insbesondere dann bedenklich auf gesamtwirtschaftlicher Ebene aus, wenn er in Märkten mit Netzstruktur zum Tragen kommt. Hat ein Anbieter in einem solchen Markt eine gewisse Größe erreicht, kann die Befolgung des Status Quo Bias für andere Anbieter in diesem Bereich eine bedenkliche Hürde darstellen. Somit lässt sich der Schluss ziehen, dass das Verbot von Marktschranken, wie Zöllen oder Exklusivverträgen alleine nicht ausreicht, um Wettbewerbshemmnisse zu vermeiden. Es wird hieraus ersichtlich, dass ein weiteres regulierendes Prinzip, das einen Markteingriff zur Verhinderung von Wettbewerbsschranken regelt, notwendig ist, um den Wettbewerb funktionsfähig zu halten. Während Eucken die Notwendigkeit eines solchen Prinzips vornehmlich mit dem offensichtlich wettbewerbswidrigem Verhalten (wie z. B. dem Erlassen von Dumpingpreisen) der Marktteilnehmer begründet, liegt somit eine zusätzliche Rechtfertigung eines weiteren, regulierenden Prinzips in den von den Annahmen des homo oeconomicus abweichenden Verhaltensweisen der Menschen.

Können Marktschranken auf Grund des anomalen Nachfrageverhaltens entstehen, muss eine unabhängige Institution verstärkt derartiges Verhalten in ihren Marktbeobachtungen berücksichtigen. Denn wie das Beispiel von Microsoft zeigt, wurde auf Grund einer Klage von Opera erst eingegriffen, als Microsoft bereits die Hälfte der Anteile des Browsermarktes besaß. Da ein Eingriff immer auch Auswirkungen auf andere Marktbereiche (wie in diesem Fall auf die Entwicklung von Internetanwendungen) hat, ist die frühe Identifizierung von wettbewerbshemmenden Entwicklungen im wirtschaftspolitischen Interesse. Zudem kann durch eine frühzeitige Wahrnehmung möglicher Hemmnisse diesen durch sanfte Maßnahmen (wie z. B. durch die dargestellte randomisierte Browserauswahl) entgegengewirkt werden, ohne tatsächlich regulierend in den Markt eingreifen zu müssen. Die Marktbeobachtung sollte sich daher nicht nur an wirtschaftlichen Wettbewerbshemmnissen orientieren, sondern mehr als bisher ebenfalls psychologische Phänomene, die zu Hemmnissen führen können, berücksichtigen.

Dies ist insbesondere auch deshalb angebracht, da Nachfrager immer wieder dazu neigen, bewusst (oder unbewusst) den Wettbewerb zu verhindern, weil sie die eigene Gruppe bzw. die Position des eigenen Landes schützen wollen. So zeigt sich z. B. im Fahrzeugmarkt, dass Menschen die Tendenz haben, die inländischen Produkte zu bevorzugen. Dementsprechend kaufen Deutsche bevorzugt deutsche Autos wie VW, Mercedes oder Audi. Zwar konnten seit 2003 ausländische Automobilhersteller an Marktanteilen in Deutschland gewinnen, jedoch dominieren nach wie vor deutsche Anbieter mit 65,4 Prozent den Markt (Kraftfahrt-Bundesamt, 2012). Grundsätzlich lässt sich diese Dominanz sicherlich auch auf die Qualität zurückführen, jedoch kann nicht ausgeschlossen werden, dass ebenfalls protektionistische Gedanken der Nachfrager für dieses Marktergebnis verantwortlich sind.

Im Allgemeinen kann jedoch gesagt werden, dass eine derartige Bevorzugung inländischer Produkte wirtschaftspolitisch nicht bedenklich ist, solange es nicht zu Ineffizienzen kommt, d. h. rentable Angebote vom Markt verschwinden, während sich wirtschaftlich unrentable Produkte am Markt etablieren. Da davon auszugehen ist, dass sich Menschen trotz protektionistischer Gedanken nicht dauerhaft der Wirtschaftlichkeit und Qualität von Produkten verschließen, kann angenommen werden, dass sich die Auswirkungen des Fixed Pie Bias oder des Parochialismus gesamtwirtschaftlich nur in einem geringen bzw. keinem wirtschaftlich bedenklichen Maße bemerkbar machen. Somit lässt sich keine Notwendigkeit erkennen, zusätzlich zu den bisherigen Regelungen, wie z. B. dem Diskriminierungsverbot von ausländischen Bewerbern bzw. Anbietern bei öffentlichen Ausschreibungen oder dem Abbau von Schutzzöllen, Maßnahmen zu etablieren, die der Abneigung gegenüber Geschäften mit dem Ausland entgegenwirken.

Im Gegensatz zu der Frage, ob sich eine solche Abneigung möglicherweise negativ auf die Wirtschaftspolitik auswirkt, kann ebenso gefragt werden, ob sich die protektionistische Haltung der Menschen nicht auch *für* wirtschaftspolitische Zwecke nutzen lässt. Denn schließlich kann durch dieses protektionistische Verhalten die Gefahr gemindert werden, dass inländische Märkte mit ausländischen Angeboten überschwemmt und inländische Anbieter verdrängt werden, sobald wirtschaftliche Handelshemmnisse schwinden. Die Berücksichtigung der Wirkungsweise der aus der Psychologie bekannten Verhaltensanomalien könnte sich somit sogar positiv auf den Abbau von Schutzzöllen auswirken.

Zusammenfassend lässt sich daher sagen, dass das Prinzip zum Abbau und Verbot von Marktschranken, wie es Eucken (1952) formuliert hat, vor dem Hintergrund der psychologischen Erkenntnisse bezüglich des Verhaltens der Menschen nicht ausreicht, um mögliche Wettbewerbseinschränkungen zu verhindern. Im Hinblick darauf erscheint die Festlegung eines regulierenden Prinzips zum Abbau von Marktschranken gerechtfertigt und notwendig. Damit regulierende Eingriffe bzw. sanfte Maßnahmen zur Verhinderung von Wettbewerbshemmnissen jedoch frühzeitig erfolgen, müssen neben wirtschaftlichen Hemmnissen auch psychologische Faktoren, die zu Marktschranken führen können, verstärkt berücksichtigt werden (für eine Zusammenfassung der Ergebnisse siehe Tabelle 6).

Tabelle 6: Verhinderung und Abbau von Marktschranken –
Pro und Contra

Ordoliberale Begründung für Verhinderung und Abbau von Marktschranken	Bewertung des Prinzips unter Berücksichtigung der psychologischen Erkenntnisse
Das Verbot und der Abbau von Marktschranken ermöglichen den ungehemmten Wettbewerb.	*Zustimmung*: Das Verbot von Handelshemmnissen auf konstitutioneller Ebene beugt protektionistischen Maßnahmen vor. Durch das regulierende Prinzip können die dennoch entstehenden Marktschranken abgebaut und verhindert werden. *Ablehnung:* Verhaltensanomalitäten können zum Teil zu Marktschranken führen. Werden diese nicht berücksichtigt, erfolgt ein regulierender Eingriff zu spät. Wirken sich Verhaltensanomalitäten nicht wettbewerbshemmend aus, sondern verlangsamen ihn nur, können sie unter Umständen zu wirtschaftspolitischen Zwecken genutzt werden. *Fazit:* Sowohl das konstituierende als auch regulierende Prinzip ist notwendig und sinnvoll. Um früh genug den Aufbau von Marktschranken verhindern zu können, muss die regulierende Institution jedoch mehr als bisher die psychologischen Erkenntnisse bezüglich menschlichen Verhaltens in ihrer Marktbeobachtung berücksichtigen.

Quelle: eigene Darstellung

Zudem lässt sich abschließend sagen, dass die aus der Psychologie bekannten Verhaltensweisen, die gegebenenfalls zu Wettbewerbshemmnissen oder Marktschranken führen, sich nicht nur negativ auf die Wirtschaftspolitik auswirken können, sondern sich unter Umständen auch für wirtschaftspolitische Zwecke nutzen lassen.

3.6 Privateigentum als Voraussetzung für wirtschaftliches Denken und Sicherheit

3.6.1 Die Bedeutung von Privateigentum aus Sicht des Ordoliberalismus

Warum sollte sich jemand im Wettbewerb um Leistung bemühen, wenn er keinen direkten Vorteil dadurch erfährt? Und warum sollte er seine Handlungen vorher gut überdenken, wenn er negative Auswirkungen nicht direkt – oder umgangssprachlich gesagt – „am eigenen Leib" spürt?

Vielleicht war genau dies Euckens (1952) Ausgangsfrage, die ihn zum Schluss kommen ließ, dass die Wettbewerbsordnung nur dann funktionsfähig sein kann, wenn jeder Akteur in einer Wettbewerbsordnung auch Privatbesitz hat und mit diesem wirtschaftet. So schreibt er, dass ein Betriebsleiter, der nur über die Verwendung von Kollektiveigentum entscheidet, nie das nötige „Fingerspitzengefühl" (Eucken, 1952, S. 27) entwickeln wird. Doch gerade dieses, so ist er der Meinung, ist notwendig, um wirtschaftlich kluge Entscheidungen treffen zu können. Das Fingerspitzengefühl entsteht jedoch nur dann, wenn der Betriebsleiter anhand der direkten Auswirkungen seiner Entscheidungen auf sein Privatvermögen lernt, welche Handlungen wirtschaftlich sinnvoll und welche weniger sinnvoll sind. Dagegen wird jemand, der nicht über Privat-, sondern über Kollektiveigentum verfügt, weniger Gespür entwickeln; ihm fehlt das nötige Feedback bezüglich seiner Handlungen. Zudem – davon geht Eucken aus – werden Menschen weniger überlegt mit dem Einsatz und der Verteilung von Produktionsmitteln und Ressourcen umgehen, wenn sie wissen, dass sie persönlich von den Konsequenzen der Entscheidung nicht – oder nur geringfügig – betroffen sind. Das Wirtschaften mit Privateigentum schützt somit Euckens Ansicht nach die Wirtschaftsakteure vor unvorsichtigen Entscheidungen.

Während Eucken hervorhebt, dass Eigentum vor unüberlegten Handlungen schützt, geht Euckens Schüler Hensel (1963) noch einen Schritt weiter. Er betrachtet Privateigentum als ein geeignetes Mittel, Wirtschaftsakteure zu mehr Selbstkontrolle zu erziehen. Wirtschaftet ein Akteur schlecht, wird sich sein Privatvermögen verringern. Dementsprechend, so glaubt Hensel, hat jeder ein Interesse daran, sparsam mit seinen Gütern umzugehen. Ist ein Wirtschaftsakteur bestrebt, aus Eigeninteresse die Produktionskosten gering zu halten, wird er zweckmäßig wirtschaften und damit auch im Gesamtinteresse agieren. „Indem er danach strebt, mit seinem Vermögen möglichst wirtschaftlich umzugehen, ist er stets dabei, sein eigenwirtschaftliches Handeln zu kontrollieren. Privateigentum an wirtschaftlichen Gütern führt also zu einer Selbstkontrolle des wirtschaftlichen Handelns aus Selbstinteresse" (Hensel, 1963, S. 265).

Für Eucken erfüllt Privateigentum jedoch nicht nur die Aufgabe, Menschen zum zweckdienlichen Wirtschaften anzuhalten, sondern dient insbesondere der sozialen Absicherung. Seiner Meinung nach schafft Eigentum Unabhängigkeit und Freiheit, d. h. Privateigentum gibt Menschen die Möglichkeit, über ihr eigenes Leben zu bestimmen und im Sinne ihrer eigenen Interessen zu agieren. Eben darin sieht Eucken tatsächlich soziale Sicherheit gegeben. Er glaubt, dass Menschen ihre soziale Sicherheit einbüßen, wenn sie kein eigenes Vermögen haben und vom Staat abhängig sind. In einem solchen Fall stellt der Staat zunächst zwar soziale Sicherheit her, indem er für die nötige Grundsicherung in Form einer Wohnung, einer Arbeitsstelle und der Bereitstellung der alltäglichen Dinge zum Leben sorgt. Jedoch ist es eben auch der Staat, der bestimmt, wo jemand wohnt oder welche Arbeit er ausführt und somit die Menschen in Unsicherheit versetzt.

Zusammenfassend kann gesagt werden, dass Eucken die Bildung und den Besitz von Privatvermögen deshalb als notwendig in einer Wettbewerbsordnung ansieht, weil Menschen nur durch das Wirtschaften mit Privateigentum lernen, wirtschaftlich mit dem Einsatz von Ressourcen umzugehen. Zwar können sie dadurch nicht nur Gewinne, sondern auch Verluste machen, jedoch können sie frei und unabhängig ihre Entscheidungen treffen. Eben darin besteht für Eucken die wahre soziale Sicherheit.

3.6.2   Bedeutung und Auswirkungen von Privateigentum aus psychologischer Sicht

Bewirkt das Wirtschaften mit privatem Eigentum tatsächlich das, wovon Eucken ausgeht? Welche Bedeutung hat Privateigentum für Menschen und welche Reaktionen werden durch das Erlangen von privatem Vermögen und Besitztümern hervorgerufen?

Die neoklassische Standardtheorie geht davon aus, dass Menschen nur an sich selber interessiert sind. Tatsächlich lässt sich jedoch beobachten, dass sie sich mit anderen vergleichen (vgl. Kapitel 2.4.2). Erst im sozialen Vergleich können sie ihre eigene Situation einordnen und ihren Wohlstand bewerten, wodurch auch negative Emotionen wie Neid oder Konkurrenzdenken nicht ausbleiben. Derartige Vergleichsprozesse verstärken sich, sobald die Möglichkeit zur privaten Vermögensbildung besteht. Dadurch erfüllt das Privateigentum nicht nur die von Eucken unterstellte Funktion der sozialen Sicherung, sondern dient ebenfalls der sozialen und gesellschaftlichen Abgrenzung gegenüber anderen.

Soziale Vergleichsprozesse haben zur Folge, dass Menschen ihren Wohlstand in Relation zu dem Vermögen anderer bewerten. So kann es durchaus sein, dass sich ein gut situierter Unternehmer im Vergleich mit besser Gestellten ärmer fühlt als er, objektiv betrachtet, ist. Da in sozialen Vergleichsprozessen Vermögenswerte, wie z. B. Häuser oder Autos wahrgenommen werden, unsichtbare Vermögenswerte wie Sparguthaben oder eine Rentenversicherung jedoch nicht, kann es vorkommen, dass Menschen über ihre finanziellen Verhältnisse leben, um sich im sozialen Vergleich besser zu stellen (Frank, 2007). In einem solchen Fall würde die Möglichkeit zum Besitz von Privateigentum das Gegenteil von dem bewirken, was Eucken mit der Möglichkeit zur Eigentumsbildung beabsichtigt hat. Die Bildung von Privateigentum würde nicht dazu führen, dass Menschen zweckdienlicher wirtschaften, sondern vielmehr unrentables Verhalten hervorrufen.

Privateigentum würde sich zudem nicht wie von Hensel angenommen, als Mittel zur Selbstkontrolle auswirken, sondern es undisziplinierten Menschen noch schwerer machen, sich zu kontrollieren. Denn vergleichen sie ihren eigenen Wohlstand fortwährend mit dem von wohlhabenderen Menschen, wird es für sie noch schwieriger sein, ihre Ausgaben zu zügeln, da sie sich dadurch im sozialen Vergleich schlechter fühlen.

3.6.3 Bedeutung der psychologischen Effekte von Privateigentum für die Wirtschaftspolitik

Führt man die oben aufgeführten Gedanken weiter, kommt unweigerlich die Frage auf, ob die Möglichkeit zur Bildung von Privatvermögen und das Wirtschaften mit Privatvermögen tatsächlich soziale Sicherheit bietet oder ob es nicht viel eher Unsicherheit hervorruft. Einerseits stellt sich diese Frage auf Grund der daraus hervorgehenden Vermutung, unbedachtes Wirtschaften könne zu hohen Verlusten und letzten Endes in die soziale Abhängigkeit führen. Andererseits, weil soziale Unsicherheit auch dann entstehen kann, wenn soziale Vergleichsprozesse Minderwertigkeitsgefühle sowie Existenz- oder Verlustängste verursachen (Alesina, Di Tella & MacCulloch, 2004).

Derartige Gefühle machen sich nicht nur auf individueller Ebene bemerkbar, sondern sind auch auf Makroebene spürbar. Dieses Phänomen lässt sich seit einigen Jahren in Deutschland anhand des viel diskutierten Mythos, die Mittelschicht würde immer weiter schrumpfen, beobachten (Enste, Erdmann & Kleineberg, 2011). Auch wenn einige Wissenschaftler die Abnahme der Mittelschicht bestätigen (Goebel, Gornig & Häußermann, 2010; Grabka & Frick, 2008), lässt sich anhand der Datenlage kein dauerhafter Abwärtstrend nachweisen (Enste et al., 2011; Institut für Sozialforschung und Gesellschaftspolitik, 2011).

Eng verbunden mit der Diskussion um die sinkende Mittelschicht ist meist auch die Hypothese, die Mittelschicht würde deshalb abnehmen, weil zunehmend Menschen in die Armut abrutschen würden, also die Abstiegsgefahr gestiegen wäre. Dabei wird jedoch vernachlässigt, dass Menschen aus der Mittelschicht nicht nur in die Unterschicht absteigen, sondern ebenso in die Oberschicht aufsteigen (Enste et al., 2011). In diesem Sinne schreiben auch Goebel et al. (2010), dass sowohl die Anzahl der Armen als auch die Anzahl der Reichen zugenommen hat und somit Mobilität in beide Richtungen gegeben ist. Die in Deutschland vorherrschende Statuspanik lässt sich somit anhand reiner Fakten nicht erklären.

Eine mögliche Begründung für die Angst der Mittelschicht vor Verarmung liegt jedoch in der gesellschaftlichen Entwicklung, dass Reiche immer reicher werden und Arme immer ärmer, die sich – im Gegensatz zum Mythos der abnehmenden Mittelschicht – nicht von der Hand weisen lässt (Goebel et al., 2010). Da Verluste schwerer wiegen als Gewinne (vgl. Kapitel 2.2.2), wird die zunehmende Armut stärker wahrgenommen als der ansteigende Reichtum, wodurch die Angst, ebenfalls in die Armut abzurutschen, intensiviert wird.

Vergleichen sich Menschen aus der Mittelschicht mit den immer reicher werdenden Reichen, entwickeln sie zudem ein Gefühl von Minderwertigkeit. Ihr absolut betrachteter Wohlstand erscheint im Vergleich zu dem Wohlstand der Reichen geringer und sie fühlen sich ärmer als sie es objektiv betrachtet sind. Der Vergleich mit Ärmeren steigert wiederum die Angst, an Wohlstand einzubüßen. Die im Gegensatz zum wachsenden Wohlstand stärker wahrgenommene Armut sowie die mediale Verbreitung des Irrglaubens, die Abstiegsgefahr wäre größer als die Aufstiegsmöglichkeiten, können somit die Statuspanik der Mittelschicht erklären.

Da soziale Vergleiche einerseits das Gefühl von sozialer Unsicherheit verursachen und andererseits durch Privateigentum intensiviert werden, kann Euckens Annahme, dass Privateigentum soziale Sicherheit bietet, nicht uneingeschränkt zugestimmt werden. Zwar sind Menschen, so wie von Eucken formuliert, in ihren Entscheidungen unabhängig und frei, jedoch kann das durch die Statusangst bedingte unsichere Gefühl das Sicherheitsgefühl überwiegen. Derartige Folgen von Privateigentum können im schlimmsten Fall zu Unzufriedenheit mit dem System führen und gesamtwirtschaftliche Probleme wie z. B. Kriminalität verursachen.

Doch nicht nur das *Gefühl* von sozialer Unsicherheit kann durch den sozialen Vergleich hervorgerufen werden. Vielmehr können Menschen tatsächlich in die soziale Unsicherheit geraten, wenn sie aus dem Wunsch heraus, sich im sozialen Vergleich besser zu stellen – oder besser gesagt, sich besser zu fühlen – über ihre finanziellen Möglichkeiten wirtschaften und somit Schulden an Stelle von Vermögen bilden. Insbesondere für Menschen mit mangelnder Selbstkontrolle ist es schwer, Luxus- oder Prestigegütern, durch die sich ihre relative Position verbessern würde, zu widerstehen.

Die bereits im Rahmen der Debatte um die Preislenkungsfunktion (vgl. Kapitel 3.3) angeführte hohe Privatverschuldung in Deutschland weist darauf hin, dass Privateigentum somit nicht unweigerlich, wie von Eucken und Hensel angenommen, Menschen zu zweckdienlichem Wirtschaften oder gar zur Selbstkontrolle erzieht. Diesem Argument kann nur dann zugestimmt werden, wenn Menschen über genügend Selbstkontrolle verfügen und aus ihren Fehlern lernen. In diesem Fall werden sie kurzfristigen Verlockungen widerstehen, wenn sie aus Erfahrungen wissen, dass diese ihnen langfristig schaden. Ist dies jedoch nicht der Fall, kann das Wirtschaften mit Privateigentum seine ihm (von Eucken) zugeteilte Aufgabe verfehlen.

Werden mögliche Missstände, die durch soziale Vergleichsprozesse und mangelnde Selbstkontrolle in Bezug auf das Privatvermögen hervorgerufen werden können, in der Wirtschaftspolitik nicht berücksichtigt, kann sich dies negativ auf die Gesamtwirtschaft auswirken. Diese Problematik lässt sich in der Debatte um die zunehmende Gefahr der Altersarmut, die unter anderem auf Grund mangelnder Vorsorge hervorgerufen wird, erkennen. So zeigt ein Bericht der Deutschen Bundesbank (Bräuninger, 2010), dass in Deutschland zu wenige Menschen die Möglichkeiten einer privaten Altersvorsorge nutzen, obwohl seit längerer Zeit allgemein bekannt ist, dass die gesetzliche Rente zur Deckung der alltäglichen Bedürfnisse nach der Erwerbstätigkeit nicht ausreicht (Bräuninger, 2010). In diesem Sinne ist in der Studie der Deutschen Bank zu lesen: „Die große Mehrheit der Bürger nimmt zumindest die Langfristprobleme der Rentenversicherung wahr. Offenkundig führt dieses Wissen aber bei vielen nicht dazu, mehr zu sparen. Manche Bürger sehen dafür keine Notwendigkeit, andere fühlen sich dazu nicht in der Lage" (S. 12).

Mangelnde Selbstkontrolle oder fehlende Voraussicht in Bezug auf Vorratssparen machen sich dann gesamtwirtschaftlich bemerkbar, wenn sich – wie dies nach Angaben des DB Reserach Berichts der Fall ist – viele Menschen diesbezüglich gleich verhalten. Dies zeigt, dass Privateigentum nicht unweigerlich zu wirtschaftlich sinnvollem Agieren und sozialer sowie finanzieller Sicherheit führt.

An dieser Stelle kann jedoch nicht gesagt werden, dass Eucken diese Möglichkeit vernachlässigt hat. Die Gefahr, dass Menschen mangelnde Selbstkontrolle haben und aus diesem Grund Unterstützung bei der Vorratsbildung benötigen, lässt sich sowohl bei Eucken (1952) als auch bei Maier (1950) finden. Beide weisen darauf hin, dass Menschen häufig nicht in der Lage sind, für ausreichend Vermögensbildung zu sorgen. Da sie somit trotz der Möglichkeit zur Bildung von Privatvermögen in die soziale Abhängigkeit der staatlichen Versorgung geraten würden, betont Maier die Notwendigkeit, diese Menschen soweit es geht durch Initiativen, Institutionen oder Maßnahmen bei ihrer Vorratsbildung zu unterstützen (vgl. Kapitel 2.5.3). Er weist explizit auf die notwendige Etablierung wirtschaftspolitischer Maßnahmen hin, die disziplinlose Menschen vor einer Misswirtschaft schützt und einer wirtschaftlichen Fehlstellung entgegenwirkt. Wird möglichen Problemen, die durch mangelnde Selbstkontrolle entstehen können, durch wirtschaftspolitische Maßnahmen, wie z. B. Schuldenbremsen oder automatisches Vorratssparen, in einer ausreichenden Höhe entgegengewirkt, kann zwar nicht die Statusangst eliminiert, die Gefahr der sozialen Unsicherheit jedoch minimiert werden. Nur durch die wirtschaftspolitische Berücksichtigung möglicher Auswirkungen mangelnder Selbstkontrolle kann das Privateigentum somit die ihm von Eucken zugeteilte Aufgabe, Menschen zu wirtschaftlichem Agieren zu erziehen und soziale Sicherheit zu gewährleisten, erfüllen.

Leistungssteigerung durch Privateigentum

Durch Privateigentum hervorgerufene soziale Vergleichsprozesse haben jedoch nicht nur, wie bisher hergeleitet, negative Auswirkungen, sondern führen auch zu der von Eucken angenommenen Leistungssteigerung. Durch den Vergleich mit besser Gestellten entsteht der Wunsch nach einer Verbesserung des eigenen relativen Zustands, woraus häufig eine Leistungssteigerung resultiert, die wiederum notwendig für den Erfolg eines Wettbewerbssystems ist. Zu dieser Leistungssteigerung käme es jedoch nicht in einem solchen Maße, wenn Menschen nicht über Privateigentum verfügen würden. Dies lässt sich aus zweierlei Gründen annehmen. Einerseits werden soziale Vergleichsprozesse durch Privatvermögen intensiviert, andererseits ist der Anreiz zur Leistungssteigerung ausgeprägter, wenn das Privateigentum und somit der absolute sowie relative Wohlstand gesteigert werden kann.

Auch wenn aus der Psychologie bekannt ist, dass Menschen sich auch dann anstrengen, wenn sie keinen eigenen Nutzen davon haben (vgl. Kapitel 2.3.2), kann von einer erhöhten Leistungssteigerung bei dem Erwerb von Privateigentum ausgegangen werden. Denn kann Vermögen durch Leistung aufgebaut und somit die relative Position in der Gesellschaft verbessert werden, haben Menschen ein Interesse daran, ihre Leistung zu steigern. In diesem Punkt ist Euckens Argumentation, weshalb er Privateigentum als notwendig in einer Wettbewerbsordnung ansieht, auch unter Berücksichtigung der psychologischen Aspekte zuzustimmen.

Abschließend kann daher gesagt werden, dass Privateigentum – wie dies Eucken richtig festgestellt hat – für die Effizienz eines Wettbewerbssystems sowie für die Unabhängigkeit und Freiheit der Menschen von zentraler Bedeutung ist. Damit das Prinzip des Privateigentums jedoch seine Aufgabe vollständig erfüllen kann, müssen ergänzende sozialpolitische Maßnahmen, wie z. B. zur herkömmlichen Rente zusätzliches institutionalisiertes Sparen, implementiert werden. Ist dies nicht der Fall, kann ein disziplinloses Wirtschaften genau das bewirken, was Eucken durch das Wirtschaften mit Privateigentum verhindern wollte – nämlich die Abhängigkeit der Haushalte von staatlicher Unterstützung und somit den Zustand der soziale Unsicherheit (für eine Zusammenfassung der Ergebnisse siehe Tabelle 7).

Tabelle 7: Privateigentum – Pro und Contra

Ordoliberale Begründung für Privateigentum	Bewertung des Prinzips unter Berücksichtigung der psychologischen Erkenntnisse
Privateigentum schafft Sicherheit, da Menschen frei entscheiden und wirtschaften können, ohne von der staatlichen Willkür abhängig zu sein.	*Zustimmung*: Menschen sind nicht abhängig vom Staat. *Ablehnung:* Privateigentum kann das Gefühl von Unsicherheit steigern, da sich Menschen vergleichen und große Unterschiede vorhanden sein können. *Fazit:* Privateigentum schafft objektive Sicherheit, subjektiv kann jedoch das Gefühl von Unsicherheit vorherrschen. Diesem Problem kann nur über Aufklärung entgegengewirkt werden.
Privateigentum erzieht Menschen zu wirtschaftlichem Handeln und schafft finanzielle Sicherheit.	*Zustimmung:* Wirtschaftsakteure bekommen direktes Feedback und werden daher lernen, wie sie erfolgreich wirtschaften können. *Ablehnung:* Mangelt es Menschen an Selbstkontrolle, führt Privateigentum im schlimmsten Fall in die staatliche Abhängigkeit und finanzielle Unsicherheit. *Fazit:* Reichen bisherige staatliche Vorrichtungen zum Sparen (Rente) nicht mehr aus, müssen zusätzliche Maßnahmen ergriffen werden, um Menschen durch institutionelle Regeln zum Vorratssparen zu bringen. Ebenfalls muss über frühzeitige Schuldenbremsen nachgedacht werden.
Privateigentum führt zur Leistungssteigerung	*Zustimmung:* Da Menschen sich mit anderen vergleichen, werden sie ein Interesse daran haben, durch Leistungssteigerung mehr Vermögen zu erlangen und sich im relativen Vergleich besser zu stellen.

Quelle: eigene Darstellung

3.7 Der Wert der Vertragsfreiheit

3.7.1 Funktion und Bedeutung von Freiheit im Ordoliberalismus

Freiheit im Allgemeinen und Vertragsfreiheit im Speziellen haben im Ordoliberalismus einen besonderen Stellenwert. Dabei wird Freiheit definiert als die „Unabhängigkeit von der Willkür anderer" (Hayek, 1971, S. 15); ein Zustand, der notwendig ist, damit Menschen ihre eigenen Ziele und Pläne verfolgen können. Freiheit „bedeutet immer, daß ein Mensch die Möglichkeit hatte, nach seinen eigenen Entschlüssen und Plänen zu handeln, im Gegensatz zur Lage derjenigen, die unwiderruflich dem Willen eines anderen untergeordnet waren, der sie durch willkürliche Entscheidung zwingen konnte, Dinge in bestimmter Weise zu tun oder zu lassen. [...] Ob er frei ist oder nicht, hängt nicht vom Bereich der Wahl ab, sondern davon, ob er erwarten kann, den Lauf seiner Handlungen nach seinen gegenwärtigen Absichten zu gestalten, oder ob jemand anderer die Macht hat, die Umstände so zu modifizieren, daß er nach dem Willen des anderen und nicht nach seinem eigenen Willen handeln wird" (Hayek 1971, S. 15 ff.). Somit bedeutet Freiheit, unbeeinflusst von anderen entscheiden zu können.

Für Eucken (1952) stellt Freiheit nicht nur ein Grundrecht dar, sondern auch die Grundlage für die Wettbewerbsordnung. Wettbewerb, so Euckens (1952) Ansicht, kommt nur dann zustande, wenn Menschen frei in ihren Entscheidungen sind. Er schreibt: „Wenn die einzelnen Haushalte und Betriebe nicht selbst wählen, nicht die Möglichkeiten prüfen und danach Verträge abschließen können, wenn sie Befehle durchführen oder Zuteilungen in Empfang nehmen, kann Konkurrenz nicht entstehen" (Eucken, 1952, S. 275). Auch Böhm (1971) betont, dass Individuen in der Wahl ihrer Pläne autonom sein sollten.

Freiheit ist sowohl in Hayeks (1959) als auch Euckens (1950; 1952) Augen deshalb so wichtig, weil Menschen nur durch die Wahlmöglichkeiten ihre Fähigkeiten sowie Interessen entdecken und ihre Wünsche entwickeln können. „Überhaupt aber kann nur der freie Mensch beobachtend und selbsttätig denkend Wahrheiten näher kommen. Er ist gebunden an die Gesetze der Logik, aber nicht an Meinungen, welche irgendeine äußere Macht aufzwingt. Nur der freie Mensch ist willensfähig" (Eucken, 1952, S. 176).

Entscheiden Menschen frei, kann es auch zu Fehlentscheidungen kommen. Weder Eucken (1950; 1952) noch Hayek (1959) gehen davon aus, dass Menschen immer kluge und sinnvolle Entscheidungen treffen. Hayek (1971) räumt sogar ein, dass Freiheit auch eine Gefahr und Bürde für jeden Einzelnen darstellt, die als Preis für die Freiheit jedoch in Kauf genommen werden muss. „Vor allem aber müssen wir verstehen, daß wir frei und zugleich elend sein können. Freiheit bedeutet nicht alle guten Dinge oder die Abwesenheit aller Übel. Es ist richtig, daß frei-sein auch die Freiheit bedeuten kann, zu hungern, kostspielige Irrtümer zu begehen oder gewaltige Risiken einzugehen" (Hayek, 1971, S. 24). Deutlich hebt Hayek hervor, welche Gefahren die Freiheit mit sich bringt. Statt mögliches Irren der Menschen zu verneinen, äußert er seine Überzeugung, dass Menschen Fehler machen und ihre Entscheidungen oftmals bereuen. Dennoch kann und soll ihnen Freiheit gewährt werden, da sie – so betont insbesondere Hayek (1959) – aus ihren Fehlern lernen (vgl. Kapitel 2.2.3).

Während sich Eucken vorwiegend mit der Frage beschäftigt, wie Freiheit bewahrt werden kann, setzt sich Hayek (1959; 1971) kritisch mit dem Gedanken auseinander, wie viel Freiheit zum Wohle jedes Individuums am besten sei. In diesem Kontext kommt er zu dem Schluss, dass Freiheit dann eingeschränkt werden muss, wenn Menschen nicht aus ihren Fehlern lernen. Damit geht er einen Schritt weiter als Eucken (1952), der eine Freiheitseinschränkung nur dann als notwendig ansieht, wenn ein Individuum die Freiheit eines anderen einschränkt.

In welchen Fällen Freiheit eingeschränkt werden sollte, grenzt Hayek (1959) deutlich ab: „Die Forderung nach Freiheit gilt daher nicht für Kinder oder Geisteskranke. Sie setzt voraus, daß der Mensch fähig ist, zu lernen und sein Handeln von dem erworbenen Wissen leiten zu lassen, und kann nicht auf jene Anwendung finden, die noch nicht genug gelernt haben oder unfähig sind, zu lernen. Jemand, dessen Handeln ausschließlich durch unveränderliche Impulse bestimmt wird, die ihn keinerlei Wissen über die Folgen seines Handelns beherrschen lehren, oder ein echter Schizophreniker können in diesem Sinn nicht verantwortlich gemacht werden, weil das Wissen, daß sie für verantwortlich gehalten werden, ihr Handeln nicht ändern kann. Dasselbe gilt für Menschen, die unter wirklich unüberwindbaren Trieben leiden, Kleptomanen oder Gewohnheitstrinker, bei denen sich gezeigt hat, daß sie normalen Motiven unzugänglich sind" (S. 284).

Eine Definition, ab wann jemand als triebgesteuert, geisteskrank oder nicht lernfähig gilt, wird von Hayek nicht weiter getroffen. Auch in der Praxis zeigt sich, dass genau diese Abgrenzung nicht leicht zu treffen und oftmals nicht trennscharf ist. Erschwert wird dies durch die Aufhebung der Rationalitätsannahme. Diese verschärft nicht nur die Frage der Lernfähigkeit, sondern weckt auch Zweifel, ob die Abwesenheit von Willkür immer dazu führt, dass Menschen frei und unabhängig entscheiden.

3.7.2   Ein psychologischer Blick auf Freiheit und ihre Tücken

Eine in der Philosophie häufig diskutierte Frage ist, wie frei der Mensch wirklich entscheidet. Diese Überlegung soll zwar im Rahmen dieser Arbeit nicht philosophisch diskutiert werden, jedoch spielt sie bei der Frage, wie Euckens Grundprinzip unter der Berücksichtigung psychologischer Erkenntnisse zu bewerten ist, eine entscheidende Rolle. Denn wie in Kapitel 2.2.2 gezeigt wurde, lassen sich Menschen, bedingt durch irrationale Verhaltensweisen, in ihren Entscheidungen beeinflussen und wählen somit nicht mehr frei, obwohl sie die Freiheit dazu hätten.

Wie anhand des *Asian Deseas* Problems (vgl. Kapitel 2.2.2) verdeutlicht, werden Menschen durch die Betonung von Gewinnen oder Verlusten häufig in eine bestimmte Richtung gelenkt. Da die Formulierung oder Präsentation einer Entscheidungssituation auf die eine oder andere Art immer beeinflussend wirken kann, stellen sich Entscheidungssituationen in den wenigsten Fällen neutral dar. Ob die Wahl somit dem eigentlichen Interesse oder der Überzeugung des Entscheiders entspricht oder ob er sich bei einer anderen Formulierung anders entschieden hätte, lässt sich nur schwer nachvollziehen.

Doch nicht nur durch die Darstellung können Menschen beeinflusst werden. Auch Voreinstellungen oder Empfehlungen, die als Status Quo wahrgenommen werden, wirken sich auf die Entscheidungen aus. Da Menschen eine Abneigung haben, den Status Quo zu ändern oder gegen ihn zu verstoßen, tendieren sie dazu, einer Empfehlung zu folgen oder aber die Voreinstellung beizubehalten.

Johnson, Steffel und Goldstein (2005) verdeutlichen dies am Beispiel einer ärztlichen Empfehlung. Sie weisen darauf hin, dass sich Menschen nicht nur in komplexen und schwerwiegenden Fragen an den Rat des Experten halten, sondern ebenso ungern in einfachen Entscheidungen, wie z. B. bei der Frage, welche Kopfschmerztablette geeignet ist, von der ärztlichen Empfehlung abweichen. Der Rat eines Arztes hat somit laut Johnson et al. (2005) folgende Auswirkung: „First, a cancer patient might interpret a default treatment regimen as a recommendation and simply assume that the doctor knows best rather than seek out alternative treatment options. Second, a patient might avoid making an active decision about a treatment regimen because considering the possible outcomes is scary and stressful or because researching all possible options is taxing and complex. Or, due to omission bias, a patient might prefer to stick with a standard treatment option and risk omitting a better option rather than to actively choose a different option and risk committing a mistake. Third, due to loss aversion, a patient might feel reluctant to give up the default, or status quo, for another option" (S. 19).

Wie stark die Entscheidung vom Status Quo in der Entscheidungssituation abhängt, konnten Johnson und Goldstein (2003) anhand einer Studie zur Organspendebereitschaft zeigen. In dieser fragten sie 161 Teilnehmer, ob sie bereit wären, nach dem Tod ihre Organe zu spenden. In der einen Bedingung (Bedingung 1) wurde ihnen gesagt, dass sie automatisch Organspender seien, sich aber dagegen entscheiden können. Andere Teilnehmer wiederum bekamen genau das Gegenteil gesagt: Sie konnten sich entscheiden, Organspender zu werden, der Status Quo sei aber „kein Organspender" (Bedingung 2). Die Ergebnisse waren beeindruckend. Während in der ersten Bedingung 82 Prozent der Befragten bereit waren, nach ihrem Tod Organe zu spenden, waren es in der zweiten Bedingung nur 42 Prozent. Die wesentliche Begründung für diesen Unterschied sehen Johnson und Goldstein in der Befolgung des Status Quo. Lassen sich Menschen somit sowohl in einfachen als auch schwerwiegenden Entscheidungen durch Empfehlungen und Voreinstellungen beeinflussen, ist fraglich, ob sich Entscheidungsfreiheit überhaupt gemäß Euckens Vorstellung gewährleisten lässt.

Unabhängig davon ist im Hinblick darauf, dass Menschen nicht dem rationalen Ideal entsprechen zu hinterfragen, ob sich Menschen immer besser stellen, wenn sie frei entscheiden. Denn während Eucken der Meinung ist, dass Menschen die verschiedenen Möglichkeiten gründlich prüfen und ihnen somit ein rationales Vorgehen bei der Entscheidungsfindung unterstellt, ist aus psychologischen Studien bekannt, dass Menschen sich in unsicheren Situationen häufig eingeschränkt rational oder gar irrational verhalten (vgl. Kapitel 2.2.2). Statt die Alternativen wohlüberlegt gegeneinander abzuwägen, folgen viele Menschen intuitiven Entscheidungsheuristiken, die sie jedoch oft zu fehlerhaften bzw. suboptimalen Entscheidungen führen. Grund hierfür ist, dass Menschen die für ihre Wahl relevanten Informationen lückenhaft und verzerrt aufnehmen, weshalb sie ihre Entscheidungen anhand einer irreführenden Informationslage treffen (vgl. Kapitel 2.2.2). Ihr Abwägungsprozess entspricht somit keinem rationalen Vorgehen. Da freie Entscheidungen fast ausschließlich auf Grund vorliegender Informationsasymmetrien eine Situation unter Unsicherheit darstellen, bergen sie für eingeschränkt rationale oder irrationale Menschen Gefahren. Freiheit dient Menschen somit nicht immer zum Vorteil.

Ebenso gibt es Momente, in denen sich Menschen besser stellen, wenn ihre Freiheit durch Regeln eingeschränkt ist. Dies lässt sich insbesondere im Kontext mangelnder Selbstkontrolle beobachten. Verfügen Akteure nicht über ausreichend Disziplin, lassen sie sich durch Emotionen oder kurzfristige Verlockungen von mittel- oder langfristigen Zielen abbringen. Um dies zu verhindern, legen sich Menschen oftmals Regeln auf oder beauftragen Dritte, sie zu kontrollieren und ihre Freiheit einzuschränken (vgl. Kapitel 2.5.2). Zwar treffen sie hierzu eine freie Entscheidung, jedoch stellen sie sich durch eben diese besser.

Rabinovich und Webley (2007) konnten nachweisen, dass es nicht allen Menschen gelingt, sich an ihre freiwillig gewählten Regeln zu halten. Insbesondere willensschwache Menschen, so fanden sie heraus, legen sich Regeln auf, die leicht zu brechen sind. Sie entscheiden sich nicht für freiheitseinschränkende Regeln, sondern für solche, die ihnen die Freiheit lassen, sie zu brechen. Haben sie die Freiheit, die Regeln selber zu wählen und diese zu brechen, stellen sie sich somit oftmals schlechter als wenn sie strikte Regeln einhalten müssten.

3.7.3 Die Bedeutung von Freiheit für die Wirtschaftspolitik vor dem Hintergrund der psychologischen Erkenntnisse

Was lässt sich aus diesen Erkenntnissen nun für die Wirtschaftspolitik ableiten? Die psychologischen Aspekte stellen zwar keinesfalls den Wert der Freiheit infrage, jedoch regen sie zu zweierlei Überlegungen an: Ist die individuelle Freiheit tatsächlich immer von Vorteil? Und lässt sich Freiheit tatsächlich immer gewährleisten?

Frei entscheiden können – das ist es, was Eucken fordert und anstrebt. In der Realität bedeutet dies, dass Menschen frei sind in z. B. der Wahl zwischen Cornflakes und Biomüsli. Es bedeutet auch, dass sie frei sind in der

Wahl ihres Studiums oder Berufs. Dabei ist nicht auszuschließen, dass sie Entscheidungen treffen, die sie später bereuen. Dies ziehen auch Eucken und Hayek in Betracht, sehen Fehler jedoch als vernachlässigbar an, wenn Menschen daraus lernen.

Wie bereits in vorherigen Kapiteln argumentiert, können Fehlentscheidungen durch die Befolgung von Entscheidungsheuristiken, Emotionen oder anderen irreführenden Faktoren im wirtschaftspolitischen Kontext meist außer Acht gelassen werden. Denn stellen sich Menschen auf Grund irrationaler Verhaltensweisen durch die Möglichkeit der freien Entscheidung schlechter, werden sie auf individueller Ebene zwar Verluste machen, jedoch langfristig aus ihren Fehlern lernen, wodurch mögliche Probleme bereits auf individueller Ebene behoben werden (Thorndike, 1932; vgl. Argumentation Kapitel 3.2.3; 3.3.3). Dementsprechend werden Menschen, wenn sie frei entscheiden können, nicht immer Entscheidungen treffen, die zu ihren Gunsten sind. Sie haben jedoch durch die Freiheit auch die Chance, verschiedene Möglichkeiten auszuprobieren und zu erkennen, wo ihre Interessen liegen, wodurch sie ihren Nutzen steigern können und was ihnen schadet. Solange sie also aus ihren Fehlern lernen, kann der Argumentation Euckens und Hayeks, dass sich Menschen besser stellen, wenn sie frei entscheiden können, zugestimmt werden.

Doch was ist, wenn Menschen nicht aus ihren Fehlern lernen? Hayek gibt auf diese Frage die eindeutige Antwort, dass in einem solchen Fall die Freiheit einzugrenzen ist. So schreibt er, dass z. B. Kinder und Kranke, wie z. B. Schizophreniker, entweder noch nicht genug gelernt haben oder nicht lernfähig sind und somit in ihrer Freiheit eingeschränkt werden sollten. Weiter geht er in seinen Ausführungen jedoch nicht darauf ein, ab wann jemand z. B. nicht mehr als Kind oder wann jemand als krank bezeichnet werden kann.

In der Praxis zeigt sich, dass die Abgrenzung, ab wann jemand freie Entscheidungen treffen kann und wann nicht, oftmals nicht leicht ist und schnell willkürlich erscheinen kann. So gibt es zwar für viele Fälle Gesetze – wie z. B. für die Unterscheidung, ab wann ein Mensch als Erwachsener gilt –, durch die festgelegt wird, wann die Freiheit eingeschränkt werden muss und wann nicht. Es ist jedoch fraglich, ob solche Regelungen tatsächlich Aufschluss darüber geben können, wann jemand frei entscheiden kann und wann es besser ist, die Entscheidungsfreiheit einzugrenzen. Wieso z. B. gilt ein junger Erwachsener einen Tag vor seinem 18. Geburtstag als nicht ausreichend erfahren und wird in seiner Entscheidungsfreiheit eingeschränkt, darf jedoch einen Tag später (ab seinem 18. Geburtstag) freie Entscheidungen treffen? Hat ein junger Mensch, nur weil er 18 Jahre alt geworden ist, ausreichend Erfahrungen gesammelt, sodass er die Verantwortung für seine freien Entscheidungen übernehmen kann? Sicherlich ist eine gesetzliche Regelung in der Praxis notwendig und nicht vermeidbar, jedoch bleibt die Frage offen, ob sich eine solch eindeutige Unterscheidung tatsächlich treffen und wie sie sich rechtfretigen lässt.

Diese Frage stellt sich insbesondere auch im Hinblick auf die von Hayek getätigte Aussage, kranke Menschen müssten in ihrer Freiheit eingeschränkt werden. Leiden Menschen unter Geisteskrankheiten, wie sie auch Hayek auflistet, ist die Freiheitsbegrenzung meist unstrittig. Doch was ist mit denen, die zwar nicht im medizinischen Sinne krank sind, jedoch zu schwach, d. h. nicht über die nötige Selbstkontrolle verfügen, um aus ihren Fehlern zu lernen? Wo wird die Grenze gezogen? Gilt mangelnde Selbstkontrolle ebenfalls als Krankheit und sollten Menschen, die nicht aus eigener Stärke Fehler vermeiden können, ebenfalls in ihrer Freiheit eingeschränkt bzw. in ihren Entscheidungen beeinflusst werden? Diese Frage mag im ersten Moment radikal klingen. Jedoch kann eine Freiheitseinschränkung unter Umständen für den Einzelnen sogar von Vorteil sein. Denn schließlich ließe sich fragen, ob ein unkontrollierter Mensch nicht genau wie ein kranker Mensch ein Recht auf Hilfe hat. Hilfe, in Form von Regeln, die ihn in seiner Freiheit begrenzen und ihm dadurch helfen, schwerwiegende oder ständig wiederkehrende Fehler zu vermeiden, denen er aus eigener Kraft nicht ausweichen kann.

Am Beispiel eines Rauchers oder Alkoholikers kann diese hier angesprochene Problematik verdeutlicht werden. So wird ein Mensch, der dem Zigaretten- oder Alkoholkonsum nicht widerstehen kann, nicht an der Entscheidung gehindert, erneut zur Zigarette oder zur Flasche zu greifen. Er ist frei in seinen Entscheidungen, auch wenn er auf Grund mangelnder Selbstkontrolle (vgl. Kapitel 2.5.2) zu schwach ist, seinen Gelüsten zu widerstehen und sich durch seine Entscheidung selber schadet. Auch wenn ihn seine Entscheidungsfreiheit im schlimmsten Fall das Leben kosten kann, wird von einer Freiheitseinschränkung abgesehen. Schließlich wird implizit unterstellt, dass sich jeder durch die Freiheit, uneingeschränkt Entscheidungen treffen zu können, besser stellt. Würden Menschen, die aus mangelnder Selbstkontrolle nicht in der Lage sind ihren

Gelüsten zu widerstehen, durch Regeln oder gezielte Maßnahmen vom Trinken oder Rauchen abgehalten, könnten sie sich jedoch gegebenenfalls besser stellen.

Natürlich lässt sich nicht sagen, dass jeder Raucher auf Grund mangelnder Selbstkontrolle immer wieder zur Zigarette greift und somit immer den gleichen Fehler macht. Denn schließlich kann der Griff zur Zigarette unter vollem Bewusstsein der möglichen Konsequenzen erfolgen und den Präferenzen eines Menschen entsprechen. In einem solchen Fall könnte auch nicht von einem „Fehler" die Rede sein. Eine von Forsa (2008) durchgeführte Untersuchung zeigt jedoch, dass 66 Prozent der befragten Raucher nach eigenen Angaben mindestens einmal schon den Versuch unternommen haben, mit dem Rauchen aufzuhören. Dies verdeutlicht, dass der Großteil der Raucher im Grunde den Zigarettenkonsum beenden will, jedoch zu schwach ist, der kurzfristigen Versuchung zu widerstehen.

Auch gesamtwirtschaftlich machen sich die Folgen von mangelnder Selbstkontrolle bemerkbar. So zeigen Zahlen des Robert Koch Instituts (2011), dass es in Deutschland eine große Zahl an Menschen gibt, die nicht über ausreichende Selbstkontrolle verfügt und dem gleichen Fehler immer wieder erliegt. Die große Anzahl derer, die an Übergewicht und Adipositas (52 Prozent der Deutschen) leiden, die an den Folgen des Rauchens sterben (im Jahr beläuft sich die Zahl der Todesopfer auf durchschnittlich 110.000) oder die Anzahl der alkoholabhängigen erwachsenen Personen in Deutschland (1,6 Millionen) weist darauf hin, dass vielen Menschen die Freiheit im schlimmsten Fall zum (tödlichen) Verhängnis werden kann.

Doch nicht nur das: Auch die gesamtwirtschaftlichen Kosten, die in Form von Gesundheitsversorgungskosten auf Grund von Begleitkrankheiten von Adipositas, Zigaretten- und Alkoholkonsum entstehen, sind beachtlich. So ermittelten Ruff, Volmer, Nowak und Meyer (2000) Gesundheitskosten in Höhe von 17 Milliarden Euro, die in Deutschland jährlich alleine durch das Rauchen verursacht werden. Durch Folgekrankheiten von Fettleibigkeit entstehen sogar rund 10 Milliarden Euro Kosten pro Jahr (Halasz, 2012).

Insbesondere im Hinblick auf die Zahlen der jährlichen Todesopfer durch Tabak- und Alkoholkonsum und der gesamtwirtschaftlichen Folgen stellt sich unweigerlich die Frage, weshalb Menschen die Entscheidung, Alkohol oder Tabak zu konsumieren, frei steht, während ihnen der Drogenkonsum verboten ist. Zwar lässt sich argumentieren, dass Drogen wie z. B. Kokain oder LSD bereits nach kurzer Zeit körperlich und psychisch abhängig machen, jedoch darf nicht vernachlässigt werden, dass mangelnde Selbstkontrolle ebenfalls eine Art Sucht darstellt und letzten Endes (im Fall von Alkohol und Nikotin) in die Abhängigkeit führen kann.

Dieses Beispiel verdeutlicht, wie schwer die Entscheidung in der Praxis ist, wann die Freiheit eingeschränkt werden sollte. Es zeigt jedoch auch, dass mangelnde Selbstkontrolle schwerwiegende individuelle und gesamtwirtschaftliche Folgen haben kann und deshalb stärker als bisher in der Debatte, ab wann Freiheit einzuschränken ist, berücksichtigt werden sollte.

In vielen Situationen lässt sich beobachten, dass Menschen gegen ihre Prinzipien, Ziele oder Vorsätze verstoßen. Doch nicht immer lässt sich ein solches Verhalten ausschließlich auf mangelnde Selbstkontrolle zurückführen. Abgesehen von dem soeben aufgezeigten Fall, dass sich Menschen mit mangelnder Selbstkontrolle durch weniger Freiheit in manchen Situationen besser stellen, weist Frank in seinem Buch „The libertarian welfarestate" (2012) auf einen anderen Fall hin, in dem sich Menschen unabhängig von Selbstkontrollproblemen durch beschränkende Regeln besserstellen.

So lässt sich im Kontext des Gruppenverhaltens beobachten, dass Individuen häufig eine andere Wahl treffen würden, wenn sie alleine wären und nicht in Abhängigkeit von anderen entscheiden würden. Aus Angst, sich schlechter als andere aus der Gruppe zu stellen, agieren Menschen gegen ihre eigentlichen Interessen und stellen sich somit schlechter. Frank verdeutlicht dies anhand des Beispiels von Hockeyspielern, das bereits Thomas Schelling (1984) anführte. Damals stellte Schelling die Frage, warum Hockeyspieler ohne Helm spielen, wenn ihnen die Entscheidung für oder gegen einen Helm überlassen wird, sie aber, wenn man sie fragt, immer angeben, dass sie lieber mit Helm spielen würden. Warum folgen Hockeyspieler nicht einfach ihrer Präferenz und tragen Helme? Warum brauchen sie erst eine Regel, um tatsächlich einen Helm zu tragen?

Wie auch Schelling weist Frank in seiner Erklärung darauf hin, dass das Spielen ohne Helm in einem Hockeyturnier einen Vorteil bedeutet. Der Spieler, der keinen Helm trägt, hört und sieht vermutlich besser als ein Spieler, der einen Helm trägt. Der Ehrgeiz, den Wettkampf zu gewinnen, ist bei den Spielern jedoch so groß, dass niemand einem anderen einen

Vorteil gewähren will. Dies führt dazu, dass alle Spieler ohne Helm spielen, ohne davon jedoch einen Vorteil zu haben. Somit stellen sich alle Spieler am Ende in der Situation, in der sie frei entscheiden können, schlechter als in einer Spielsituation, in der ihre Freiheit eingeschränkt wäre. Denn gäbe es eine Regel, die das Tragen eines Helms vorschreibt, würde keiner den Helm abnehmen und die Abwärtsspirale in Gang setzen.

Dieses Beispiel zeigt, dass sich Menschen nicht immer durch (Vertrags-) Freiheit eindeutig besser stellen. Vielmehr kann ihnen die Freiheit schaden, da sich dadurch ein Gleichgewicht bildet, in dem sich alle Beteiligten schlechter stellen als in einer Situation, in der eine Regel die Freiheit begrenzen würde. Euckens Grundprinzip der (Vertrags-) Freiheit ist somit nicht grundsätzlich zuzustimmen. Vielmehr muss unter Berücksichtigung von Verhaltensanomalien abgewogen werden, wann die Freiheit Nutzen stiftet und wann sie schaden kann. Denn agieren Menschen aus Angst, sich im sozialen Vergleich schlechter zu stellen oder auf Grund mangelnder Selbstkontrolle gegen ihre Interessen und Bedürfnisse, kann eine Freiheitseinschränkung situationsbedingt den größeren Nutzen stiften. Die Frage, ob individuelle Freiheit tatsächlich immer von Vorteil ist, kann somit in Anbetracht der geführten Diskussion verneint werden.

Dies bedeutet im Umkehrschluss jedoch nicht, dass die individuelle Freiheit leichtfertig eingeschränkt werden sollte. Da bei einer Einschränkung unweigerlich ein anderer (in den meisten Fällen der Staat) beurteilt, was gut ist, besteht die Gefahr, dass die Einschränkung einzelnen Personen, vielen oder gar allen schadet. So werden Menschen in Schweden z. B. durch erschwerte Konsumbedingungen und die hohen Preise des Alkohols nicht nur vermeintlich vor der Alkoholsucht geschützt, sondern ebenfalls an dem Genuss von Alkohol gehindert. Zumindest dann, wenn sie entweder nicht über die finanziellen Mittel oder den nötigen Zugang zu Geschäften, die zum Verkauf von Spirituosen berechtigt sind, verfügen. Da eine solche Einschränkung immer negativ empfunden und zu bewerten ist, sind derartige Regelungen, auch wenn sie Einzelne vor der Alkoholsucht bewahrt, kritisch zu betrachten. Zudem können freiheitseinschränkende Maßnahmen Bumerang-Effekte auslösen und somit mehr Schaden als Nutzen verursachen, da eine Freiheitseinschränkung Reaktanz (in Form von z. B. illegalem Handel), also das Bestreben, sich gegen den Freiheitsverlust zu widersetzen, bei Menschen hervorruft (Brehm, 1966; Brehm & Brehm, 1981).

Die Diskussion zeigt, dass die Entscheidung, ob und wann Menschen in ihrer Freiheit eingeschränkt werden sollten, nicht leicht ist, da sowohl Freiheit als auch die Einschränkung von Freiheit Nutzen stiften und Schaden verursachen kann. Die Abwägung, welche Effekte als wichtiger und als zu bevorzugend empfunden werden, beruht somit immer auf einer normativen Überlegung.

Auch im Rahmen dieser Arbeit kann keine allgemeingültige Lösung aufgezeigt werden, wann freiheitseinschränkende Regeln von Vorteil sein können und wann nicht. Die geführte Diskussion verdeutlicht jedoch, dass Menschen, die nicht dem Bild des homo oeconomicus entsprechen, sich in Freiheit nicht grundsätzlich besser stellen und dies im wirtschafts- und sozialpolitischen Diskurs berücksichtigt werden muss.

Freiheit in einmaligen Situationen

Eine wesentliche Annahme, die sich im Ordoliberalismus finden lässt und die Eucken in der Ansicht bestärkt, Menschen stellen sich grundsätzlich durch (Vertrags-) Freiheit besser, ist die Annahme, dass Menschen aus ihren Fehlern lernen. Doch abgesehen von der bereits diskutierten Erkenntnis, dass Menschen nicht immer in der Lage sind, aus Fehlern zu lernen, gibt es einen praktischen Aspekt, der im Widerspruch zu dieser Annahme steht: Manche Entscheidungen werden nur einmal getroffen oder ihre Auswirkungen machen sich erst auf lange Sicht bemerkbar. Insbesondere unter Berücksichtigung der psychologischen Erkenntnisse, dass Menschen auf Grund irrationaler Verhaltensweisen Fehler machen, ist die Nicht-Revidierbarkeit derartiger Entscheidungen von Bedeutung.

Viele Entscheidungen werden im Leben nur einmal getroffen oder beeinflussen das Leben in einer solchen Weise, dass eine fehlerhafte Entscheidung oder das Unterlassen einer Entscheidung, langfristige, negative Folgen haben können. Verdeutlichen lässt sich dies am Beispiel von Anlage- und Finanzprodukten. Angaben des Bundesverbandes der Versicherungsberater (BVVB) zufolge zahlen Anleger aktuell in Deutschland jährlich rund 20 Milliarden Euro mehr für Versicherungs- und Finanzprodukte als in ihrer individuellen Situation für einen optimalen Versicherungsschutz angemessen und nötig wäre (Wirtschaftswoche, 2008). Auch die zu geringe Anzahl an Personen, die private Altersvorsorge betreiben (Bräuninger, 2010) weist darauf hin, dass sich Menschen in einmaligen Entscheidungssituationen oftmals zu ihren Ungunsten entscheiden, dies jedoch nicht mehr oder zu spät ausgleichen können und die daraus resultierenden Kosten von der Gesellschaft getragen werden müssen.

Da somit das Argument, Menschen sollen frei entscheiden, weil sie lernfähig sind, in einmaligen Entscheidungssituationen nicht greift, gilt konsequenterweise auch die ordoliberale Begründung für Freiheit nicht. Zwar bedeutet dies nicht, dass Menschen deshalb in derartigen Situationen in ihrer Entscheidungsfreiheit eingeschränkt werden sollten, jedoch weist es darauf hin, dass richtungsweisende Hilfestellungen oder Leitlinien von Nutzen sein können.

Wie frei sind freie Entscheidungen?

Mehr als sonst müssen im Falle von einmaligen bzw. langfristigen Entscheidungen Verhaltensanomalien berücksichtigt werden. Denn werden diese vernachlässigt, steigt die Gefahr, die von möglichen Fehlentscheidungen, die nicht revidiert werden können, ausgeht. Zur Verdeutlichung dieses Gedankens können wiederum Finanz- und Anlageprodukte herangezogen werden. Gerade in diesem Bereich sind Menschen auf das Fachwissen von Experten angewiesen. Da Finanzberater in Deutschland zumeist auf Provisionsbasis agieren, haben sie einen starken Anreiz, ihren Kunden Produkte zu empfehlen, bei denen sie eine hohe Provision erhalten. Somit können Berater die Eigenschaft ihrer (in diesem Fall) Kunden, ungern gegen eine Empfehlung zu verstoßen (vgl. Kapitel 2.3.2), zu ihren eigenen Gunsten nutzen und sie in ihrer Entscheidung bewusst beeinflussen.

Doch nicht nur eine bewusste Lenkung durch den Berater kann Anleger zu Entscheidungen veranlassen, durch die sie sich schlechter stellen. Auch durch die Art der Beratung, wie z. B. der Betonung von Vorzügen und Nachteilen eines Produktes oder der Vernachlässigung von Produktmöglichkeiten, können Anleger unbewusst beeinflusst werden. Unbeabsichtigt kann der Berater vermeintliche Wünsche und Präferenzen wecken, die nur auf Grund der Produktdarstellung in dem Anleger reifen. Zwar ist die Entscheidung, die der Anleger am Ende trifft, ihm überlassen. Auf Grund der bewussten oder unbewussten Beeinflussung ist die Entscheidung jedoch nicht im Sinne von Hayeks Definition frei. Denn findet die Einflussnahme bewusst statt, widerspricht die von der „Willkür" des Beraters abhängige Entscheidung der „Willkür unabhängigen"

Entscheidung, die Hayek als frei empfindet. Tatsächlich gewährleisten lässt sich Freiheit somit nicht, selbst wenn Menschen offensichtlich frei entscheiden können.

Abbildung 10: Organspendebereitschaft der Länder in Prozent

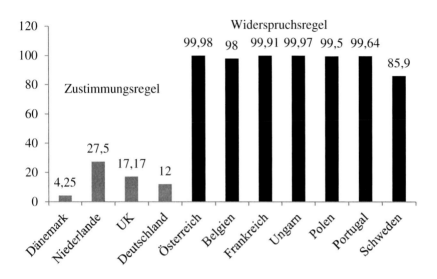

Quelle: Johnson und Goldstein (2003)

In vielen Situationen werden Menschen durch die Darstellung der Entscheidungssituation in eine Richtung gelenkt, wodurch eine vermeintlich freie Entscheidung nicht mehr frei ist. Dies macht sich auch auf Makroebene bemerkbar. Deutlich erkennen lässt sich dies an der Organspendebereitschaft. Denn nicht nur in Laboruntersuchungen konnte eine durch den Status Quo Bias beeinflusste Entscheidung festgestellt werden (Johnson & Goldstein, 2003). Auch in der Praxis lässt sich beobachten, dass die Bereitschaft, Organe nach dem Tod zu spenden, stark von dem jeweiligen Status Quo der Länder abhängt. Während in Ländern wie Dänemark, Deutschland (in Deutschland tritt zum 1.11.2012 die sogenannte Entscheidungslösung in Kraft, d. h. Bundesbürger ab dem 16. Lebensjahr werden zur Entscheidung aufgefordert, jedoch nicht gezwungen), den Niederlanden und England die Regel gilt, dass alle Bürger solange keine Organspender sind, bis sie einer Spende zustimmen (Zustimmungsregel), müssen in Österreich, Schweden oder Portugal die Bürger eine Spende ablehnen (Widerspruchsregel).

Abbildung 11: Einstellung gegenüber Organ- und Gewebespende und eigener Spendebereitschaft

Wären Sie grundsätzlich einverstanden, dass man Ihnen nach ihrem Tod Organe und Gewebe entnimmt oder wären Sie damit nicht einverstanden?

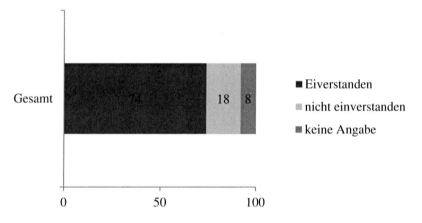

Haben Sie selber einen Organspendeausweis?

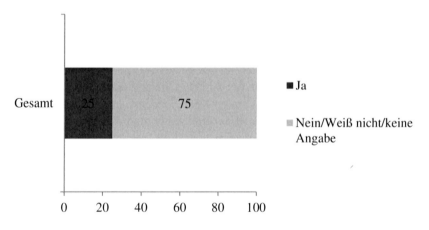

Quelle: Bundeszentrale für gesundheitliche Aufklärung (2010)

Die aus den unterschiedlichen Ausgangssituationen („Organspender" versus „kein Organspender") resultierenden Differenzen sind eindrucksvoll und zeigen deutlich, welch beeinflussende Wirkung der Status Quo hat (siehe Abbildung 10; in 2010 ist die Anzahl der Organspender in Deutschland laut Bundeszentrale für gesundheitliche Aufklärung (2010) von 12 Prozent auf 25 Prozent gestiegen).

Die Beobachtung, dass die Entscheidung nicht alleine von der eigenen Vorstellung, sondern insbesondere vom Status Quo abhängt, wird besonders deutlich, wenn man die positive Einstellung zur Organspende (74 Prozent geben an, dass sie zu einer Organspende bereit wären) mit der geringen Rate derjenigen vergleicht, die einen Organspendeausweis besitzen (25 Prozent; siehe Abbildung 11).

In Anbetracht dieser Beobachtung, wie stark die freie Entscheidung der Menschen durch die Rahmenbedingungen der Entscheidungssituation beeinflusst werden kann, muss auch die zweite Frage, ob sich Freiheit tatsächlich gewährleisten lässt, mit „Nein" beantwortet werden. Euckens Forderung nach (Vertrags-) Freiheit kann somit nur eingeschränkt nachgekommen werden.

Tabelle 8: (Vertrags-) Freiheit – Pro und Contra

Ordoliberale Begründung für (Vertrags-) Freiheit	Bewertung des Prinzips unter Berücksichtigung der psychologischen Erkenntnisse
Nur in Freiheit können Menschen ihre Interessen entdecken und die Alternative finden, die ihre Bedürfnisse am besten befriedigt. Freiheit ist nur dann einzuschränken, wenn Menschen nicht mehr aus ihren Fehlern lernen.	*Zustimmung*: Menschen lernen aus Fehlern, deshalb dient ihnen Freiheit und steigert ihren Nutzen. *Ablehnung*: Menschen können auf Grund mangelnder Selbstkontrolle und in einmaligen Situationen nicht aus ihren Fehlern lernen. Bisweilen stellen sie sich durch eine Freiheitseinschränkung besser. Menschen entscheiden nie ganz frei, sie können bewusst oder unbewusst beeinflusst werden. *Fazit*: Da Menschen im Grunde nie ganz frei entscheiden, kann durch eine bewusste Gestaltung des Entscheidungsrahmens Problemen entgegengewirkt werden, die aus möglichen Fehlentscheidungen in einmaligen Entscheidungen oder auf Grund mangelnder Selbstkontrolle resultieren.

Quelle: eigene Darstellung

In dieser Erkenntnis steckt jedoch nicht nur eine Gefahr, sondern auch wirtschaftspolitisches Potenzial. Denn im Extremfall kann die Kenntnis darüber, dass Menschen in ihrer Entscheidung beeinflusst werden können, Leben retten (wie das Beispiel der Organspendebereitschaft zeigt). Gerade weil es fast keine Entscheidungssituation gibt, in der Menschen nicht durch die Situationsbedingungen beeinflusst werden und somit nicht frei entscheiden, wie von Eucken und Hayek vorgesehen, muss sich die Wirtschaftspolitik mit der Frage beschäftigen, ob die Entscheidungssituation nicht bewusst auf eine bestimmte Art und Weise gestaltet werden sollte. Zwar sollte dadurch Menschen nicht die Fähigkeit genommen werden, eigenständige Entscheidungen treffen zu können, jedoch kann die bewusste Gestaltung der Rahmenbedingungen dazu dienen, Menschen durch eine sanfte Lenkung vor ihren Fehlern zu bewahren und gesamtwirtschaftlichen Schaden zu vermeiden bzw. zu reduzieren, ohne die Freiheit einschränken zu müssen. Denn durch dieses Vorgehen wird niemand an einer Entscheidung bzw. einer Handlung gehindert – er wird nur durch eine beeinflussende Darstellung in eine möglicherweise andere Richtung gelenkt. Diese Überlegung ist insbesondere für einmalige Entscheidungen, in denen Menschen Fehler machen, jedoch nicht daraus lernen können (wie weiter oben beschrieben), interessant und relevant. Nicht zuletzt kann die Idee der Freiheit dadurch an Attraktivität gewinnen. Denn es wird denen Freiheit gewährt, denen sie Nutzen stiftet. Gleichzeitig werden den Menschen Hilfestellungen an die Hand gegeben, die sich ohne solche in ihrer Freiheit vielleicht verloren fühlen würden. Zusammenfassend lässt sich das Prinzip der (Vertrags-) Freiheit unter Berücksichtigung der psychologischen Erkenntnisse wie in Tabelle 8 dargestellt, beurteilen.

3.8   Freie Menschen müssen haftbar sein

3.8.1   Ordoliberale Begründung des Haftungsprinzips

„Wer für Pläne und Handlungen der Unternehmen (Betriebe) und Haushalte verantwortlich ist, haftet (Haftungsprinzip)" (Eucken, 1952, S. 281). Entscheiden Menschen frei, ist Eucken der Ansicht, müssen sie auch für ihre Entscheidungen haften. Dies ist für ihn eine zentrale Bedingung in einer Wettbewerbsordnung und gilt für Entscheidungen im beruflichen als auch privaten Kontext. Ebenso wie für Eucken gehören auch für Hayek (1959) Freiheit und Haftung untrennbar zusammen. In diesem Sinne schreibt er: „Freiheit bedeutet nicht nur, dass der Mensch die Gelegenheit und die Last der Wahl hat. Sie bedeutet auch, dass er die Folgen seiner Handlungen erleiden und Lob und Tadel für sie ertragen muß.

Freiheit und Verantwortung sind untrennbar" (Hayek, 1959, S. 277). „Wo wir Menschen erlauben, nach ihren eigenen Entscheidungen zu handeln, müssen wir es auch gutheißen, dass sie die Folgen ihres Handelns tragen" (Hayek, 1959, S. 283).

Haften Menschen für ihre Entscheidung, werden sie nicht nur Nutzeneffekte verspüren, sondern auch Verluste. Wie bereits im Kontext von Privateigentum und Freiheit angemerkt, sind Ordoliberale der Meinung, dass Menschen nur dann aus ihren Fehlern lernen, wenn sie die direkten Auswirkungen ihrer Entscheidungen spüren. Somit ist Haftung eine notwendige Voraussetzung, um Lerneffekte zu erzielen.

Eng mit dem Lerneffekt verbunden ist ein weiterer Aspekt, den Eucken als wichtig für ein gutes Gelingen der Wettbewerbsordnung ansieht. Er glaubt, dass Menschen umsichtiger mit ihren Ressourcen umgehen, wenn sie für ihre Entscheidungen haften. Dementsprechend schreibt er: „Investitionen werden umso sorgfältiger gemacht, je mehr der Verantwortliche für diese Investition haftet. Die Haftung wirkt insofern also prophylaktisch gegen eine Verschleuderung von Kapital und zwingt dazu, die Märkte vorsichtig abzutasten" (Eucken, 1952; S. 289).

Besonders an dieser Stelle wird deutlich, wie eng alle konstituierenden Prinzipien zusammenhängen und wie entscheidend die gleichzeitige Anwendung aller Prinzipien ist. So kann das Haftungsprinzip nur Gültigkeit haben, weil jeder frei entscheidet. Auch seinen Zweck, nämlich der Kapitalverschleuderung vorzubeugen, kann es nur erfüllen, wenn jeder mit seinem Privateigentum haftet. Laufen Menschen Gefahr, durch eine risikoreiche Investition Eigenkapital zu verlieren, werden sie, so Euckens Vermutung, den Markt vorher sehr genau abtasten, da sie einen möglichen Verlust vermeiden wollen.

Neben dem Argument, Menschen würden nur durch Haftung aus ihren Fehlern lernen und zu wohl bedachten Entscheidungen veranlasst werden, betont Eucken noch einen weiteren Aspekt. Er ist der Ansicht, dass eine Wettbewerbsordnung nur dann gelingen kann, wenn niemand negative Konsequenzen aus einer Entscheidung auf andere abwälzen kann: „Wer den Nutzen hat, muß auch den Schaden tragen" (Eucken, 1952, S. 279). Die Notwendigkeit des Haftungsprinzips verdeutlicht er weiter mit den Worten Röpkes: „[…] daß der Weg zur Rentabilität nur über eine äquivalente wirtschaftliche Leistung führt, während gleichzeitig dafür gesorgt sein muß, daß eine Fehlleistung ihre unerbittliche Sühne in Verlusten und schließlich durch den Konkurs im Ausscheiden aus der Reihe der für die Produktion Verantwortlichen findet. Einkommenserschleichung (ohne entsprechende Leistung) und ungesühnte Fehlleistungen (durch Abwälzung des Verlustes auf andere Schultern) müssen in gleicher Weise verhindert werden" (Röpke, nach Eucken, 1952, S. 281). Mit diesen Worten macht Eucken deutlich, dass die Wettbewerbsordnung nur dann ein effizientes Wirtschaftssystem sein kann, wenn Menschen auf Grund ihrer erbrachten Leistung oder ihrer wirtschaftlich klugen Entscheidungen Erfolge erzielen. Das Wettbewerbssystem wird dann nicht die erwünschte Wirkung erreichen, wenn Menschen durch unkluge Entscheidungen oder Fehlverhalten keinen Schaden erlangen.

Obwohl Eucken von einer Grundmoral der Menschen ausgeht (vgl. Kapitel 2.3.3), lässt sich implizit erkennen, dass er die ebenfalls berücksichtigten eigennützigen Handlungsmotive an dieser Stelle seinen Gedanken zugrunde legt. Die Verlockung, durch amoralische Aktionen eigene Vorteile zu erwirtschaften, entsteht seiner Meinung nach, wenn interagierende Menschen in keiner Beziehung zueinander stehen. Da Marktteilnehmer im wettbewerblichen Prozess anonym interagieren, sieht Eucken im Wettbewerb die Gefahr amoralischer Handlungen gegeben. Die Lösung dieses Problems liegt seiner Meinung nach im Haftungsprinzip. Durch dieses, so ist Eucken überzeugt, lassen sich Beziehungen persönlicher gestalten. „Wenn z. B. der Arbeiter oder Kreditgeber oder Käufer oder Verkäufer mit dem Leiter einer Firma verhandelt und abschließt, der mit seiner Person voll für jede Abmachung eintritt und mit seinem Vermögen haftet, so findet ein Verkehr zwischen Menschen statt. Im entgegen gesetzten Fall aber verharrt man in der Sphäre der Abstraktion mit ihren schädlichen Folgen" (Eucken, 1952, S. 285).

Das Haftungsprinzip erfüllt somit die Aufgabe, Menschen ihre Fehler bewusst zu machen, sie zu einem wirtschaftlichen Umgang mit Ressourcen zu erziehen und amoralische Handlungen zu verhindern. Doch treffen diese Annahmen auch dann zu, wenn man irrationales Verhalten berücksichtigt und können bzw. *müssen* amoralische Handlungsweisen durch das Haftungsprinzip überhaupt verhindert werden?

3.8.2 Psychologische Erkenntnisse im Kontext von Haftung

Obwohl aus der Psychologie bekannt ist, dass Menschen vertrauenswürdig agieren (Fetchenhauer & Dunning, 2009) und gerechtes Handeln als soziale Norm gilt (Henrich et al, 2001; Ockenfels, 1999; vgl. Kapitel 2.3.2), lässt sich eine Tendenz zu moralisch zwiespältigem Verhalten in unpersönlichen Verhandlungssituationen beobachten. So fanden Dana, Weber und Kuang (2007) heraus, dass Menschen in Situationen, in denen nicht eindeutig ist, wer das Ergebnis zu verantworten hat, eher in ihrem eigenen Interesse und auf Kosten anderer agieren – somit also zu amoralischem Handeln oder zumindest moralisch zwiespältigem Verhalten tendieren. In Situationen, in denen die Interaktionspartner bekannt sind und jeder über die Handlung des anderen in Kenntnis gesetzt wird, verhalten sich die meisten Menschen dagegen fair und gerecht (Dana, Cain & Dawes, 2006; Dana et al., 2007). Dazu konform konnte Batson (2006) zeigen, dass jene, die in Experimenten glauben, es handle sich um eine geschäftliche, d. h. als unpersönlich empfundene Transaktion, weniger kooperieren, als diejenigen, die der Meinung sind, es handle sich um eine Transaktion zwischen Privatpersonen. Inwieweit diese psychologischen Erkenntnisse die Argumentation Euckens und Hayeks, weshalb Haftung in einer Wettbewerbsordnung grundlegend ist, stützen oder ihr widersprechen, soll im nächsten Abschnitt diskutiert werden.

3.8.3 Wirtschaftspolitische Betrachtung des Haftungsprinzips vor dem Hintergrund der psychologischen Erkenntnisse

Jeder sollte für seine Handlungen haften. Diesem Grundsatz würde zunächst vermutlich keiner widersprechen, denn schließlich bedeutet die Loslösung von Entscheidungsfreiheit und Haftung im Umkehrschluss, dass jeder eine Bank ausrauben könnte, ohne für seine Tat geradestehen zu müssen. Eine solche Vorstellung ist absurd. Doch ist die Anwendung des Haftungsprinzips tatsächlich immer sinnvoll?

Sicherlich gibt es in vielen Fällen, wie im Beispiel des Banküberfalls, keinen Zweifel, dass jemand die Konsequenzen seiner Handlung tragen muss. Nicht nur, weil er für den angerichteten Schaden zur Verantwortung gezogen werden sollte, sondern auch, weil er aus seinen Fehlern lernen muss. Spürt jemand die Konsequenzen seines Verhaltens, wird der Lerneffekt größer sein als wenn er die Folgen seiner Handlung nicht tragen muss. Insofern ist Haftung der richtige Weg, um Menschen ihre Fehler bewusst zu machen.

Solange Menschen in der Lage sind, aus ihren Fehlern zu lernen, ist das von Eucken formulierte Haftungsprinzip somit sinnvoll. Doch was ist, wenn Menschen die nötige Selbstkontrolle fehlt, um aus Fehlern zu lernen? Diese Frage hängt eng mit der in Kapitel 3.7 geführten Debatte um (Vertrags-) Freiheit zusammen. Bereits in diesem Kontext wurde festgestellt, dass eine Freiheitseinschränkung im Falle von mangelnder Selbstkontrolle dann sinnvoll sein kann, wenn Freiheit mehr Schaden anrichtet als Nutzen stiftet. Werden Menschen auf Grund dieser Argumentation durch zielgerichtete Maßnahmen daran gehindert, immer wieder den gleichen Fehler zu begehen, ist die Frage, inwieweit die Anwendung des Haftungsprinzips bei Lernunfähigkeit sinnvoll ist, hinfällig.

Nicht ganz so einfach ist die Antwort auf die Frage, ob Menschen für Entscheidungen haften sollen, die sie nur einmal in ihrem Leben treffen oder deren Auswirkungen erst lange Zeit später zu spüren und die Entscheidungen nicht mehr revidierbar sind. Wie bereits mehrfach argumentiert, treffen Menschen nicht wie in der ökonomischen Theorie angenommen, unter Abwägung aller relevanter Informationen bewusst eine Entscheidung, sondern lassen sich durch die Art und Weise der Fragestellung, die Darstellung der Entscheidungssituationen oder einen voreingestellten Status Quo beeinflussen. Dadurch bedingt laufen Menschen Gefahr, Entscheidungen zu treffen, die nicht den individuellen Präferenzen entsprechen. Sollten Menschen in einem solchen Fall dennoch für ihre Entscheidungen haften und die womöglich lebenslangen Konsequenzen tragen? Im schlimmsten Fall würde dies bedeuten, dass Menschen, die es in jungen Jahren versäumen, eine private Altersvorsorge abzuschließen, die Hilfe untersagt bliebe.

Auch diese Frage lässt sich nur in engem Zusammenhang mit der Diskussion um (Vertrags-) Freiheit beantworten. Wie im vorherigen Kapitel hergeleitet, sind Menschen auf Grund irrationaler Verhaltensweisen beeinflussbar und somit nicht frei in ihren Entscheidungen, so wie von Eucken und Hayek formuliert. Wird dies in der Gestaltung der Wirtschafts- und Sozialpolitik berücksichtigt, kann die Situation so dargestellt werden, dass Menschen in einer Art wählen, dass keine (offensichtlichen) negativen Konsequenzen aus den Entscheidungen resultieren. Dadurch lässt sich zugleich die Gefahr reduzieren, dass Menschen für eine Entscheidung mit negativen Folgen haften, die sie nicht bewusst, sondern auf Grund irrationaler Verhaltensweisen getroffen haben.

Die wirtschaftspolitische Berücksichtigung psychologischer Erkenntnisse, wie Menschen Entscheidungen treffen, dient somit nicht nur dazu das

Risiko zu reduzieren, in Freiheit irrige Entscheidungen zu treffen, sondern auch, um die negativen Folgen der Haftung für derartige Entscheidungen einzuschränken. Somit lässt sich sagen, dass die Sinnhaftigkeit des Haftungsprinzips durch die psychologischen Erkenntnisse bezüglich menschlichen Verhaltens nicht infrage gestellt wird, solange diese Erkenntnisse bereits in der Gestaltung der Entscheidungssituation berücksichtigt werden.

Die kritische Betrachtung des Haftungsprinzips unterstützt damit die Argumentation des vorherigen Kapitels: Da Menschen Gefahr laufen, zu ihren Ungunsten beeinflusst zu werden und sich dies auch gesamtwirtschaftlich bemerkbar macht, müssen die psychologischen Erkenntnisse auf wirtschaftspolitischer Ebene bedacht und genutzt werden, um Situationen so zu gestalten, dass Menschen zu ihren Gunsten gelenkt werden.

Wie zu Beginn angeführt, spricht sich Eucken jedoch nicht nur für das Haftungsprinzip aus, um dadurch Lerneffekte zu ermöglichen, sondern auch, um Beziehungen persönlicher zu machen und amoralischem Verhalten entgegenzuwirken. Diese Argumentation und Begründung Euckens werden durch die Erkenntnisse aus der Psychologie gestützt und bestärkt. Da Menschen sowohl gerecht behandelt als auch als gerechter Mensch wahrgenommen werden wollen, kann angenommen werden, dass Haftung das bewirkt, was Eucken durch das Haftungsprinzip erreichen wollte. Denn haftet jemand für die Konsequenzen einer Handlung bzw. Entscheidung, lässt sich nachvollziehen, wer das Ergebnis zu verantworten hat. Da somit niemand auf Grund undurchsichtiger Verantwortungsverhältnisse zu seinen eigenen Gunsten agieren kann, ohne als ungerechter Mensch wahrgenommen zu werden, wird amoralischem Handeln durch das Haftungsprinzip vorgebeugt. Dies gilt sowohl für Entscheidungen, die im beruflichen Kontext getroffen werden, als auch für private Entscheidungen, wie z. B. Konsumentscheidungen.

Insbesondere geschäftliche Beziehungen und somit Interaktionen, die im beruflichen Kontext ablaufen (Batson, 2006), werden als unpersönlich empfunden. Somit ist die Einhaltung des Haftungsprinzips gerade im geschäftlichen Rahmen von Relevanz. Die Sinnhaftigkeit und Brisanz, die dem Haftungsprinzip zugrunde liegt, zeigt sich z. B. deutlich in der Debatte rund um den Banken- und Finanzsektor (vgl. Die Welt, 2012; ZEIT online, 2012b). Gerade in diesem Bereich ist häufig nicht eindeutig, wer für die Folgen einer Entscheidung haftet. Dadurch bedingt lässt sich beobachten, dass Finanzexperten und Banken zu riskanten Entscheidungen neigen, durch die sie selber hohe Gewinne erzielen können, mögliche negative Folgen jedoch nicht tragen müssen. So können mangelnde Haftung im Bankenbereich und das dadurch hervorgerufene amoralische Verhalten sogar als wesentliche Ursache für die in 2007 begonnene Finanzkrise gesehen werden. Denn fallen Risiko und Haftung auseinander, kann die Freiheit in der Wettbewerbsordnung von einzelnen Individuen oder Institutionen zu Ungunsten anderer Personen oder Gruppen genutzt werden und gesamtwirtschaftlicher Schaden entstehen.

Gerade anhand des Beispiels der teilweise ungeklärten Haftung im Bankensektor lässt sich erkennen, welche Bedeutung das von Eucken formulierte Haftungsprinzip hat. Nicht nur, dass es Menschen ihre Fehler bewusst macht – es reduziert auch die Tendenz, undurchsichtige Situationen durch ungerechtes Handeln zum eigenen Vorteil zu nutzen.

Tabelle 9: Haftung – Pro und Contra

Ordoliberale Begründung für Haftung	Bewertung des Prinzips unter Berücksichtigung der psychologischen Erkenntnisse
Entscheiden Menschen frei, müssen sie für ihre Entscheidungen haften. Dadurch werden ihnen ihre Fehler bewusst und sie agieren wirtschaftlich. Ebenso verhindert Haftung amoralisches Handeln.	*Zustimmung*: Haftung macht Beziehung persönlich und verhindert amoralisches Handeln. Haftung erzieht zu wirtschaftlichem Agieren, solange Menschen aus ihren Fehlern lernen. *Ablehnung*: Menschen lernen nicht immer. Gründe sind mangelnde Selbstkontrolle und einmalige Entscheidungen. *Fazit*: Möglichen Fehlern in einmaligen Situationen muss durch die bewusste Gestaltung der Entscheidungssituation vorgebeugt werden.

Quelle: eigene Darstellung

Wird möglichen Fehlentscheidungen auf Grund Irrationalitäten durch die wirtschaftspolitische Gestaltung von Entscheidungssituationen vorgebeugt, steht das Haftungsprinzip nicht im Widerspruch zu den psychologischen Erkenntnissen. Das Haftungsprinzip ist somit auch – oder gerade – im Hinblick auf die psychologischen Ergebnisse sinnvoll und notwendig in einer Wettbewerbsordnung (für eine Zusammenfassung der Ergebnisse siehe Tabelle 9).

3.9 Gerechtigkeit durch regulierende Einkommensumverteilung

3.9.1 Ordoliberale Begründung der Einkommensumverteilung

Im Januar 2011 titulierte das Handelsblatt einen Artikel mit den Worten „Das Problem der Schere zwischen Arm und Reich". Darin wurde gleich zu Beginn Folgendes geschrieben: „Ungleichheit zwischen Arm und Reich war Volkswirten lange egal. Die meisten Ökonomen hielten die Einkommensunterschiede gar für eine wichtige Voraussetzung für eine funktionierende Marktwirtschaft" (Storbeck, 2011).

Ganz im Gegenteil zu der Aussage des Handelsblatts beschäftigt Eucken (1952) sich mit der Frage, wie sich Ungleichheit, die durch Einkommensunterschiede entsteht, ausgleichen lässt. Er weist explizit darauf hin, dass Einkommensungleichheit ein Mangel ist, den die Wettbewerbsordnung mit sich bringt. Diesem muss seiner Meinung nach durch einen Eingriff in Form von Einkommensumverteilung entgegengewirkt werden. Werden Einkommensungleichheiten nicht behoben, so Eucken, entstehen wirtschaftliche Probleme. „Es bilden sich erhebliche Unterschiede in der Verteilung der Kaufkraft, und daraus ergibt sich die Hinlenkung der Produktion auf die Deckung relativ unbedeutender Bedürfnisse, während dringende Bedürfnisse anderer Einkommensbezieher noch nicht befriedigt sind. Die Ungleichheit der Einkommen führt dahin, daß die Produktion von Luxusprodukten bereits erfolgt, wenn dringende Bedürfnisse von Haushalten mit geringem Einkommen noch Befriedigung verlangen. Hier also bedarf die Verteilung, die sich in der Wettbewerbsordnung vollzieht, der Korrektur" (Eucken, 1952, S. 300).

Die Notwendigkeit zur Einkommensumverteilung sieht Eucken jedoch nicht nur in der Vorbeugung gegen wirtschaftliche Schieflagen, sondern auch in der Schaffung sozialer Gerechtigkeit. Denn in Euckens Augen kann ein Verteilungsprozess in einer Wirtschaft, in der die Einkommensverteilung nicht nach ethischen Gesichtspunkten vollzogen wird, sondern sie „einem ethisch-gleichgültigen Automatismus überlassen" (Eucken, 1952, S. 300) ist, nicht gerecht sein. Da für Eucken soziale Gerechtigkeit von großer Bedeutung für das Funktionieren einer Volkswirtschaft, ist er der Meinung, dass der Staat das Recht hat, in die privaten Einkommen einzugreifen, um für eine ausgleichende Gerechtigkeit zu sorgen.

Eucken erkennt zudem, dass Menschen soziale Ungleichheit ablehnen. Zwar stellt er die Zufriedenheit als Folge sozialer Gleichheit nicht explizit als Grund für das regulierende Prinzip in den Vordergrund, jedoch erläutert er, dass Menschen sich weniger für die „Lenkung des alltäglichen Wirtschaftsprozesses" (Eucken, 1952, S. 11) interessieren als vielmehr für die Verteilungsfrage. Da dieses Interesse so groß ist, sieht er es als notwendig an, für einen Ausgleich in der Verteilung im Rahmen der Wirtschafts- und Sozialpolitik zu sorgen.

Um den Verteilungsprozess der Wettbewerbsordnung zu korrigieren, schlägt Eucken (1952) die Steuerprogression vor. Er weist jedoch auch unmittelbar auf die Probleme hin, die mit dieser verbunden sind. So darf die Progression nicht zu hoch sein, da sonst die Investitionsneigung abnimmt. Werden Gewinne zu hoch besteuert, stünde einem Verlustrisiko ein niedriger Gewinn gegenüber, wodurch die Investitionsneigung sinken würde. Durch diesen Einwand weist Eucken darauf hin, dass sich der Eingriff in die Einkommen nicht als unproblematisch darstellt und bei Missachtung möglicher Empfindlichkeiten der Menschen unerwünschte Reaktionen hervorgerufen werden können.

3.9.2 Einkommensumverteilung vor dem Hintergrund psychologischer Erkenntnisse

Ist Menschen eine gleiche Verteilung tatsächlich so wichtig, dass sich ein regulierender Eingriff rechtfertigen lässt? Für den homo oeconomicus ist nur das eigene Einkommen von Interesse. Einer Einkommensungleichheit steht er gleichgültig gegenüber. Zudem würde er keiner Umverteilung zustimmen, wenn sie nicht zu seinen eigenen Gunsten wäre. In Anbetracht dessen wäre somit eine Umverteilung zur Minderung von Ungleichheiten aus gesellschaftspolitischen Aspekten erstens nicht notwendig und zweitens von der Gesellschaft nicht erwünscht. Ein solcher Eingriff würde vielmehr auf Widerstand stoßen und zu Instabilitäten in der Gesellschaft führen.

Da Menschen jedoch nicht agieren wie im Modell des homo oeconomicus angenommen, zeigt sich auch in Untersuchungen, dass Menschen Ungleichheiten ablehnen. Um Ungleichheiten zu verhindern, sind sie bereit, in einmaligen Interaktionssituationen ihr Einkommen zu teilen oder Teile davon an eine andere Person abzugeben (Bolton & Ockenfels, 2000; Fehr et al., 2006; Forsythe et al., 1994).

Auch in Studien zur Lebenszufriedenheit spiegelt sich die Ungleichheitsaversion wider. So weisen Alesina et al. (2004) darauf hin, dass die Lebenszufriedenheit in Ländern, in denen die soziale Ungleichheit hoch ist, niedriger ist als in Ländern mit einer hohen sozialen Gleichheit (für den Zusammenhang von Ungleichheit und Unzufriedenheit siehe auch Graham & Felton, 2005; Smyth & Qian, 2008). Doch rechtfertigt eine derartige Ungleichheitsaversion tatsächlich auch einen regulierenden Eingriff in Form einer steuerbasierten Einkommensumverteilung?

Lotz und Fetchenhauer (2012) zeigen in einem Experiment, dass die Mehrheit der Versuchsteilnehmer eine insgesamt ärmere, jedoch (Einkommens-) gleiche Gesellschaft einer reicheren, aber (Einkommens-) ungleichen Gesellschaft voziehen, selbst wenn sie dadurch finanzielle Nachteile haben. Im Rahmen dieser Untersuchung wurden die Teilnehmer in drei unterschiedliche Einkommensklassen (untere, mittlere, obere) eingeteilt und vor die Wahl gestellt, in welcher der beiden Gesellschaften sie lieber leben möchten. In der ärmeren, aber gleichen Gesellschaft bekamen die Teilnehmer der oberen Einkommensgruppe 16 Geldeinheiten, die Teilnehmer der mittleren Einkommensgruppe 12 Geldeinheiten und die der unteren Einkommensgruppe 10 Geldeinheiten. In der reichen, aber ungleichen Gesellschaft war die Verteilung der Einkommen wie folgt: 26 Geldeinheiten (obere Einkommensgruppe), 14 Geldeinheiten (mittlere Einkommensgruppe) und 2 Geldeinheiten (untere Einkommensgruppe). Im ersten Schritt bekamen die Teilnehmer mitgeteilt, zu welcher Einkommensgruppe sie gehörten. Erst im Anschluss konnten sie ihre Wahl bezüglich der beiden Gesellschaften treffen. Am Ende des Experiments wurden sie gemäß ihrer Entscheidungen bezahlt.

Die Ergebnisse der Untersuchung zeigen, dass diejenigen, die der unteren Einkommensklasse angehörten, fast einstimmig (94 Prozent) die ärmere, aber gleiche Gesellschaft bevorzugten. Da sie in dieser Gesellschaft ein höheres Einkomen erhielten, ist das Ergebnis kaum erstaunlich. Interessanter dagegen ist die Entscheidung der mittleren und oberen Einkommensgruppe. Hier zeigt sich, dass sich 50 Prozent der Teilnehmer aus der mittleren Einkommensgruppe und 52 Prozent der Teilnehmer der oberen Einkommensgruppe für die Gesellschaft mit Einkommengleichheit entschieden, obwohl sie dadurch finanzielle Nachteile erlitten. In diesem Ergebnis zeigt sich, dass Menschen Ungleichheit ablehnen und bereit sind, für die Einkommensgleichheit Kosten auf sich zu nehmen.

Insbesondere im Hinblick auf die zuletzt dargestellten Ergebnisse kann der Eindruck entstehen, dass Eucken mit der Formulierung seines regulierenden Prinzips zur Einkommensumverteilung richtig lag. Denn wie sonst kann ein Wirtschaftssystem menschenwürdig und wirtschaftlich erfolgreich sein, wenn die Wirtschaftsakteure auf Grund der gesellschaftlichen Ungleichheit unzufrieden sind und die Gesellschaft daher instabil?

3.9.3   Die Bedeutung der psychologischen Erkenntnisse für die Politik der Einkommensumverteilung

Das Thema der sozialen Ungleichheit hat in den letzten Jahren in Deutschland stark an Brisanz gewonnen. Dies lässt sich nicht zuletzt an dem gestiegenen Medieninteresse an Armutsberichten erkennen. Dementsprechend rückt das Bild der klaffenden Schere zwischen Arm und Reich immer stärker in den Fokus der allgemeinen öffentlichen Debatte. Auch Ökonomen debattieren zunehmend darüber, welch negative wirtschaftliche Folgen aus sozialer Ungleichheit entstehen können. So vertritt Raghuram Rajan, ehemaliger Chefvolkswirt des Internationalen Währungsfonds (IWF), die These, dass die Finanzkrise der vergangenen Jahre möglicherweise sogar durch die enormen Einkommensungleichheiten ausgelöst wurde. Die US-Wirtschaftspolitik versuchte, so argumentiert er, die Unterschiede dadurch zu vertuschen, indem sie es ärmeren Familien ermöglichte, unkompliziert an billiges Geld zu kommen. Auf die Dauer macht ein solches Vorgehen das System jedoch instabil, wie die vergangene Krise gezeigt hat. Daher, so berichtet das Handelsblatt, plädieren IWF-Ökonomen nun für mehr traditionelle Sozialpolitik. „Wenn der Staat Einkommen umverteile, könne er die Wirtschaft damit womöglich stabiler machen" (Storbeck, 2011).

Während somit bei Ökonomen, d. h. Wirtschaftsexperten, die Verhinderung von wirtschaftlichen Schieflagen bei der Einkommensumverteilung im Mittelpunkt steht, sieht die Mehrheit der Menschen den wesentlichen Vorteil einer Einkommensumverteilung vermutlich in der Reduzierung der gesellschaftlichen Ungleichheit. Zwar schließen sich beide Aspekte nicht aus, jedoch kann die Unterscheidung grundlegend für die Akzeptanz der Umverteilung sein. Denn während der homo oeconomicus vermutlich keiner Einkommensumverteilung zustimmen würde, bei der er einen Teil seines Einkommens zugunsten Dritter abgeben müsste, stehen Menschen – da sie eben nicht agieren wie der homo oeconomicus – einer Umverteilung dann positiv gegenüber, wenn diese der Minderung der

Ungleichheit dient. So lässt sich z. B. an dem hohen Spendenaufkommen, das jährlich für arme, kranke und hilfsbedürftige Menschen in Deutschland zusammenkommt (das Spendenvolumen für 2011 liegt laut dem Spendenmonitor von TNS Infratest (2011) bei 2,9 Mrd. Euro; im Vorjahr waren es 300 Mio. Euro weniger) erkennen, dass Menschen nicht nur in Laboruntersuchungen freiwillige Teile ihres Einkommens an Hilfsbedürftige abgeben. Vielmehr lässt sich daraus schließen, dass sie auch im Alltag bestrebt sind, Ungleichheit zu reduzieren und somit einer Politik der Einkommensumverteilung zustimmen werden.

Zudem zeigt sich darin, dass Eucken Recht hatte: Die Einkommensumverteilung ist nicht nur aus wirtschaftlichen Aspekten wichtig, sondern insbesondere, weil eine hohe Ungleichheit gegen den Wunsch der Menschen nach sozialer Gerechtigkeit verstößt. Wird eben dieser Aspekt wirtschaftspolitisch vernachlässigt, könnte dies nicht zuletzt Auswirkungen auf die wirtschaftliche Performance eines Landes haben. Denn sinkt die durchschnittliche Lebenszufriedenheit der Bevölkerung bei steigender sozialer Ungleichheit, kann sich dies negativ auf die Arbeitsleistung auswirken (dieser Rückschluss lässt sich aus der Arbeits- und Organisationspsychologie ziehen; z. B. Shore & Martin, 1989). Bedingt eine Ungleichheit somit indirekt einen Leistungsrückgang, erscheint ein regulierender Eingriff zur Einkommensumverteilung gerade im Hinblick auf die psychologischen Erkenntnisse sinnvoll und notwendig.

Durchführung der Einkommensumverteilung

Die psychologischen Erkenntnisse, dass Menschen grundsätzlich bereit sind, einen gewissen Anteil ihres Einkommens an andere abzugeben, um zur Minderung der sozialen Ungleichheit beizutragen, weisen auf die allgemeine Akzeptanz der Einkommensumverteilung hin. Dennoch lässt sich aus der immer wiederkehrenden Debatte um Steuersünder (z. B. Bofinger, 2010; Süddeutsche Zeitung, 2012) erkennen, dass eine starke Tendenz zur Steuerhinterziehung und somit zur Verweigerung der Einkommensumverteilung besteht. Daraus kann der Schluss gezogen werden, dass allein die Diskussion, ob sich ein regulierender Eingriff rechtfertigen lässt, nicht ausreicht. Vielmehr – auch dies klingt bei Eucken bereits an – muss darauf geachtet werden, *wie* Einkommen umverteilt werden. Gerade diese Frage lässt sich ohne die Berücksichtigung psychologischer Erkenntnisse nicht klären.

Eucken weist in diesem Kontext darauf hin, dass sich die Höhe der Steuerprogression nicht negativ auf die Leistungen und die Investitionsneigungen auswirken sollte. Doch damit unterstellt er implizit, dass allein der finanzielle Aspekt, d. h. der Leistungsrückgang, bei Reduktion des Einkommens von Bedeutung bei der Gestaltung des Umverteilungssystems ist. Dies würde nur dann zutreffen, wenn Menschen rein eigennützig wären. Da Menschen jedoch nicht dem Bild des homo oeconomicus entsprechen, sind nicht nur finanzielle Aspekte zu beachten. Vielmehr spielen bei der Gestaltung der Einkommensumverteilung ebenfalls Gerechtigkeitsprinzipien eine Rolle. So lässt sich in Untersuchungen erkennen, dass die Bereitschaft, etwas von dem eigenen Einkommen abzugeben dann abnimmt, wenn der Interaktionspartner keine Gegenleistung erbringt (Fehr & Gächter, 2000; vgl. Kapitel 2.3.2). Überträgt man diese Erkenntnisse bezüglich des reziproken Verhaltens der Menschen auf die Einkommensumverteilung (da es Eucken nur um die Einkommensumverteilung zum Ausgleich sozialer Ungleichheiten geht, wird in dieser Arbeit der Fokus ebenfalls nur auf diesen Aspekt gelegt; sonstige Gründe der Steuerabgaben werden vernachlässigt) kann der Schluss gezogen werden, dass die Steuerhinterziehungstendenz dann zunimmt, wenn Menschen das Gefühl bekommen, keine Gegenleistung für ihre Abgaben zu erhalten. Somit sollte neben der Frage, wie hoch Menschen besteuert werden können, ohne eine negative Wirkung zu erzielen, ebenfalls diskutiert werden, welche Möglichkeiten geschaffen werden sollten, damit Transferhilfeempfänger reziprok handeln können. In diesem Sinne gibt auch Falk (2003) zu bedenken, dass die Akzeptanz der Steuerzahler, einen Teil ihres Einkommens für sozialpolitische Maßnahmen abzugeben, dann steigt, wenn das Gefühl vorherrscht, Transferhilfeempfänger gäben etwas zurück – auch wenn es sich dabei nur um eine symbolische Gegenleistung handelt.

Ebenfalls interessant in diesem Kontext ist der von Liebig und Schupp (2007) herausgestellte Aspekt, dass es nicht nur für Steuerzahler (Geber) wichtig ist, etwas zurückzubekommen, sondern auch Empfänger (Transferhilfeempfänger) etwas zurückgeben möchten. So weist er darauf hin, dass Transferhilfeempfänger ihr Einkommen häufig als ungerecht empfinden, da sie es empfangen, ohne eine Leistung dafür erbringen zu müssen. Dieser Aspekt ist zwar grundsätzlich nicht neu und findet in der allgemeinen Debatte um wohlfahrtsstaatliche Leistungen sowie der Diskussion um die Einkommensumverteilung im Speziellen immer wieder Anklang, wird jedoch häufig als weniger bedeutend wahrgenommen als die Frage nach der Höhe der Steuerprogression. In Debatten um die Einkommensumverteilung über das Steuersystem wird immer wieder das bereits von Eucken geäußerte Argument vorgebracht, Einkommen dürften nicht zu hoch besteuert werden, da sonst die Arbeitsanreize sinken würden. Viel zu wenig wird darüber diskutiert, wie und welche Möglichkeiten geschaffen werden können, damit Empfängern eine Gegenleistung erbringen können.

Tabelle 10: Einkommensumverteilung – Pro und Contra

Ordoliberale Begründung für eine Einkommensumverteilung	Bewertung des Prinzips unter Berücksichtigung der psychologischen Erkenntnisse
Ungleiche Einkommen bewirken eine wirtschaftliche Schieflage. Menschen sehen zudem die wesentliche wirtschaftspolitische Aufgabe in der gerechten Verteilung.	*Zustimmung*: Menschen lehnen Ungleichheit ab und sind bereit, einen Teil des eigenen Einkommens an andere abzugeben. *Ablehnung*: Die Einkommensumverteilung wird zu einem Ungerechtigkeitsempfinden führen und Reaktanz auslösen, wenn die Empfänger sich nicht reziprok verhalten (können). *Fazit*: Das Prinzip ist als sinnvoll und notwendig zu bewerten. Bei der Gestaltung der Einkommensumverteilung sind jedoch nicht nur finanzielle Aspekte zu berücksichtigen. Es muss mehr Raum für die Einhaltung von Gerechtigkeitsprinzipien gelassen bzw. geschaffen werden.

Quelle: eigene Darstellung

Werden die psychologischen Erkenntnisse bezüglich Reziprozität vernachlässigt, steigt nicht nur die Gefahr, dass die Bereitschaft zur Umverteilung sinkt, es wird gleichzeitig übersehen, *wie viel* Menschen bereit wären, abzugeben. Nicht zuletzt aus diesem Grund sollten neben finanziellen Aspekten stärker als bisher auch Möglichkeiten für reziproke Handlungen in der Debatte um die Einkommensumverteilung thematisiert werden.

Vor dem Hintergrund der psychologischen Erkenntnisse lässt sich somit abschließend sagen, dass Menschen prinzipiell einer Einkommensumverteilung zur Minderung sozialer Ungleichheit zwar zustimmen werden, jedoch Möglichkeiten einer Gegenleistung der Empfängerseite nicht vernachlässigt werden sollten. Da soziale Ungleichheit zu Unzufriedenheit und Instabilität in der Gesellschaft führen kann, sollte daher stärker als bisher der Aspekt der sozialen Gleichheit in den Fokus der wirtschaftspolitischen Debatte rücken (für eine Zusammenfassung der Ergebnisse siehe Tabelle 10).

3.10 Verhinderung von negativen externen Effekten

3.10.1 Negative externe Effekte erfordern regulierende Eingriffe – Ordoliberale Begründung

Vor einigen Jahren deckte Greenpeace (2006) auf, dass Landwirte lange Zeit Urwald in Brasilien rodeten, um Anbauflächen für Soja (einem beliebten Tierfuttermittel) zu schaffen. Greenpeace berichtete, dass die Landwirte bei ihren Handlungen nicht die Umweltschäden berücksichtigten, die durch die Zerstörung des Regenwaldes und den durch die Brandrodung verursachten CO_2-Ausstoß entstehen. Zwar lässt sich nicht nachvollziehen, ob sich die für die Brandrodung verantwortlichen Personen dabei über die negativen externen Effekte ihres Handelns bewusst waren oder nicht. Es lässt sich jedoch mit Gewissheit sagen, dass sie diese Art von Kosten vernachlässigten, weil sie für ihre individuelle Wirtschaftsrechnung von keiner Relevanz waren.

Eucken (1952) erkennt in einer solchen Vernachlässigung von Kosten in der individuellen Wirtschaftsrechnung eine große Gefahr für die gesamte Wirtschaft. Er betont, dass der Wirtschaftsprozess davon betroffen sein kann, wenn Individuen Kosten verursachen, diese jedoch in ihrer eigenen Wirtschaftsrechnung nicht berücksichtigen. „Die Wirtschaftsrechnung wird gleichsam in viele Teile gespalten und wieder zusammengefügt, indem sie durch die Einzelwirtschaften vorgenommen wird und indem das Preissystem die einzelnen Wirtschaftsrechnungen aufeinander abstimmt. Das System arbeitet sehr genau, aber es berücksichtigt nicht die Rückwirkungen, welche die einzelwirtschaftlichen Pläne und ihre Durchführung auf die gesamtwirtschaftlichen Daten ausüben – falls diese Rückwirkungen nicht im eigenen Planungsbereich der einzelnen Betriebsleitung spürbar werden" (Eucken, 1952, S. 302).

Ob Menschen derartige Kosten, die als negative, externe Effekte bezeichnet werden, bewusst oder unbewusst vernachlässigen, wird von Eucken nicht weiter thematisiert. Entscheidend für ihn ist nur, dass sie nicht berücksichtigt werden, solange die Kosten für den Entscheider selbst nicht relevant sind. Werden die Kosten somit von niemandem getragen, kann der gesamte Wirtschaftsprozess, so Eucken, aus dem Gleichgewicht geraten. Um diesem Problem entgegenzuwirken, formuliert er das regulierende Prinzip, in dem er festlegt, dass in „solchen exakt feststellbaren Fällen die Planungsfreiheit der Betriebe zu begrenzen" ist (Eucken, 1952, S. 302), d. h. negative externe Effekte durch einen regulierenden Eingriff zu verhindern sind.

3.10.2 Notwendigkeit und Möglichkeiten der Verhinderung negativer externer Effekte aus psychologischer Sicht

Implizit lässt sich bei Euckens Begründung und Herleitung des regulierenden Prinzips erkennen, dass er davon ausgeht, Menschen würden Kosten, die sie nicht direkt spüren, auch nicht berücksichtigen. Dabei unterscheidet er nicht zwischen einer bewussten oder unbewussten Vernachlässigung der Kosten. Er geht schlicht von einer Missachtung der Kosten in der individuellen Wirtschaftsrechnung aus, wenn sie für das Individuum selber nicht spürbar sind – eben auch dann, wenn das Individuum sich über die Verursachung der Kosten bewusst ist.

Aber ist dem tatsächlich so? Ist es Menschen gleichgültig, wenn sie durch ihr Verhalten negative externe Effekte verursachen?

Tatsächlich verhalten sich Menschen in vielen Situationen kurzsichtig. Sie wägen Kosten und Nutzen ab und überdenken die direkten Auswirkungen ihrer Entscheidungen. Dabei vernachlässigen sie jedoch häufig sekundäre Effekte (vgl. Kapitel 2.2.2), d. h. Auswirkungen ihrer Handlung, die nicht direkt oder erst viele Jahre später spürbar sind. Daraus lässt sich ableiten, dass auch negative externe Effekte häufig aus diesem Grund in der individuellen Wirtschaftsrechnung vernachlässigt werden.

Doch was ist, wenn Menschen die negativen externen Effekte ihrer Entscheidungen und ihrer Handlungen erkennen, vernachlässigen sie diese dennoch?

Würde man vom neoklassischen Menschenbild ausgehen, müsste diese Frage bejaht werden. Die psychologischen Erkenntnisse bezüglich des Agierens im wirtschaftlichen Kontext weisen jedoch darauf hin, dass Menschen nicht nur jene Kosten berücksichtigen, die sie selber verspüren, sondern auch mögliche negative externe Effekte, die von ihrem Verhalten ausgehen. So lässt sich beobachten, dass Menschen es vermeiden, anderen Schaden zuzufügen (Do-no-harm Heuristik, vgl. Kapitel 2.3.2). Erkennen sie, dass Dritten durch ihr Verhalten Nachteile entstehen, passen sie ihr Verhalten an, um dementsprechend die negativen externen Effekte zu vermeiden.

Insbesondere in Studien zur Reduktion von Umweltschäden zeigt sich, dass Menschen nicht nur bestrebt sind, Individuen keinen Schaden zuzufügen, sondern sich auch generell bemühen, keine negativen externen Effekte zu verursachen. So lässt sich in Forschungsprojekten im Bereich der Energieeinsparung (Grønhøj & Thøgersen, 2011; Schleich et al., 2011) erkennen, dass Menschen ihr Verhalten zugunsten der Umwelt verändern, wenn ihnen die durch ihr Verhalten verursachten Umweltschäden bewusst gemacht werden.

Die Forschungsergebnisse zeigen, dass Privathaushalte im Schnitt zwischen 3 und 8 Prozent an Strom einsparen, wenn sie mittels intelligenter Stromzähler (Smart Meter) in Echtzeit Feedback über ihren Energieverbrauch erhalten. Dabei wurde den teilnehmenden Haushalten nicht nur bewusst gemacht, wie viel Energie sie verbrauchen, sondern auch wie viel CO_2 durch den aktuellen Stromverbrauch entsteht. Da den Verbrauchern jedoch ebenfalls in Echtzeit angezeigt wurde, welche finanziellen Kosten durch ihren Energieverbrauch entstehen, lässt sich nicht exakt feststellen, ob die Tendenz der Stromreduktion vornehmlich durch den Wunsch, Kosten einzusparen oder die Umwelt zu schonen, hervorgerufen wurde. Angenommern werden kann, dass Menschen insbesondere dann bestrebt sein werden, ihr Verhalten zu ändern, wenn sie dadurch zugunsten Dritter oder des Gemeinwohls negative externe Effekte reduzieren und gleichzeitig Kosten einsparen können.

Swim et al. (2009) weisen zudem darauf hin, dass sich eine Verhaltensänderung dann leichter bewirken lässt, wenn Menschen die negativen externen Effekte ihrer Handlungen direkt und ohne sich selber bemühen zu müssen, aufgezeigt bekommen. In diesem Sinne fanden auch Schleich et al. heraus, dass die Bereitschaft, das Verhalten zu ändern, um negative externe Effekte zu reduzieren, dann abnimmt, wenn Menschen Eigeninitiative aufbringen müssen, um Feedback bezüglich der Effekte ihres Verhaltens zu bekommen. Werden Menschen dagegen über die Auswirkungen ihres Verhaltens informiert, lässt sich deutlich, wie oben gezeigt, die Tendenz zur Verhaltensänderung beobachten.

Doch Menschen bemühen sich nicht nur um die Reduktion von negativen externen Effekten ihrer Handlungen, weil sie anderen nicht schaden und Einsparungen erzielen wollen, sie werden auch versuchen, negative Auswirkungen ihres Verhaltens zu reduzieren, wenn sie sich bewusst werden, dass derartige Auswirkungen gesellschaftlich nicht erwünscht sind und somit als Verstoß gegen eine soziale Norm wahrgenommen werden. In diesem Sinne konnte Allcott (2011) beobachten, dass Menschen sich um eine Energiereduktion bemühen, wenn sie das Gefühl bekommen, durch ihren Energieverbrauch gegen eine soziale Norm zu verstoßen. So wurden in einem Feldexperiment die teilnehmenden Haushalte über den durchschnittlichen Energieverbrauch der benachbarten Anwohner informiert. Lag dieser Verbrauch unterhalb des eigenen Verbrauchs, schränkten die Haushalte ihren eigenen Energieverbrauch ebenfalls ein (siehe hierzu auch Schultz, Nolan, Cialdini, Goldstein & Griskevicius, 2007).

Welchen Effekt eine gesellschaftliche Norm haben kann, zeigt auch Cialdini (2003; siehe auch Lindenberg & Steg, 2007). In einer Untersuchung zum Thema Umweltverschmutzung beobachtete er, dass Menschen in einer bereits relativ verschmutzten Umwelt mehr Müll auf den Boden werfen als in einer sauberen Umgebung. Der Grund dafür, so erklärt er, liegt darin, dass Menschen in einer sauberen Umgebung das Gefühl haben, gegen eine Norm zu verstoßen, sobald sie ihre Abfälle einfach auf den Boden werfen. Während Menschen im Falle einer bereits verschmutzten Gegend die negativen externen Effekte (Umweltverschmutzung), die durch das achtlose Wegwerfen von Abfällen entstehen, nicht berücksichtigen, versuchen sie diese im Falle einer sauberen Umwelt zu vermeiden, um keine gesellschaftliche Norm zu verletzen.

Gerade letztgenanntes Beispiel weist jedoch bereits auf mögliche Bumerang-Effekte hin. So können sich soziale Normen dann bezüglich der Reduktion negativer externer Effekte kontraproduktiv auswirken, wenn Menschen gerade auf Grund einer sozialen Norm keine Notwendigkeit mehr empfinden, negative externe Effekte zu vermeiden. Diesbezüglich merken auch Alcott (2011) sowie Schultz et al. (2007) kritisch an, dass ein als gesellschaftliche Norm empfundener Energieverbrauchswert dann eine konträre Wirkung bewirkt, wenn der individuelle Stromverbrauch von Menschen unterhalb des als Norm empfundenen Verbrauchwertes liegt. In beiden Feldexperimenten konnte beobachtet werden, dass die Haushalte, die mit ihrem Verbrauch unter dem durchschnittlichen Wert lagen, hinterher mehr Energie verbrauchten.

Die dargestellten Erkenntnisse lassen abschließend erkennen, dass sich nicht grundsätzlich sagen lässt, dass Menschen die negativen externen Effekte ihrer Handlungen unberücksichtigt lassen und in ihrer Entscheidung vernachlässigen. Vielmehr versuchen sie die negativen externen Effekte dann einzuschränken, wenn diese gesellschaftlich unerwünscht sind oder wenn sie den Schaden, den sie durch ihr Verhalten verursachen, erkennen. Dabei sind Maßnahmen, die der Reduktion negativer externer Effekte dienen, inbesondere dann erfolgsversprechend, wenn Menschen durch die Vermeidung negativer Auswirkungen nicht nur Dritten oder dem Gemeinwohl Nutzen stiften, sondern ebenfalls einen eigenen Nutzen verspüren.

Unter Berücksichtigung dieser Erkenntnisse kann die Frage aufgeworfen werden, ob ein regulierender Eingriff, so wie Eucken ihn formulierte, tatsächlich notwendig ist. Sie regen zur Diskussion darüber an, ob sich die Verhinderung und Reduktion negativer externer Effekte nicht sogar nachhaltiger durch zielgerichtete Maßnahmen, wie z. B. die Bewusstseinsschaffung und Sensibilisierung der Menschen für die Auswirkungen ihrer Handlungen erreicht werden kann. Welche wirtschaftspolitischen Möglichkeiten sich aus den psychologischen Erkenntnissen ergeben, soll im folgenden Abschnitt betrachtet werden.

3.10.3 Wirtschaftspolitische Bedeutung der psychologischen Erkenntnisse bezüglich der Reduktion negativer externer Effekte

Tatsächlich erwecken die Erkenntnisse der Psychologie den Eindruck, Menschen vermeiden die Verursachung negativer externer Effekte, wenn sie diese erkennen. Würden sie darauf aufmerksam gemacht werden, ließen sich somit regulierende Eingriffe verhindern. Das von Eucken formulierte Grundprinzip, das die Notwendigkeit eines regulierenden Eingriffs festlegt, wäre überflüssig.

Doch ganz so einfach ist es nicht. Zwar kann in vielen Fällen beobachtet werden, dass Menschen die negativen externen Effekte, die sie durch ihr Verhalten verursachen, berücksichtigen und versuchen, diese durch eine Verhaltensänderung zu reduzieren, jedoch trifft dies nicht auf alle Situationen zu. So lässt sich z. B. nach Angaben des Bundesministeriums für Umwelt, Naturschutz und Reaktorsicherheit (2007) in den letzten Jahren eine Zunahme des Straßenverkehrs beobachten – und das, obwohl bekannt ist, dass Auspuffgase die Umwelt stark belasten. Ebenso wenig schränkten Raucher vor dem offiziellen Rauchverbot in Restaurants und Kneipen ihren Zigarettenkonsum ein, obwohl die negativen externen Effekte des Rauchens für Nichtraucher hinlänglich bekannt sind und Raucher über spezifische Warnhinweise auf der Zigarettenschachtel über mögliche Effekte informiert werden.

Diese Beobachtungen widersprechen der aus den psychologischen Erkenntnissen abgeleiteten Schlussfolgerung, regulierende Eingriffe ließen sich verhindern, wenn Menschen auf die negativen externen Effekte ihres Verhaltens aufmerksam gemacht würden. Vielmehr weisen sie darauf hin, dass negative externe Effekte nicht immer ohne einen regulierenden Eingriff zu verhindern sind, auch wenn aus der Psychologie bekannt ist, dass Menschen bemüht sind, diese zu verhindern.

Ein möglicher Grund hierfür liegt in dem von Schleich et al. (2011) und Swim et al. (2009) verdeutlichten Problem: Menschen ändern ihr Verhalten nur dann, wenn sie unmittelbar direktes Feedback bezüglich der verursachten negativen externen Effekte erhalten. Da dieses Feedback im Falle von „Rauchen in Gegenwart eines Nichtrauchers" oder bei einer Autofahrt ausbleibt, vollzieht sich keine Verhaltensänderung zugunsten der Vermeidung negativer externer Effekte. Zwar sind die negativen Auswirkungen von Auspuffgasen auf die Umwelt sowie des Zigarettenrauches auf Nichtraucher hinlänglich bekannt, jedoch ist der dadurch entstehende Schaden zu unspezifisch. So kann kaum ein Autofahrer angeben, wie stark er die Umwelt durch eine Autofahrt über eine Strecke von 5 Kilometer belastet. Ebenso wenig kann ein Raucher sagen, wie sich das Krebsrisiko seines Bekannten erhöht, wenn dieser an einem Abend zum Passivraucher wird. Erschwerend kommt hinzu, dass in beiden Beispielen eine Verhaltensänderung, die die Minderung von negativen externen Effekten nach sich zieht, individuelle Kosten verursacht. So müssen Raucher z. B. ihren Platz verlassen, um andere nicht durch ihren Zigarettenrauch zu belasten. Ebenso müssen Menschen sich gegebenenfalls körperlich anstrengen und mehr Zeit in Kauf nehmen, wenn sie z. B. eine Strecke von 5 Kilometern statt mit dem Auto mit dem Fahrrad zurücklegen.

Ist der Schaden, der durch eine Handlung entsteht, nicht sichtbar, die durch eine Verhaltensänderung anfallenden Kosten jedoch direkt spürbar, lässt sich beobachten, dass die Bereitschaft der Menschen sinkt, Kosten auf sich zu nehmen, um die negativen externen Effekte ihres Verhaltens zu reduzieren. Da es, wie im Beispiel des Rauchens, oftmals in der Praxis nicht möglich ist, die negativen externen Effekte und ihre Folgen direkt aufzuzeigen, wird es immer wieder zu Situationen kommen, in denen sich die negativen externen Effekte nur durch einen regulierenden Eingriff reduzieren oder eliminieren lassen. Ein regulierendes Prinzip, das derartige Eingriffe vorsieht, ist somit auch unter Berücksichtigung der Erkenntnis, dass Menschen niemand anderem Schaden zufügen wollen, als sinnvoll zu bewerten.

Dennoch darf nicht vernachlässigt werden, dass Menschen eben nicht nur eigennützig agieren, sondern, wie in vorherigen Fällen gezeigt (vgl. Kapitel 3.10.2), bereit sind, ihr Verhalten zugunsten der Reduktion negativer externer Effekte zu ändern, wenn die negativen Auswirkungen sichtbar sind. Da die Notwendigkeit von regulierenden Eingriffen somit nicht vornehmlich auf der Eigennutzannahme basiert und Menschen nicht grundsätzlich eine Verhaltensänderung zur Vermeidung negativer Auswirkungen ablehnen, muss bei der Gestaltung eines regulierenden Eingriffs der grundsätzlich gute Wille zur Berücksichtigung von negativen externen Effekten bedacht werden. Wird die intrinsische Motivation missachtet, können je nach Gestaltung (Fehr & Rockenbach, 2003; Gneezy & Rustichini, 2000a, vgl. hierzu auch Kapitel 2.3.2) eines Eingriffs unerwünschte Crowding Out Effekte entstehen.

Die aus den psychologischen Erkenntnissen abgeleitete Schlussfolgerung, dass Menschen bereit sind, negative externe Effekte in ihrer individuellen Wirtschaftsrechnung zu berücksichtigen, obwohl diese für sie selber keine Kosten darstellen, ist jedoch nicht nur *für* die Gestaltung von regulierenden Eingriffen relevant. Sie bietet insbesondere neue Möglichkeiten, negative externe Effekte zu reduzieren, *ohne* regulierend und somit freiheitseinschränkend in den Wirtschaftsprozess einzugreifen. Die Erkenntnis, dass Menschen den negativen Effekten ihres Verhaltens nicht gleichgültig gegenüberstehen, birgt somit eine Chance für die Wirtschaftspolitik, die von Eucken nicht berücksichtigt wurde. Denn während er davon ausgeht, den gesamten Wirtschaftsprozess nur durch einen regulierenden Eingriff schützen zu können, zeigen die Ergebnisse, dass dem nicht so ist. Aktuell lässt sich in Deutschland z. B. beobachten, dass das Umweltbewusstsein der Menschen durch die stetige Bewusstseinsschaffung der negativen externen Effekte umweltunfreundlichen Verhaltens und dessen Folgen gestiegen ist und zur sozialen Norm avanciert (Borgstedt, Christ

& Reusswig, 2010): So sind immer mehr Menschen bereit, Energie einzusparen, obwohl keine Vorschrift, wie viel Energie verbraucht werden
darf, existiert.

Nach Angaben einer vom Bundesministerium für Umweltschutz (BMU) beauftragten Studie ist der Anteil derjenigen, die bereit
sind, energieeffiziente Geräte zu konsumieren, in den letzten zwei Jahren
deutlich gestiegen. Auch hat sich die Anzahl derer, die sich aktiv für den
Umweltschutz engagieren, von 2008 auf 2010 mehr als verdoppelt
(Borgstedt et al., 2010). Obwohl es dahingehend keinerlei regulierenden
Eingriff gab, achten Menschen darauf, die Umwelt durch ihr Verhalten
nicht zu belasten.

Auf Grund dieser Beobachtungen lässt sich vermuten, dass umweltun-
freundliches Verhalten als Normbruch wahrgenommen wird. Demzufolge
werden zunehmend auch diejenigen, die bisher nur geringfügig auf die
umweltbelastenden Folgen ihres Verhaltens achten, ihr Verhalten umstel-
len – entweder, weil sie gemäß der Norm handeln wollen, oder weil sie
befürchten, bei Verstoß gegen die Norm bestraft zu werden und somit
Kosten zu erleiden (vgl. Kapitel 2.3.2). Die Eigenschaft der Menschen,
andere für ungerechtes und normbrechendes Verhalten zu bestrafen sowie
der Wunsch, gemäß sozialen Normen zu agieren, dienen somit der Reduktion negativer externer Effekte.

Am Beispiel der Abrodung des Regenwaldes zugunsten des Sojaanbaus
kann dies beobachtet werden (s. o.). Der Greenpeace Bericht schilderte
damals nicht nur die Folgen des Sojaanbaus; es wurden auch die Namen
von Unternehmen genannt, die in den Sojahandel verstrickt waren und
somit für die Abrodung des Regenwaldes mit verantwortlich waren. Die
Fastfoodkette McDonald´s, die damals von Greenpeace als Großabneh-
mer von Soja aus Brasilien identifiziert wurde, reagierte direkt nach der
Veröffentlichung des Berichts. Das Unternehmen verhandelte mit den
Soja-Farmern, dass für jedes gerodete Stück Regenwald ein anderes, adäquates Stück wieder aufgeforstet werden sollte. Um nicht als Normver-
letzter zu gelten und schlechter Publicity entgegenzuwirken, sorgte
McDonald´s somit für die Reduktion der negativen externen Effekte seines Verhaltens (der Abnahme von Soja aus Brasilien).

Dieses Beispiel verdeutlicht, dass die Eigenschaft der Menschen, andere
für Normenverstöße zu bestrafen, zur Reduktion negativer externer Effekte führt. Darin zeigt sich, dass sich regulierende Eingriffe, wie sie von
Eucken als notwendig identifiziert wurden, umgehen lassen, wenn psy-

chologische Erkenntnisse bezüglich der Verhaltensweisen und Eigenschaften der Menschen berücksichtigt und in wirtschaftspolitische Überlegungen einbezogen werden.

Das Wissen, dass sich eine Minderung von negativen externen Effekten sowohl durch eine gezielte Bewusstseinsschaffung der Auswirkungen als auch die Etablierung einer sozialen Norm erreichen lässt, kann für die Wirtschaftspolitik eine Chance darstellen. Einerseits deshalb, weil sich dadurch eine strikte und weitreichende Regulierung vermeiden lässt, die in einigen Bereichen, wie insbesondere dem Umweltbereich, nötig wäre, um die negativen externen Effekte zu reduzieren. Andererseits, weil die Reduktion dann nachhaltiger ist, wenn Menschen ihr Verhalten freiwillig ändern.

Somit kann abschließend festgehalten werden, dass Euckens regulierendes Prinzip zur Vermeidung negativer externer Effekte zwar auch unter Berücksichtigung der psychologischen Erkenntnisse als sinnvoll zu bewerten ist, jedoch ebenfalls alternative Möglichkeiten bestehen, negative externe Effekte zu reduzieren. Derartige Wege wurden von Eucken jedoch nicht berücksichtigt bzw. thematisiert.

Auch wenn die Minderung negativer externer Effekte durch die Nutzung der aus der Psychologie bekannten Eigenschaften und Verhaltensweisen der Menschen, durch die sich Verhaltensänderungen bewirken lassen, vielleicht manchmal länger dauert – die Reduktion der negativen externen Effekte wird nachhaltiger sein und sollte daher in der Wirtschaftspolitik größere Berücksichtigung finden.

Das Problem der Verhinderung negativer externer Effekte

Weniger relevant für die Frage, wie sinnvoll das regulierende Prinzip von Eucken unter Berücksichtigung psychologischer Erkenntnisse zu bewerten ist, ist die Betrachtung der Probleme, die bei der Verhinderung oder Reduktion negativer externer Effekte auftreten. Dennoch sollen sie an dieser Stelle thematisiert und diskutiert werden, da sie bereits in einem Nebensatz von Eucken (1952) implizit zu erkennen sind. So schreibt er, dass die negativen externen Effekte durch einen regulierenden Eingriff verhindert werden sollen, wenn sie *exakt* feststellbar sind.

Eben darin besteht das Problem. Denn wann sind negative externe Effekte exakt feststellbar? Grundsätzlich würde zwar niemand der Aussage, die

Regenwaldrodung zugunsten des Sojaanbaus habe negative externe Effekte, widersprechen, jedoch muss auch hier berücksichtigt werden, dass eine Einschränkung des Sojaanbaus ebenfalls negative externe Effekte hat. Solange derartige Dilemmata relativ einfach, wie z. B. durch den Sojaanbau auf anderen Ackerflächen oder der Aufforstung des Waldes, gelöst werden können, stellt die Festlegung, welche negativen externen Effekte reduziert werden müssen, kein Problem dar.

Ist eine Lösung jedoch nicht so offensichtlich oder die Entscheidung, welche negativen externen Effekte schwerer wiegen, weniger eindeutig, kann ein staatlicher Eingriff willkürlich wirken. Sind die negativen externen Effekte, die durch Raucher verursacht werden z. B. von solchem Gewicht, dass sich ein Rauchverbot in Restaurants und Cafés rechtfertigen lässt? Diese Frage wurde lange Zeit zwischen verschiedenen Interessensgruppen diskutiert (vgl. Fuchs, 2009). Auch wenn die Antwort aus heutiger Perspektive, einige Jahre nach einem allgemeinen Rauchverbot in Gastwirtschaften, einfach erscheint, wäre eine zügige Antwort vorschnell. Schließlich darf bei einer solchen Abwägung nicht unberücksichtigt bleiben, dass durch das Verbot sowohl negative externe Effekte für Raucher als auch für Restaurant- und Kneipenbesitzer entstehen. Durch das Rauchverbot in geschlossenen Räumen wurde saubere Luft höher als die individuelle Freiheit der Raucher und der Kneipenbesitzer gewertet.

Dieses Beispiel zeigt die Problematik, die mit der pauschalen Aussage Euckens „in exakt feststellbaren Fällen" verbunden ist. Denn die vermeintlich exakte Identifizierung externer negativer Effekte hängt oft mit der Kultur sowie der Sichtweise, und somit dem Status Quo, zusammen. So würde heutzutage kaum jemand bestreiten, dass saubere Luft als ein wertvolleres Gut zu bewerten ist als die Freiheit der Raucher, überall rauchen zu können. In den 1960er-Jahren wäre dies jedoch nicht eindeutig gewesen.

Sollen negative externe Effekte durch regulierende Vorschriften auf ein Mindestmaß reduziert werden, so wie von Eucken intendiert, wird sich die Frage nicht vermeiden lassen, welche Effekte schwerer wiegen und wer deshalb in seiner Freiheit beschränkt werden sollte. Auf Grund dieser nicht trivialen Abwägung, welche Handlungen einzuschränken sind, ist ein regulierender Eingriff als kritisch zu bewerten.

Zwar muss auch dann, wenn negative externe Effekte ohne einen regulierenden Eingriff reduziert werden sollen, (durch Problembewusstseinsschaffung) abgewogen werden, welche Effekte schwerer wiegen, jedoch wird die zwanglose Reduktion weniger Widerstand auslösen als eine als willkürlich empfundene und freiheitseinschränkende Maßnahme. Nicht zuletzt aus diesem Grund stellt das Wissen, dass Menschen bestrebt sind, anderen keinen Schaden zuzufügen oder sich an Normen zu halten, eine Chance für die Wirtschaftspolitik dar. Denn wird dieses Wissen genutzt, um Menschen zur Internalisierung der negativen externen Effekte ihres Verhaltens zu bewegen, können regulierende Eingriffe vermieden werden (für eine Zusammenfassung der Ergebnisse siehe Tabelle 11).

Tabelle 11: Regulierender Eingriff zur Reduktion negativer externer Effekte – Pro und Contra

Ordoliberale Begründung für regulierenden Eingriff zur Reduktion negativer externer Effekte	Bewertung des Prinzips unter Berücksichtigung der psychologischen Erkenntnisse
Wirtschaftsakteure berücksichtigen nur die Kosten, die sie selber spüren. Die negativen externen Effekte vernachlässigen sie. Nur durch einen regulierenden Eingriff können sie zur Internali-sierung der Effekte veranlasst werden.	*Zustimmung*: Menschen erkennen die negativen externen Effekte manchmal nicht. Können sie ihnen nicht durch direktes Feedback bewusst gemacht werden, lassen sie sich nur durch einen Eingriff reduzieren. *Ablehnung*: Menschen wollen keinen Schaden verursachen. Wird dies bei der Durchführung eines Eingriffs nicht beachtet, können Crowding Out Effekte entstehen. Sind ihnen die negativen externen Effekte bewusst, versuchen sie diese freiwillig zu vermeiden. Verstärkt wird dies dann, wenn die Verursachung derartiger Effekte als Normverstoß gilt oder sie durch eine Verhaltensänderung selbst ebenfalls Kosten einsparen können. *Fazit*: Das altruistische und normenbewusste Verhalten bietet Möglichkeiten, negative externe Effekte zu reduzieren, ohne regulierend eingreifen zu müssen.

Quelle: eigene Darstellung

3.11   Fazit

Grund für die umfassende Betrachtung der ordoliberalen Grundprinzipien vor dem Hintergrund psychologischer Erkenntnisse bezüglich des menschlichen Agierens, war im Wesentlichen folgende Frage: Wie sind die ordoliberalen Grundprinzipien der Wirtschaftspolitik unter Berücksichtigung der psychologischen Erkenntnisse zu beurteilen und welche Auswirkungen bzw. Bedeutungen haben die aus der Psychologie bekannten Verhaltensweisen der Menschen auf bzw. für die ordoliberale Wirtschaftspolitik? Ziel dieser Frage war es insbesondere zu untersuchen, ob der Ordoliberalismus als Fundament für eine Wirtschaftsspolitik dienen kann, das auch dann seinen Zweck und sein Ziel erfüllt, wenn Menschen nicht agieren wie im Modell des homo oeconomicus angenommen.

Die Analyse hat ergeben, dass Eucken, Böhm und Hayek zentrale Annahmen bezüglich menschlichen Verhaltens im wirtschaftlichen Kontext getroffen haben, die sich auch in psychologischen Untersuchungen widerspiegeln. Demzufolge gelang es Eucken entsprechend gut, sein Vorhaben, Regeln zu formulieren, die aus dem menschlichen Verhalten abgeleitet und für Menschen gemacht sind, umzusetzen. Nicht zuletzt aus diesem Grund können die wirtschaftspolitischen Ideen, die Eucken im wissenschaftlichen Austausch mit seinen Kollegen formulierte, unter oder gerade durch die Berücksichtigung der psychologischen Erkenntnisse im Großen und Ganzen als zweckdienlich und zielführend erachtet werden.

Jedoch eben nur *mit Einschränkung*. So lässt sich zwar erkennen, dass Eucken, Böhm und Hayek berücksichtigen, dass Menschen bisweilen irrational, uneigennützig sowie undiszipliniert agieren und sich mit anderen vergleichen. Sie vernachlässigen jedoch oftmals die Auswirkungen dieser Verhaltenweisen auf die wirtschaftlichen Prozesse. Dadurch bedingt ist es nicht verwunderlich, dass Eucken nicht nur wirtschaftspolitische Ideen formulierte, die unter psychologischer Perspektive sinnvoll sind, sondern auch Rückschlüsse für die Ausgestaltung der Wirtschaftspolitik zog, die sowohl Diskussionsbedarf wecken als auch Optimierungsbedarf erkennen lassen.

Die Analyse der wirtschaftspolitischen Grundprinzipien im Hinblick auf die psychologischen Erkenntnisse zeigt, dass insbesondere die Vernachlässigung von mangelnder Selbstkontrolle, die Eigenschaft der Menschen, sich untereinander zu vergleichen, sowie die Tendenz, einen Status Quo als gerecht zu empfinden und beizubehalten, zu wirtschaftlichen Problemen führen kann. Einerseits deshalb, weil den Auswirkungen dieser Verhaltensweisen durch die ordoliberalen Prinzipien nicht ausreichend entgegengewirkt wird, andererseits, weil gerade diese Eigenschaften und somit auch deren Auswirkungen durch den ordoliberalen Wirtschaftsrahmen verstärkt werden. So fördert z. B. das Wirtschaften mit Privateigentum soziale Vergleichsprozesse, wodurch es für Menschen mit mangelnder Selbstkontrolle noch schwieriger wird, Versuchungen, durch die sie sich kurzzeitig relativ besser, langfristig jedoch schlechter stellen, widerstehen zu können. Auch die Möglichkeit, sich frei entscheiden und zwischen zahlreichen Angeboten, die im Wettbwerb entstehen, wählen zu können, verstärkt die Probleme, die durch mangelnde Selbstkontrolle entstehen können. Ebenso besteht die Gefahr, Menschen durch die Art und Weise, wie Maßnahmen oder Entscheidungssituationen gestaltet sind, d. h. welche bzw. ob eine Voreinstellung (Status Quo) gesetzt wurde, in ihrer Entscheidung zu beeinflussen. Dies kann insbesondere in einmaligen Situationen zu individuellem, als auch gesamtwirtschaftlichem Schaden führen.

Dieses Ergebnis der Analyse bedeutet jedoch nicht, dass die Bildung und der Besitz von Privateigentum oder die individuelle Entscheidungsfreiheit für eine Wirtschaft nicht zweckdienlich und für eine Gesellschaft nicht wünschenwert sind; es bedeutet nur, dass die im Rahmen der vorangegangenen Analyse ermittelten Effekte, die durch die Verhaltensweisen der Menschen in eben einem solchen wirtschaftlichen Ordnungsrahmen auftreten können, bedacht werden müssen und diesen durch ergänzende Maßnahmen gegebenenfalls entgegengewirkt werden muss. Die Berücksichtigung der Eigenschaften ist nicht zuletzt deshalb notwendig, weil eine Vernachlässigung zu einer wirtschaftlichen Fehllenkung führen kann, die Eucken gerade durch die Formulierung seiner wirtschaftlichen Grundprinzipien verhindern wollte (für einen Überblick über die zentralen Ergebnisse der Analyse vgl. Tabelle 12).

Abschließend lässt sich sagen, dass die wirtschaftspolitischen Ideen der Ordoliberalen unter Berücksichtigung der psychologischen Erkenntnisse zwar einigen Anpassungs-, Erweiterungs- und Korrekturbedarf aufweisen, die ordoliberalen Grundprinzipien jedoch nicht im Widerspruch mit psychologischen Erkenntnissen stehen, sondern ausreichend Anknüpfungspunkte an die Psychologie bieten. Durch die Integration der Psychologie in den Ordoliberalismus kann somit nicht nur wirtschaftlichen Ineffizienzen oder Unzufriedenheiten mit dem Wirtschaftssystem vorgebeugt werden; eine Synthese dieser beiden Bereiche birgt auch wirtschaftspolitisches Potenzial. Denn gerade die Tendenz der Menschen, einen gewählten oder voreingestellten Status Quo beizubehalten, verursacht nicht nur wirtschaftliche Risiken, sondern ruft auch wirtschaftspolitische Möglichkeiten hervor.

Tabelle 12: Zusammenfassung der Auswirkungen relevanter Eigenschaften der Menschen auf die Wirtschafts- und Sozialpolitik

	Berücksichtigung im Ordoliberalismus	Auswirkungen auf / Bedeutung für die Wirtschaftspolitik
Rationales vs. irrationales Verhalten	Irrationales Verhalten wird auf individueller Ebene berücksichtigt, auf Makroebene jedoch ausgeschlossen.	*Auswirkungen auf Wettbewerb:* Der Wettbewerb kann Menschen, die nicht rational agieren u. U. schaden, da sie die Orientierung verlieren und Anbieter das irrationale Verhalten der Nachfrager ausnutzen können. *Bedeutung für Freiheit:* Menschen sind beeinflussbar, weshalb sie nie ganz frei entscheiden. Dies ist Chance und Risiko zugleich für die Wirtschaftspolitik.
Eigennutz vs. Altruismus	Altruistisches Verhalten wird zwar berücksichtigt, dessen Bedeutung jedoch als irrelevant für die Wirtschaftspolitik empfunden.	*Bedeutung für die Notwendigkeit von Eingriffen bei negativen externen Effekten:* Regulierende Eingriffe zur Verhinderung von negativen externen Effekten können vermieden bzw. reduziert werden. *Bedeutung für das Umverteilungsprinzip:* Menschen sind bereit, etwas von dem eigenen Einkommen an andere abzugeben, vielleicht sogar mehr als angenommen wird. Werden Gerechtigkeitsprinzipien verletzt, kann es jedoch zu unerwünschten Effekten kommen.

	Berücksichtigung im Ordoliberalismus	Auswirkungen auf / Bedeutung für die Wirtschaftspolitik
Soziale Vergleichsprozesse/Desinteresse anderen gegenüber vs. Interesse anderen gegenüber	Ordoliberale berücksichtigen, dass sich Menschen mit anderen vergleichen, die Auswirkung davon wird jedoch in Bezug auf manche Aspekte unterschätzt.	*Auswirkungen von Privateigentum:* Soziale Vergleichsprozesse können zu dem Gefühl von Unsicherheit und Unzufriedenheit führen. In diesem Fall dient Privateigentum nicht der subjektiven sozialen Sicherheit, sondern ruft das Gefühl von drohenden Verlusten im Wettbewerb hervor.
Selbstkontrolle vs. Mangelnde Selbstkontrolle	Mangelnde Selbstkontrolle wird bedacht, jedoch die Auswirkungen nicht in vollem Maße.	*Auswirkungen auf die Lenkungsfunktion der Preise:* Menschen lassen sich nicht mehr von Preisen lenken. *Bedeutung für das Wirtschaften mit Privateigentum:* Sie verschulden sich, weshalb auch das Privateigentum seine Funktion verliert. Es erzieht sie nicht zu effizientem Wirtschaften. *Bedeutung für die Freiheit:* Zuviel an Freiheit kann schaden, wenn der Fall eintritt, dass Menschen nicht aus ihren Fehlern lernen. Dadurch können auch Probleme mit dem Haftungsprinzip auftreten. Auch können sich Menschen in manchen Situationen durch eine freiheitseinschränkende Regel besser stellen.
Arbeit als Last vs. Arbeit aus Spaß	Der Spaß an der Arbeit wird berücksichtigt, mögliche Crowding Out Effekte durch externe Anreize jedoch nicht.	*Auswirkungen auf die Leistungssteigerung:* Ein Lohn, strikt nach messbarer Leistung, steigert nicht nur die Leistung, sondern ruft auch Unzufriedenheit und amoralisches Verhalten hervor.

Quelle: eigene Darstellung

So könnte z. B. in Situationen, in denen auf Grund immer wiederkehrender Fehler – bedingt durch mangelnde Selbstkontrolle oder fehlende Orientierung – Schaden droht, möglichen Problemen durch die Etablierung eines Status Quo entgegengewirkt werden. Die Chancen, die sich durch die Verbindung der beiden Bereiche Ordoliberalismus und Psychologie ergeben, können genutzt werden, um den ordnungspolitischen Rahmen weiterzuentwickeln, sodass Menschen ihre Möglichkeiten, die ihnen ein wettbewerbliches System bietet, zu ihrem Besten nutzen können.

Wie eine solche, psychologischbasierte Wirtschaftspolitik aussehen könnte, welche wirtschaftspolitischen Maßnahmen sich aus der Synthese aus Ordoliberalismus und Psychologie ergeben und welche Probleme mit einer Implementierung derartiger Maßnahmen verbunden sind, soll im nächsten Kapitel diskutiert werden.

4 Wirtschaftspolitische Implikationen

„Die moderne Psychologie verlangt geradezu danach, den volkswirtschaftlichen Prozess nicht nur in einem technischen Sinne zu begreifen; es kommt ebenso sehr darauf an, auch die Menschen, die diesen Apparat bewegen, in das volkswirtschaftliche Kalkül einzubeziehen. "
Ludwig Erhard (1957, S. 236)

Eigentlich, so könnte man meinen, ist die Berücksichtigung von psychologischen Erkenntnissen in der Wirtschaftspolitik selbstverständlich. Denn bedenkt man, dass einerseits wirtschaftliche Prozesse durch die Handlungen der Wirtschaftsakteure gelenkt werden und andererseits wirtschaftliche Prozesse diese Akteure in ihren Entscheidungen beeinflussen, stellt das Wissen über das menschliche Verhalten im wirtschaftlichen Kontext ein entscheidendes Element für den Erfolg der Wirtschaftspolitik dar.

In diesem Sinne zeigt auch die vorangegangene Analyse, dass die Vernachlässigung oder die zu geringe Berücksichtigung von psychologischen Erkenntnissen schlichtweg zu Ineffizienzen in der Wirtschaftspolitik führen kann, wodurch wirtschaftliche Schieflagen entstehen und Wirtschaftsakteure Unzufriedenheit bezüglich des Systems entwickeln können. Um diesen vorzubeugen, müssen die psychologischen Erkenntnisse bezüglich der Verhaltensweisen der Menschen und deren mögliche Auswirkungen gerade in einem praxisnahen Bereich, wie der Wirtschaftspolitik, stärker integriert werden.

Im folgenden Kapitel soll daher diskutiert werden, welche wirtschaftspolitischen Implikationen sich im Rahmen einer Synthese aus Ordoliberalismus und Psychologie ergeben, d. h. welche Änderungen und Ergänzungen sowohl notwendig als auch möglich sind. Der Fokus der Debatte liegt dabei auf der Frage, wie den im vorherigen Kapitel identifizierten Problemen durch psychologisch-basierte Maßnahmen entgegengewirkt werden kann, welche Effizienzvorteile sich durch eine entsprechende Anpassung der Wirtschaftspolitik erzielen lassen und welche Schwierigkeiten bei der praktischen Umsetzung derartiger Maßnahmen auftreten können. Dabei werden beispielhaft Ideen vorgestellt, wie sich einerseits negative Auswirkungen auf die wirtschaftlichen Prozesse durch mangelnde Selbstkontrolle reduzieren lassen, und wie sich andererseits die Wirtschafts- und Sozialpolitik Eigenschaften, wie altruistisches Verhalten und soziale Vergleichsprozesse, zunutze machen kann. Im Rahmen der

Diskussion werden bereits existierende und in der Wissenschaft und Praxis erörterte Ideen berücksichtigt (vgl. Altmann, Falk & Marklein, 2009; Enste & Hüther, 2011; Heinemann, 2000; Thaler & Sunstein, 2009).

Eingebettet werden die im Rahmen dieser Arbeit beispielhaft entwickelten Anwendungsideen in die Diskussion, welche neuen Impulse dadurch der Umwelt-, Gesundheits- und der Sozialpolitik sowie dem Verbraucherschutz gegeben werden können. Dies bedeutet jedoch nicht, dass sich durch die Integration der psychologischen Erkenntnisse in die Wirtschaftspolitik nur für diese Bereiche neue Möglichkeiten entwickeln lassen bzw. in diesen Gebieten durch die Vernachlässigung der psychologischen Erkenntnisse Probleme auftreten können. Vielmehr wurden im Rahmen dieser Arbeit die genannten Bereiche als Beispiel gewählt, wie durch verhaltensbasierte, wirtschaftspolitische Ansätze neue Lösungswege entstehen und da helfen können, wo die herkömmliche Politik an ihre Grenzen stößt. Die Ideen lassen sich jedoch ergänzen und auf andere Bereiche übertragen.

Ziel des folgenden Kapitels ist es nicht, konkrete Handlungsempfehlungen zu geben. Vielmehr sollen, bezugnehmend auf die in der vorangegangenen Analyse identifizierten Probleme und Möglichkeiten, Denkanstöße entwickelt und diskutiert werden, wie in einem liberalen Wirtschaftssystem Erkenntnisse aus der Psychologie genutzt werden können. Dabei wird deutlich werden, dass die praktische Umsetzung von Maßnahmen, die nicht mehr auf der Grundlage eindeutiger Verhaltensweisen der Menschen und somit der konkreten Prognose der Auswirkungen dieser Maßnahmen basiert, mit Problemen und Fragen verbunden ist. Da es zahlreiche Vor- und Nachteile gibt, wird im Rahmen dieser Arbeit kein Anspruch auf Vollständigkeit der Diskussion erhoben. Vielmehr dienen die Ausführungen nur als Grundlage einer weiterführenden Debatte.

4.1   Die Idee des Libertären Paternalismus

Durch die zahlreichen Erkenntnisse aus der Psychologie, die das Bild des homo oeconomicus infrage stellen, hat sich in den letzten Jahren eine neue wirtschaftspolitische Denkschule entwickelt. Diese wird in der Literatur als Libertärer Paternalismus (engl. „Libertarian Paternalism") bezeichnet. Dabei besteht die Idee darin, die Vorzüge beider politischen Philosophien, *Paternalismus* und *Libertarismus*, zu nutzen und zu einer neuen Richtung zu verbinden (Camerer, Issacharoff, Loewenstein,

O'Donoghue & Rabin, 2003; Loewenstein & Haisley, 2007; Thaler & Sunstein, 2003). Während der paternalistische Gedanke darin besteht, Menschen durch eine „gut gemeinte Führung" vor möglichem Schaden zu bewahren, bleibt der libertäre Gedanke der individuellen Entscheidungsfreiheit gewahrt.

Hierzu wird das Wissen bezüglich der Verhaltensanomalien der Menschen genutzt, um Entscheidungssituationen so zu gestalten, dass irrationale Menschen in eine „gut gemeinte" Richtung gelenkt werden, Menschen jedoch nicht die Möglichkeit genommen wird, sich frei zu entscheiden (dieses Vorgehen wird auch als „Nudging" bezeichnet). In diesem Sinne ist unter *paternalistisch* im Rahmen des Libertären Paternalismus folgendes zu verstehen: „[…] a policy counts as „paternalistic" if it is selected with the goal of influencing the choices of affected parties in a way that will make those parties better off" (Thaler & Sunstein, 2003, S. 175).

Von „besser" reden Thaler und Sunstein in diesem Kontext deshalb, weil davon auszugehen ist, dass Menschen ohne eine Hilfestellung auf Grund kognitiver Fehlschlüsse oder mangelnder Selbstkontrolle zu ihren Ungunsten handeln. Durch eine bewusst gestaltete Art und Weise der Formulierung oder Darstellung einer Entscheidungssituation soll Menschen geholfen werden, sich trotz ihrer eventuellen Verhaltensanomalien so zu entscheiden, wie sie sich unter Berücksichtigung aller Informationen und gemäß ihrer Präferenzen vermutlich entschieden hätten. Da sich nur irrationale Menschen von der Darstellung einer Situation beeinflussen lassen, dienen derartige Maßnahmen irrationalen Akteuren als Orientierung, während rationale Akteure unbeeinflusst davon bleiben.

4.1.1 Anstoß zum Erfolg

Welche gesellschaftlichen und wirtschaftlichen Auswirkungen libertär-paternalistische Maßnahmen haben können und welches Potenzial in der Idee des Libertären Paternalismus liegt, lässt sich insbesondere am Beispiel der Organspende, das in Kapitel 3.7.3 bereits erläutert wurde, verdeutlichen. In den erheblichen Unterschieden, die bezüglich der Organspendebereitschaft in Abhängigkeit der Zustimmungs- (hier liegt die Bereitschaft, Organe zu spenden, zwischen 4-28 Prozent) oder Widerspruchsregelung (hier liegt die Organspendebereitschaft zwischen 85-99 Prozent) zu sehen sind, zeigt sich die Stärke, die in der bewussten Nutzung des Status Quo Bias liegt. Da Menschen dazu tendieren, den Status Quo beizubehalten, kann die Formulierung einer Opt-Out Entscheidungssituation, in der sich Menschen aktiv gegen den Status Quo entscheiden müssen (Widerspruchsregelung), wie in diesem Fall, sogar Leben retten.

Ein weiteres Beispiel, das die große Wirkung eines kleinen Defaults, d. h. einer bewusst gewählten Voreinstellung und somit eines Status Quo, verdeutlicht, ist die Auswirkung einer automatischen Teilnahme (Opt-Out Regel) an einer betrieblichen Altersvorsorge auf das private Sparverhalten. In einer Untersuchung konnten Choi, Laibson, Madrian & Metrick (2004; 2006; siehe auch Madrian & Shea, 2001) nachweisen, dass die Bereitschaft zu Sparen erheblich gesteigert werden kann, wenn sich Arbeitnehmer bei Abschluss eines Arbeitsvertrags nicht aktiv *für,* sondern *gegen* eine betriebliche Altersvorsorge entscheiden müssen. So zeigen die Ergebnisse, dass die Rate der Arbeitnehmer, die am Sparprogramm teilnahmen, erst im Laufe der Amtszugehörigkeit anstieg (nach 6-monatiger Amtszeit 25-43 Prozent, nach 24 Monaten 50-63 Prozent und nach 36 Monaten 57-71 Prozent), wenn sie sich aktiv für eine Betriebsrente entscheiden mussten. Die Teilnehmerrate in der Opt-Out Bedingung war dagegen, unabhängig von der Amtszeit, von Beginn an relativ hoch (86-96 Prozent).

Die Ergebnisse machen die Wirkung eines Defaults (aktive Entscheidung für eine Betriebsrente vs. aktive Entscheidung gegen eine Betriebsrente) auf das Sparverhalten deutlich. Diesen Erkenntnissen entsprechend argumentieren Wissenschaftler (Bernartzi & Thaler, 2007; Choi et al., 2004; 2006; Madrian & Shea, 2001; Thaler & Sunstein, 2009), dass die große Wirkung, die von kleinen Änderungen ausgeht, genutzt werden sollte, um Missstände, wie eine zu geringe private Altersvorsorge, zu beheben.

Ebenfalls, so ergänzen sie häufig, erhöht sich der individuelle Nutzen durch die bewusste Änderung des Status Quo. Nicht nur, dass Menschen bei einer Nicht-Inanspruchnahme einer betrieblichen Altersvorsorge häufig auf eine finanzielle Arbeitgeberzulage verzichten, sie agieren auch nicht entsprechend ihren geäußerten Interessen. Im Falle der privaten Altersvorsorge lässt sich dies an den Selbst-Berichten erkennen, in denen die Mehrheit angibt, einen geringeren Betrag als ursprünglich geplant zu sparen (Taylor, Funk & Clark, 2007; vgl. Kapitel 2.5.2). Der Default, der sie in die Richtung „Sparen für private Altersvorsorge" lenkt, stellt in diesem Fall somit eine Hilfestellung für viele dar, ihre Ziele leichter zu verfolgen und gemäß ihren Interessen zu agieren.

Die aufgeführten Beispiele zeigen, welche elementare wirtschafts- und sozialpolitische Bedeutung die Berücksichtigung psychologischer Erkenntnisse bei der Konstruktion einer Entscheidungssituation haben kann. Deutlich wird dadurch, dass die Politik, wie sie von den Vertretern des Libertären Paternalismus vorgeschlagen wird, ein erhebliches Nutzenpotenzial birgt.

4.1.2 Kritische Betrachtung des Libertären Paternalismus

Die Idee des Libertären Paternalismus hat in den letzten Jahren jedoch nicht nur Zustimmung gefunden, sondern auch einige Kritik hervorgerufen (vgl. Beck, 2009; Rizzo & Whiteman, 2009; Schnellenbach, 2011; 2012). So wird dem Libertären Paternalismus häufig vorgeworfen, dass die Idee einer solchen Politik hauptsächlich auf Erkenntnissen bezüglich Verhaltensweisen der Menschen aufbaut, die unter Laborbedingungen gefunden wurden, deren Auftreten in der Realität bzw. deren Auswirkungen auf Makroebene jedoch nicht ausreichend bewiesen ist (vgl. Etzioni, 2011; Oehler & Reisch, 2008). Sowohl Beck (2009) als auch Oehler und Reisch (2008) merken zudem kritisch an, dass Menschen durch die Anwendung libertär-paternalistischer Maßnahmen die Möglichkeit des Lernens und Entdeckens genommen wird. Werden sie abgehalten, Fehler zu begehen, haben sie letztendlich keine Möglichkeit, daraus zu lernen.

Ganz ähnlich argumentiert auch Schnellenbach (2011). Er sieht die Gefahr besonders darin, dass Menschen durch libertär-paternalistische Entscheidungssituationen der Möglichkeit beraubt werden, Neues zu entdecken. Insbesondere dann, wenn die Annahme der stabilen Präferenzen aufgehoben wird, kann nicht ausgeschlossen werden, dass sich eine Entscheidung, die *ex ante* eher als wohlfahrtsmindernd betrachtet wird, *ex post* als wohlfahrtssteigernd herausstellt. Werden Menschen durch die Entscheidungssituation in eine bestimmte Richtung gelenkt, wird ihnen dadurch die Möglichkeit genommen, sich durch eine vermeintlich schlechte Wahl gegebenenfalls sogar besserzustellen.

Unweigerlich an diese Argumentation schließt sich ein weiterer Kritikpunkt an. Werden Menschen durch die vorgegebene Entscheidungssituation in eine bestimmte Richtung geleitet, muss es einen wohlwollenden Entscheider geben, der festlegt, in welche Richtung Menschen gestoßen werden sollen. Da Vertreter des Libertären Paternalismus betonen (Camerer et al. 2003), dass den Adressaten einer Maßnahme oder Entscheidungssituation keine fremden Präferenzen aufgezwungen werden, wird implizit unterstellt, dass der Entscheidungsarchitekt die Präferenzen dieser kennt. Somit legt der wohlwollende Entscheidungsarchitekt *ex ante* fest, welche Entscheidung die individuelle Wohlfahrt steigert. Dies wiederum entspricht im Grunde dem Verständnis des herkömmlichen Paternalismus, weshalb Schnellenbach (2011) der Ansicht ist, dass der Unterschied zwischen dem Libertären Paternalismus und dem strengen Paternalismus nur gering und der Übergang fließend ist.

Mit dieser Kritik eng verknüpft ist die Debatte um die Interessensneutralität des Entscheidungsarchitekten. So lässt sich unmissverständlich erkennen, dass dem Staat im Libertären Paternalismus eine Neutralität unterstellt wird, die er in Realität nicht hat. Um dies zu verdeutlichen, kann als Beispiel die Tabaksteuer herangezogen werden. So ließe sich zwar argumentieren, dass der Staat Tabak hoch besteuert, um Menschen vor gesundheitlichen Schäden durch Tabakkonsum in großem Maße zu bewahren; zugleich kann jedoch nicht ausgeschlossen werden, dass der gesundheitliche Schutz ein vorgeschobener Vorwand ist, der eigentliche Grund einer Tabaksteuer dagegen in den dadurch zu erzielenden Steuereinnahmen liegt.

Des Weiteren stellt sich im Rahmen der Debatte um libertärpaternalistische Maßnahmen die Frage, wie weit die Beeinflussung des Entscheiders gehen darf. Choi et al. (2006) weisen im Rahmen ihrer Untersuchung zur Beeinflussung des privaten Sparverhaltens (s. o.) darauf hin, dass das Setzen eines Defaults, Menschen nicht nur in der wesentlichen Entscheidung, ob sie sparen oder nicht, beeinflusst, sondern auch im Hinblick auf die Frage, *wie* sie sparen. Denn während sich diejenigen, die sich bewusst für eine Sparmaßnahme entscheiden, auch gleichzeitig bewusst eine Sparvariante (wie z. B. Aktiensparen oder die Beitragshöhe) wählen, behalten diejenigen, die auf Grund der Voreinstellung (wie in der Untersuchung von Choi et al. durch eine automatische Teilnahme in einer betrieblichen Altersvorsorge mit Abschluss eines Arbeitsvertrags) sparen, auch unbewusst die voreingestellte Sparvariante bei. Begründen lässt sich dies durch die Erkenntnis, dass sich diejenigen, die den Status Quo beibehalten, auch nicht weiter mit der Frage auseinandersetzen, wie viel sie monatlich sparen wollen oder welche Form der Altersvorsorge sie bevorzugen (vgl. hierzu die Untersuchungsergebnisse von Choi et al., 2006). Werden Menschen durch einen Default in ihrer Entscheidung beeinflusst, muss somit berücksichtigt werden, dass diese Beeinflussung auf mehreren Entscheidungsebenen stattfindet und somit gegebenenfalls die Entscheidungen mehr lenkt, als angebracht oder erwünscht ist.

Eben diese Gefahr, die in der Beeinflussung durch einen Default liegt, würde nicht auftreten, wenn Menschen rational handelten. Darin besteht ein wesentliches Problem des Libertären Paternalismus: Diese Art von Politik soll irrationalen Menschen helfen, klügere Entscheidungen zu treffen, birgt jedoch gerade deshalb Risiken, *weil* Menschen irrational agieren. Denn gerade das irrationale Verhalten der Menschen bewirkt, dass sie die bestehende Möglichkeit der Wahlfreiheit nicht nutzen und sich gegebenenfalls zu einer Entscheidung beeinflussen lassen, die nicht ihren eigentlichen Interessen entspricht.

Wie bereits weiter oben angedeutet, impliziert die bewusste Gestaltung von Entscheidungssituationen zudem eine Vorentscheidung bezüglich der Frage, welche Entscheidungsoption gewählt werden sollte und somit als *besser* zu betrachten ist. Dadurch bedingt können libertär-paternalistische Maßnahmen schnell willkürlich erscheinen. Insbesondere deshalb, da nur selten Einigkeit darüber herrscht, was richtig und was falsch ist. So bietet z. B. das Verbot des Tabak-, oder Alkoholkonsums für Kinder kaum Diskussionsbedarf, da sich intuitiv alle darüber einig sind, dass Kinder weder Alkohol trinken, noch rauchen sollten. Doch bereits bei der Frage, ab wann Kinder wie Erwachsene behandelt werden und ihnen der Alkohol- und Tabakkonsum freigestellt sein sollte, gehen die Meinungen auseinander. Existieren unterschiedliche Ansichten und Meinungen darüber, was richtig oder falsch, gut oder schlecht ist, stellt sich die Vorentscheidung bezüglich einer zu favorisierenden Richtung, in die Menschen gestoßen werden sollen, meist als schwierig dar und kann oft willkürlich erscheinen.

Somit liegt die wesentliche Schwierigkeit des Libertären Paternalismus und der Hauptkritikpunkt in der fehlenden Rechtfertigungsgrundlage, weshalb Menschen beeinflusst und warum sie in eine bestimmte Richtung gestoßen werden sollten. Denn werden regulierende Markteingriffe nicht mehr nur auf Grund der Theorie des Marktversagens, wie in der Ökonomie üblich, durchgeführt (für die ökonomischen Argumente eines Markteingriffes vgl. Fritsch, Wein & Ewers, 2007), sondern auf Grund einer Art „Theorie des menschlichen Versagens", geht somit die Eindeutigkeit und Rechtfertigungsgrundlage verloren. Der Eindruck, dass die Richtung, in die Menschen gestoßen werden sollen, im Ermessen eines wohlwollenden Paternalisten liegt, bestärkt somit auch das Gefühl und die Befürchtung eines schleichenden Paternalismus.

Rechtfertigung des Libertären Paternalismus

Die erläuterte Kritik macht deutlich, dass die Idee des Libertären Paternalismus auf den ersten Blick großes Nutzenpotenzial offenbart, auf den zweiten Blick jedoch Risiken und Probleme sichtbar werden. Diese treten besonders deshalb auf, weil sich die libertär-paternalistischen Vorschläge bisher in kein normatives Fundament einbetten lassen und daher eine solide Rechtfertigungsgrundlage entbehren.

Die Frage, wann libertär-paternalistische Maßnahmen gerechtfertigt sind, beantworten Vertreter des Libertären Paternalismus häufig anhand einer Kosten-Nutzen Abwägung (vgl. Camerer et al., 2003): Libertär-paternalistische Maßnahmen lassen sich dann rechtfertigen, wenn der Nutzen, der irrationalen Menschen entsteht, die Kosten der Implementierung einer solchen Maßnahme übersteigt.

Auf die Kritik hin, ein bewusst festgelegter Default könne Menschen eventuell zu einer inferioren Entscheidung veranlassen, erwidern Thaler und Sunstein (2003), dass auch die Entscheidung, *keine* Voreinstellung festzulegen, Menschen in ihrer Entscheidung beeinflussen kann. So zeigen Choi et al. (2004; 2006) in ihren Untersuchungen zum Sparverhalten durch eine Betriebsrente, dass keine Voreinstellung dazu führt, dass Menschen entweder ihre Entscheidung unnötig herauszögern oder keine Entscheidung treffen. Da es nach Ansicht von Loewenstein und Haisley (2007) im Grunde kaum möglich ist, Maßnahmen oder Entscheidungssituationen ohne beeinflussende Wirkung darzustellen, sollten Ökonomen ihrer Meinung nach Situationen bewusst so gestalten, dass sich ein Großteil der Menschen durch die Entscheidung *besser* stellt. In diesem Sinne schreiben sie: „Economists, we believe, *should* be, and as we have documented, to a very great extent *already are*, in the business of ‚discussing criteria of what ought to be‘, and attempting to devise economic institutions that maximize the likelihood that what ought to be in fact occurs. If this brands us economist/therapist, then so be it" (S. 44).

4.2   Psychologische Wirtschaftspolitik auf Basis des Ordoliberalismus

Trotz der am Libertären Paternalismus geübten Kritik lässt sich erkennen, dass sich viele der libertär-paternalistischen Ideen nicht nur mit dem Ordoliberalismus vereinbaren lassen, sondern in vielerlei Hinsicht auch der in Kapitel 3 als notwendig identifizierten Ergänzungen und Erweiterungen der ordoliberalen Wirtschaftspolitik dienen. So können z. B. durch das bewusste Setzen oder Eliminieren von Defaults Probleme behoben werden, die im Wettbewerb durch Orientierungsschwierigkeiten oder Wechselträgheit der Wirtschaftsakteure entstehen. Ebenso lassen sich dadurch, wie an der Idee der automatischen Teilnahme an einer betrieblichen Altersvorsorge ersichtlich ist, negative Auswirkungen, die durch mangelnde Selbstkontrolle entstehen, reduzieren. Gerade dieses Beispiel zeigt, dass derartige aus dem Libertären Paternalismus abgeleitete Maßnahmen dem ordoliberalen Gedanken nicht unweigerlich widersprechen, sondern vielmehr der Zielerreichung dienen.

Wird der Idee des Libertären Paternalismus bisher ein Mangel an normativer Rechtfertigungsgrundlage vorgeworfen, zeigt die Synthese aus Ordoliberalismus und Psychologie, dass das ordoliberale Gedankenkonstrukt als normatives Fundament dienen kann. So gibt die in Kapitel 3 geführte Diskussion der ordoliberalen Grundprinzipien vor dem Hintergrund der psychologischen Erkenntnisse Aufschluss darüber, wann die Wirtschaftspolitik Verhaltensanomalien berücksichtigen muss, um das gewünschte Ergebnis zu erzielen und wann das aus der Psychologie bekannte Verhalten für die Wirtschaftspolitik keine Bedeutung hat. Daraus wiederum kann die Sinnhaftigkeit libertär-paternalistischer Maßnahmen abgeleitet werden.

Ziel einer Wirtschaftspolitik, die auf eine psychologische Betrachtung des Ordoliberlismus aufbaut, ist es somit, mögliche negative Auswirkungen des Wettbewerbs zu verhindern und es den Akteuren zu ermöglichen, ihre Freiheit und die Vorzüge des Wettbewerbs zu ihren Gunsten zu nutzen. Deshalb soll nicht die Umgestaltung des Angebots oder des Wettbewerbs im Fokus stehen, sondern vielmehr die Schärfung der Aufmerksamkeit und des Bewusstsein der Menschen für ihre vielfältigen Möglichkeiten.

4.2.1 Zentrale Fragen bei der Umsetzung

Es ist somit an der Zeit, die psychologischen Erkenntnisse darüber, wie Menschen agieren und denken, zu berücksichtigen und zu nutzen, um neue Wege in der Wirtschafts- und Sozialpolitik zu gehen. Dabei wird die Integration der psychologischen Erkenntnisse jedoch nicht nur zu neuen Möglichkeiten in der Wirtschafts- und Sozialpolitik führen, sondern sie auch vor Herausforderungen stellen. Denn wie sich bereits in der Diskussion um den Libertären Paternalismus zeigt, wird eine Wirtschaftspolitik, die sich von den strikten Annahmen des homo oeconomicus löst, kontroverse Diskussionen hervorrufen. Ein wesentlicher Grund hierfür ist, dass mit der Aufhebung der strengen Annahmen bezüglich des Verhaltens und der Eigenschaften der Menschen die Vorhersehbarkeit, wie sich eine Maßnahme auswirken wird, schwindet. Demzufolge wird auch die Eindeutigkeit, wie eine Maßnahme gestaltet werden sollte, um das erwünschte Ziel zu erreichen, verloren gehen. Dadurch werden wirtschafts- und sozialpolitische Umsetzungen angreifbar und können schnell willkürlich wirken. Gerade bei der Umsetzung von Maßnahmen, die Menschen vor Fehlern und daraus resultierendem Schaden bewahren sollen, wird sich immer wieder die Frage stellen, ob Menschen nicht selber entscheiden können, ob sie diesen Fehler begehen oder nicht. Diese Frage stellt sich nicht erst bei tatsächlichen Verboten, sondern auch bei lenkenden Maßnahmen. Denn auch wenn jedes Individuum faktisch frei in seinen Entscheidungen ist, wird er durch die bewusste Gestaltung der Entscheidungssituation beeinflusst. Gerade diesbezüglich muss hinterfragt werden, wie ein Dritter, der die Entscheidungssituation wählt und somit die Richtung vorgibt, es besser als der Betroffene selber wissen kann, welche Entscheidung die richtige, bzw. „die bessere" ist. Da in einer liberalen Wirtschaftspolitik (vgl. hierzu Hayek, 1959) der Grundsatz gilt, jeder könne für sich selber am besten entscheiden, kann gerade letztgenannter Aspekt zu Problemen in der Umsetzung führen.

Da es jedoch in der Praxis immer wieder Momente geben wird, in denen ein Zuviel an individueller Freiheit zu Handlungen führt, die als unethisch empfunden werden können oder Menschen offensichtlich darunter leiden, wird sich die Frage in der Wirtschaftspolitik kaum umgehen lassen, ob der individuellen Freiheit oder der Beeinflussung zu Gunsten des Wohlergehens der Vorrang gewährt werden sollte. Zudem wird in einer Wirtschaftspolitik, deren Rahmen aus institutionellen Regelungen besteht, immer eine gewisse Richtung vorgegeben. Die Entscheidung, welche Richtung dadurch vorgegeben wird, lässt sich somit kaum vermeiden.

4.2.2   Probleme in der Praxis

Auf Grund der oben angeführten Aspekte wird es in der Praxis häufig zu Konflikten zwischen der theoretischen Idealvorstellung des Liberalismus und der praktischen Umsetzung dieser Idee kommen. Denn wird unterstellt, dass rationale Menschen am besten wissen, was gut für sie ist, lässt sich konsequenterweise kein Eingriff in Form von Verboten oder Regulierungen rechtfertigen, solange keinem Dritten Schaden entsteht. Ganz in diesem Sinne argumentieren Becker und Murphy (1988), dass es für einen Drogenabhängigen rational sein kann, Drogen zu konsumieren, weshalb ihm das Recht auf seine freie Entscheidung nicht genommen werden darf. Wird die Annahme der Rationalität aufrechterhalten, lassen sich Eingriffe in die individuelle Freiheit, wie im Falle des Drogenkonsums, somit nicht rechtfertigen. Die gleiche Argumentation ließe sich auch auf das Beispiel des Organhandels übertragen. So bestünde kein Grund, den Organhandel zu verbieten, solange angenommen wird, Menschen würden in einer rationalen Entscheidung zum Schluss kommen, dass z. B. der Verkauf einer Niere, den individuellen Nutzen steigert.

Einer solchen Politik würden jedoch die wenigsten Menschen zustimmen, da sie gegen die intuitive Moralvorstellung der Menschen verstößt (Haidt, 2001). Dementsprechend lassen sich auch viele Beispiele in Deutschland dafür finden, dass Menschen durch institutionelle Regelungen von einer freien Entscheidung abgehalten werden, obwohl ihnen im Grunde die individuelle Entscheidungsfreiheit gewährt werden sollte. Zumindest solange die Annahme des rationalen Handelns aufrechterhalten wird. So werden zum Beispiel Menschen – um einen extremen Fall anzuführen – daran gehindert, sich das Leben zu nehmen.

Da die Rationalitätsannahme nichts über die Wertigkeit der Entscheidung selber aussagt (vgl. Kapitel 2.2.1), lässt sich ein freiheitseinschränkender Eingriff – wie er im Falle der Verhinderung eines Selbstmordes verübt wird – unter Ausschluss von ethischen und christlichen Kriterien im Grunde nicht rechtfertigen. Dennoch entscheidet der Staat, dass die individuelle Entscheidung für das Leben besser als die Entscheidung für den Tod ist (in Deutschland ist jeder Bürger verpflichtet, einen Selbstmordversuch zu unterbinden. Vernachlässigt er seine Pflicht, kann er gemäß §13 StGB bestraft werden). Erst durch die Aufhebung der Annahme, Menschen agierten immer rational, ließe sich ein solcher Freiheitseingriff argumentieren.

Tatsächlich lässt sich in der Praxis oftmals beobachten, dass institutionelle Freiheitseinschränkungen eher gemäß einer Moral- und Wertevorstellung getroffen werden, als anhand rationaler Begründungen. Demzufolge ist die Trennschärfe, wann die Freiheit eingeschränkt werden sollte, d. h. wann Menschen von einem Fehler abzuhalten sind, oftmals nicht deutlich. Gerade die Debatte über die rechtliche Unterscheidung zwischen Drogen- und Alkoholkonsum (vgl. Fokus online, 2010) sowie passiver (hierzu gibt es bislang (2012) in Deutschland keine eindeutige Rechtsregelung, es wird jedoch jedem Menschen zugebilligt, im Rahmen einer Patientenverfügung seinen Willen festzulegen, nachdem Ärzte angehalten sind zu handeln) und aktiver Sterbehilfe (wer einem anderen aktiv zum Sterben hilft, wird gemäß § 216 StGB verurteilt) zeigt, wie schwer die Entscheidung in der Praxis sein kann, wann die individuelle Freiheit durch Regeln und Vorschriften einzuschränken ist. Zwar ist es jedem Menschen verboten, sich mithilfe eines Dritten selber zu töten, jedoch dürfen Patienten lebensverlängernde Maßnahmen ablehnen. Diese Entscheidung wird diesen jedoch nicht erst dann überlassen, wenn keine Aussichten auf Erfolg mehr bestehen. Vielmehr darf kein Arzt einen Patienten zu einer notwendigen, erfolgsversprechenden Operation zwingen, wenn der Patient sich dagegen entscheidet. Während die Selbsttötung demnach allgemein als zu verhindernder Fehler gilt, wird die Ablehnung einer Operation, die unweigerlich in den Tod führt, zugelassen. Eine solche Unterscheidung lässt sich nur schwerlich anhand rationaler Argumente begründen. Vielmehr ist an diesem Beispiel ersichtlich, dass der Staat selber – als vermeintlich neutrale dritte Person – irrationale Entscheidungen auf Grund der Moralvorstellung trifft, Unterlassung sei vertretbar, ein aktives Handeln jedoch nicht (vgl. Omission Bias, Kapitel 2.3.2).

Das Beispiel verdeutlicht, dass der Vorwurf der Willkür, der einer Politik, die sich vom Bild des rationalen Akteurs löst entgegengebracht werden kann, auch gegen bereits aktuell bestehende Regelungen erhoben werden kann. Denn statt streng gemäß der Annahme zu handeln, Menschen könnten selber am besten für sich entscheiden, existieren zahlreiche institutionelle Regulierungen, die die Entscheidungen und das Verhalten der Menschen beeinflussen oder steuern. Die Unterscheidung, in welchen Fällen regulierend eingegriffen wird, ist dabei meist nicht trennscharf und lässt sich nur anhand moralischer Aspekte begründen.

Abschließend lässt sich sagen, dass es im wirtschafts- und sozialpolitischen Alltag immer zu Zielkonflikten kommen wird, da bei Entscheidungen für oder gegen Regelungen unterschiedliche Interessen und Werte gegeneinander abgewogen werden müssen, weshalb eine Maßnahme letztendlich willkürlich erscheinen kann. Somit sollte auch die Angst, bei

Aufgabe des homo oeconomicus mehr Raum für willkürliche Regelungen zu schaffen, einer Integration der Psychologie in die Wirtschafts- und Sozialpolitik nicht länger im Wege stehen. Oftmals kann sogar gerade die Erkenntnis, dass Menschen nicht immer rational, eigennützig, desinteressiert an anderen oder diszipliniert agieren, als Rechtfertigung für eine als notwendig erachtete Maßnahme dienen. Jedoch wird es die Aufgabe einer psychologisch-basierten Wirtschaftspolitik sein, die unterschiedlichen Interessen zu berücksichtigen sowie Vor- und Nachteile einer Maßnahme hinreichend abzuwägen.

Die folgende Diskussion der ausgewählten Anwendungsbeispiele bezüglich der Frage, wie sich die psychologischen Erkenntnisse in der Wirtschafts- und Sozialpolitik nutzen lassen, soll verdeutlichen, dass eine Maßnahme, je nach Perspektive und Interessen, Vor- und Nachteile aufweist. Durch die Anwendungsbeispielen werden einerseits die Probleme aufgezeigt, die in der praktischen Umsetzung einer psychologischen Wirtschaftspolitik entstehen können, und andererseits die Chancen beschrieben, die sich in der Wirtschafts- und Sozialpolitik durch die Berücksichtigung der Psychologie ergeben. Auf Grund der Vielfältigkeit der Argumente für oder gegen eine Maßnahme, können die folgenden Ausführungen nicht als vollständig und abgeschlossen betrachtet werden, sondern nur als Denkanstöße für weitere Diskussionen dienen.

4.3 Anwendungsbeispiele

In den vergangenen Jahren haben Debatten im Bereich der Umweltpolitik, des Gesundheitswesens, des Verbraucherschutzes und der Sozialpolitik die Medienlandschaft geprägt. Gerade im Umwelt- und Gesundheitsbereich stößt die herkömmliche Politik immer öfter an ihre Grenzen. Negative externe Effekte, die entweder den Klimawandel vorantreiben oder die Kosten im Gesundheitswesen ansteigen lassen, können kaum reduziert werden, ohne in die individuelle Freiheit einzugreifen. Demzufolge ist gerade die Frage, ob sich negative externe Effekte durch die Berücksichtigung psychologischer Erkenntnisse reduzieren lassen, von besonderem Interesse. Denn ergeben sich dadurch neue Möglichkeiten zur Minderung unerwünschter Effekte, könnten diese reduziert werden, ohne in die individuelle Freiheit regulierend eingreifen zu müssen.

Auch im Hinblick auf die bisher mangelnde wissenschaftliche Fundierung des Verbraucherschutzes (Thorun, 2010) spielt die Berücksichtigung der psychologischen Erkenntnisse bezüglich menschlichen Agierens im wirtschaftlichen Kontext eine wichtige Rolle. So kann die Erkenntnis, dass der Wettbewerb an Effizienz verlieren kann, wenn Menschen sich von der Angebotsvielfalt überfordert fühlen und es ihnen an Orientierungshilfen fehlt (vgl. Kapitel 3.2; 3.3; 3.7), als Rechtfertigungsgrundlage für den Verbraucherschutz dienen. Ebenso ergeben sich durch die Berücksichtigung der psychologischen Erkenntnisse möglicherweise alternative Ansätze zu der bisher häufig vertretenen Meinung, mehr Informationen würden Verbraucher schützen. Denn gerade diesbezüglich zeigen die Ergebnisse dieser Arbeit (vgl. Kapitel 2.2.2; 3.7), dass Menschen viel mehr durch die Art und Weise, wie Informationen dargestellt werden, geschützt werden können, als durch die Fülle der Angaben.

Nicht zuletzt kann die Berücksichtigung der psychologischen Erkenntnisse auch in der Sozialpolitik zu neuen Lösungsansätzen führen und zu einem besseren Verständnis zu der Frage, wann der Gerechtigkeit statt der Effizienz Vorrang gewährt werden sollte, beitragen.

Werden die psychologischen Erkenntnisse in der Gestaltung der Wirtschafts- und Sozialpolitik berücksichtigt, kann dies der Politik somit neue Impulse geben. Gleichzeitig darf jedoch nicht vernachlässigt werden, dass dadurch auch wiederum Probleme entstehen können. Dies wird im Folgenden anhand verschiedener Anwendungsbeispiele gezeigt. Dabei werden nicht nur eigene Vorschläge zur Nutzung der psychologischen Erkenntnisse entwickelt, sondern ebenso bereits bestehende oder diskutierte Lösungsansätze sowie Probleme aufgegriffen (vgl. Armstrong, 2008; Epley & Gneezy, 2007; Epley, Mak & Idson, 2006; Goyder & Brooker, 2007; Kooreman, 2000; Reisch & Oehler, 2009; Shafir, Simonson & Tversky, 2006; Thorun, 2010).

4.3.1 Reduktion von umweltschädlichen Effekten durch direktes Feedback

Nachhaltiger Umwelt- und Klimaschutz ist gegenwärtig ein wichtiges Thema in Politik und Gesellschaft. Jahrelang wurde, bedingt durch die Industrialisierung, Kohlendioxid (CO_2) ausgestoßen, ohne dabei die ökologischen Konsequenzen zu berücksichtigen. Doch nicht länger können die negativen Auswirkungen vernachlässigt werden. So hat sich von 1906 bis 2005 die Lufttemperatur um durchschnittlich 0,74 Grad Celsius erhöht, wodurch die Intensität an Naturkatastrophen, wie Dürre, Überschwemmungen oder Wirbelstürme laut Klima- und Umweltforschern zugenommen hat (Intergovernmental Panel on Climate Change, 2007). Nicht zuletzt aus diesen Gründen hat das Thema des Umweltschutzes in den letzten Jahren deutlich an politischer Relevanz gewonnen.

Die politische Wichtigkeit des Themas zeigt sich nicht zuletzt auch durch die jährlich stattfindende Weltklimakonferenz. Bei dieser steht insbesondere die Frage im Mittelpunkt, wie sich der Ausstoß von CO_2, als dem größten Verursacher des Treibhauseffekts, reduzieren lässt. In diesem Kontext haben sich die Länder Ziele auferlegt, in welchem Zeitraum und in welchem Maße sie ihren Emissionsausstoß mindern wollen. Die Europäische Union hat laut Angaben des Bundesministeriums für Umwelt, Naturschutz und Reaktorsicherheit (Stand Februar 2012) diesbezüglich zugesagt, ihre Emissionen insgesamt von 2008 bis 2012 um 8 Prozent gegenüber dem Niveau von 1990 zu verringern. Das nationale Ziel Deutschlands beläuft sich dabei sogar auf 21 Prozent.

Im Rahmen dieser Debatte steht vornehmlich die Frage im Vordergrund, wie sich der industrielle Emissionsausstoß reduzieren lässt. Weniger stehen dagegen Überlegungen im Fokus, wie der CO_2-Ausstoß von privaten Haushalten verringert werden kann. Da diese jedoch neben der Energiewirtschaft, der Industrie und dem Verkehrssektor den viertgrößten Beitrag zur CO_2-Produktion leisten (Erdmenger et al., 2007), muss ebenso über Maßnahmen in diesem Bereich nachgedacht werden. Aber wie lassen sich private Haushalte zu einer Reduktion des CO_2-Ausstoßes motivieren?

Da die CO_2-Verursachung nicht spürbar ist und keine direkten Kosten entstehen, wird in der Ökonomie davon ausgegangen, dass niemand ein Interesse daran hat, sein Verhalten zu Gunsten der CO_2-Reduktion zu ändern. Gemäß dieser Annahme ließen sich die negativen externen Effekte somit nur durch eine Umkehrung der indirekten Kosten in direkte Kosten in Form von z. B. Steuererhebung, oder gar Verbote und Vorschriften, erreichen. Doch die Vorstellung vorzugeben, wie viel Kilometer jeder Mensch pro Jahr mit dem Auto fahren, wie viel jeder Haushalt pro Jahr heizen oder wie viel Strom jeder im Jahr verbrauchen darf, ist absurd. Ebenso kann die Lösung nicht immer in der Erhöhung von Steuern und somit Preisanstiegen liegen. Nicht nur, dass solche Maßnahmen Menschen in ihrer Freiheit einschränken oder bestimmte Gruppen diskriminieren – sie können sich auch kontraproduktiv auswirken. So weist Gowdy (2008) darauf hin, dass Maßnahmen, die entweder auf der Idee der monetären Anreize bei umweltfreundlichem oder monetärer Bestrafung bei umweltschädlichem Verhalten aufbauen, nicht immer zielführend sind. Im schlimmsten Fall können solche Maßnahmen sogar dazu führen, dass die intrinsische Motivation umweltfreundlich zu agieren, verdrängt und das Verantwortungsgefühl gemindert wird. Hierin zeigt sich, dass die Verhinderung von negativen externen Effekten durch regulierende Eingriffe an ihre Grenzen stößt.

Um langfristig das Klima und die Umwelt zu schützen, reichen somit keine Strafen bei umweltbelastendem oder externe Anreize bei umweltfreundlichem Verhalten aus. Vielmehr muss eine intrinsisch motivierte Verhaltensänderung bewirkt werden, die dazu führt, dass Menschen freiwillig umweltbewusst agieren. Die Berücksichtigung der psychologischen Erkenntnisse bietet diesbezüglich neue Alternativen, den Klimaschutz effizient und nachhaltig zu gestalten durch entweder a) Nutzung des Wunsches nach Normenkonformität oder b) dem Wunsch, anderen keinen Schaden zuzufügen (Attari, DeKay, Davidson & de Bruin, 2010; Gowdy, 2008; Swim et al., 2009).

Um die Eigenschaften der Menschen für einen nachhaltigen Umweltschutz nutzen zu können, sollte im ersten Schritt dafür gesorgt werden, dass Menschen sich tatsächlich über den Umweltschaden, den sie selber durch ihr Verhalten verursachen, bewusst werden. Zwar wird dieser Versuch bereits in Umwelt- und Klimakampagnen unternommen, jedoch wird häufig ein falscher und wenig effektiver Ansatz gewählt. So werden Bürger zwar durch Informationen über Umwelt- und Klimaschäden aufgeklärt, jedoch bleiben die Informationen meist abstrakt und wenig persönlich, wodurch nur eine geringfügige Verhaltensänderung bewirkt wird (Böhler-Baedeker, Koska, Reutter & Schäfer-Sparenberg, 2010).

Dies lässt sich auch an der in 2009/2010 in verschiedenen Städten aufwendig durchgeführten Werbe- und Imagekampagne „Kopf an: Motor aus." erkennen. Mit dieser Initiative sollte bei den Menschen Bewusstsein dafür geschaffen werden, dass gerade kurze Autofahrten, die auch mit dem Fahrrad oder zu Fuß zurückgelegt werden können, umweltbelastend sind. Durch Flyer, Plakate oder sonstige Informationsbroschüren sollten die Bürger auf das Problem aufmerksam gemacht und dazu motiviert werden, vermehrt das Fahrrad zu nutzen. Doch auch wenn die Mehrheit der Bürger die Kampagne wahrgenommen hat, zeigt der dazugehörige

Monitoring-Bericht (Böhler-Baedeker et al., 2010), dass tatsächlich nur ein kleiner Teil der Anwohner auf das Fahrrad umgestiegen ist. Somit war die Kampagne zwar nicht erfolglos, jedoch führte sie zu keiner nachhaltigen Verhaltensänderung und blieb hinter ihren Möglichkeiten zurück.

Das mögliche Problem derartiger Kampagnen liegt, so kann anhand der psychologischen Erkenntnisse angenommen werden, in der unpersönlichen Informationsverbreitung. Denn wie auch in anderen Bereichen, führen mehr Informationen nicht zum Ziel, insbesondere dann nicht, wenn die Informationen allgemein gehalten sind.

Statt Menschen darüber aufzuklären, wie stark das gesamte Verkehrsaufkommen zum CO_2-Ausstoß beiträgt, sollte ihnen vielmehr bewusst gemacht werden, wie stark eine Kurzstrecke, die sie *selber* zurücklegen, die Umwelt belastet. Denn während eine allgemeine Angabe über die Umweltbelastung durch Autofahren eher abstrakt und unpersönlich bleibt, ist eine genaue Aussage über den CO_2-Ausstoß bei zum Beispiel einer 2-minütigen Autofahrt zur nächsten Poststelle persönlicher und könnte eine größere Wirkung erreichen. Je konkreter die Information ist und je direkter Menschen vor Augen geführt wird, welche Auswirkungen ihr *eigenes* Verhalten hat, umso größer ist der zu erwartende Effekt (vgl. Gowdy, 2008).

In diesem Sinne weist auch Swim et al. (2009) darauf hin, dass es wichtig ist, Menschen direkt auf die Auswirkungen ihres Verhaltens auf die Umwelt hinzuweisen, da sie den Einfluss ihres Verhaltens auf die Umwelt tendenziell unterschätzen. Aus diesem Grund kann auch vermutet werden, dass Menschen eher realisieren, wie sich eine kurze Fahrt mit dem Auto und somit gegebenenfalls ihr individuelles Verhalten auf die Umwelt auswirkt, wenn die Umweltfolgen von Autofahren anhand konkreter Beispiele oder z. B. einer direkten Anzeige im Auto dargestellt werden. Dies wäre vergleichbar mit der Technik des Smart Metering, durch die private Haushalte auf einem speziellen Gerät (Smart Meter) in Echtzeit ablesen können, wie viel Strom sie verbrauchen, wie hoch der CO_2-Ausstoß ist und welche Kosten ihnen dadurch entstehen (vgl. Kapitel 3.10.2).

Grundsätzlich müssen jedoch zwei Aspekte einschränkend angemerkt werden. So darf die Wirkung der Information, wie viel CO_2 gerade durch das eigene Verhalten verursacht wird, nicht überschätzt werden. Denn auch wenn anhand der psychologischen Erkenntnisse angenommen werden kann, dass Menschen versuchen werden, negative externe Effekte ihres Verhaltens zu reduzieren, wird die Möglichkeit, Kosten einzusparen, Menschen vermutlich stärker zur Verhaltensänderung motivieren. Aus diesem Grund sollten Menschen bezüglich des CO_2-Ausstoßes *und* der direkten Kosten informiert werden. Zweitens muss bedacht werden, dass eine regelmäßige Information bezüglich der individuellen CO_2-Verursachung ihr Ziel ebenfalls verfehlen kann. Insbesondere dann, wenn Menschen zu oft und in zu vielen Situationen bezüglich der CO_2-Verursachung informiert werden. In einem solchen Fall würden sie vermutlich „abstumpfen". Eine genaue Abwägung, wann und wo eine konkrete und persönliche Information zielführend sein kann, ist somit von großer Bedeutung für die Effektivität einer Maßnahme.

Durch personalisierte Informationen bezüglich der CO_2-Verursachung lässt sich zudem nicht verhindern, dass Menschen auf Grund der Annahme, die eigen Verhaltensänderung hätte keine positive Auswirkung auf die Umwelt, an alten Gewohnheiten festhalten. Diesem Problem kann jedoch durch das Anstoßen sozialer Vergleichsprozesse entgegengewirkt werden. Wird durch soziale Vergleichsprozesse deutlich, dass viele Menschen auf die CO_2-Einsparung achten, wird diese als soziale Norm auf die Dauer wahrgenommen. Die Missachtung der Auswirkungen des eigenen Verhaltens auf die Umwelt kann dadurch als Verstoß gegen die soziale Norm empfunden werden. Da Menschen den Wunsch haben, sozialen Normen zu entsprechen, lässt sich dadurch eine nachhaltige Verhaltensänderung bewirken. Dieses Phänomen konnte Allcott (2011) bezüglich des Stromverbrauchs privater Haushalte beobachten. Durch konkrete Angaben darüber, wie viel Strom vergleichbare Haushalte verbrauchten, konnten diejenigen, die in ihrem Stromverbrauch über dem Vergleichswert lagen, zu einer Stromreduktion bewegt werden (vgl. Kapitel 3.10.2).

Aber auch in diesem Fall können Probleme auftreten. Denn abgesehen von dem erheblichen Kontrollaufwand, der zur Ermittlung von Vergleichswerten notwendig wäre, könnten durch den sozialen Vergleich Bumerangeffekte entstehen (vgl. Kapitel 3.10.3), wenn Menschen feststellen, dass sie weniger negative externe Effekte als andere verursachen.

Dies zeigt, dass die Reduktion von negativen externen Effekten durch psychologisch basierte Maßnahmen zwar bewirkt werden kann, jedoch ebenfalls mit Risiken behaftet ist.

4.3.2 Verhaltensänderung durch bewusste Gestaltung der Entscheidungssituation

Jeder Mensch verursacht im Alltag eine große Menge an umweltschädlichen Klimagasen: durch die Verwendung eines Kühlschranks, durch das Versenden von Briefen und Paketen, durch Autofahren, durch den Konsum von Lammfleisch aus Neuseeland, durch die Arbeit am PC, durch Urlaubsreisen mit dem Flugzeug etc. Die Liste der alltäglichen Aktivitäten, durch die CO_2 entsteht, lässt sich lange fortführen. Insgesamt verbraucht ein Deutscher im Durchschnitt 10,5 Tonnen Kohlendioxid pro Jahr (Landeszentrale für politische Bildung Baden-Württemberg, 2012). Zwar ist diese Zahl alleine wenig eindrucksvoll, jedoch wird das umweltschädliche Ausmaß ersichtlich, wenn man bedenkt, dass jeder Mensch weltweit nur maximal 2 Tonnen CO_2 im Jahr verursachen dürfte, um die zum Schutz des Weltklimas angestrebte Begrenzung der Erderwärmung auf 2 Grad zu erreichen (Lell, 2012). Dieses Jahresbudget würde ein Mensch jedoch schon dann verbrauchen, wenn er täglich mit dem Auto 35 km zurücklegt. Und erst recht wäre das Jahresbudget überschritten, wenn jemand eine Flugreise in die Karibik antreten würde, da durch den Hin- und Rückflug von Deutschland aus eine Schadstoffmenge entsteht, die 4 Tonnen CO_2 entspricht.

Doch während sich manche Dinge, durch die CO_2 produziert werden, im Alltag nur schwer oder gar nicht verhindern lassen, reicht oftmals eine kleine Verhaltensänderung aus, um den CO_2-Ausstoß in anderen Bereichen zu reduzieren. Ein großes Problem ist jedoch, dass sich Menschen häufig nicht bewusst darüber sind, welche negativen externen Effekte sie durch ihr Verhalten verursachen. Sie können jedoch auf die negativen externen Effekte ihrer Handlungen und Entscheidungen aufmerksam gemacht und ihnen die Möglichkeit gegeben werden, die verursachten Umweltkosten bei Wunsch zu kompensieren.

Initiativen, die eine solche Möglichkeit der Kompensation zugunsten der Umwelt anbieten, gibt es bereits. Zu den bekanntesten Initiativen zählt das Angebot der Deutschen Post/DHL, Briefe, Pakete und Päckchen klimaneutral zu versenden (GoGreen). Dazu bieten sie ihren Kunden die Möglichkeit, einen kleinen Aufpreis von etwa 10 Cent zum bisherigen Versendungsbetrag, zu zahlen. Dieses Geld investiert DHL wiederum in diverse Umwelt- und Klimaschutzprojekte.

Seit Juli 2011 hat sich das Unternehmen entschieden, innerhalb Deutschlands alle Briefe oder Pakete standardmäßig klimaneutral zu verschicken. Dafür müssen Kunden nicht mehr länger die umweltfreundliche Option wählen oder einen Aufpreis zahlen. Die zusätzlichen Kosten werden von DHL selber gedeckt. Im Gegensatz dazu werden Pakete und Päckchen, die international verschickt werden, auf herkömmliche Art und Weise, d. h. ohne dass DHL einen Kompensationsbeitrag leistet, verschickt. Allerdings haben Kunden wie bis 2011 im nationalen Bereich auch die Möglichkeit, ihre internationalen Sendungen durch die Wahl der GoGreen-Option klimaneutral zu verschicken.

Das Interessante an diesem Modell ist, dass DHL-Kunden bei Umfragen angeben, sie seien bereit, einen kleinen Beitrag für die Umwelt zu zahlen. Betrachtet man jedoch, wie viele Kunden tatsächlich die GoGreen-Option wählen, lässt sich eine eindeutige Differenz zwischen der angegebenen Bereitschaft und der tatsächlichen Umsetzung erkennen. So liegen zwar von DHL Seite bisher keine offiziellen Angaben diesbezüglich vor, jedoch zeigen inoffizielle Auswertungen – wie ein GoGreen-Projektmitarbeiter (Guido Sattler) auf persönliche E-Mailanfrage (2. März 2012) mitteilte – dass im nationalen Bereich bis Juli 2011 weniger als 10 Prozent der Kunden die klimaneutrale Versandoption wählten. Natürlich kann nicht ausgeschlossen werden, dass der Grund, weshalb nur ein geringer Teil die umweltfreundliche Option wählt, in den zusätzlichen Kosten liegt, jedoch ist die Befolgung des Status Quo im Hinblick auf die psychologischen Erkenntnisse, wie Menschen agieren, eine plausiblere Erklärung.

Da sich Post-Kunden im Falle von GoGreen bewusst für die klimaneutrale Versandart entscheiden müssen, kann vermutet werden, dass die umweltfreundliche Initiative erfolgreicher wäre, wenn nicht nur eine klimafreundliche Option angeboten, sondern der Status Quo geändert würde. Müssten sich Kunden bewusst gegen einen klimaneutralen Versand entscheiden (Opt-Out), kann angenommen werden, dass sich die Situation umkehren würde. Voraussichtlich würde der Großteil die klimafreundliche Versandart beibehalten und nur wenige würden sich dagegen entscheiden.

Die Wirkung einer solchen Umkehrung lässt sich im Schweizer Strommarkt beobachten. Auch hier zeigt sich eine erhebliche Differenz zwischen der Anzahl (85 Prozent), die sich in einer Umfrage bereit erklärten, einen etwas höheren Preis für einen atomstromfreien Mix zu zahlen und denen (15 Prozent), die diesen Mix tatsächlich beziehen (Meier, 2012).

Einige Elektrizitätswerke verschiedener Schweizer Städte erkannten vor einiger Zeit das allgemeine Interesse an Ökostrom und nutzten dies, um den Status Quo umzukehren. Demzufolge beziehen in Genf seit 2003 und in Zürich seit 2006 alle Haushalte automatisch den etwas teureren Ökostrommix (Meier, 2012). Statt sich, so wie vorher, für den Ökostrom entscheiden zu müssen (Opt-In), beziehen die Haushalte diesen nun automatisch und müssen sich gegen ihn entscheiden (Opt-Out), wenn sie lieber den herkömmlichen und günstigeren Mix aus Öko- und Atomstrom beziehen wollen. Die Erfahrungen aus diesen beiden Städten zeigen, dass weit über die Hälfte bei dem neuen Ökostrom bleiben und somit das umgekehrte Ergebnis zu der Opt-In-Entscheidungssituation erreicht wird.

In Anbetracht dieser Ergebnisse ist die Überlegung, das bewusste Setzen oder die Änderung von derartigen Defaults umweltpolitisch zu unterstützen und zu fördern, von großer Relevanz. Denn statt gewisse Handlungen durch z. B. Lenkungssteuern zu beeinflussen oder durch Gesetzesvorschriften zu regulieren, lassen sich umweltschädliche Effekte auch durch sanftere Maßnahmen verringern.

Die Reduktion von negativen externen Effekten durch die bewusste Gestaltung der Entscheidungssituation ist jedoch nicht unkritisch. So kann der Vorwurf aufkommen, dass durch die Änderung des Status Quo Menschen in ihrer Entscheidung in vielen Fällen zu ihren finanziellen Ungunsten beeinflusst werden. Auch wenn sie nach wie vor die Möglichkeit haben, sich gegen die teurere, umweltfreundliche Version zu entscheiden, laufen sie gerade wegen des Status Quo Bias Gefahr, dass sie diese Wahlfreiheit nicht nutzen.

Ein weiterer Aspekt, der bei der Änderung des Status Quo berücksichtigt werden sollte, ist die möglicherweise dadurch erzielte Veränderung einer sozialen Norm, wenn der Status Quo als eine solche wahrgenommen wird. Ändert sich der Status Quo so, dass der klimaneutrale Versand oder der Bezug von Ökostrom als Norm gilt, könnten diejenigen, die die herkömmliche Versandart oder den herkömmlichen Atomstrommix wählen, als Normverletzer wahrgenommen werden. Da Menschen, wie aus psychologischen Untersuchungen bekannt ist (vgl. Kapitel 2.3.2), nicht als Normverletzer gelten wollen, liegt die Vermutung nahe, dass sie den neu festgelegten Status Quo beibehalten, obwohl sie sich aus finanziellen

Gründen vielleicht lieber für die herkömmliche Variante entschieden hätten. Somit ist zwar durch die Opt-Out-Situation theoretisch niemand in seiner individuellen Wahlfreiheit beschränkt, faktisch jedoch schon.

Die Umkehrung des Status Quo zugunsten der Umwelt im Falle des klimaneutralen Paketversands oder des Strombezugs lässt sich auf viele weitere Bereiche übertragen. So könnte ebenfalls die Opt-Out-Bedingung im Flugsektor gewählt werden. Während aktuell Flugreisende auf Wunsch bei Initiativen oder Organisationen wie z. B. atmosfair einen auf die Flugreise umgerechneten Beitrag zum klimaneutralen Fliegen leisten können, könnte über eine automatische Beitragsleistung nachgedacht werden. Fluggäste hätten immer noch die Möglichkeit, sich gegen diese zu entscheiden, jedoch müssten sie die Entscheidung bewusst treffen und vom Status Quo abweichen. Da die Änderung des Defaults in vielen Bereichen zu vielen kleinen Minderungen von negativen externen Effekten führen würde, kann die umweltpolitische Unterstützung derartiger Maßnahmen zielführend sein.

Am Beispiel des klimaneutralen Fliegens zeigt sich jedoch, wie fließend der Übergang zwischen Akzeptanz und Ablehnung solcher Maßnahmen sein kann. Denn während es sich bei einer klimaneutralen Paketversendung nur um einen geringfügigen Aufpreis handelt, steigen die Preise für einen klimaneutralen Flug erheblich an. Erliegen Fluggäste dem Status Quo Bias, entstehen ihnen erhebliche Kosten, die sie unter Umständen nicht bereit sind, zu tragen. Somit stellt sich die Frage, wann die Änderung eines Status Quo erwünscht und akzeptiert ist und wann nicht. Zusätzlich muss diskutiert werden, wie sich Defaults, die Menschen in ihrer Entscheidung beeinflussen, zugunsten der Umwelt rechtfertigen lassen, das Setzen von Defaults in anderen privatwirtschaftlichen Bereichen jedoch unerwünscht ist. Eine solche wertorientierte Unterscheidung kann schnell willkürlich erscheinen (vgl. hierzu die Bestimmung der EU, Art. 22 der Verbraucherrichtlinie: „Bevor der Verbraucher durch den Vertrag oder das Angebot gebunden ist, hat der Unternehmer die ausdrückliche Zustimmung des Verbrauchers zu jeder Extrazahlung einzuholen, die über das vereinbarte Entgelt für die Hauptleistungspflicht des Unternehmers hinausgeht. Hat der Unternehmer vom Verbraucher keine ausdrückliche Zustimmung eingeholt, sondern sie dadurch herbeigeführt, dass er Voreinstellungen verwendet hat, die vom Verbraucher abgelehnt werden müssen, wenn er die zusätzliche Zahlung vermeiden will, so hat der Verbraucher Anspruch auf Erstattung dieser Zahlung.").

Trotz der möglichen Kritik darf jedoch das Potenzial, das die Nutzung der Verhaltensanomalien für eine effiziente Umweltpolitik bietet, nicht vernachlässigt werden. Denn derartige Möglichkeiten wurden zwar von Eucken, wie die Untersuchung des Ordoliberalis-mus unter Berücksichtigung der psychologischen Erkenntnisse ergeben hat, vernachlässigt, jedoch wäre eine Verringerung von negativen externen Effekten bei gleichzeitiger Vermeidung von regulierenden Eingriffen in seinem Sinne.

4.3.3 CO$_2$-Kompass als Richtungsweiser für umweltbewusstes Verhalten

Reife Mangos, saftige Ananas und gelbe Honigmelonen – wer greift da nicht gerade im Winter, wenn es kaum frisches Obst in Deutschland gibt, gerne mal zu. Doch während der eine oder andere sich vielleicht über den hohen Preis der exotischen Früchte ärgert, haben vermutlich die wenigsten Konsumenten Bedenken über mögliche Umweltschäden, die durch ihren Wunsch nach frischem, exotischem Obst verursacht werden. Vielmehr stehen bei der Kaufentscheidung Aspekte wie z. B. „welches ist die saftigste Ananas" oder „welche Mango ist die weichste" im Vordergrund. Dabei ist nur den wenigsten bewusst, dass gerade die reifen exotischen Früchte eine schlechte Umweltbilanz haben. So gehören Mangos, Ananas und Honigmelonen zu den Früchten, die nach der Ernte nicht mehr nachreifen. Damit diese exotischen Früchte dennoch reif und frisch in deutschen Supermärkten ankommen, müssen sie per Luftfracht eingeflogen werden. Dadurch vervielfacht sich der CO$_2$-Ausstoß und die Umwelt wird belastet. Doch dieser negative externe Effekt, der durch den Verzehr reifer Exotenfrüchte verursacht wird, ist für die Konsumenten weder spürbar, noch offensichtlich. Aus diesem Grund vernachlässigen sie die Kosten.

Da sich Menschen einerseits, wie aus der Psychologie bekannt, bemühen, Schaden zu vermeiden (vgl. Kapitel 2.3.2) und andererseits sich in Deutschland in den letzten Jahren ein Umweltbewusstsein entwickelt hat (Borgstedt, Christ & Reusswig, 2010), kann vermutet werden, dass Menschen die negativen externen Effekte beim Kauf von exotischen Tropenfrüchten jedoch dann berücksichtigen würden, wenn diese Kosten sichtbar wären. Demzufolge ließen sich durch eine Kennzeichnung bezüglich der CO$_2$ Belastung auf dem Obst negative Umwelteffekte reduzieren.

Um den CO_2-Ausstoß durch den Verzehr exotischer Früchte zu mindern, müssen Menschen nicht sofort auf einen solchen Genuss verzichten. Vielmehr gibt es erste Initiativen (z. B. kipepeo), die sich dafür einsetzten, dass exotische Früchte nicht in Frachtflugzeugen nach Deutschland gebracht werden, sondern ungenutzter Gepäckplatz in Passagierflugzeugen für den Transport verwendet wird. Neben dieser Initiative gibt es andere Maßnahmen (z. B. Stop-climate-change oder nature-and-more), die sich, entsprechend den vorherigen Beispielen (GoGreen und atmosfair), durch Investition in bestimmte Klima- und Umweltprojekte für klimaneutrale Tropenfrucht einsetzen. Durch den Konsum von Früchten, die im Rahmen solcher Initiativen als klimaneutral zertifiziert wurden, hat jeder Verbraucher weiterhin die Möglichkeit, exotische Früchte zu genießen, ohne dabei jedoch die Umwelt zu belasten. Ebenso können Verbraucher durch den Kauf von saisonalem Obst und Gemüse der Region auf eine gute Klimabilanz achten. So ist es z. B. besser, Saisonäpfel aus der Region zu kaufen, als Äpfel aus Neuseeland zu konsumieren, die wiederum per Luftfracht nach Deutschland importiert wurden. Andererseits kann dieser Apfel aus Neuseeland gegenüber einem regionalen Apfel dann klimafreundlicher sein, wenn der Apfel der Region über mehrere Monate kühl gelagert wurde, wodurch er ebenfalls eine schlechte Klimabilanz aufweist.

Dieses Beispiel zeigt bereits, dass umweltfreundliches Einkaufen von Obst und Gemüse nicht nur ein Bewusstsein der Menschen für die schlechte Klimabilanz von bestimmten Obst- und Gemüsesorten voraussetzt, sondern auch die Kenntnis bezüglich der unterschiedlichen klimabelastenden Werte. So müssen Konsumenten, die klimafreundlich einkaufen wollen, über alle nötigen Informationen verfügen, wie z. B. welches Obst und Gemüse es in der eigenen Region gibt, welches Obst oder Gemüse zu welcher Zeit reif ist und welche Früchte oder Gemüsesorten zwar von weit her kommen, aber mit dem Schiff transportiert wurden oder aber klimaneutral gehandelt werden. Konsumenten, die klimaneutral einkaufen wollen, müssen sich somit nicht nur im Voraus schon informieren, sie müssen vermutlich auch mehr Zeit für den Einkauf einplanen. Dies ist nicht nur kosten- und zeitintensiv, sondern setzt auch eine kognitive Leistung beim Einkaufsvorgang voraus, was wiederum zu einer Missachtung der negativen externen Effekte führen kann.

Gerade diesbezüglich könnten jedoch Maßnahmen hilfreich sein, die nicht nur das Bewusstsein für die negativen externen Effekte schärfen, sondern auch den Vorgang, um diese Effekte zu vermeiden, vereinfachen. Demzufolge könnte überlegt werden, nicht die Früchte, die eine gute Klimabilanz haben, auszuzeichnen (wie dies im Fall von klimaneutral gehandelten Früchten der Fall ist), sondern die mit einer schlechten Bilanz zu markieren. Ähnlich wie im Fall einer Lebensmittelampel (die im Anschluss diskutiert wird, vgl. Kapitel 4.3.4), könnte Obst und Gemüse mit einer Art „Klimaampel" oder einem „CO_2-Kompass" versehen werden. Dies hätte nicht nur den Vorteil, dass Verbrauchern die negativen externen Effekte ihrer Handlung direkt vor Augen geführt würden, sondern es ließe sich auch der Informationsaufwand erheblich reduzieren. Verbraucher würden ohne Aufwand anhand der Ampel erkennen, durch den Verzehr welchen Produktes kaum negative externe Effekte (grüne Kennzeichnung) verursacht werden, die negativen externen Effekte im angemessenem Rahmen (gelbe Kennzeichnung) sind oder eine gewisse Grenze überschritten (rote Kennzeichnung) wird.

Durch eine solche Maßnahme ließe sich die Umweltbelastung durch den Import ausländischer Obst- und Gemüsesorten oder der klimaunfreundlichen Lagerung zwar nicht gänzlich reduzieren, jedoch lässt sich vermuten, dass das Bewusstsein der Verbraucher für klimafreundliches Einkaufen zunehmen würde. Wäre das Obst und Gemüse durch Farbmarkierungen deutlich gekennzeichnet, würden Konsumenten bei ihrem Einkauf vermutlich verstärkt darauf achten, saisonale Produkte aus der eigenen Region und somit klimafreundliche Produkte zu kaufen. Verbraucher wären in ihrer Wahl, welches Obst und Gemüse sie konsumieren, in keiner Weise eingeschränkt. Den Konsumenten, die umweltbewusst einkaufen wollen, würde jedoch durch eine solche Maßnahme geholfen werden. Denn durch die Markierung hätten sie es leichter, die Produkte tatsächlich in ihrem Interesse auszuwählen. Andere Verbraucher dagegen, die nicht auf den Verzehr von Obst- und Gemüsesorten, die per Luftfracht importiert wurden, verzichten wollen, können diese weiterhin ohne Einschränkung kaufen und verzehren.

Ein CO_2-Kompass, so kann vermutet werden, ruft jedoch nicht nur Fürsprecher, sondern auch Kritiker hervor. So kann bemängelt werden, dass sich durch die lenkende Wirkung des CO_2-Kompass zwar einerseits die Klimabilanz verbessern lässt, andererseits jedoch die Importe von exotischen Früchten zurückgehen und somit Exportländern geschadet werden kann. Derartige Sekundäreffekte müssen berücksichtigt und Vor- und Nachteile abgewogen werden.

Die durch den CO_2-Kompass angestrebte lenkende Wirkung lässt sich jedoch noch auf Grund eines anderen Aspektes kritisieren. So ist denkbar, dass der Kauf von Obst- und Gemüsesorten, die mit der Signalfarbe Rot (für schlechte Klimabilanz) markiert sind, als unmoralisch empfunden wird. Ist dies der Fall, besteht die Möglichkeit, dass Menschen nicht mehr nur umweltbewusst einkaufen, weil sie sich „gut" fühlen wollen (Susewind & Hoelzl, 2011), sondern vermehrt klimafreundliche Lebensmittel konsumieren, weil sie das schlechte Gefühl, moralisch verwerfliche Produkte zu konsumieren, lindern wollen (in einem anderen Kontext beschreiben ein solches Verhalten Susewind & Hoelzl, 2012). Während eine solche Lenkung aus umweltpolitischer Perspektive durchaus wünschenswert ist, muss aus liberaler Sicht hinterfragt werden, ob sich ein solcher Schritt tatsächlich noch rechtfertigen lässt. Schließlich würden sich Konsumenten, streng genommen, nicht mehr ganz freiwillig für klimafreundliches Obst und Gemüse entscheiden, sondern vielmehr auf Grund des Wunsches, dem als soziale Norm empfundenen Verhalten zu entsprechen oder ein schlechtes Gewissen zu vermeiden.

An dieser Stelle kann angemerkt werden, dass die zuletzt genannte Kritik hinfällig wäre, wenn Menschen dem Bild des homo oeconomicus entsprechen würden, da sich kein Verbraucher von schlechten Gefühlen oder von Signalfarben beeinflussen ließe. In diesem Fall müsste jedoch auch angenommen werden, dass Menschen die negativen externen Effekte ihres Verhaltens egal sind, solange sie diese nicht selber spüren. Somit würde auch kein Verbraucher darauf achten, ob das Obst und Gemüse, das sie kaufen, eine gute oder eine schlechte Klimabilanz hat. Das irrationale Verhalten der Menschen ist somit immer Risiko und Chance für die Wirtschaftspolitik zu gleich. Dementsprechend müssen bei der Entscheidung für oder gegen eine Maßnahme, die sich Verhaltensanomalien zunutze macht, mögliche unerwünschte Effekte ebenso wie die erhofften Auswirkungen berücksichtigt und gegeneinander abgewogen werden.

4.3.4   Farben als Wegweiser – Gesundheit fördern und Verbraucher schützen

Menschen verursachen durch ihr Verhalten nicht nur negative externe Effekte auf die Umwelt – ihr Verhalten kann sich auch negativ auf ihre Gesundheit auswirken. So ziehen schlechte Angewohnheiten, wie z. B. Rauchen oder unausgewogene Ernährung sowie wenig Sport häufig gesundheitliche Beeinträchtigungen nach sich. Gerade das Thema der Fettleibigkeit (Adipositas) spielt in diesem Kontext eine wichtige Rolle. Das Robert Koch Institut (Benecke & Vogel, 2003) weist in einem Bericht zum Thema Übergewicht und Adipositas darauf hin, dass Fettleibigkeit an sich zwar keine Krankheit ist, Übergewicht jedoch häufig chronische Krankheiten verursacht. Übergewichtige Menschen leiden z. B. nicht selten an Typ 2-Diabetis, Herz-Kreislaufproblemen sowie Rücken- und Gelenkschmerzen. Bedenkt man, dass Adipositas in Deutschland in den letzten Jahren stetig angestiegen ist (Robert Koch Institut, 2007), erschreckt diese Erkenntnis umso mehr. Schließlich belasten die gesundheitlichen Probleme, die durch Fettleibigkeit auftreten können, nicht nur den Betroffenen selber, sondern sie verursachen auch gesamtgesellschaftliche Kosten.

Ginge man davon aus, dass Menschen dem Bild des homo oeconomicus entsprächen, gäbe es außer einer Lenkung über die Preise keine Möglichkeit, Menschen in ihren Essgewohnheiten zu beeinflussen und somit den gesundheitlichen Schäden entgegenzuwirken. Es gäbe jedoch auch keinen Grund, weshalb sie beeinflusst werden sollten, da sich jeder Mensch bewusst für die Speisen entscheiden würde, die er verzehrt. Negative externe Effekte, die von den Essgewohnheiten ausgehen, ließen sich somit nur durch einen regulierenden Eingriff, wie z. B. ein Verbot oder einer Preiserhöhung ungesunder Speisen reduzieren. Doch gerade weil Menschen nicht agieren, wie in der neoklassischen Standardtheorie angenommen, ergeben sich Möglichkeiten, wie Menschen vor langfristigen Schäden bewahrt und negative externe Effekte reduziert werden können, ohne den Verzehr von z. B. Burgern oder Pizza kontrollieren oder besteuern zu müssen.

Cutler, Glaeser und Shapiro (2003) führen das Problem der Fettleibigkeit im Wesentlichen auf mangelnde Selbstkontrolle zurück. So lässt sich beobachten, dass Menschen immer wieder zu ungesunden Speisen greifen, obwohl sie abnehmen möchten. Doch nicht nur mangelnde Selbstkontrolle kann ein Grund für Fettleibigkeit sein. Auch unverständliche oder verführerische Informationsangaben auf Lebensmitteln, wie z. B. eine Abbildung einer schlanken Silhouette oder die Angabe „0 % Fett", können dazu führen, dass Menschen sich nicht bewusst darüber sind, wie ungesund die Speisen tatsächlich sind. Gerade aus diesem Grund sollten Menschen Orientierungshilfen an die Hand gegeben werden, die ihnen nicht nur helfen, den Überblick in dem vielfältigen Angebot zu bewahren, sondern sie auch in ihrer Entscheidung beeinflussen, zu gesunden Speisen zu greifen.

Die Idee, Erkenntnisse aus der Verhaltensforschung zu nutzen, um Menschen zu einer gesünderen Ernährung zu bewegen, ist durchaus nicht neu. So lassen sich diesbezüglich bereits einige Vorschläge und Gedankenansätze in der Literatur finden (vgl. Downs, Loewenstein & Wisdom, 2009; Just, Mancino & Wansink, 2007; Just & Payne, 2009; Loewenstein, Brennan & Volpp, 2007). Lowenstein et al. (2007) schlagen z. B. vor, Getränkeautomaten, in denen gesunde Getränke enthalten sind, an angenehmen Orten aufzubauen, Automaten mit ungesunden Getränken dagegen in dunklen, unangenehmen Ecken. Auffällig ist hierbei jedoch, dass es durch derartige verhaltensändernde Maßnahmen schnell zu einem Konflikt zwischen wirtschaftlichen und gesundheitspolitischen Interessen kommen kann. Daher muss bei der Gestaltung von gesundheitsfördernden Rahmenbedingungen darauf geachtet werden, dass der Wettbewerb zwischen den Lebensmittelanbietern davon unbehelligt bleibt. Ebenso wenig darf Individuen vorgegeben werden, was oder wie viel sie essen dürfen. Ziel sollte es sein, sie auf mögliche direkte oder indirekte Konsequenzen aufmerksam zu machen, sie an ihrer freien Wahl jedoch nicht zu hindern.

Das Bewusstsein für die Auswirkungen von gesunder bzw. ungesunder Ernährung kann jedoch, wie auch in anderen Fällen, nicht mit zusätzlichen Informationen erreicht werden, sondern muss vielmehr durch eine effektive Informationsaufbereitung und -vermittlung geschaffen werden. Aus diesem Grund reicht die reine Information, wie viel und welche Nährstoffe in einem Produkt enthalten sind, nicht aus, um den in 2008 vom Europäischen Parlament erlassenen Vorsatz (90/496/EWG) „Die Kennzeichnung von Lebensmitteln soll garantieren, dass die Verbraucher über den Inhalt und die Zusammensetzung dieser Produkte vollständig informiert sind, um ihre Gesundheit und ihre Interessen zu schützen" umzusetzen. Zwar werden diejenigen, die sich in ihrer Freizeit mit dem Thema einer gesunden Ernährung beschäftigen, vermutlich wissen, welche Speisen auf Grund der Nährstoffmittelangaben als gesund und welche als ungesund zu bewerten sind, jedoch ist fraglich, ob dies ebenfalls auf diejenigen zutrifft, die sich nicht aktiv mit Ernährungsfragen auseinandersetzen.

Wie schwer es sein kann, die Informationen bezüglich der Nährstoffinhalte zu verstehen, lässt sich am Beispiel von Cornflakes verdeutlichen.

So kann bei Frühstücksflocken, auf deren Verpackung mit dem Aufdruck „100 % Vollkorn" geworben wird, leicht der Eindruck entstehen, der Verzehr einer Portion dieser Flakes sei gesund. Auch die Nährstoffangaben vermitteln zunächst diesen Eindruck (siehe Abbildung 12). Doch bedenkt man, dass sich die Angaben auf eine Menge von nur 30 Gramm beziehen, ist der Zucker- und Fettanteil wiederum sehr hoch. Unter der Annahme, dass ein erwachsener Mensch morgens rund 300 Gramm Cornflakes frühstückt, würde dies bedeuten, dass er bereits 10 Zuckerwürfel zum Frühstück zu sich nimmt.

Abbildung 12: Anteil der empfohlenen Tagesmahlzeit eines Erwachsenen

Eine Portion 30 g enthält

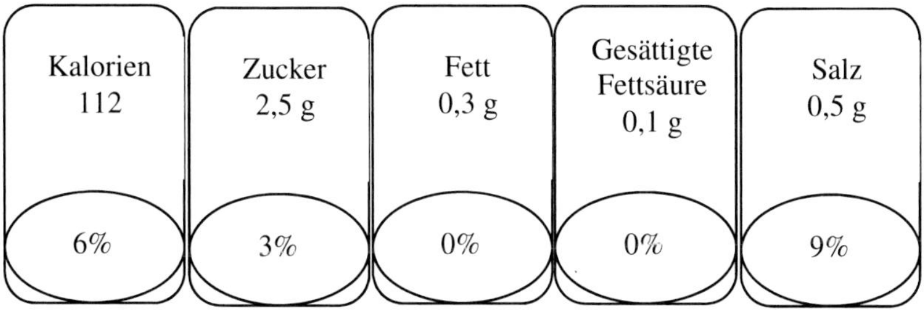

Kalorien 112	Zucker 2,5 g	Fett 0,3 g	Gesättigte Fettsäure 0,1 g	Salz 0,5 g
6%	3%	0%	0%	9%

Quelle: Angabe auf einer Cornflakes-Packung

Wollen sich Konsumenten wirklich über die Inhaltsstoffe und Nährwerte eines Produktes informieren, ist das zwar möglich, jedoch erfordert dies meist kognitive Anstrengung. So ergab ein Realitätscheck von Frontal21 (Sendung vom am 11. Mai 2010) dass sich selbst EU-Parlamentarier mit der Nährwertkennzeichnung (vgl.

Abbildung 12), die von der Industrie vorgeschlagen wurde, überfordert fühlen und keine Angaben darüber machen können, ob die angezeigte Menge an Zucker oder Fett verhältnismäßig hoch oder niedrig ist.

Viel leichter wäre es dagegen, wenn Konsumenten die Informationen beim Einkauf direkt erkennen würden, ohne dass sie explizit danach suchen oder sich für deren Verständnis anstrengen müssten. Um Konsumenten tatsächlich die Möglichkeit zu geben, ihre Gesundheit zu schützen und in ihrem Interesse zu agieren, wie dies die Intention des EU Parlaments ist, wäre es somit unter Berücksichtigung, dass Menschen irrational agieren, sinnvoll, die Informationen verständlich und eindeutig darzustellen.

Die in den letzten Jahren geführte Diskussion um die so genannte Lebensmittelampel hat gezeigt, dass die Meinungen von Industrie-, Lobby- und Interessensverbänden bezüglich der Frage, welche Informationsdarstellung die verbraucherfreundlichste ist, auseinandergehen. Während sich verschiedene Parteien, Institutionen sowie ein Interessensverbund von Ärzten und Krankenkassen für ein Ampelsystem einsetzen, machen sich Industrie- und Lebensmittel-Lobbyverbände gegen ein solches System stark. Die Idee der Lebensmittelampel besteht darin, die Nährwerte der Lebensmittel nicht wie bisher auf die Verpackung zu schreiben, sondern durch die Farben rot, gelb und grün den Verbrauchern zu verdeutlichen, ob z. B. der Fettanteil oder Salzanteil zu hoch (rot), nicht bedenklich (gelb) oder genau richtig (grün) ist. Die Beurteilung selber würde auf Grundlage ernährungsphysiologischer Erkenntnisse stattfinden.

Insbesondere Ärzte und Krankenkassen sehen eine große Chance, ungesunder Ernährung und damit gesundheitlichen Problemen durch ein solches System entgegenzuwirken (Amann, 2010). Nicht nur, weil Verbraucher die enthaltenen Nährstoffe dadurch besser verstehen, sondern auch, weil vermutlich Menschen, die aus gesundheitlichen Problemen tatsächlich auf ihre Ernährung achten sollten, von ungesunden Lebensmitteln durch die Signalfarbe Rot abgeschreckt würden.

Doch gerade in dieser, von Ampelfürsprechern beabsichtigten beeinflussenden Wirkung sehen Ampelgegner ein großes Problem. So befürchten sie, Menschen könnten durch die Signalfarbe Rot vom Verzehr solcher gekennzeichneten Nahrungsmittel abgehalten werden und dadurch zu einer einseitigen Ernährung tendieren. Dieses Argument wurde als Hauptgrund für die Ablehnung im Sommer 2010 vom EU Parlament genannt. Zudem befürchten Liberale eine durch die bewusste Lenkung der Konsumenten stattfindende Freiheitseinschränkung. So gibt Christian Lindner, FDP-Landesparteivorsitzender von NRW (damals FDP-Generalsekretär), in einem Interview vom 17. Februar 2011 der „ZEIT" unmissverständlich zu verstehen, dass er in einem solchen System die Einschränkung der individuellen Freiheit befürchtet: „Der Paternalismus kommt auf leisen Sohlen. Wie steht es, nur zum Beispiel, um die Freiheit in einem Land, in dem manche staatlich steuern wollen, wie die Menschen sich ernähren? Lebensmittel mit grünen, gelben und roten Punkten zu versehen ist nichts als Zensur. […] Ich bin überzeugt, dass der Einzelne sich selbst informieren kann" (Ulrich & Wefing, 2011).

Zwar ist die individuelle Freiheit durch eine farbliche Markierung der Lebensmittel keinesfalls gefährdet, jedoch kann eine mögliche Fehllenkung der Verbraucher nicht vollständig ausgeschlossen werden. Denn schrecken Menschen vor der roten Markierung bei z. B. zu viel Fett zurück, kann es grundsätzlich passieren, dass sie weniger Fett als die empfohlene Tagesportion zu sich nehmen. Es kann jedoch vermutet werden, dass eine solche Fehlwirkung nur in seltenen Fällen auftritt.

Abgesehen von der Befürchtung, Menschen könnten in eine falsche Richtung gelenkt werden, lässt sich vermuten, dass Lebensmittelunternehmen aus wirtschaftlichen Interessen die Lebensmittelampel ablehnen. Schließlich wird eine Lenkung der Konsumenten zu eigenen unternehmerischen Gunsten durch eine eindeutige Information über Nährstoffanteile auf den Verpackungen erschwert. Denn welchen Sinn würde die Aufschrift „weniger Fett" oder „ohne Zucker" machen, wenn Verbraucher mühelos erkennen würden, dass das Produkt dennoch ungesund und nicht als Diätprodukt geeignet ist?

Gerade im Hinblick auf diesen letztgenannten Aspekt muss die Frage gestellt werden, warum eine Beeinflussung von Industrieseite erlaubt wird, eine Beeinflussung zugunsten der Gesundheit jedoch nicht. Während die reine Informationsangabe Verbrauchern wenig Hilfestellung in der Angebotsfülle bietet und disziplinlose Menschen nicht von Versuchungen abhält, kann eine farbliche Markierung der Orientierung und dem Verbraucherschutz dienen. Zudem lassen sich dadurch negative externe Effekte ohne eine Einschränkung reduzieren und somit eine Kostenentlastung erzielen, die dem Gesundheitssystem dient.

Doch trotz der zu erwartenden Beeinflussung hin zum Verzehr gesünderer Lebensmittel darf der Erfolg einer solchen Maßnahme nicht überbewertet werden. So weisen Downs et al. (2009) darauf hin, dass z. B. die Kalorienangabe neben den Menüs in Schnellrestaurants nicht zu einer gesünderen Ernährung führt. Denn statt weniger zu essen, konnten Downs et al. zeigen, dass Menschen sogar mehr essen. Den Grund hierfür sehen sie darin, dass diejenigen, die abnehmen möchten, die Kalorienanzahl in der Regel überschätzen. Werden ihnen die Kalorien jedoch angezeigt, neigen Menschen dazu, mehr zu essen als sie ohne die Angabe gegessen hätten.

Auch bezüglich der Farbkennzeichnung kann nicht ausgeschlossen werden, dass derart unerwünschte Effekte auftreten. So kann es durchaus passieren, dass Menschen zwar seltener zu denen mit rot markierten Lebensmitteln greifen, dafür jedoch in der Summe mehr verzehren, da sie zu viel von den grün gekennzeichneten Produkten essen.

Da sich derartige Auswirkungen nicht ausschließen lassen, kann die Farbkennzeichnung von Produkten auch nicht als die alleinige Lösung der zunehmenden Fettleibigkeitsproblematik angesehen werden. Loewenstein und Ubel (2010) weist in diesem Kontext darauf hin, dass gerade auch herkömmliche Lenkungsmaßnahmen, wie die Erhöhung von Preisen, nach wie vor in Betracht gezogen werden sollten. Doch trotz den gegebenenfalls unerwünschten Effekten sollte eine solche Maßnahme, die durch die Darstellungsart der Informationen Menschen einerseits versucht zu beeinflussen und andererseits besser informiert, in der gesundheitspolitischen Debatte unter Abwägung möglicher Vor- und Nachteile berücksichtigt werden. Nicht zuletzt dient eine Farbmarkierung der Lebensmittel dem Verbraucherschutz. Denn auch wenn sich dadurch nicht alle Menschen gesünder ernähren, wird denjenigen, die sich gesünder ernähren wollen, geholfen, die benötigten Informationen leichter zu verstehen.

4.3.5 Stillstand vermeiden – Informationsprozesse anstoßen

Wir brauchen mehr Wettbewerb. Dies ist ein Satz, der häufig zu hören ist. Dadurch kann der Eindruck entstehen, Wettbewerb sei die Lösung aller Probleme. Tatsächlich lässt sich jedoch, wie in Kapitel 3.2 diskutiert, beobachten, dass nicht in allen Teilmärkten Wettbewerb von Vorteil ist, sondern der Wettbewerb Wirtschaftsakteuren sogar schaden kann, wenn diese nicht rational agieren. Werden Irrationalitäten vernachlässigt, kann Wettbewerb unter Umständen zu Ineffizienzen führen. Ist dies der Fall, müssen Maßnahmen erlassen werden, die nicht nur Verbraucher vor möglichem Schaden schützen, sondern auch dafür sorgen, dass der Wettbewerb seine Funktion entfalten kann.

Insbesondere in Märkten, die ex post liberalisiert werden, lässt sich ein starker Effekt des Status Quo Bias beobachten, der entweder zu unerwünschten Marktergebnissen führen kann, oder aber die positive Entwicklung des Marktes unnötig verzögert.

Dies lässt sich am deutschen Strommarkt verdeutlichen. Zwar herrscht seit der Liberalisierung im Jahr 1998 zwischen den Stromanbietern Wettbewerb, jedoch reicht dieser noch nicht aus, um ein effizientes Marktergebnis zu erzielen. Dies zeigt sich in der Marktdominanz weniger Anbieter, wie den ehemals monopolistisch agierenden überregionalen Stromanbietern wie E.ON, RWE oder Vattenfall (vgl. Kapitel 3.2.3). Auch die Stadtwerke gehörten zu den monopolistisch agierenden Stromanbietern, weshalb sie – ebenso wie die überregionalen großen Anbieter – nach Angaben von Stromanbietervergleichsportalen wie z. B. Verivox oder Check24 tendenziell zu höheren Preisen als andere Energieversorger anbieten. Obwohl diese Preisinformationen durch Internetvergleichsplattformen leicht zugänglich und verständlich sind, besteht eine hohe Wechselträgheit auf Seiten der Nachfrager. So geben 81 Prozent der Verbraucher an, in den letzten Jahren den Anbieter nicht gewechselt zu haben (TNS Infratest, 2009).

Da Verbraucher nur geringfügig mit dem Stromanbieter in Kontakt kommen und Stromanbieter dazu verpflichtet sind, für einen reibungslosen Wechsel zu sorgen, kann die Wechselträgheit weder in einer hohen Kundenbindung noch in den hohen Wechselkosten begründet liegen. Angenommen werden kann somit, dass Anbieter vom Status Quo Bias profitieren (vgl. Kapitel 2.3.2; 3.2.3) und auf Grund dieser Verhaltensanomalie (zu) hohe Preise fordern können, ohne einen Kundenverlust befürchten zu müssen.

Vom Status Quo Bias profitieren insbesondere die Stadtwerke, da Verbraucher, die nicht explizit einen Stromanbieter suchen, automatisch von den lokal zuständigen Stadtwerken ihren Strom bekommen. Zwar ist die automatische Stromversorgung vorteilhaft, da dadurch niemand Gefahr läuft, „im Dunkeln zu stehen", jedoch müssen Verbraucher die bewusste Entscheidung gegen die Stadtwerke und somit den Status Quo treffen, um zu einem anderen Anbieter zu wechseln. Gerade dies fällt Menschen jedoch häufig schwer.

Auch die überregionalen Unternehmen, die bereits vor der Marktliberalisierung als Anbieter agierten, werden durch den Status Quo Bias begünstigt. Sie haben zusätzlich den Vorteil, dass Verbraucher ihren einmal gewählten Anbieter auch bei einem Umzug behalten können, ohne sich erneut informieren zu müssen, wer für den neuen Wohnort der passende Anbieter ist. Folglich kann vermutet werden, dass die meisten Suchenden dazu tendieren, ihren Anbieter, und somit ihren Status Quo, beizubehalten. Dieses Verhalten kann zwar rational sein, solange der Anbieter den

Ansprüchen entspricht, jedoch ist es dann irrational, wenn andere Anbieter die Bedürfnisse besser erfüllen könnten. Zudem führt eine Wechselträgheit dazu, dass Anbieter ihre Preise weniger senken als dies im Wettbewerb der Fall sein sollte.

Damit der Wettbewerb sein Potenzial entfalten kann, müssen zusätzliche Rahmenbedingungen oder Maßnahmen geschaffen werden, die dafür sorgen, dass der Wettbewerb tatsächlich zur Leistungssteigerung der Anbieter und zu besseren Angeboten für Nachfrager führt.

Deutlicher als in anderen Bereichen zeigt sich im Fall des Energiemarktes, dass der Wettbewerb erst dann seine Funktion erfüllen kann, wenn die Entscheidungssituation keinen Status Quo favorisiert. Aus diesem Grund könnte im Energiemarkt eine ähnliche Lösung wie im Browsermarkt zielführend sein (vgl. das Beispiel des Internet Browsers von Microsoft, Kapitel 3.5.3). Würden Haushalte, anders als dies aktuell der Fall ist, beim Unterlassen einer Entscheidung von wechselnden Anbietern und nicht grundsätzlich von den Stadtwerken ihren Strom bekommen, wäre kein Stromanbieter durch den Status Quo Bias begünstigt. Zudem sollten die Verbraucher solange in regelmäßigen Abständen aufgefordert werden, sich aktiv für einen Stromanbieter zu entscheiden, bis sie tatsächlich eine Wahl getroffen haben. Durch eine solche Entscheidungsarchitektur wäre einerseits kein Anbieter durch den Status Quo Bias bevorzugt und andererseits wären die Verbraucher angeregt, sich mit den unterschiedlichen Möglichkeiten des Marktes auseinanderzusetzen. Mögliche kundenunfreundliche Angebote würden stärker ins Auge fallen und große Anbieter wären gezwungen, durch ein entsprechendes Preis-Leistungsverhältnis Kunden zu binden.

Doch trotz der positiven Effekte einer solchen Änderung im Energiemarkt ließe sich nicht verhindern, dass sich Verbraucher auf Grund der Verfügbarkeitsheuristik (vgl. Kapitel 2.2.2) vermutlich häufiger für etablierte und bekannte Anbieter wie RWE, E.ON und die Stadtwerke entscheiden würden. So können Verbraucher durch die Entscheidungsarchitektur zwar zu einer aktiven Entscheidung angestoßen werden, jedoch nicht dazu, sich über alle am Markt existierenden Angebote zu informieren. Dies würde zu weit führen und zudem erheblich in den Markt eingreifen. Denn schließlich ist der Bekanntheitsgrad eines Anbieters auch dessen Kapital im Wettbewerb.

Werden Verbraucher dazu aufgefordert, eine Entscheidung bezüglich ihres Energieanbieters zu treffen, müssen Verbrauchern auch die nötigen Informationen an die Hand gegeben werden. Denn schließlich wäre es nicht zielführend, Verbraucher zu einer Entscheidung aufzufordern, ihnen jedoch keine Informationsunterlagen zur Verfügung zu stellen. Schließlich ist nicht davon auszugehen, dass sich alle Verbraucher ohne Unterstützung informieren können oder bereit sind, die nötige Informationssuche und -beschaffung auf sich zu nehmen (z. B. alte Leute oder Menschen ohne Internet).

Werden Verbraucher über die verschiedenen Anbieter und Möglichkeiten informiert, kommt es auch in diesem Fall nicht auf die Menge der Informationen an, sondern auf die Art, wie die Informationen dargestellt werden. Doch gerade diesbezüglich stellt sich die Frage, wie die Verbraucher die nötigen Informationen erhalten und wer die Informationen zusammenstellen sollte. Denn wie bereits mehrfach beschrieben sind Menschen bereits durch die Informationsdarstellung beeinflussbar, weshalb die Gefahr der Einflussnahme besteht. Zwar ließe sich diesem Problem durch eine standardisierte Darstellung der Informationen pro Anbieter in wechselnder Reihenfolge entgegenwirken, jedoch kann ein weiteres Problem nicht unbeachtet bleiben. Wird eine neutrale Institution am Markt etabliert, die jeden Haushalt regelmäßig mit Informationen bezüglich der Stromanbieter versorgt, werden andere Dienstleister, die Vergleichsplattformen pflegen, vom Markt verdrängt. Somit würde die Position der Konsumenten in dem einen Teilmarkt zwar gestärkt, der Wettbewerb in einem anderen Markt jedoch beeinflusst. Derartige Sekundäreffekte dürfen bei der Umsetzung einer Maßnahme nicht unberücksichtigt bleiben.

Nicht zuletzt bleibt kritisch zu bedenken, dass sich auch durch die Aufforderung zu einer aktiven Anbieterwahl eine gewisse Wechselträgheit und deren Folgen nicht vollständig verhindern lassen. So könnten Stromanbieter solange Strom zu Tiefstpreisen anbieten, bis sie eine gewünschte Menge an Kunden an sich gebunden hätten. Würden sie dann ihre Preise steigern, müssten sie auf Grund des Status Quo Bias mit nur einem geringen Kundenverlust rechnen. Diesem Problem könnte nur durch regelmäßig auslaufende Verträge oder einer stetigen Aufforderung, sich über Stromanbieter zu informieren, entgegengewirkt werden. Dadurch wären Verbraucher immer wieder neu gezwungen, sich mit den Marktangeboten auseinanderzusetzen. Doch bei einer solchen Maßnahme ist fraglich, ob sich Verbraucher nicht an die stetige Aufforderung gewöhnen und die

Informationen nur noch geringfügig wahrnehmen, wodurch die Maßnahme an Effizienz verlieren würde.

Das Beispiel zeigt, wie schwer und komplex die Umsetzung einer derartigen Maßnahme sein kann. Denn schließlich müssen Verbraucher nicht nur dazu bewegt werden, ihren Anbieter bewusst zu wählen; sie müssen auch informiert werden und zu einem stetigen Verbesserungsstreben angehalten werden. Dabei müssen viele unterschiedliche Facetten sowie Vor- und Nachteile berücksichtigt werden, wodurch eine Maßnahme häufig auch an Praktikabilität verlieren kann.

4.3.6　Vergleiche dienen der Orientierung

Das vorherige Beispiel verdeutlicht, dass die Änderung der Entscheidungssituation zwar die Wirkung des Status Quo Bias schwächt, jedoch andere Probleme in der Informationsaufbereitung mit sich bringt. Werden Verbraucher zu einer Entscheidung angehalten, müssen ihnen Hilfestellungen zur Orientierung im Wettbewerb an die Hand gegeben werden. Denn fühlen sie sich von der Komplexität und der Fülle der Informationen überfordert, führt der Anstoß zur Entscheidung zu keiner Verbesserung der Situation.

Vergleicht man den Telekommunikationsmarkt mit dem Energiemarkt, lässt sich ein wesentlicher Grund feststellen, weshalb sich der Wettbewerb unter Berücksichtigung von Verhaltensanomalien auf den beiden Märkten unterschiedlich auswirkt. Während sich Nachfrager im Telekommunikationsmarkt ohne Aufwand an anderen Nachfragern, die mit ihrer Strategie erfolgreich sind, orientieren können, stellt sich der Vergleich im Energiemarkt komplizierter dar. Ein Grund hierfür liegt darin, dass die unterschiedliche Lebenssituation (wie z. B. Quadratmeter der Wohnfläche, Anzahl der im Haushalt wohnenden Personen etc.) der Verbraucher so unterschiedlich sein kann, dass sich ein direkter Vergleich nur schwer anstellen lässt. Vielmehr ist die Ermittlung des Strompreises pro Kilowattstunde nötig. Da dies jedoch einen erheblichen Informations- sowie Verarbeitungsaufwand erfordert, kann angenommen werden, dass Vergleiche eher selten stattfinden.

Vermutet werden kann, dass Energieanbieter den geringen Austausch der Nachfrager über Anbieterkonditionen sowie oftmals ausbleibende Orientierung an rationalen Akteuren erkannt haben und deshalb das eingeschränkt rationale Verhalten der Nachfrager zu ihren eigenen Gunsten ausnutzen. Aus dieser Überlegung heraus lässt sich ableiten, dass nicht-rationalen Verbrauchern durch die Schaffung von Vergleichsmöglichkeiten eine Hilfestellung und Orientierungsmöglichkeit gegeben werden könnte, wodurch der Wettbewerb an Funktionalität gewinnen kann.

Derartige Vergleichsmöglichkeiten könnten Konsumenten z. B. über eine Informationsplattform angeboten werden, auf der Energienachfrager Angaben bezüglich ihrer monatlichen Kosten bzw. des von ihnen gewählten Angebots anderen zur Verfügung stellen. Über die Plattform könnten Interessierte wiederum ihre Situation d. h. ihre monatlichen Energiekosten mit denen eines anderen Nachfragers in der gleichen Situation (Beispiel: 150 Quadratmeter Wohnfläche, Stadtwohnung in München, 2 Erwachsene, 2 Kleinkinder) vergleichen. Dies würde allen Interessierten die Möglichkeit geben, sich ohne erheblichen Aufwand an anderen Nachfragern zu orientieren.

Wie groß der Nutzen einer solchen Informationsplattform in der Praxis tatsächlich wäre, lässt sich ohne weitere Untersuchungen nur schwer sagen. Vermutet werden kann jedoch, dass eine derartige Informationskultur dazu führen würde, dass auch im Energiemarkt Anbieter befürchten müssen, dass sich eingeschränkt rationale Nachfrager an rationalen Akteuren orientieren. Das Schaffen von Vergleichsmöglichkeiten würde somit dazu führen, dass Ineffizienzen des Wettbewerbs aufgelöst und irrationale Akteure geschützt würden. Grundsätzlich muss jedoch dabei berücksichtigt werden, dass eine solche Vergleichsplattform nicht nur eine freiwillige Zurverfügungstellung von Informationen von Verbrauchern für andere voraussetzt, sondern auch die Notwendigkeit, dass sich Verbraucher aktiv informieren. Da jedoch gerade in letztgenanntem Punkt ein wesentliches Problem besteht, ist fraglich, wie viel durch eine solche Maßnahme tatsächlich erreicht werden kann. Werden jedoch Änderungen an der Entscheidungssituation (s. o.) vorgenommen und gleichzeitig Vergleichsmöglichkeiten geschaffen, könnte dies zu einer stärkeren Konsumentensouveränität und einem gesteigerten Wettbewerb führen. Nicht zuletzt aus diesem Grund sollte über Möglichkeiten dieser Art nachgedacht werden.

4.3.7 Schaden durch Fehlanreize verhindern –
Vorsorge steigern

In einem Wettbewerbssystem sollen und müssen Menschen zwar frei entscheiden können, jedoch kann diese Freiheit nur dann gewährt werden, wenn Menschen aus ihren Fehlern lernen (Hayek, 1959). Die Analyse (vgl. Kapitel 3.7.3) hat gezeigt, dass Freiheit nämlich dann schaden und zu einem wirtschaftlich schlechten Ergebnis führen kann, wenn Menschen sich in die Irre führen lassen und auf Grund mangelnder Selbstkontrolle oder der Situation nicht in der Lage sind, aus ihren Fehlern zu lernen. In einem solchen Fall müssen sie vor möglicher Fehllenkung geschützt werden. Dieses Thema ist insbesondere im Finanz- und Versicherungsbereich von großer Relevanz.

Da es sich bei Finanz- und Versicherungsprodukten (im Folgenden der Einfachheit wegen nur als Finanzprodukte bezeichnet) fast ausschließlich um Erfahrungsgüter handelt, deren Qualität nicht in einem Trial-and-Error-Verfahren entdeckt werden kann, treffen Menschen bezüglich dieser Produkte meist nur einmalige Entscheidungen. Zudem handelt es sich vorwiegend um komplexe Produkte, zu deren Verständnis oftmals Fachwissen benötigt wird und sich die Konsequenzen der Entscheidung erst in weiter Zukunft auswirken. Aus diesem Grund fällt eine diesbezügliche Entscheidung den meisten Menschen nicht leicht. Um dennoch eine Wahl treffen zu können, lassen sich Verbraucher in der Regel von Finanzexperten beraten. Doch gerade darin liegt für Menschen, die nicht dem homo oeconomicus entsprechen, eine Gefahr.

Grund hierfür ist der bereits mehrfach diskutierte Aspekt der möglichen Beeinflussung. So können Berater im Gespräch sowohl bewusst als auch unbewusst falsche Bedürfnisse in ihren Kunden wecken und sie in ihrer Entscheidung beeinflussen. Gerade weil viele Anleger häufig nur über geringes produktspezifisches Wissen verfügen, kann angenommen werden, dass die Empfehlung eines Finanzexperten eine ähnliche Wirkung wie der Rat eines Mediziners hat (vgl. Kapitel 3.7.2). Da jedoch die Empfehlung des Experten nicht unweigerlich auch den Präferenzen der Kunden entspricht, besteht die Gefahr, dass Anleger eine für sie suboptimale oder gar schlechte Entscheidung treffen.

Grundsätzlich kann die Befolgung eines Expertenratschlages in einem Bereich, in dem der Entscheider selber kein oder nur geringes Wissen hat, zwar eine sinnvolle Vorgehensweise sein, jedoch setzt dies voraus, dass die Empfehlung im Sinne des Entscheiders ist. Da Finanzberater vorwiegend eine provisionsabhängige Bezahlung erhalten, ist jedoch eine eigennützige Beratung, die nicht im Sinne des Anlegers ist, nicht auszuschließen und dementsprechend auch häufig angewandte Praxis (Wirtschaftswoche, 2008).

Eine solche Beeinflussung kann nachhaltigen Schaden anrichten, da es sich meist um Entscheidungen handelt, die Menschen nur einmal im Leben treffen. Aus diesem Grund sollten Verbraucher in diesem Bereich stärker geschützt bzw. der Rahmen dahingehend geändert werden, dass sie keine bewusste Lenkung zu ihren Ungunsten fürchten müssen.

Um dem Problem der irreführenden Beratung entgegenzuwirken, wurde 2009 (rechtsgültig seit 2010) das „Gesetz zur Neuregelung der Rechtsverhältnisse bei Schuldverschreibungen aus Gesamtemissionen und zur verbesserten Durchsetzbarkeit von Ansprüchen von Anlegern aus Falschberatung" erlassen (Verbraucherzentrale, 2011). Diesem Gesetz zufolge müssen Finanzexperten geführte Beratungsgespräche protokollieren und die Unterlagen ihren Kunden zur Verfügung stellen. Das Protokoll soll den Kunden aus zweierlei Sicht dienen: Erstens können Kunden die Unterlagen vor Gericht gegen Berater verwenden, um eine Falschberatung nachzuweisen. Zweitens sollen die Protokolle den Verbrauchern dazu dienen, alle erhaltenen Informationen und relevanten Details des Gesprächs noch einmal in Ruhe nachzuvollziehen. Lassen sich Anleger von mehreren Experten beraten, bieten die Protokolle den Verbrauchern zudem die Möglichkeit, die Informationen aus den Gesprächen sowie die gegebenenfalls unterschiedlich empfohlenen Produkte miteinander zu vergleichen. Durch diese Protokolle, so die Intention des Gesetzgebers, sollen Anleger sich besser informieren können, vor Falschberatung geschützt werden und die Möglichkeit bekommen, gemäß ihrer Situation und Bedürfnisse zu entscheiden.

Doch alleine die Tatsache, dass Verbrauchern die Informationen schriftlich vorliegen, schützt nicht vor einer bewussten Beeinflussung und Fehlentscheidung. Zwar können sie auf die Informationen auch nach dem Gespräch noch zugreifen, jedoch setzt dies voraus, dass Verbraucher diese Information anschauen, verstehen und gegebenenfalls mit anderen Angaben vergleichen. Ein solches Verhalten trifft jedoch nur auf informationsaffine Personen zu. Abgesehen davon führt die schriftliche Fixierung der Information nicht unweigerlich zu einem größeren Verständnis.

Erschwerend kommt hinzu, dass es aktuell keinerlei Vereinbarung gibt, wie ein solches Beratungsprotokoll aussehen muss, und somit die Angaben von Produktinformationen im Ermessen des jeweiligen Beraters liegen. Durch die unterschiedlichen Darstellungen bedingt kann somit weder Vergleichbarkeit noch Verständlichkeit der Protokolle garantiert werden. Wollen Anleger die Informationen aus unterschiedlichen Gesprächen vergleichen, ist dies oftmals nicht ohne erheblichen kognitiven Aufwand möglich.

Demzufolge wird die Mehrheit der Interessierten nach wie vor auf die Empfehlung des Beraters hören und vertrauen müssen. Das eigentliche Problem für Verbraucher im Finanz- und Versicherungsbereich wird somit durch diese Regelung nicht behoben. Unter Berücksichtigung der psychologischen Erkenntnisse ist das Gesetz somit als nicht zielführend zu bewerten.

Doch welche Maßnahme ließe sich im Hinblick auf die Ergebnisse der Gegenüberstellung des Ordoliberalismus und der Psychologie als zweckmäßig erachten? Sollten Verbraucher vor Beratungen geschützt werden? Nein, denn unter Berücksichtigung, dass eine fehlerhafte Entscheidung in einmaligen Situationen Menschen schaden kann, ist eine beeinflussende Beratung im Grunde als sinnvoll zu bewerten. Schließlich kann eine Entscheidung ohne Hilfestellung in komplexen, einmaligen Entscheidungen unter Umständen zu einem unbefriedigenden Ergebnis führen. Die Einschränkung von Expertenempfehlungen wäre somit keine Lösung. Jedoch sollte gerade in solchen Momenten der Rahmen so gestaltet werden, dass Menschen durch die Entscheidungsarchitektur in eine für sie geeignete Richtung gestoßen werden, bzw. dadurch Orientierung bekommen und keinen großen Schaden erleiden. Die Frage ist demnach nicht, wie Menschen von der Befolgung eines Expertenrates abgehalten werden können, sondern wie der Rahmen gestaltet werden sollte, damit der beeinflussende Ratschlag möglichst zugunsten der Verbraucher ist. Das System sollte dementsprechend so geändert werden, dass Finanzberater keinen Grund haben, gegen die Interessen der Anleger Empfehlungen auszusprechen. Schließlich sollten Anleger dem Rat des Experten trauen *können*, statt ihm nur trauen zu *müssen*, wie dies aktuell der Fall ist. Aus diesem Grund muss über eine Änderung im Anreizsystem der gesamten Finanz-, Versicherungsbranche nachgedacht werden.

Die Bedenken, dass Berater weniger Leistung erbringen, wenn sie nicht länger provisionsabhängig sind, kann vernachlässigt werden. Denn schließlich, so ist aus unterschiedlichen Untersuchungen bekannt (für einen Überblick vgl. Kapitel 2.6.2), arbeiten Menschen nicht nur aus monetären Gründen, sondern auch, weil sie Spaß an ihrer Arbeit haben. Zudem widerspricht es dem Wesen des Menschen, alleine anhand messbarer Faktoren beurteilt zu werden (vgl. Kapitel 2.3.2). So kann es für die Berater selber ebenfalls von Bedeutung sein, dass andere Aspekte, wie z. B. eine Bedürfnis nahe Beratung oder die Ehrlichkeit der Beratung bei der Leistungsbeurteilung berücksichtigt werden. Doch spielen derartige Faktoren keine Rolle, wird die Motivation, Kunden nach ihren Bedürfnissen zu beraten, durch die extrinsische Motivation, durch viele Vertragsabschlüsse ein hohes Gehalt zu bekommen, verdrängt. Würde Finanzberatern jedoch der Verkaufsdruck genommen, könnte dies dazu führen, dass in einem Beratungsgespräch die individuellen Bedürfnisse eines Kunden wieder stärker in den Vordergrund treten. Denn wird angenommen, dass Finanzberater ein intrinsisches Interesse haben, ihren Kunden tatsächlich die Produkte zu empfehlen, die für die Bedürfnisse des Kunden geeignet sind, können sie durch die Änderung des Belohnungssystems in ihrem, als auch im Interesse des Kunden agieren. Schließlich hätten Finanzberater wieder das Gefühl, dass andere Werte ebenfalls in ihrer Beurteilung berücksichtigt werden.

Grundsätzlich lässt sich durch eine Änderung des Anreizsystems zwar nicht verhindern, dass Verbraucher unbewusst durch den Berater in eine falsche Richtung gelenkt werden und dadurch eine für ihre Situation ungeeignete Entscheidung treffen. Jedoch kann der Schaden durch Falschberatungen reduziert werden. Zudem kann das Image von Finanzberatern verbessert und Verbrauchern dadurch die Scheu, die häufig durch das schlechte Ansehen von Finanzberatern entsteht, vor einer Anlage- und Versicherungsberatung genommen werden.

Werden Probleme einer möglichen Falschberatung durch Änderungen im System behoben, könnte als weiterführender Schritt über eine mit Abschluss eines Arbeitsvertrags verbundene, automatische Anlage- und Versicherungsberatung nachgedacht werden. In Anbetracht der zu geringen privaten Altersvorsorge in Deutschland (Bräuninger, 2010) scheint eine solche Maßnahme angebracht, da dadurch das Verhalten der Menschen hingehend zu mehr privater Vorsorge verändert werden könnte.

Da es sich bei Anlageprodukten in den meisten Fällen um Güter handelt, deren Nutzen erst in vielen Jahren zu spüren ist, sich der Verlust in Form von z. B. monatlichem Sparen jedoch in der Gegenwart bemerkbar macht, zögern viele Menschen eine Entscheidung bezüglich derartiger Produkte hinaus. Der Gang zu einem Finanzberater erfolgt meist erst dann, wenn die Entscheidung, Vorsorge zu betreiben, bereits getroffen ist. Nicht zuletzt deshalb, weil viele Menschen bisher das Gefühl haben, Finanzberater sprechen eigennützige Empfehlungen aus, die nicht unweigerlich für die aktuelle finanzielle Situation passend sind und der finanzielle Verlust in der Gegenwart dementsprechend zu hoch wäre.

Durch eine automatische Beratung mit Abschluss eines Arbeitsvertrages ließe sich die Entscheidung, private Altersvorsorge zu betreiben, beschleunigen. Dies kann deshalb angenommen werden, da vermutlich nur wenige Arbeitnehmer eine bewusste Entscheidung gegen ein solches Beratungsgespräch, den Status Quo, treffen würden. Weiter kann vermutet werden, dass die Entscheidung, Altersvorsorge zu betreiben oder Sparmaßnahmen zu ergreifen, durch ein frühes Beratungsgespräch positiv begünstigt wird. Grund zu dieser Annahme gibt die Erkenntnis, dass Menschen dem Status Quo folgen. Rät ihnen ein Experte zu einer frühen Altersvorsorge, kann dies dazu führen, dass sie einen Verstoß gegen diese Empfehlung zu vermeiden versuchen. Dementsprechend hätte ein automatisches Beratungsgespräch eine positive Wirkung, wodurch möglichen Problemen, die in einem Wirtschaftssystem, in dem Menschen durch ihr privates Vermögen für Sicherheit sorgen sollen, vorgebeugt werden kann.

Der Vorzug einer solchen Maßnahme im Gegensatz zu der häufig diskutierten Variante der automatischen Altersvorsorge (Choi et al., 2004; 2006; Madrian & Shea, 2001; Thaler & Sunstein, 2009) liegt darin, dass keiner durch einen Default im Arbeitsvertrag in der Entscheidung, Altersvorsorge zu betreiben oder gar in der Entscheidung, wie Altersvorsorge betrieben werden soll, beeinflusst wird. Die zu erwartende Beeinflussung findet auf einer anderen Ebene statt: So werden Menschen mit Abschluss eines Arbeitsvertrages zu der Entscheidung, eine Finanzberatung in Anspruch zu nehmen, gelenkt, was wiederum einen Anstieg der privaten Altersvorsorge nach sich ziehen kann. Sie werden durch den Default im Arbeitsvertrag jedoch nicht in der Entscheidung beeinflusst, welche Art von Altersvorsorge sie betreiben wollen. Dennoch weist auch eine solche Lösung Mängel auf. So muss einerseits bei der Umsetzung einer solchen Maßnahme auf mögliche Wettbewerbsverzerrungen durch Verträge von Unternehmen und Finanzberatern geachtet werden. Werden Finanzberater nur eines Finanzinstituts in Unternehmen für die Beratungsgespräche eingeladen, kann dies für andere Finanzinstitute einen Wettbewerbsnachteil darstellen. Diesbezüglich muss darauf geachtet werden, dass Unternehmen in regelmäßigen Abständen in einem wettbewerblichen Verfahren neu darüber entscheiden, von welchem Finanzinstitut ihre Mitarbeiter beraten werden.

Andererseits liegt genau darin das andere Problem. Denn durch die Entscheidung, von welchem Finanzinstitut die Mitarbeiter beraten werden, findet bereits eine Beeinflussung dieser statt. Schließlich kann nicht mit Gewissheit gesagt werden, dass sich die Mitarbeiter für Finanzprodukte eben dieses Finanzinstituts entschieden hätten, wenn sie frei gewählt hätten. Wird ihnen jedoch die Entscheidung überlassen, von welchem Finanzinstitut sie sich beraten lassen wollen, kann es wiederum zu einem Aufschub oder dem Unterlassen der Entscheidung kommen.

Dieses Beispiel verdeutlicht, dass sich in der Wirtschaftspolitik neue Möglichkeiten ergeben, weil sich Menschen nicht so verhalten wie in der neoklassischen Theorie angenommen. Doch gerade, weil sie eben nicht agieren wie im Modell des homo oeconomicus unterstellt, bergen Maßnahmen, die Verhaltensanomalien berücksichtigen und sich diese zunutze machen, ebenso Gefahren.

4.3.8 Gerechtigkeitsgefühl steigern durch verhaltensorientierte Sozialpolitik

Wie lässt sich das Steuersystem gerecht gestalten? Und wie sieht eine angemessene Sozialpolitik aus? Diese Fragen sind äußerst komplex, da zusätzlich zu der Debatte, ob der Effizienz oder der Gerechtigkeit Vorrang gewährt werden sollte, viele unterschiedliche Interessen und mögliche Fehlanreize berücksichtigt werden müssen. Als noch schwieriger kann sich die Gestaltung des Sozialsystems erweisen, wenn die Annahmen des homo oeconomicus aufgehoben werden. Denn in diesem Fall lassen sich keine exakten Vorhersagen mehr bezüglich Reaktionen oder Verhaltensweisen der von Maßnahmen oder Gesetzen Betroffenen machen. Doch werden sozialpolitische Maßnahmen anhand des homo oeconomicus ausgerichtet, besteht die Gefahr, dass entscheidende Aspekte vernachlässigt werden und Maßnahmen ihre Wirkung verfehlen. Die Berücksichtigung der aus der Psychologie bekannten Eigenschaften und

Verhaltensweisen der Menschen sind notwendig, um mögliche Fehlstellungen zu vermeiden und somit gerade für die Gestaltung der Sozialpolitik von Bedeutung.

So erscheint z. B. das von Ursula von der Leyen, Bundesministerin für Arbeit und Soziales (2009-2013), durchgesetzte Bildungspaket, im Rahmen dessen hilfsbedürftige Eltern Sonderleistungen, wie z. B. Beitragszahlung für Sport- oder Musikvereine, Essensgeld für die Schule oder Sonderzahlungen für Lehrmaterialien für ihre Kinder beantragen können (in 2010 und 2011 auch bekannt als Gutscheinmodell), gerade unter Berücksichtigung der psychologischen Erkenntnisse sinnvoll. Eine von insbesondere Wohlfahrtsverbänden favorisierte monetäre Lösung (vgl. Spiegel online, 2011) muss dagegen kritischer betrachtet werden. Zwar wäre diese Variante auf Grund des geringeren bürokratischen Aufwands der sachbezogenen Leistung vorzuziehen, jedoch muss im Hinblick auf die psychologischen Erkenntnisse dem sachbezogenen Gutscheinmodell aus zweierlei Aspekten Vorrang gewährt werden. Erstens lässt sich bei der monetären Leistung nicht ausschließen, dass Eltern die zusätzlichen Gelder anderweitig verwenden. Zweitens kann sich die sachbezogene Leistung auf Grund der zielgerichteten Wirkung positiv auf das Gerechtigkeitsgefühl und die Zufriedenheit der Steuerzahler auswirken.

Würden Menschen dem Bild des homo oeconomicus entsprechen, ließe sich einer monetären Leistung nichts entgegensetzen. In diesem Fall würden Leistungsbezieher unter Annahme, dass das Wohl des eigenen Kindes im Interesse jeder Eltern liegt, das zusätzliche Geld tatsächlich je nach Bedürfnissen und Vorlieben des Kindes einteilen. Unter dieser Voraussetzung ließe sich sagen, dass monetäre Leistungen nicht nur effizienter wären, sondern auch gerechter, da Transferhilfeempfänger über das zusätzliche Geld frei verfügen könnten wie andere Familien auch. Doch werden zusätzliche Mittel, die für die Bildung der Kinder bestimmt sind, für andere Dinge eingesetzt, ist die Maßnahme nicht nur ineffizient, sondern kann auch das Gefühl von Ungerechtigkeit und Unzufriedenheit auf Seiten der Steuerzahler verursachen.

Da aus der Psychologie bekannt ist, dass Menschen oftmals nicht die nötige Selbstkontrolle haben (vgl. Kapitel 2.5.2), um kurzfristigen Verlockungen zu widerstehen, kann nicht ausgeschlossen werden, dass Transferhilfeempfänger die monetären Leistungen anderweitig als für die Bildung der Kinder einsetzen. Darunter würden nicht nur die Kinder, sondern auch die Eltern leiden, da sie das Geld nicht bewusst, sondern aus mangelnder Selbstkontrolle für andere Dinge verwenden würden. In einem solchen Fall schützt eine sachbezogene Leistung somit nicht nur die Kinder, sondern auch die Eltern.

Das Argument der mangelnden Selbstkontrolle lässt sich jedoch nur schwer als Rechtfertigung für die Ausgabe von Sachleistungen anstelle von monetären Leistungen anführen. Denn natürlich kann nicht pauschal gesagt werden, dass alle Transferhilfeempfänger mangelnde Selbstkontrolle haben. Ebenso wenig kann ausgeschlossen werden, dass auch Selbstverdiener auf Grund mangelnder Selbstkontrolle ihr Einkommen für unwesentliche Dinge ausgeben und ihre Kinder darunter leiden. Weshalb sollte Transferhilfeempfängern im Gegensatz zu denjenigen, die ihr Geld selber verdienen, also das Recht abgesprochen werden, ihr Geld frei einzuteilen?

Im Grunde lässt sich ein wesentlicher Gedanke anführen, durch den eine solche Unterscheidung gerechtfertigt werden kann. Denn während Selbstverdiener ihr eigenes Geld für Dinge, die von Außenstehenden als unnötig empfunden werden, ausgeben, greifen Transferhilfeempfänger auf staatliche Unterstützung zurück. In Anbetracht dessen, dass dieser ihnen zur Verfügung gestellte Betrag zu Teilen aus Steuergeldern, d. h. Abgaben von Erwerbstätigen finanziert wird, kann die Fehlleitung monetärer Transferzahlungen auf Unmut in der Gesellschaft stoßen. Eine Fehlsteuerung von Transferzahlungen hätte somit langfristig nicht nur für den Staat negative Folgen, sondern im Grunde für alle Beteiligten: Während die Kinder, die von der Maßnahme profitieren sollten, langfristig weniger Nutzen davon hätten, würde sich eine Fehlsteuerung einer Maßnahme auch negativ auf die Zustimmung der Steuerzahler auswirken.

Diese Schlussfolgerung lässt sich einerseits aus der Erkenntnis ableiten, dass Menschen bereit sind, freiwillig etwas von ihrem Einkommen an andere abzugeben und andererseits aus dem Reziprozitätsprinzip. Da über 30 Prozent der Steuerabgaben zur Finanzierung sozialpolitischer Maßnahmen verwendet werden, kann bei den Steuerzahlern durch eine Fehllenkung von Transfergeldern der Eindruck entstehen, Transferempfänger würden die empfangenen Zahlungen verschwenden und wären undankbar. Werden zusätzliche Gelder jedoch dort hingelenkt, wo sie benötigt und als angemessen erachtet werden, könnte dies die Bereitschaft, Teile des eigenen Einkommens abzugeben, steigern. Zudem könnte mögliche

Unzufriedenheit durch wahrgenommene Undankbarkeit in Form von Verschwendung vermieden werden. Unter Berücksichtigung der psychologischen Erkenntnisse kann eine sachbezogene Lösung somit nachhaltiger sein.

Gerade die Erkenntnis, dass Menschen häufig bereit sind, Teile ihres eigenen Einkommens an Hilfsbedürftige abzugeben, sollte bei der Gestaltung des Steuersystems eine größere Rolle spielen. Denn durch diese Beobachtung kann die häufig geäußerte Befürchtung, eine Erhöhung der Einkommenssteuer für überdurchschnittliche Verdiener würde das Risiko der Abwanderung dieser in andere Länder oder der Steuerhinterziehung erhöhen (vgl. Fokus online, 2009), reduziert werden. Zumindest lässt sich nicht von einem automatischen Anstieg der Abwanderung und der Steuerhinterziehung ausgehen, solange auch Transferhilfeempfängern die Möglichkeit für reziprokes Verhalten gegeben und somit das Gefühl von Gerechtigkeit gewahrt wird. Doch eben dies ist entscheidend für den Erfolg einer Maßnahme und die Verhinderung unerwünschter Effekte. Werden wichtige Gerechtigkeitsprinzipien nicht ausreichend berücksichtigt, könnten Maßnahmen, wie z. B. die vor kurzer Zeit diskutierte Einmalabgabe von Reichen (vgl. Vorschlag Bach, 2012), zu einem Ungerechtigkeitsempfinden führen und unerwünschte Reaktionen hervorrufen.

Doch nicht nur bei der Gestaltung des Steuer- und Sozialabgabesystems sind die psychologischen Erkenntnisse von großer Relevanz. Auch bei anderen sozialpolitischen Maßnahmen kann es zu Ineffizienzen kommen, wenn diese Erkenntnisse nicht oder nur geringfügig berücksichtigt werden. Dies lässt sich am Beispiel der „Tafeln", d. h. anhand der Einrichtungen, bei denen Hilfsbedürftige Lebensmittel unentgeldlich bekommen, erläutern. Derartige Hilfestellungen sind notwendig und richtig, jedoch dürfen Hilfsbedürftigen nicht zu dem Verlust der eigenen Arbeitswilligkeit erzogen werden. So besteht durchaus die Gefahr, Menschen durch Sozialleistungen zur Hilflosigkeit zu erziehen, d. h. ihnen den Eigenantrieb, etwas an ihrer Situation zu ändern, zu nehmen. Denn lernen Menschen, dass der Gang zur Tafel mit Erfolg, die Arbeitssuche und somit die Möglichkeit, seinen Lebensunterhalt aus eigener Kraft zu bestreiten, jedoch mit Misserfolg verbunden ist, könnte dies zur Verstärkung der erfolgreichen Handlung und der Unterlassung der Erfolglosen führen (Thorndike, 1932).

In Anbetracht der psychologischen Erkenntnisse, dass die Hilfslosigkeit der Menschen durch gutgemeinte Maßnahmen teilweise verstärkt werden kann, ist die Schaffung von Möglichkeiten, eine Gegenleistung für die Bezüge erbringen zu *können*, von großer Relevanz. Nicht nur, um mögliche negative Lerneffekte zu vermeiden, sondern auch, um ihnen selber das Gefühl von Gerechtigkeit zu vermitteln. Denn wie bereits in Kapitel 3.9.3 hergeleitet, empfinden Transferhilfeempfänger die bezogene Leistung oftmals deshalb nicht als gerecht, weil sie nicht dafür arbeiten.

Anhand der diskutieren Beispiele lässt sich erkennen, dass die Berücksichtigung psychologischer Erkenntnisse für die Gestaltung der Sozial- und Steuerpolitik von großer Relevanz ist. Durch die Berücksichtigung, wie Menschen reagieren oder sich verhalten, welche Prinzipien ihnen von Bedeutung sind und wie sie fühlen, können unerwünschte Reaktionen vermieden und gleichzeitig angestrebte Ziele erreicht werden. Jedoch wird die Gestaltung von sozialpolitischen Maßnahmen dadurch oftmals nicht einfacher. Nicht nur, dass sich durch die Loslösung vom Bild des homo oeconomicus keine exakten Vorhersagen mehr treffen lassen – auch können gut gemeinte Maßnahmen unerwünschte Auswirkungen haben, eben weil Menschen nicht dem Bild des rationalen Menschen entsprechen. Doch werden die Risiken, die in diesem Verhalten liegen, hinreichend berücksichtigt, können sich dadurch eben auch neue Möglichkeiten in der Sozialpolitik ergeben. Nicht zuletzt aus diesem Grund sollten die psychologischen Erkenntnisse in der Sozialpolitik berücksichtigt werden.

4.4 Fazit

Die wirtschaftspolitischen Implikationen, die sich aus der Synthese von Ordoliberalismus und Psychologie ergeben, haben gezeigt, dass die Berücksichtigung der Psychologie in der Wirtschafts- und Sozialpolitik sowohl Herausforderungen, als auch neues Potenzial für deren Gestaltung bietet. So zeigen die diskutierten Anwendungsbeispiele, welche Möglichkeiten sich durch die Berücksichtigung der psychologischen Erkenntnisse in der Wirtschafts- und Sozialpolitik ergeben und wie sich mögliche Ineffizienzen, die bei der Vernachlässigung von wesentlichen Eigenschaften der Menschen auftreten können, vermeiden lassen.

Anhand der Beispiele wurde verdeutlicht, dass psychologische Erkenntnisse dort, wo die herkömmliche Politik oftmals an ihre Grenzen stößt, wie z. B. in der Umwelt-, Gesundheits- oder Sozialpolitik, zu neuen Impulsen führen kann und anhand diesen neue Lösungswege entwickelt werden können. Ebenfalls können die psychologischen Erkenntnisse, wie im Falle des Verbraucherschutzes, als Rechtfertigungsgrundlage dienen und verdeutlichen, wo Verbraucherschutz notwendig ist und wie dieser effizient gestaltet werden kann.

Durch Beispiele aus diesen genannten Politikbereichen zeigt sich, wie durch die Schaffung von Orientierungshilfen, die Reduktion negativer externer Effekte durch eine nachhaltige Verhaltensänderung oder der Berücksichtigung von Gerechtigkeitsprinzipien die Funktion des Wettbewerbs geschützt und die Zufriedenheit erhöht werden können. Darin zeigt sich, dass eine Berücksichtigung der psychologischen Erkenntnisse in der Wirtschafts- und Sozialpolitik nicht im Widerspruch mit dem Ordoliberalismus steht, sondern zur Verbesserung des Ordnungsrahmens und der Steigerung des Zielerreichungsgrades der ordoliberalen Prinzipien führen kann.

Dennoch verdeutlichen die diskutierten Beispiele ebenfalls, dass die Umsetzung von Maßnahmen, die nicht mehr auf der Annahme des homo oeconomicus basieren, die Wirtschaftspolitik vor neue Probleme stellt. Denn lässt sich nicht mehr exakt vorhersagen, wie Menschen agieren und reagieren, kann auch die Wirkungsweise einer Maßnahme oftmals nicht mit Gewissheit bestimmt werden. Zudem besteht die Gefahr, Menschen bereits durch die Formulierung der Entscheidungssituation zu stark zu beeinflussen oder zu lenken. Der Beschluss einer Maßnahme wird somit immer mit einer Abwägung aller Vor- und Nachteile sowie der Überlegung, wie viel Beeinflussung zugunsten möglicher Fehlentscheidungen in Kauf genommen werden kann und soll, verbunden sein. Ebenso wird sich oftmals die Frage stellen, ob der Effizienz oder der Gerechtigkeit bzw. dem moralischen Verständnis der Vorrang gewährt werden sollte. Nur in seltenen Fällen werden sich Maßnahmen finden lassen, bei deren Umsetzung sich alle beteiligten Parteien und Interessensgruppen einig sind.

Werden die Annahmen bezüglich des menschlichen Verhaltens vielfältiger und weniger eindeutig, wird auch die Gestaltung der Wirtschafts- und Sozialpolitik komplexer. Doch dies sollte kein Grund sein, die psychologischen Erkenntnisse darüber, wie Menschen agieren, nicht zu berücksichtigen. Denn die Gegenüberstellung von Ordoliberalismus und Psychologie hat gezeigt, dass eine Integration der psychologischen Erkenntnisse nicht nur möglich, sondern auch notwendig ist.

Die Umsetzung einer Wirtschafts- und Sozialpolitik, die auf den psychologischen Erkenntnissen bezüglich des Verhaltens der Menschen im wirtschaftlichen Kontext basiert, wird keine leichte Aufgabe sein. Sie kann jedoch dazu führen, dass die in Kapitel 3 identifizierten Mängel im Ordoliberalismus behoben werden können und sich die Stärke der Sozialen Marktwirtschaft wieder entfalten kann, ohne das Gefühl von Ungerechtigkeit, Unzufriedenheit oder Missachtung der Menschlichkeit hervorzurufen. Aus diesem Grund sollten die sich aus einer Integration der Psychologie in die Wirtschaftspolitik ergebenden Möglichkeiten weiter untersucht und auf ihre praktische Umsetzbarkeit überprüft werden.

5 Zusammenfassung und Ausblick

„Die Wissenschaft ist stets beides zugleich: sie ist revolutionär und traditionell. Revolutionär – insofern sie radikal fragt und fragen muß; traditionell – weil sie nicht Fragestellungen und Problemlösungen von Männern über Bord werfen darf, die sehr Gewichtiges zu sagen hatten."
Walter Eucken (1950, Vorwort)

Was bedeuten nun die psychologischen Erkenntnisse bezüglich des Verhaltens der Menschen für die Wirtschaftspolitik? Sie bedeuten, dass es an der Zeit für eine Neuausrichtung der Wirtschaftspolitik ist – einer Wirtschaftspolitik, die sich nicht länger nur an rationalen, eigennützigen, desinteressierten, selbstbeherrschten und arbeitsaversen Akteuren orientiert, sondern ebenso irrationales, altruistisches, vergleichendes, wankelmütiges und arbeitsaffines Verhalten in Betracht zieht.

Die psychologischen Erkenntnisse stellen die Wirtschaftspolitik somit vor neue Herausforderungen, bedeuten jedoch gleichzeitig Chancen und Möglichkeiten für die wirtschaftspolitische Gestaltung. So liefert die Psychologie Erkenntnisse darüber, welche Beweggründe und Motive menschlichem Handeln zugrunde liegen, von welchen Prinzipien sich Menschen leiten lassen und was sie wertschätzen. Die Erkenntnisse bieten neue Erklärungsansätze für wirtschaftliche Geschehnisse, die sich allein anhand wirtschaftstheoretischer Modelle, die auf dem homo oeconomicus basieren, bisher nicht oder nur teilweise erklären lassen. Ebenfalls geben sie Hinweise darauf, wie ein wirtschaftspolitischer Rahmen, der sich am Wesen des Menschen orientiert, gestaltet werden muss. Außerdem liefern sie Ansatzpunkte dafür, welche Aspekte im Ordnungsrahmen zu beachten sind, damit ein liberales Wirtschaftssystem sein Potenzial vollständig entfalten kann und Menschen die Möglichkeiten, die ihnen die Freiheit und der Wettbewerb bieten, tatsächlich zu ihrem Vorteil nutzen können.

Grundsätzlich zeigen die Ergebnisse der Gegenüberstellung des Ordoliberalismus, der die Grundlage der Sozialen Marktwirtschaft darstellt, und der psychologischen Erkenntnisse, dass das vom theoretischen Ideal abweichende Verhalten nicht länger missachtet werden kann, sondern in der Gestaltung der Wirtschafts- und Sozialpolitik beachtet werden *muss*. Wurde bisher angezweifelt, dass die auf individueller Ebene beobachtbaren Verhaltensanomalien auf Makroebene von Relevanz sind, weisen die Ergebnisse dieser Arbeit auf gesamtwirtschaftliche Auswirkungen hin.

Die Betrachtung des Ordoliberalismus unter Berücksichtigung der psychologischen Erkenntnisse zeigte, dass der wirtschaftspolitische Ordnungsrahmen sein Ziel verfehlen kann, wenn sich dieser an falschen Eigenschaften der Wirtschaftsakteure orientiert oder wesentliche Verhaltensweisen vernachlässigt werden. Dadurch können Maßnahmen ihre Ziele verfehlen, unerwünschte Wechselwirkungen und Fehlanreize entstehen oder es kann zu Ineffizienzen und wirtschaftlichen Schieflagen kommen. Nicht zuletzt aus diesem Grund sollte die Psychologie nicht länger aus dem Bereich der Wirtschafts- und Sozialpolitik ausgegrenzt werden. Die Erkenntnisse der Psychologie sowie die Betrachtung des Ordoliberalismus unter Berücksichtigung dieser verdeutlichten somit, dass es an der Zeit ist für die Neuausrichtung der Wirtschaftspolitik hin zu einer Ordnungspolitik für Menschen, die nicht dem Bild des homo oeconomicus entsprechen.

Die Ergebnisse dieser Arbeit zeigen jedoch auch, dass die praktische Umsetzung einer solchen psychologisch-basierten Ordnungspolitik Herausforderungen gegenübersteht. So kann sich der von Wirtschaftstheoretikern vorgebrachte Vorwurf, Wirtschaftspolitik sei theorielos, durch die Berücksichtigung psychologischer Erkenntnisse verstärken. Denn werden Eingriffe nicht länger nur durch das bisher in der Ökonomie gängige Argument des Marktversagens gerechtfertigt, sondern ebenfalls durch irrationale Verhaltensweisen der Wirtschaftsakteure, können wirtschaftspolitische Entscheidungen schnell willkürlich erscheinen. Zudem besteht die Gefahr, Menschen durch eine bewusst gestaltete Entscheidungssituation zu stark, d. h. zu weitreichend zu beeinflussen. Die Überlegung, wie sehr und auf welcher Ebene Menschen gelenkt werden sollen und dürfen, stellt somit eine der größten Herausforderungen einer psychologisch-basierten Wirtschaftspolitik dar. Dies wurde in der Diskussion um mögliche wirtschaftspolitische Implikationen deutlich.

Der Raum für (scheinbar) willkürliche Maßnahmen wächst, je facettenreicher das Menschenbild ist. Denn während sich das Verhalten eines rational-eigennützigen Menschen in einer bestimmten Situation prognostizieren lässt, geht diese Vorhersehbarkeit mit dem Abschied vom rationalen Nutzenmaximierer verloren. Nicht umsonst haben Neoklassiker wie Ricardo, Mill und später Pareto sich von dem vielseitigen Menschenbild gelöst und ein axiomatisches Konstrukt erschaffen. Erst durch das theoretische Verhaltensmodell wurde es möglich, ökonomische Fragestellungen systematisch zu analysicren. Der Abschied von einem solchen Modell bzw. die Annäherung an den realen Menschen mit seinen vielseitigen Verhaltensweisen bedeutet somit auch eine Verabschiedung von der positiven Analyse.

Wenn menschliche Eigenschaften nicht mehr auf wenige Motive reduziert und in systematische Zusammenhänge gebracht werden können, lassen sich kaum mehr eindeutige Ergebnisse aus den Analysen ableiten. So geht die Eindeutigkeit verloren, ob z. B. der Effizienz oder der Gerechtigkeit, dem Wachstum oder der Zufriedenheit der Vorrang gewährt werden sollte. Ebenso wird sich immer wieder die Frage stellen, wann eine Maßnahme eine Beeinflussung darstellt, wann diese erwünscht und wann diese zu weitreichend ist.

Da eine psychologische Wirtschaftspolitik somit auch immer eine normative Wissenschaft darstellt, muss eine Wirtschafts- und Sozialpolitik für Menschen, die nicht dem Bild des homo oeconomicus entsprechen, auf ein normatives Fundament gestellt werden. Gerade die Kritik am Libertären Paternalismus zeigt, dass das Fehlen eines solchen Gerüsts die Bedenken gegenüber einer solchen Politik verstärkt und der Eindruck entsteht, die Wirtschaftspolitik basiere auf einer „Theorie des menschlichen Versagens". Eben dadurch können Maßnahmen und Vorschläge schnell willkürlich und zu paternalistisch erscheinen.

Die Gegenüberstellung der ordoliberalen Grundprinzipien mit den psychologischen Erkenntnissen hat gezeigt, dass die psychologischen Aspekte dem liberalen Gedanken keinesfalls widersprechen, sondern sich ergänzen lassen. Zudem weist der Ordoliberalismus ausreichend Anknüpfungspunkte zur Psychologie auf, weshalb sich die Erkenntnisse daraus in das ordoliberale Gedankengut integrieren lassen. Eine Synthese dieser beiden Bereiche und die dadurch mögliche Erweiterung des Ordoliberalismus hin zu einer modernen Variante des Ordoliberalismus können somit als ein solches normatives Fundament für eine psychologische Wirtschaftspolitik dienen.

Durch die Betrachtung des Ordoliberalismus unter Berücksichtigung der psychologischen Erkenntnisse zeigt sich, wann die Integration psychologischer Aspekte die Wirtschafts- und Sozialpolitik bereichert und wann sie nötig ist, um Ineffizienzen oder Problemen entgegenzuwirken. Die Analyse brachte hervor, dass der Wettbewerb dann seine Funktion nicht erfüllt, wenn Anbieter das irrationale Verhalten der Nachfrager ausnutzen. Wird in der Gestaltung des Ordnungsrahmens jedoch berücksichtigt, dass Menschen oftmals nicht rational agieren, können ihnen Orientierungshilfen gegeben werden, wodurch ihre Position als Nachfrager gestärkt und die Funktion des Wettbewerbs nutzbar gemacht wird. Ebenso weist die Analyse darauf hin, dass Preise ihre Funktion dann verlieren können, wenn Nachfrager nicht die Selbstkontrolle haben, um sich an diesen zu orientieren. Wird dies nicht berücksichtigt, kann es zu einer Fehllenkung der wirtschaftlichen Prozesse kommen. Ebenso hat die Betrachtung der ordoliberalen Grundprinzipien unter Berücksichtigung der psychologischen Erkenntnisse ergeben, dass es durch die Missachtung relevanter Gerechtigkeitsprinzipien oder das Setzen von Fehlanreizen zu Unzufriedenheit, psychischen Problemen oder gar amoralischem Verhalten kommen kann. Durch die Berücksichtigung in der wirtschaftspolitischen Gestaltung, dass Menschen nicht nur eigennützig agieren und intrinsisch motiviert ihrer Arbeit nachgehen, können derart unerwünschte Reaktionen und Auswirkungen verhindert werden. Nicht zuletzt konnte durch die Analyse gezeigt werden, dass es Möglichkeiten gibt, negative externe Effekte ohne freiheitseinschränkende Regulierungen nachhaltig zu reduzieren. Die Berücksichtigung psychologischer Erkenntnisse schränkt die Freiheit somit nicht unweigerlich ein, sondern kann sogar zu mehr Freiheit führen.

Wird eine psychologische Wirtschaftspolitik an diesen identifizierten Problemen oder Ineffizienzen ausgerichtet, lassen sich psychologisch orientierte Maßnahmen rechtfertigen und der willkürliche Charakter reduzieren. Zudem können dadurch neue Impulse für die Politik entstehen und ihr Instrumente an die Hand gegeben werden, durch die bestehende Probleme überwunden oder vermieden werden können. Durch die Einbettung psychologisch-basierter wirtschaftspolitischer Überlegungen in das normative Gerüst des Ordoliberalismus wird sich die Kritik an einer psychologischen Wirtschaftspolitik zwar nicht vollständig eliminieren lassen, jedoch kann ihr dadurch eine klare Ausrichtung und Rechtfertigungsgrundlage gegeben werden.

Auch auf Grund der vielen möglichen Anknüpfungspunkte, die der Ordoliberalismus der Psychologie bietet, lässt sich dieser durch die psychologischen Erkenntnisse erweitern und somit als normatives Fundament für die Neuausrichtung der Wirtschaftspolitik heranziehen. Tatsächlich gelang es Walter Eucken und seinen Kollegen, elementare Wesenszüge der Wirtschaftsakteure in der Ausgestaltung des wirtschaftspolitischen Rahmens zu bcrücksichtigen, die sich in der Psychologie widerspiegeln.

Dadurch erscheint der Ordnungsrahmen nicht nur aus ökonomischen Gesichtspunkten als effizient und sinnvoll, sondern auch aus psychologischer Perspektive. In diesem Sinne schreiben auch Klump und Wörsdorfer (2009), dass es Eucken wie keinem anderen in seiner Arbeit gelang, eine Balance von Leistungsfähigkeit und Menschenwürde, von Freiheit, (Chancen-) Gleichheit und Humanität in einer Wirtschaftsordnung zu vereinen. Eucken versuchte stets mögliche Empfindungen der von wirtschafts- und sozialpolitischen Entscheidungen Betroffenen in seinen Analysen zu berücksichtigen, weshalb er auch dem häufigen Zielkonflikt von Effizienz und Gerechtigkeit einen hohen Stellenwert beimaß. Somit ist die wissenschaftliche Arbeit rund um Walter Eucken aktueller denn je. Er berücksichtigte bereits in seinen Analysen Aspekte, die auch aus psychologischer Perspektive bedeutend für eine menschenwürdige Wirtschafts- und Sozialordnung sind und deren Vernachlässigung zu Unzufriedenheit und Leistungsrückgang führen kann. Die Analyse zeigte, dass wirtschaftspolitische Entscheidungen, die sich nicht an dem Wesen des Menschen und dessen Wertevorstellungen orientieren, unerwünschte Nebeneffekte mit sich bringen können. Die Berücksichtigung von psychologisch relevanten Verhaltensweisen, Eigenarten sowie Gerechtigkeitsvorstellungen führt dagegen zu einem positiven Empfinden und einer gesteigerten Zustimmung zum Wirtschaftssystem und wirtschaftspolitischen Maßnahmen.

Praktische Umsetzung und Forschungsausblick

Wie stark die Erkenntnisse aus der Psychologie die Wirtschaftspolitik in den nächsten Jahren verändern werden, lässt sich nach aktuellem Stand nicht sagen. Die Ergebnisse dieser Arbeit zeigen jedoch, dass eine Integration der Psychologie in den Bereich der Wirtschaftspolitik erfolgen muss. Es lässt sich aber auch erkennen, dass ein solcher Prozess – zumindest in Teilgebieten – bereits begonnen hat. Um jedoch mit Gewissheit sagen zu können, wie sich eine Neuausrichtung der Wirtschaftspolitik in der Praxis umsetzen lässt und wie psychologisch-basierte Maßnahmen gestaltet sein können, bedarf es weiterer Forschung. Da sich wirtschaftspolitische Entscheidungen an aggregierten Zuständen orientieren, werden zudem weitere Untersuchungen zur Auswirkung von Verhaltensanomalien auf Makroebene notwendig sein.

Ein weiterer Aspekt, der im Rahmen dieser Arbeit nur kurz angerissen werden konnte, jedoch gerade im Hinblick auf die Umsetzung einer psychologischen Wirtschaftspolitik von großer Bedeutung sein wird, ist die Diskussion um die Neutralität des Entscheiders bzw. der entscheidenden Instanz. Werden wirtschaftspolitische Maßnahmen nicht mehr anhand positiver Analysen getroffen, wird die Frage, wer entscheiden darf, was *gut* und was *schlecht* oder *erwünscht* und *unerwünscht* ist, zunehmend in den Vordergrund rücken. So stellt gerade dieser Aspekt auch im Ordoliberalismus eine Schwachstelle dar, da dem Staat in den ordoliberalen Arbeiten eine Neutralität zugesprochen wird, die er in der Praxis nie haben kann. Schließlich ist der Staat keine neutrale Instanz, sondern setzt sich aus unterschiedlichen Parteien zusammen, die wiederum eigene Interessen verfolgen. Gerade dann, wenn es darum geht, Wahlen zu gewinnen, können auch Entscheider in Versuchung kommen, das irrationale Verhalten der Wähler zu ihren Gunsten zu nutzen oder Maßnahmen so zu gestalten, dass Wähler in eine für sie günstige Richtung gelenkt werden. Zwar ist dies sicherlich kein vollkommen neues Problem, jedoch wird es in dem Moment verschärft, in dem sich das Menschenbild facettenreicher gestaltet, die Ableitung wirtschaftspolitischer Ideen aus positiven Analysen dadurch erschwert wird und die Ergebnisse demzufolge weniger eindeutig sind.

Nicht zuletzt aus diesem Grund kann vermutet werden, dass die Diskussion, ob der eigenständige Bereich der Wirtschaftspolitik von der Wirtschaftstheorie vollständig ersetzt werden kann, weitergehen wird. Aus den Untersuchungsergebnissen der vorliegenden Arbeit kann jedoch der Schluss gezogen werden, dass eine Wirtschaftstheorie, die auf einem realitätsfernen und sogar teilweise falsifizierten Menschenbild beruht, eine realitätsnahe Disziplin, wie es die Wirtschaftspolitik ist, solange nicht ersetzen kann, wie das theoretische Menschenbild nicht an das Erscheinungsbild des realen Menschen angepasst wird.

Unabhängig davon kann festgehalten werden, dass eine Neuausrichtung der Wirtschaftspolitik auf Basis der ordoliberalen Grundprinzipien auch für die Soziale Marktwirtschaft eine erhebliche Chance darstellt. Denn die Berücksichtigung der psychologischen Erkenntnisse lassen Vermutungen zu, weshalb ein System, dessen Fokus auf Freiheit und Effizienz liegt, zu Unzufriedenheit und Unmut führen kann. Die begonnene Betrachtung einer psychologischen Wirtschaftspolitik, die sich am normativen Gerüst des Ordoliberalis-mus orientiert, sollte daher in zukünftigen Untersuchungen in einen noch engeren Bezug zu der Sozialen Marktwirtschaft gestellt werden. Denn nicht zuletzt kann die Stärke, die dem Wirtschaftssystem der Sozialen Marktwirtschaft eigen ist, durch die Berücksichtigung psychologischer Erkenntnisse wieder neu entdeckt und den Wirtschaftsakteuren die Möglichkeiten, die sich ihnen durch das System bieten, verdeutlicht werden. Durch die Anpassung des Ordnungsrahmens an Gerechtigkeitsprinzipien und Eigenarten der Menschen kann das Gefühl von Moral und Menschenwürde wieder neu hergestellt und somit für mehr Zufriedenheit gesorgt werden.

Abschließend lässt sich sagen, dass die Gestaltung der Wirtschaftspolitik in einer irrationalen Welt komplexer ist als in einer rationalen Welt, weil Emotionen, Heuristiken, Intuition und verzerrte Wahrnehmungen berücksichtigt werden müssen. Doch eben dies stellt nicht nur eine Herausforderung dar, sondern auch neue Möglichkeiten für die Gestaltung der Wirtschafts- und Sozialpolitik. Die psychologischen Erkenntnisse bedeuten somit für die Wirtschaftspolitik einen Umbruch: Sie geben Anlass, Theorien radikal zu hinterfragen und etablierte Annahmen zu überprüfen. Sie liefern jedoch auch Gründe, um an altbewährte Theorien und Ideen anzuknüpfen. Das Ergebnis daraus ist somit revolutionär und traditionell zugleich – eben eine Neuausrichtung der Wirtschaftspolitik unter Rückbesinnung auf altbewährte Grundlagen.

Literaturverzeichnis

Akerlof, G. A. & Shiller, R. J. (2010): *Animal spirits: How human psychology drives the economy, and why it matters for global capitalism*. Princeton: University Press.

Alesina, A., Di Tella, R. & MacCulloch, R. (2004): Inequality and happiness: are Europeans and Americans different? *Journal of public economics*, *88(9-10)*, 2009-2042.

Allcott, H. (2011): Social norms and energy conservation. *Journal of public economics, 95(9-10)*, 1082-1095.

Alter, R. (2012): *Schlecker oder: Geiz ist dumm*. Berlin: Rotbuch.

Altmann, S., Falk, A. & Marklein, F. (2009): Eingeschränkt rationales Verhalten: Evidenz und wirtschaftspolitische Implikationen. *IZA Standpunkte, 12*.

Amann, S. (15.03.2010): Kinderärzte mobilisieren gegen Lebensmittelindustrie. *Spiegel online*. Verfügbar unter: http://www.spiegel.de/wirtschaft/service/ampelkennzeichnung-kinderaerzte-mobilisieren-gegen-lebensmittelindustrie-a-683330. html. Letzter Zugriff: 13.11.2012.

ARD (Producer). (Oktober 2010): *Essen ist Leben - ARD Themenwoche 2010*. Deutschland. ARD Studio.

Ariely, D. (2008): *Predictably Irrational*. New York: Harper Collins.

Ariely, D. (2009): The end of rational economics. *Harvard Business Review, 87(7/8)*, 78-84.

Ariely, D. (2010): Dan Ariely and I Sit Down and Talk About the Behavioral Economics of Getting Out of Debt. Verfügbar unter: http://getoutofdebt.org/24136. Letzter Zugriff: 18.09.2012.

Armstrong, M. (2008): Interactions between competition and consumer policy. *Competition Policy International, 4(1)*, 97-147.

Asch, S. E. (1951): Effects of group pressure upon the modification and distortion of judgments. Groups, leadership and men. In: H. Guetz-kow (Ed.). *Groups, leadership and men; research in human relations* (pp. 177-190). Oxford, England: Carnegie Press.

Asch, S. E. (1955): Opinions and social pressure. *Scientific American, 193(5)*, 31-35.

Asch, S. E. (1957): An experimental investigation of group influence. Presented at *Symposium on preventive and social psychiatry*.

Attari, S. Z., DeKay, M. L., Davidson, C. I. & de Bruin, W. B. (2010): Public perceptions of energy consumption and savings. *Proceedings of the National Academy of Sciences, 107(37)*, 16054-16059.

Bach, S. (2012): *Vermögensabgaben – ein Beitrag zur Sanierung der Staatsfinanzen in Europa*. Berlin: Deutsches Institut für Wirtschaftsforschung.

Bandura, A. & Jourden, F. J. (1991): Self-regulatory mechanisms governing the impact of social comparison on complex decision making. *Journal of personality and social psychology, 60(6)*, 941.

Baron, J. (1995): Blind justice: Fairness to groups and the do no harm principle. *Journal of Behavioral Decision Making, 8(2)*, 71-83.

Baron, J. (1998): *Judgment misguided: Intuition and error in public decision making*. New York: Oxford University Press.

Baron, J. (2008): *Thinking and Deciding*. Cambridge: Cambridge University Press.

Baron, J., Bazerman, M. H. & Shonk, K. (2006): Enlarging the Societal Pie Through Wise Legislation: A Psychological Perspective. *Perspectives on Psychological Science, 1(2)*, 123-132.

Baron, J. & Ritov, I. (1994): Reference points and omission bias. *Organizational Behavior and Human Decision Processes, 59*, 475-475.

Barrick, M. R. & Mount, M. K. (1991): The Big Five personality dimensions and job performance: A meta-analysis. *Personnel Psychology, 44(1)*, 1-26.

Batson, C. D. (1991): *The altruism question. Toward a social-psychological answer*. Hillsdale, NJ: Erlbaum.

Batson, D. C. (2006): „Not All Self-Interest After All": Economics of Empathy-Induced Altruism. In: D. De Cremer, M. Zeelenberg & J. K.

Murnighan (Eds.), *Social psychology and economics* (pp. 281-299). Mahwah, NJ: Lawrence Erlbaum Associates.

Bazerman, M. H., Baron, J. & Shonk, K. (2001): *„You can´t enlarge the pie": Six barriers to effective government.* New York, NY: Basic Books.

Beck, H. (2009): Wirtschaftspolitik und Psychologie: Zum Forschungsprogramm der Behavioral Economics. In: H. O. Lenel et al. (Eds.), *ORDO Jahrbuch für die Ordnung von Wirtschaft und Gesellschaft,* Vol. 60 (pp. 119-152). Stuttgart: Lucius & Lucius.

Becker, G. S. & Murphy, K. M. (1988): A theory of rational addiction. *The Journal of Political Economy, 69 (4),* 675-700.

Beissinger, T. & Knoppik, C. (2003): Sind Nominallöhne starr? Neuere Evidenz und wirtschaftspolitische Implikationen. *IZA Discussion Paper 800.*

Benartzi, S. & Thaler, R. H. (2007): Heuristics and Biases in Retirement Savings Behavior. *The Journal of Economic Perspectives, 21(3),* 81-104.

Benecke, A. & Vogel, H. (2003): *Übergewicht und Adipositas.* Berlin: Robert Koch Institut.

Berres, I. (23.09.2010): Fettleibigkeit wird weltweit zur Volkskrankheit. *Spiegel online.* Verfügbar unter: http://www.spiegel.de/wissenschaft/medizin/oecd-studie-fett leibig-keit-wird-weltweit-zur-volkskrankheit-a-718868.html. Letzter Zugriff: 11.09.2012.

Berth, H., Förster, P. & Brähler, E. (2003): Gesundheitsfolgen von Arbeitslosigkeit und Arbeitsplatzunsicherheit bei jungen Erwachsenen. *Das Gesundheitswesen, 65(10),* 555-560.

BILD. (11.05.2012): Inflations-Alarm! Wo ist mein Geld heute noch sicher? BILD. Verfügbar unter: http://www.bild.de/ geld/wirtschaft/inflation/inflation-kehrt-zurueck-wo-ist-mein-geld-noch-sicher-24098842.bild.html. Letzter Zugriff: 08.09.2012.

Blaurock, U., Goldschmidt, N. & Hollerbach, A. (Eds.) (2005): *Das selbstgeschaffene Recht der Wirtschaft. Zum Gedenken an Hans Großmann-Doerth* (pp. 1894-1944). Tübingen: Mohr Siebeck.

Bofinger, P. (17.05.2010): Ursachen des Steuerskandals. *Süddeutsche Zeitung*. Verfügbar unter: http:// www.sueddeutsche.de/geld/ursachen-des-steuerskandals-zum winkel-und-das-monster-staat-1.579969. Letzter Zugriff: 06.04.2012.

Bögenhold, D. (2009): Die Psychologie im Wirtschaftsleben: Keynes und Schumpeter als Pioniere. Paper präsentiert bei: *Der Mensch im Mittelpunkt für angewandte Wirtschaftspsychologie, Tagungsband zur 15. Fachtagung der „Gesellschaft für angewandte Wirtschaftspsychologie".* Verfügbar unter: http://www.psychologie-aktuell.com/buecher/einzelansicht/ article////1257765606-der-mensch-im-mittelpunkt-wirtschaftlichen-handelns.html? tx_ttnews[backPid]=266&cHash=466b0e3bd5. Letzter Zugriff: 03.04.2011.

Böhler-Baedeker, S., Koska, T., Reutter, O. & Schäfer-Sparenberg, C. (2010): *Projektmonitoring der Kampagne „Kopf an: Motor aus.".* Wuppertal: Wuppertal Institut für Klima, Umwelt, Energie GmbH.

Böhm, F. (1937): *Die wirtschaftliche Ordnung als geschichtliche Aufgabe und rechtschöpferische Leistung.* Stuttgart, Berlin: Verlag von Kohlhammer.

Böhm, F. (1950): *Wirtschaftsordnung und Staatsverfassung.* Tübingen: J.C.B. Mohr (Paul Siebeck).

Böhm, F. (1971): Freiheit und Ordnung in der Marktwirtschaft. In: E.-J. Mestmäcker (Ed.), *ORDO Jahrbuch für die Ordnung von Wirtschaft und Gesellschaft,* Vol. 22 (pp. 11-27). Baden-Baden: Nomos.

Böhm, F., Eucken, W. & Großmann-Doerth, H. (1936): Unsere Aufgabe. In: N. Goldschmidt & M. Wohlgemuth (Eds.), *Grundtexte zur Freiburger Tradition der Ordnungsökonomik* (pp.27-43). Tübingen: Mohr Siebeck.

Bolton, G. E. & Ockenfels, A. (2000): ERC: A theory of equity, reciprocity, and competition. *American Economic Review, 90(1),* 166-193.

Bonin, H. & Schneider, H. (2006): Workfare: Eine wirksame Alternative zum Kombilohn. *Wirtschaftsdienst, 86(10),* 645-650.

Borgstedt, S., Christ, T. & Reusswig, F. (2010): *Umweltbewusstsein in Deutschland 2010*. Berlin: Bundesministerium für Umwelt, Naturschutz und Reaktorsicherheit.

Bräuninger, D. (2010): *Betriebliche Altersversorgung: Raum für weitere Expansion*. Frankfurt: Deutsche Bank Research.

Brehm, J. W. (1966): *A theory of psychological reactance*. New York, NY: Academic Press.

Brehm, S. S. & Brehm, J. W. (1981): *Psychological reactance: A theory of freedom and control*. New York, NY: Academic Press.

Brinkmann, C. & Potthoff, P. (1983): Gesundheitliche Probleme in der Eingangsphase der Arbeitslosigkeit. *Mitteilungen aus der Arbeitsmarkt-und Berufsforschung, 16(4)*, 378-389.

Brooks, D. (21.10.2008): David Brooks: The behavioral revolution. *The New York Times*. Verfügbar unter: http://www.nytimes.com/2008/10/28/opinion/28iht-edbrooks. 1.17312377.html. Letzter Zugriff: 14.07.2012.

Brunnermeier, M. K. & Julliard, C. (2008): Money illusion and housing frenzies. *Review of Financial Studies, 21(1)*, 135-180.

Buckley, C. (03.01.2007): Man Is Rescued by Stranger on Subway Tracks. *The New York Times*. Verfügbar unter: http://www.nytimes.com/2007/01/03/nyregion/03life.html. Letzter Zugriff: 13.06.2011.

Bundesministerium für Umwelt, Naturschutz und Reaktorsicherheit (2007): Verkehr und Umwelt – Herausforderungen. Verfügbar unter: http://www.bmu.de/files/pdfs/allgemein/application/ pdf/verkehr_herausforderungen.pdf. Letzter Zugriff: 15.09.2012.

Bundeszentrale für gesundheitliche Aufklärung (2010): *Wissen, Einstellung und Verhalten der Allgemeinbevölkerung zur Organspende - Zentrale Ergebnisse der BZgA-Repräsentativbefragung 2010*. Köln.

Buschle, N. (2008): *Spenden - von wem und wofür?* Wiesbaden: Statistisches Bundesamt. Verfügbar unter: https://www.destatis.de/DE/Publikationen/STATmagazin/FinanzenSt euern/2008_02/2008_2Spenden.html. Letzter Zugriff: 7.09.2012.

Camerer, C., Issacharoff, S., Loewenstein, G., O'Donoghue, T. & Rabin, M. (2003): Regulation for Conservatives: Behavioral Economics and the Case for" Asymmetric Paternalism". *University of Pennsylvania Law Review, 151(3)*, 1211-1254.

Camerer, C. F. (2003): *Behavioral Game Theory*. Princeton, NJ: University Press.

Camerer, C. F., Loewenstein, G. & Rabin, M. (2003): *Advances in behavioral economics*. Princeton, NJ: University Press.

Caplan, B. (2007): *The myth of the rational voter*. Princeton, NJ: University Press.

Carlson, B. W. (1990): Anchoring and adjustment in judgments under risk. *Journal of Experimental Psychology: Learning, Memory, and Cognition, 16(4)*, 665.

Choi, J. J., Laibson, D., Madrian, B. C. & Metrick, A. (2004): For better or for worse: Default effects and 401 (k) savings behavior. In: D. Wise (Ed.), *Perspectives in the Economics of Aging* (pp. 81-121). Chicago: University of Chicago Press.

Choi, J. J., Laibson, D., Madrian, B. C. & Metrick, A. (2006): Saving for retirement on the path of least resistance. In: E. J. McCaffrey & J. Slemrod (Eds.), *Behavioral Public Finance: Toward a New Agenda* (pp.304-351). New York: Russell Sage Foundation.

Christandl, F. & Fetchenhauer, D. (2009): How laypeople and experts misperceive the effect of economic growth. *Journal of Economic Psychology, 30(3)*, 381-392.

Christandl, F. & Gärling, T. (2011): The Accuracy of Consumers' Perception of Future Inflationary Price Changes. *Zeitschrift für Psychologie, 219(4)*, 209-216.

Christandl, F., Stukenberg, S., Lotz, S. & Fetchenhauer, D. (2010): How materialism moderates the labeling effect in the quality evaluation of products. In: M. Meloy & A. Duhachek (Eds.), *Advances in Consumer Psychology* (p. 72). St. Pete Beach, FL: Society for Consumer Psychology.

Christensen, K., Herskind, A. M. & Vaupel, J. W. (2006): Why Danes are smug: comparative study of life satisfaction in the European Union. *BMJ, 333(7582)*, 1289-1291.

Cialdini, R. B. (2003): Crafting normative messages to protect the environment. *Current directions in psychological science, 12(4)*, 105.

Clark, A. E. (2003): Unemployment as a Social Norm: Psychological Evidence from Panel Data. *Journal of Labor Economics, 21(2)*, 323-351.

Clark, A. E. & Oswald, A. J. (1994): Unhappiness and Unemployment. *The Economic Journal, 104(424)*, 648-659.

Congdon, W. J., Kling, J. R. & Mullainathan, S. (2011): *Policy and Choice*. Washington, D. C.: Brockings Institution Press.

Cooper, R., DeJong, D. V., Forsythe, R. & Ross, T. W. (1996): Cooperation without reputation: experimental evidence from prisoner's dilemma games. *Games and Economic Behavior, 12*, 187-218.

Csikszentmihalyi, M. (1999): *Das Flow-Erlebnis. Jenseits von Angst und Langeweile: Im Tun aufgehen.* Stuttgart: Klett-Cotta.

Cutler, D., Glaeser, E. & Shapiro, J. (2003): Why have Americans become more obese? *Journal of Economic Perspectiv, 17(3)*, 93-118.

Dana, J., Cain, D. M. & Dawes, R. M. (2006): What you don't know won't hurt me: Costly (but quiet) exit in dictator games. *Organizational Behavior and Human Decision Processes, 100(2)*, 193-201.

Dana, J., Weber, R. & Kuang, J. (2007): Exploiting moral wiggle room: experiments demonstrating an illusory preference for fairness. *Economic Theory, 33(1)*, 67-80.

Dawes, R. M. & Thaler, R. H. (1988): Anomalies: Cooperation. *The Journal of Economic Perspectives, 2(3)*, 187-197.

DellaVigna, S. (2009): Psychology and Economics: Evidence from the Field. *Journal of Economic Literature, 47(2)*, 315-372.

Der Tagesspiegel (17.04.2012): Gefühlte Inflation fast doppelt so hoch. *Der Tagesspiegel.* Verfügbar unter: http://www.tagesspiegel.de/wirtschaft/geldentwertung-gefuehl teinflation-fast-doppelt-so-hoch/6520122.html. Letzter Zugriff: 09.09.2012.

Diekmann, A. & Voss, T. (2004): Die Theorie rationalen Handelns. Stand und Perspektiven. In: A. Diekmann & T. Voss (Eds.), *Rational-Choice-Theorie in den Sozialwissenschaften* (pp. 13-29). München: Oldenbourg.

Dietze von, C., Eucken, E. & Lampe, A. (1943): Wirtschafts- und Sozialordnung. In: N. Goldschmidt & M. Wohlgemuth (Eds.), *Grundtexte zur Freiburger Tradition der Ordnungsökonomik* (pp. 99-119). Tübingen: Mohr Siebeck.

Dovidio, J. F., Allen, J. L. & Schroeder, D. A. (1990): Specificity of empathy-induced helping: Evidence for altruistic motivation. *Journal of personality and social psychology, 59(2)*, 249-260.

Downs, J. S., Loewenstein, G. & Wisdom, J. (2009): Strategies for promoting healthier food choices. *American Economic Review, 99(2)*, 159-164.

Easterlin, R. A. (1974): Does economic growth improve the human lot? In: R. A. Davis & M. W. Reder (Eds.), *Nations and Households in Economic Growth: Essays in Honor of Moses Abramovitz* (pp. 89-125). New York: Academic Press.

Easterlin, R. A. (1995): Will raising the incomes of all increase the happiness of all? *Journal of Economic Behavior & Organization, 27(1)*, 35-47.

Easterlin, R. A. (2003): Building a better theory of well-being. *IZA Discussion Paper 742.*

Eekhoff, J. & Roth, S. J. (2002): *Brachliegende Fähigkeiten nutzen, Chancen für Arbeitslose verbessern.* Berlin: Stiftung Marktwirtschaft.

Enste, D. & Hüther, M. (2011): *Verhaltensökonomik und Ordnungspolitik.* Köln: IW Medien GmbH.

Enste, D. H. (2002): *Schattenwirtschaft und institutioneller Wandel.* Tübingen: Mohr Siebeck.

Enste, D. H., Erdmann, V. & Kleineberg, T. (2011): *Mythen über die Mittelschicht.* München: Roman Herzog Institut. Verfügbar unter: http://www.romanherzoginstitut.de/publikationen/details/?tx_mspubli

cation_pi1[showUid]=88&cHash=3d65e2cdc3. Letzter Zugriff: 17.11.2012.

Enste, D. H., Haferkamp, A. & Fetchenhauer, D. (2009): Unterschiede im Denken zwischen Ökonomen und Laien – Erklärungsansätze zur Verbesserung der wirtschaftspolitischen Beratung. *Perspektiven der Wirtschaftspolitik, 10(1)*, 60-78.

Epley, N. & Gilovich, T. (2001): Putting adjustment back in the anchoring and adjustment heuristic: Differential processing of self-generated and experimenter-provided anchors. *Psychological Science, 12(5)*, 391-396.

Epley, N. & Gneezy, A. (2007): The framing of financial windfalls and implications for public policy. *Journal of Socio-economics, 36(1)*, 36-47.

Epley, N., Mak, D. & Idson, L. C. (2006): Bonus of rebate? The impact of income framing on spending and saving. *Journal of Behavioral Decision Making, 19(3)*, 213-227.

Erdmenger, C., Hermann, H., Tambke, J., Bade, M., Beckers, R., Berg, H. et al. (2007): *Climate Change*. Dessau: Umweltbundesamt.

Erhard, L. (1957): *Wohlstand für alle*. Düsseldorf: Econ.

Etzioni, A. (2011): Behavioral Economics. American Behavioral. *Scientist, 55(8)*, 1099-1119.

Eucken, W. (1947a): Über die zweifache wirtschaftspolitische Aufgabe der Nationalökonomie. In: N. Goldschmidt & M. Wohlgemuth (Eds.), *Grundtexte zur Freiburger Tradition der Ordnungsökonomik* (pp. 133-151). Tübingen: Mohr Siebeck.

Eucken, W. (1947b): *Nationalökonomie Wozu?* Godesberg: Verlag Helmut Küpper vormals Georg Bondi.

Eucken, W. (1949): Die Wettbewerbsordnung und ihre Verwirklichung. In: W. Eucken & F. Böhm (Eds.), *ORDO Jahrbuch für die Ordnung von Wirtschaft und Gesellschaft,* Vol. 2 (pp. 1-99). Godesberg: Helmut Küpper.

Eucken, W. (1950): *Die Grundlagen der Nationalökonomie*. Berlin, Göttingen, Heidelberg: Springer Verlag.

Eucken, W. (1951): *Unser Zeitalter der Misserfolge*. Tübingen: J.C.B. Mohr (Paul Siebeck).

Eucken, W. (1952): *Grundsätze der Wirtschaftspolitik*. Bern, Tübingen: A. Francke AG. Verlag; Mohr Siebeck.

Eucken, W. (1953): *Wettbewerb, Monopol und Unternehmer.* Bad Nauheim: Vita Verlag.

Faber, M. & Petersen, T. (2008): Gerechtigkeit und Marktwirtschaft – das Problem der Arbeitslosigkeit. *Perspektiven der Wirtschaftspolitik, 9(4)*, 405-423.

Falk, A. (2003): Homo Oeconomicus versus Homo Reciprocans. Ansätze für ein neues Wirtschaftspolitisches Leitbild? *Perspektiven der Wirtschaftspolitik, 4(1)*, 141-172.

Falk, A. & Kosfeld, M. (2006): The hidden costs of control. *American Economic Review, 96(5)*, 1611-1630.

Fehr, E. & Fischbacher, U. (2004): Third party punishment and social norms. *Evolution and Human Behavior, 25*, 63-87.

Fehr, E. & Gächter, S. (2000): Fairness and retaliation: The economics of reciprocity. *IEER Working Paper No. 40.*

Fehr, E. & Gächter, S. (2002a): Altruistic punishment in humans. *Nature, 415(6868)*, 137-140.

Fehr, E., & Gächter, S. (2002b): Do incentive contracts undermine voluntary cooperation? *IEER Working Paper No. 34.*

Fehr, E. Naef, M. & Schmidt, K. M. (2006): Inequality Aversion, Efficiency, and Maximin Preferences in Simple Distribution Experiments: Comment. *The American Economic Review, 96(5)*, 1912-1917.

Fehr, E. & Rockenbach, B. (2003): Detremental effects of sanctions on human altruism. *Nature, 422*, 137-140.

Fehr, E. & Tyran, J.-R. (2001): Does Money Illusion Matter? *The American Economic Review, 91(5)*, 1239-1262.

Fehr, E. & Tyran, J. R. (2005): Individual irrationality and aggregate outcomes. *The Journal of Economic Perspectives, 19(4)*, 43-66.

Festinger, L. (1954): *A theory of social comparison processes.* Bobbs-Merrill.

Fetchenhauer, D. (2009): Was ist Gerechtigkeit und wie kommt sie zustande? – die psychologische Perspektive. In: Roman Herzog Institut (Ed.), *Was ist Gerechtigkeit – und wie lässt sie sich verwirklichen? Antworten eines interdisziplinären Diskurses Vol. 11* (pp. 24-28). München: Roman Herzog Institut. Verfügbar unter: http://www.romanherzoginstitut.de/uploads/tx_mspublication/RHI_Diskussion11.pdf. Letzter Zugriff: 17.10.2012.

Fetchenhauer, D. (2010): Soziale Gerechtigkeit und die Natur des Menschen. Eine wirtschaftspsychologische Betrachtung. In: Roman Herzog Institut (Ed.), *Warum ist Gerechtigkeit wichtig* (pp. 28-47). München: Roman Herzog Institut. Verfügbar unter: http://www.romanherzoginstitut.de/uploads/tx_mspublication/rhi_warum_ist_gerechtigkeit_wichtig.pdf. Letzter Zugriff: 15.11.2011.

Fetchenhauer, D. (2011): *Psychologie.* München: Verlag Franz Vahlen.

Fetchenhauer, D. & Bierhoff, H. W. (2004): Altruismus aus evolutionstheoretischer Perspektive. *Zeitschrift für Sozialpsychologie, 35(3)*, 131-141.

Fetchenhauer, D. & Dunning, D. (2006): Perception of prosociality in self and others. In: D. Fetchenhauer, A. Flache, A. Buunk & S. Lindenberg (Eds.), *Solidarity and Prosocial Behavior. An integration of psychological and sociological perspectives* (pp. 61-76). New York: Kluwer Academic/Plenum Publishers.

Fetchenhauer, D. & Dunning, D. (2009): Do people trust too much or too little? *Journal of Economic Psychology, 30(3)*, 263-276.

Fetchenhauer, D. & Haferkamp, A. (2007): Viel zu tun – Umrisse einer Psychologie des Wohlfahrtsstaates. *Wirtschaftspsychologie, 4*, 5-25.

Fokus online (22.07.2009): Stichwort: „Reichensteuer". *Fokus online.* Verfügbar unter: http://www.focus.de/politik/deutschland/ steuern-stichwort-und132reichensteuerund147_aid_419171. html. Letzter Zugriff: 27.07.2012.

Fokus online (01.11.2010): Alkohol wirkt verheerender als Heroin. *Fokus online.* Verfügbar unter: http://www.focus.de/ gesundheit/ratgeber/psychologie/news/drogen-alkohol-wirkt-verheerender-als-heroin_aid_567757.html. Letzter Zugriff: 24.10.2012.

Forsa (2008): *Rauchstopp*. Berlin. Verfügbar unter: http://www.presse.dak.de/ps.nsf/sbl/528903BB524C46E5C12573B60 032BB81?open. Letzter Zugriff: 10.10.2012.

Forsythe, R., Horowitz, J. L., Savin, N. E. & Sefton, M. (1994): Fairness in simple bargaining experiments. *Games and Economic behavior, 6(3)*, 347-369.

Frank, R. H. (2012): *The libertarian welfare state.* Unpublished manuscript.

Frank, R. H. (2007): *Falling behind: How rising inequality harms the middle class.* Berkely C.A.: University of California Press.

Freud, S. (2000): Das Ich und das Es (1923). *Sigmund Freud Studienausgabe, 3*, 273-330.

Frey, B. S. & Osterloh, M. (2000): Pay for Performance – Immer empfehlenswert? *Zeitschrift Führung und Organisation, 69(2)*, 64-69.

Frey, B. S. & Stutzer, A. (2000): Happiness, Economy and Institutions. *The Economic Journal, 110(466)*, 918-938.

Frey, B. S. & Stutzer, A. (2002): What can Economists Learn from Happiness Research? *Journal of Economic Literature, XL*, 402-435.

Friedman, M. (1953): *The methodology of positive economics.* Chicago: University of Chicago Press.

Friedman, M. (1957): *A theory of the consumption function.* Princeton: Princeton University Press.

Fritsch, M., Wein, T. & Ewers, H.-J. (2007): *Marktversagen und Wirtschaftspolitik: Mikroökonomische Grundlagen staatlichen Handelns.* München: Vahlen.

Fuchs, F. (20.11.2009): Boaznbesitzer versus Edelwirt. *Süddeutsche Zeitung.* Verfügbar unter: http://www.sueddeutsche.de/ muen-chen/diskussion-um-rauchverbot-boaznbesitzer-versus-edelwirt-1.132607. Letzter Zugriff: 20.07.2012.

Gabisch, G. (1990): *Haushalte und Unternehmen.* In: D. Bender et al. (Eds.), *Vahlens Kompendium der Wirtschaftstheorie und Wirtschaftspolitik* (pp. 3-60). München: Vahlen.

Ghiselin, M. (1974): *The Economy of Nature and the Evolution of Sex.* Berkley: University of California Press.

Gigerenzer, G. (2008): *Bauchentscheidungen.* München: Goldmann.

Gilovich, T., Griffin, D. & Kahneman, D. (2002): *Heuristics and Biases. The psychology of intuitive judgement.* Cambridge: Cambridge University Press.

Gintis, H., Bowles, S., Boyd, R. & Fehr, E. (2003): Explaining altruistic behavior in humans. *Evolution and Human Behavior, 24(3)*, 153-172.

Gneezy, U. & Rustichini, A. (2000a): A Fine is a Price. *The Journal of Legal Studies, 1*, 1-17.

Gneezy, U. & Rustichini, A. (2000b): Pay enough or don't pay at all. *The quarterly journal of economics, 115(3)*, 791-810.

Goebel, J., Gornig, M. & Häußermann, H. (2010): *Polarisierung der Einkommen: Die Mittelschicht verliert.* Berlin: Deutsches Institut für Wirtschaftsforschung.

Goldschmidt, N., Wegner, G., Wohlgemuth, M. & Zweynert, J. (19.06.2009): Was ist und was kann Ordnungsökonomik? *Frankfurter Allgemeine Zeitung* . Verfügbar unter: http://www.faz.net/aktuell/wirtschaft/wirtschaftswissen/wissenschafts debatte-was-ist-und-was-kann-ordnungsoekonomik-1818053.html. Letzter Zugriff: 12.11.2011.

Goldschmidt, N. & Wohlgemuth, M. (2008a): Entstehung und Vermächtnis der Freiburger Tradition der Ordnungsökonomik. In: M. W. Nils Goldschmidt (Ed.), *Grundtexte zur Freiburger Tradition der Ordnungsökonomik* (pp.1-21). Tübingen: Mohr Siebeck.

Goldschmidt, N. & Wohlgemuth, M. (2008b): Zur Einführung: Unsere Aufgabe (1936). In: N. Goldschmidt & M. Wohlgemuth (Eds.), *Grundtexte zur Freiburger Tradition der Ordnungsökonomik* (pp. 21-27). Tübingen: Mohr Siebeck.

Gößwald, A., Lange, M., Kamtsiuris, P. & Kurth, B.-M. (2012): *DEGS: Studie zur Gesundheit Erwachsener in Deutschland*. Berlin: Robert Koch Institut.

Gowdy, J. M. (2008): Behavioral economics and climate change policy. *Journal of Economic Behavior & Organization, 68(3-4)*, 632-644.

Goyder, M. & Brooker, S. (2007): Warning: Too much information can harm. *Studie im Auftrag von Better Regulation Executive and National Consumer Council*. Verfügbar unter: http://www.bis.gov.uk/files/file44588.pdf. Letzter Zugriff: 17.03.2011.

Grabka, M. & Frick, J. (2008): *Schrumpfende Mittelschicht – Anzeichen einer dauerhaften Polarisierung der verfügbaren Einkommen?* Berlin: Deutsches Institut für Wirtschaftsforschung.

Graham, C. & Felton, A. (2005): Does Inequality Matter to Individual Welfare?: An Initial Exploration based on Happiness Surveys from Latin America: Brookings Institution. *Center on Social and Economic Dynamics Working Paper No. 38.*

Greenpeace (2006): *Wir essen Amazonien auf.* Verfügbar unter: http://www.greenpeace.de/themen/waelder/urwaelder_mittel_und_ suedamerikas/artikel/wir_essen_amazonien_auf/. Letzter Zugriff: 12.11.2011.

Grobe, T. G., & Schwartz, F. W. (2003): *Arbeitslosigkeit und Gesundheit. Gesundheitsberichterstattung des Bundes.* Berlin: Robert Koch Institut.

Grønhøj, A. & Thøgersen, J. (2011): Feedback on household electricity consumption: learning and social influence processes. *International Journal of Consumer Studies, 35(2)*, 138-145.

Gürerk, Ö., Irlenbusch, B. & Rockenbach, B. (2006): The competitive advantage of sanctioning institutions. *Science, 312(5770)*, 108-111.

Haferkamp, A., Fetchenhauer, D., Belschak, F. & Enste, D. (2009): Efficiency versus Fairness: The Evaluation of Labor Market Policies by Economists and Laypeople. *Journal of Economic Psychology, 30(4)*, 527-539.

Haidt, J. (2001): The Emotional Dog and Its Rational Tail: A Social Intuitionist Approach to Moral Judgment. *Psychological Review* *108(4)*, 814-834.

Halasz, U. (2012): Alarmierende Bilanz. Viele Deutsche werden immer dicker. *Aktiv im Norden, 10*, 26-29.

Hamilton, W. D. (1964): Genetical Evolution of Social Behaviour. *Journal of Theoretical Biology, 7(1)*, 1-16.

Haucap, J. (2009): Methodenstreit in der Ökonomie: Was kann die Volkswirtschaftslehre für die Gesellschaft leisten? Verfügbar unter: http://carta.info/10511/methodenstreit-in-der-oekon omie-was-kann-die-volkswirtschaftslehre-fuer-die-gesellschaft-leisten/. Letzter Zugriff: 11.04.2009.

Hayek von, F. A. (1945a): Wahrer und falscher Individualismus. In: V. Vanberg (Ed.), *Grundsätze einer liberalen Gesellschaftsordnung* (pp. 3-33). Tübingen: Mohr Siebeck.

Hayek von, F. A. (1945b): Die Verwertung des Wissens in der Gesellschaft. In: V. Vanberg (Ed.), *Wissenstheorie und Wissen* (pp. 57-71). Tübingen: Mohr Siebeck.

Hayek von, F. A. (1957): Was ist und was heißt „sozial"? In: V. Vanberg (Ed.), *Grundsätze einer liberalen Gesellschaftsordnung* (pp. 251-261). Tübingen: Mohr Siebeck.

Hayek von, F. A. (1959): Verantwortlichkeit und Freiheit. In: V. Vanberg (Ed.), *Grundsätze einer liberalen Gesellschaftsordnung* (pp. 277-294). Tübingen: Mohr Siebeck.

Hayek von, F. A. (1961): Das moralische Element in der Unternehmerwirtschaft. In: V. Vanberg (Ed.), *Grundsätze einer liberalen Gesellschaftsordnung* (pp. 294-303). Tübingen: Mohr Siebeck.

Hayek von, F. A. (1962a): Regeln, Wahrnehmung und Verständlichkeit. In: V. Vanberg (Ed.), *Wissenstheorie und Wissen* (pp. 3-27). Tübingen: Mohr Siebeck.

Hayek von, F. A. (1962b): Wirtschaft, Wissenschaft und Politik. In: *Gesammelte Schriften in deutscher Sprache, Bd. 6* (pp. 65-83). Tübingen: Mohr Siebeck.

Hayek von, F. A. (1964): Arten des Rationalismus. In: V. Vanberg (Ed.), *Wissenschaftstheorie und Wissen* (pp. 71-87). Tübingen: Mohr Siebeck.

Hayek von, F. A. (1969): Der Wettbewerb als Entdeckungsverfahren. In: *Freiburger Studien. Gesammelte Aufsätze.* Tübingen: Mohr Siebeck.

Hayek von, F. A. (1971): *Die Verfassung der Freiheit.* Tübingen: J.C.B. Mohr (Paul Siebeck).

Hayek von, F. A. (1978): Zur Bewältigung von Unwissenheit. In: V. Vanberg (Ed.), *Wissenschaftstheorie und Wissen* (pp. 99-109). Tübingen: Mohr Siebeck.

Hayek von, F. A. (1982): *Law, Legislation and Liberty: A New Statement of the Liberal Principles of Justice and Political Economy (Vol. 3).* London: Routledge & Kegan Paul.

Heinemann, F. (2000): Die Psychologie irrationaler Wirtschaftspolitik am Beispiel des Reformstaus. *ZEW Discussion Paper 12.*

Heise online (30.04.2009a): EU-Kartellverfahren: Microsoft sieht keine Verstöße gegen Wettbewerbsrecht. *Heise online.* Verfügbar unter: http://www.heise.de/ct/meldung/EU-Kartellverfahren-Microsoft-sieht-keine-Verstoesse-gegen-Wettbewerbsrecht-216917.html. Letzter Zugriff: 13.09.2011.

Heise online (04.12.2009b): Microsoft und EU kurz vor Einigung im Kartellverfahren um Internet Explorer. *Heise online.* Verfügbar unter: http://www.heise.de/newsticker/meldung/Microsoft-und-EU-kurz-vor-Einigung-im-Kartellverfahren-um-Internet-Explorer-876769.html. Letzter Zugriff: 13.09.2011.

Henrich, J., Boyd, R., Bowles, S., Camerer, C., Fehr, E., Gintis, H. et al. (2001): In search of homo economicus: behavioral experiments in 15 small-scale societies. *The American Economic Review, 91(2),* 73-78.

Hensel, P. (1963): Grundgesetz – Wirtschaftsordnungen. Eine ordnungstheoretische Studie. In: N. Goldschmidt & M. Wohlgemuth (Eds.), *Grundtexte zur Freiburger Tradition der Ordnungsökonomik* (pp. 255-272). Tübingen: Mohr Siebeck.

Heyman, J. & Ariely, D. (2004): Effort for payment a tale of two markets. *Psychological Science, 15(11),* 787-793.

Hoch, M. (Ed.) (1964): *Wilhelm Röpke. Werk und Wirkung.* Ludwigsburg.

Hoffmann, S. (2002): Die Krise der Mittzwanziger. *Spiegel online.* Verfügbar unter: http://www.spiegel.de/unispiegel/wunderbar/ 0,1518,211192,00.html. Letzter Zugriff: 22.06.2012.

Hüther, M., Braun, S., Enste, D., Neumann, M., Schwalb, L. et al. (2012): *Für eine Kultur der Mitverantwortung – Erster Engagementbericht.* Köln: Institut der deutschen Wirtschaft Köln.

ifD Allensbach (2010): *Allensbacher Computer- und Technik-Analyse.* Allensbach. Verfügbar unter: http://de.statista.com/statistik/ daten/studie/169037/umfrage/wechselbereitschaft-von-telefon-internet--handyanbieter/. Letzter Zugriff: 24.09.2012.

Institut für Sozialforschung und Gesellschaftspolitik (2011): *Überprüfung der These einer „schrumpfenden Mittelschicht" in Deutschland.* Köln.

Intergovernmental Panel on Climate Change (2007): *Climate Change 2007.* Valencia.

Irlenbusch, B. & Sliwka, D. (2005): Incentives, decision frames, and motivation crowding out – an experimental investigation. *IZA Discussion Paper 1758.*

Iyengar, S. S. & Lepper, M. R. (2000): When choice is demotivating: Can one desire too much of a good thing? *Journal of personality and social psychology, 79(6),* 995-1006.

Jevons, W. S. (1924): *Die Theorie der Politischen Ökonomie.* Jena: G. Fischer.

Johnson, E. J. & Goldstein, D. (2003): Do defaults save lives? *Science, 302(5649),* 1338-1339.

Johnson, E. J., Steffel, M. & Goldstein, D. G. (2005): Making better decisions: from measuring to constructing preferences. *Health Psychology, 24(4S),* 17-22.

Jones, M. & Sugden, R. (2001): Positive confirmation bias in the acquisition of information. *Theory and Decision, 50(1),* 59-99.

Just, D. R., Mancino, L. & Wansink, B. (2007): Could Behavioral Economics help improve diet quality for nutrition assistance program participants? United States Department of Agriculture. *USDA-ERS Economic Research Report No. 43.*

Just, D. R. & Payne, C. R. (2009): Obesity: can behavioral economics help? *Annals of Behavioral Medicine, 38*, 47-55.

Kahle, I. & Schäfer, D. (2005): *Ehrenamt und bürgerschaftliches Engagement.* Wiesbaden: Statistisches Bundesamt.

Kahneman, D. (2011): *Thinking, fast and slow.* Farrar: Straus & Giroux.

Kahneman, D., Knetsch, J. L. & Thaler, R. (1986): Fairness as a constraint on profit seeking: Entitlements in the market. *The American Economic Review, 76(4)*, 728-741.

Kahneman, D., Knetsch, J. L. & Thaler, R. H. (1990): Experimental Tests of the Endowment Effect and the Coase Theorem. *Journal of Political Economy, 98(6)*, 1325-1348.

Kahneman, D., Knetsch, J. L. & Thaler, R. H. (1991): Anomalies: The endowment effect, loss aversion, and status quo bias. *The Journal of Economic Perspectives, 5(1)*, 193-206.

Kahneman, D., Slovic, P. & Tversky, A. (1982): *Judgment under uncertainty: Heuristics and biases.* Cambridge: Cambridge University Press.

Kahneman, D. & Tversky, A. (1972): Subjective probability: A judgment of representativeness. *Cognitive psychology, 3(3)*, 430-454.

Kahneman, D. & Tversky, A. (1973): On the psychology of prediction. *Psychological Review, 80(4)*, 237-251.

Kahneman, D. & Tversky, A. (1979): Prospect theory. *Econometrica, 47(2)*, 263-292.

Kahneman, D. & Tversky, A. (1982): On the study of statistical intuitions. *Cognition, 11(2)*, 123-141.

Katzell, R. A. & Thompson, D. E. (1990): Work motivation: Theory and practice. *American Psychologist, 45(2)*, 144-153.

Kemfert, C. (2003): *Märkte unter Strom: Die Folgen der Strommarktliberalisierung.* Studie der Universität Oldenburg der

Forschernachwuchsgruppe SPEED. Verfügbar unter: http://www.presse.uni-oldenburg.de/einblicke/38/3kemfert.pdf. Letzter Zugriff: 16.10.2012.

Kemp, S. (2007): Psychology and opposition to free trade. *World Trade Review, 6*, 25-44.

Kieselbach, T. (2003): Long-term unemployment among young people: the risk of social exclusion. *American Journal of Community Psychology, 32(1)*, 69-76.

Kirby, K. N. (1997): Bidding on the future: Evidence against normative discounting of delayed reward. *Journal of Experimental Psychology, 126(1)*, 54-70.

Kirchgässner, G. (1991): *Homo oeconomicus*. Tübingen: Mohr Siebeck.

Kirchgässner, G. (2008): *Homo oeconomicus*, (3. Auflage). Tübingen: Mohr Siebeck.

Kirchgässner, G. (2012): Sanfter Paternalismus, meritorische Güter und der normative Individualismus. *Discussion Paper No. 2012-17*. University of St. Gallen, School of Economics and Political Science.

Klump, R. & Wörsdörfer, M. (2009): Über die normativen Implikationen des Ordoliberalismus für die moderne Wirtschaftsethik. *Zeitschrift für Wirtschafts- und Unternehmensethik, 10(3)*, 322-340.

Knabe, A. (2005): „Erwerbstätigenfreibetrag und Kinderzuschlag: Adverse Arbeitsanreize bei Hartz IV ". *Sozialer Fortschritt, 9*, 220-226.

Kooreman, P. (2000): The labeling effect of a child benefit system. *American Economic Review, 90(3)*, 571-583.

Kraftfahrt-Bundesamt (2012): *Bestand an Personenkraftwagen in den Jahren 2003 bis 2012 nach Herkunftsländern*. Flensburg. Verfügbar unter: http://www.kba.de/nn_124384/DE/Statistik/ Fahrzeuge/Bestand/MarkenHersteller/b__mark __pkw__ zeitreihe.html. Letzter Zugriff: 12.09.2012.

Kubitscheck, J. (2011): Was Endzwanziger in die „Quarterlife-Crisis" treibt. *Die Welt*. Verfügbar unter: http://www.welt.de/wissenschaft/article13625896/Was-Endzwanziger-in-die-Quarterlife-Crisis-treibt.html. Letzter Zugriff: 22.06.2012.

Külp, B. & Vanberg, V. (Eds.) (2000): *Freiheit und wettbewerbliche Ordnung*. Freiburg, Berlin, München: Haufe Verlagsgruppe.

Kunda, Z. (1990): The case for motivated reasoning. *Psychological bulletin, 108(3)*, 480-498.

Laibson, D. (1998): Life-cycle consumption and hyperbolic discount functions. *European Economic Review, 42(3-5)*, 861-871.

Laibson, D., & Yariv, L. (2004): Safety in Markets: An Impossibility Theorem for Dutch Books. *Society for Economic Dynamics Meeting Paper, 867*.

Landeszentrale für politische Bildung Baden-Württemberg (2012): Klimaschutz weltweit. Verfügbar unter: http://www.lpb-bw.de/klimaschutz_weltweit.html. Letzter Zugriff: 18.03.2012.

Lange-von Kulessa, J. & Renner, A. (1998): Die soziale Marktwirtschaft Alfred Müller-Armacks und der Ordoliberalismus der Freiburger Schule – Zur Unvereinbarkeit zweier Staatsauffassungen. In: H. O. Lenel & A. Schüller (Eds.), *ORDO Jahrbuch für die Ordnung von Wirtschaft und Gesellschaft*, Vol. 49 (pp. 79-104). Stuttgart: Lucius & Lucius.

Lell, O. (2012): Klimaschutz aus Verbrauchersicht. *Wirtschaftsdienst, 92(13)*, 37-41.

Lenel, H. O. (1980): Bemerkungen zur ordnungstheoretischen Diskussion in den letzten vier Jahrzehnten. In: N. Goldschmidt & M. Wohlgemuth (Eds.), *Grundtexte zur Freiburger Tradition der Ordnungsökonomik* (pp. 323-346). Tübingen: Mohr Siebeck.

Leonard, R. J. (1995): From Parlor Games to Social Science: von Neumann, Morgenstern, and the Creation of Game Theory. *Journal of Economic Literature, 33*, 730-761.

Leprich, U. & Junker, A. (2010): Stromwatch 3: Energiekonzerne in Deutschland. *Kurzstudie im Auftrag der Bundesfraktion Bündnis 90/Die Grünen*. Verfügbar unter: http://www.htw-saarland.de/wiwi/fakultaet/personen/professoren/dozenten-h-o/junker/publikationen/stromwatch-3/. Letzter Zugriff: 03.11.2012.

Levin, I. P. & Gaeth, G. J. (1988): How consumers are affected by the framing of attribute information before and after consuming the product. *Journal of Consumer Research, 15(3)*, 374-378.

Levitt, S. D. & List, J. A. (2008): Homo economicus evolves. *Science, 319(5865)*, 909-910.

Liberman, N. & Trope, Y. (2004): Construal level theory of intertemporal judgement and decision. In: G. Lowenstein, D. Read & R. R. Baumeister (Eds.), *Time and decision. Economic and Psychological perspectives on intertemporal choices* (pp. 245-276). New York: Russel Sage Foundation.

Liebig, S. & Schupp, J. (2007): Gerechtigkeitsprobleme im Wohlfahrtsstaat: Besteuerung, wohlfahrtsstaatliche Transfers und die Gerechtigkeit des eigenen Erwerbseinkommens, *DIW Discussion Papers 690*.

Liem, R. & Rayman, P. (1982): Health and social costs of unemployment: Research and policy considerations. *American Psychologist, 37(10)*, 1116-1123.

Lindenberg, S. & Steg, L. (2007): Normative, gain and hedonic goal frames guiding environmental behavior. *Journal of Social Issues, 63(1)*, 117-137.

Lippl, B. (2003): *Sozialer Wandel, wohlfahrtsstaatliche Arrangements und Gerechtigkeitsäußerungen im internationalen Vergleich.* Verfügbar unter: http://edoc.hu-berlin.de/dissertationen/lippl-bodo-2003-09-23/PDF/Lippl.pdf. Dissertation. Letzter Zugriff: 05.05.2012.

Loewenstein, G., Brennan, T. & Volpp, K. G. (2007): Asymmetric paternalism to improve health behaviors. *JAMA: The Journal of the American Medical Association, 298(20)*, 2415-2417.

Loewenstein, G. & Haisley, E. C. (2007): The economist as therapist: methodological ramifications of'light'paternalism. In: A. Caplin & A. Schotter (Eds.), *The Foundations of Positive and Normative Economics* (pp. 210- 248). New York: Oxford University Press.

Loewenstein, G. & Thaler, R. H. (1989): Anomalies: Intertemporal Choice. *The Journal of Economic Perspectives, 3(4)*, 181-193.

Loewenstein, G. & Ubel, P. (14.07.2010): Economics behaving badly. *The New York Times.* Verfügbar unter: http://www.nytimes.com/2010/07/15/opinion/15loewenstein.html?_r=0. Letzter Zugriff: 06.06.2012.

Lotz, S. & Fetchenhauer, D. (2012): Lifting the veil of ignorance in distributive justice – Evidence from a welfare state game. *Wirtschaftspsychologie, 2*, 74-80.

Lunn, P. & Duffy, D. (2010): The Euro Through the Looking-Glass: Perceived Inflation Following the 2002 Currency Changeover. *ESRI Working Paper 338.*

Machlup, F. (1960): *Der Wettstreit zwischen Mikro- und Makrotheorien der Nationalökonomie.* Tübingen: Mohr Siebeck.

Madrian, B. C. & Shea, D. F. (2001): The power of suggestion: Inertia in 401 (k) participation and savings behavior. *Quarterly Journal of Economics 66(4)*, 1149-1188.

Maier, K. F. (1950): Das Verlangen nach sozialer Sicherheit. In: N. Goldschmidt & M. Wohlgemuth (Eds.), *Grundtexte zur Freiburger Tradition der Ordnungsökonomik* (pp. 179-190). Tübingen: Mohr Siebeck.

Malhotra, D. & Bazerman, M. H. (2008): *Negotiation Genius.* New York: Bantam Books.

Manstetten, R. (2000): *Das Menschenbild der Ökonomie: der homo oeconomicus und die Anthropologie von Adam Smith.* München: Alber Thesen.

Marlowe, F. W., Berbesque, J. C., Barr, A., Barrett, C., Bolyanatz, A., Cardenas, J. C. et al. (2008): More 'altruistic' punishment in larger societies. *Proceedings of the Royal Society B: Biological Sciences, 275(1634)*, 587-592.

Martino de, B., Kumaran, D., Seymour, B. & Dolan, R. J. (2006): Frames, biases, and rational decision-making in the human brain. *Science, 313(5787)*, 684-687.

Medvec, V. H., Madey, S. F. & Gilovich, T. (1995): When less is more: Counterfactual thinking and satisfaction among Olympic medalists. *Journal of personality and social psychology, 69(4)*, 603-610.

Meier, G. (2012): *Alternativen zur kostendeckenden Einspeisevergütung.* Basel: Energie Zukunft Schweiz.

Mikula, G., Scherer, K. R. & Athenstaedt, U. (1998): The role of injustice in the elicitation of differential emotional reactions. *Personality and Social Psychology Bulletin, 24(7)*, 769-783.

Mill, J. S. (Ed.) (1974): *The Collected Works of John Stuart Mill Volume VIII – A System of Logic Ratiocinative and Inductive, Being a Connected View of the Principles of Evidence and the Methods of Scientific Investigation* (Vol. Books IV-VI and Appendices). Toronto, London: University of Toronto Press, Routledge and Kegan Paul.

Monopolkommission (2011): *Energie 2011: Wettbewerbsentwicklung mit Licht und Schatten*. Bonn.

Moser, K. (2007): *Wirtschaftspsychologie*. Heidelberg: Springer Medizin Verlag.

Müller-Armack, A. (1956): Soziale Marktwirtschaft. In: E. von Beckrath et al. (Eds.), *Handwörterbuch der Sozialwissenschaften, Bd. 9* (pp. 390-392). Bern, Stuttgart: Haupt.

Neumann von, J. & Morgenstern, O. (1947): *Theory of Games and Economic Behaviour*. Princeton: Princeton University Press.

Nicholls, J. G. (1984). Achievement motivation: Conceptions of ability, subjective experience, task choice, and performance. *Psychological Review, 91(3)*, 328-346.

Nickerson, R. S. (1998): Confirmation bias: A ubiquitous phenomenon in many guises. *Review of General Psychology, 2(2)*, 175-220.

Northcraft, G. B. & Neale, M. A. (1987): Experts, Amateurs, and Real Estate: An Anchoring-and-Adjustment Perspective on Property Pricing Decisions. *Organizational Behavior and Human Decision Processes, 39(1)*, 84-97.

Ockenfels, A. (1999): *Fairneß, Reziprozität und Eigennutz: Ökonomische Theorie und experimentelle Evidenz*. Tübingen: Mohr Siebeck.

Ockenfels, A. & Raub, W. (2010): Altruismus, Egoismus, Reziprozität. *Kölner Zeitschrift für Soziologie und Sozialpsychologie, Sonderheft 50 „Soziologische Theorie kontrovers"*, 119-136.

Oehler, A. & Reisch, L. (2008): Behavioral Economics – eine neue Grundlage für die Verbraucherpolitik. *Studie im Auftrag der Verbraucherzentrale Bundesverband.* Verfügbar unter:

http://www.vzbv.de/mediapics/studie_behavioral_economics_12_200
8.pdf. Letzter Zugriff: 17.07.2011.

Okechuku, C. (1994): The importance of product country of origin:
A conjoint analysis of the United States, Canada, Germany, and the
Netherlands. *European Journal of Marketing, 28(4)*, 5-19.

Oschmiansky, F., Kull, S. & Schmid, G. (2001): *Faule Arbeitslose?*
Politische Konjunkturen einer Debatte. Berlin: Wissenschaftszentrum
Berlin für Sozialforschung.

Oswald, A. J. (1997): Happiness and Economic Performance.
The Economic Journal, 107(445), 1815-1831.

Oswald, W. (Ed.) (2001): *Wirtschaftsmacht und Wirtschaftsordnung.*
Londoner Vorträge zur Wirtschaftspolitik und zwei Beiträge zur
Antimonopolpolitik. Münster, Hamburg, London: LIT Verlag.

Overtveldt van, J. (2007): *The Chicago School: How the University of*
Chicago assembled the Thinkers Who Revolutionized Economics and
Business. Chicago: Agate.

Paul, K. I. & Moser, K. (2009): Unemployment impairs mental health:
Meta-analyses. *Journal of Vocational Behavior, 74(3)*, 264-282.

Pies, I. (2001): *Eucken und von Hayek im Vergleich.* Tübingen: Mohr
Siebeck.

Plickert, P. (2008): *Wandlungen des Neoliberalismus. Eine Studie zu*
Entwicklung und Ausstrahlung der „Mont Pelerin Society". Stuttgart:
Lucius & Lucius.

Priddat, B. P. (1998): Moral Based Rational Man. In: N. Brieskorn &
J. Wallacher (Eds.), *Homo oeconomicus: Der Mensch der Zukunft?*
(pp. 1-46). Stuttgart, Berlin, Köln: W. Kohlhammer.

Ptak, R. (2004): *Vom Ordoliberalismus zur sozialen Marktwirtschaft.*
Stationen des Neoliberalismus in Deutschland. Opladen:
Leske+Budrich.

Quervain de, D. J. F., Fischbacher, U., Treyer, V., Schellhammer, M.,
Schnyder, U., Buck, A. et al. (2004): The neural basis of altruistic
punishment. *Science, 305(5688)*, 1254-1258.

Rabinovich, A. & Webley, P. (2007): Filling the gap between planning and doing: Psychological factors involved in the successful implementation of saving intention. *Journal of Economic Psychology, 28*, 444-461.

Ranyard, R., Missier, F. D., Bonini, N., Duxbury, D. & Summers, B. (2008): Perceptions and expectations of price changes and inflation: A review and conceptual framework. *Journal of Economic Psychology, 29(4)*, 378-400.

Rawls, J. (1971): *Eine Theorie der Gerechtigkeit.* Frankfurt am Main: Suhrkamp.

Reisch, A. & Oehler, A. (2009): Behavioral Economics: Eine neue Grundlage für die Verbraucherpolitik? *Vierteljahreshefte zur Wirtschaftsforschung, 78(3)*, 30-43.

Reuters (02.11.2011): Renommierter Psychologe gesteht Fälschungen. *Spiegel online.* Verfügbar unter: http://www.spiegel.de/wissenschaft/mensch/0,1518,795476,00.html. Letzter Zugriff: 13.11.2011.

Rheinberg, F., Manig, Y., Kliegl, R., Engeser, S. & Vollmeyer, R. (2007): Flow bei der Arbeit, doch Glück in der Freizeit. *Zeitschrift für Arbeits-und Organisationspsychologie A&O, 51(3)*, 105-115.

Rizzo, M. J. & Whitman, D. G. (2009): Little Brother Is Watching You: New Paternalism on the Slippery Slopes. *Arizona Law Review, 51(3)*, 685-739.

Robert Koch Institut (2007): *Übergewicht und Adipositas in Deutschland.* Berlin.

Robert Koch Institut (2011): *Daten und Fakten: Ergebnisse der Studie Gesundheit in Deutschland aktuell 2009.* Berlin.

Rolle, R. (2005): *Homo Oeconomicus.* Würzburg: Königshausen & Neumann.

Röpke, W. (1962): *Wirrnis und Wahrheit, Ausgewählte Aufsätze.* Erlenbach-Zürich, Stuttgart: Rentsch Verlag.

Roth, S. J. (2006): *VWL für Einsteiger.* Stuttgart: Lucius & Lucius

Rubin, P. H. (2003): Folk economics. *Southern Economic Journal, 70(1)*, 157-171.

Ruff, L., Volmer, T., Nowak, D. & Meyer, A. (2000): The economic impact of smoking in Germany. *European Respiratory Journal, 16(3)*, 385-390.

Rüstow, A. (1960[1963]): Wirtschaft als Dienerin der Menschlichkeit. In: W. Hoch (Ed.), *Alexander Rüstow – Rede und Antwort* (pp. 76-91). Ludwigsburg.

Samuelson, W. & Zeckhauser, R. (1988): Status quo bias in decision making. *Journal of Risk and Uncertainty, 1(1)*, 7-59.

Schallberger, U. & Pfister, R. (2001): Flow-Erleben in Arbeit und Freizeit. *Zeitschrift für Arbeits-und Organisationspsychologie, 45(4)*, 176-187.

Schelling, T. C. (1984): Self-command in practice, in policy, and in a theory of rational choice. *The American Economic Review, 74(2)*, 1-11.

Schleich, J., Klobasa, M., Brunner, M., Gölz, S., Götz, K. & Sunderer, G. (2011): *Smart metering in Germany and Austria – results of providing feedback information in a field trial.* Karlsruhe: Frauenhofer ISI.

Schlicht, E. (2003): Der homo oeconomicus unter experimentellem Beschuß. In: M. Held, G. Kubon-Gilke & R. Sturn (Eds.), *Experimentelle Ökonomik, Jahrbuch Normative und institutionelle Grundfragen der Ökonomik* (pp. 291-330). Marburg: Metropolis.

Schnellenbach, J. (2011): Wohlwollendes Anschubsen: Was ist mit liberalem Paternalismus zu erreichen und was sind seine Nebenwirkungen? *Perspektiven der Wirtschaftspolitik, 12*, 445-459.

Schnellenbach, J. (2012): Nudges and norms: On the political economy of soft paternalism. *European Journal of Political Economy, 28(2)*, 266-277.

Schober, K. (1987): Die soziale und psychische Lage arbeitsloser Jugendlicher. *Mitteilungen aus der Arbeitsmarkt- und Berufsforschung, 20(4)*, 453-478.

Schoenheit, I. & Schudak, A. (2012): *Zunehmende Größenvielfalt von Fertigpackungen und ihre Folgen aus Verbrauchersicht*. Berlin: Deutsches Institut für Normung.

Schüller, A. & Krüsselberg, H. G. (Eds.) (2004): *Grundbegriffe zur Ordnungstheorie und Politischen Ökonomik, Vol. 6*. Marburg: Marburger Gesellschaft für Ordnungsfragen der Wirtschaft.

Schultz, P. W., Nolan, J. M., Cialdini, R. B., Goldstein, N. J. & Griskevicius, V. (2007): The constructive, destructive, and reconstructive power of social norms. *Psychological Science, 18(5)*, 429-434.

Schwartz, A. (2008): How much irrationality does the market permit? *The Journal of Legal Studies, 37(1)*, 130-159.

Schwartz, B. (2009): *Anleitung zur Unzufriedenheit. Warum weniger glücklicher macht*. Berlin: Ullstein.

Schwartz, B., Ward, A., Monterosso, J., Lyubomirsky, S., White, K. & Lehman, D. R. (2002): Maximizing versus satisficing: Happiness is a matter of choice. *Journal of personality and social psychology, 83(5)*, 1178-1197.

Shafir, E., Diamond, P. & Tversky, A. (1997): Money illusion. *The quarterly journal of economics, 112(2)*, 341-374.

Shafir, E., Simonson, I. & Tversky, A. (2006): A behavioural perspective on consumer protection. *Competition and Consumer Law Journal, 15*, 302–317.

Shefrin, H. M. & Thaler, R. H. (1988): The Behavioral Life-Cycle Hypothesis. *Economic Inquiry, 26(4)*, 609-643.

Shields, M., Price, W. S. & Wooden, M. (2009): Life satisfaction and the economic and social characteristics of neighbourhoods. *Journal of Population Economy, 22*, 421-443.

Shiller, R. J. (2003): From efficient markets theory to behavioral finance. *The Journal of Economic Perspectives, 17(1)*, 83-104.

Shin, J. & Ariely, D. (2004): Keeping doors open: The effect of unavailability on incentives to keep options viable. *Management Science, 40*, 575-586.

Shleifer, A. (2000): *Inefficient markets: An introduction to behavioral finance.* Oxford: Oxford University Press, USA.

Shleifer, A. (2004): Does competition destroy ethical behavior? *Working Paper,* Harvard University.

Shore, L. M. F. & Martin, H. J. (1989): Job satisfaction and organizational commitment in relation to work performance and turnover intentions. *Human Relations, 42(7),* 625-638.

Simon, H. A. (1955): A behavioral model of rational choice. *The quarterly journal of economics, 69(1),* 99-118.

Sliwka, D. (2006): Trust as a signal of a social norm and the hidden costs of incentive schemes. *IZA Discussion Paper 2293.*

Slovik, P., Kunreuther, H. & Gilbert, F. W. (1974): *Decision Processes, Rationality, and Adjustment to Natural Hazards.* New York: Oxford University Press.

Smith, A. (1966 (1759)): *The Theory of Moral Sentiments.* New York: Kelley.

Smith, A. (1996 [1789]): *Der Wohlstand der Nationen.* München: Deutscher Taschenbuch Verlag GmbH & Co.KG.

Smyth, R. & Qian, X. (2008): Inequality and happiness in urban China. *Economics Bulletin, 4(23),* 1-10.

Spiegel online (27.04.2011): Familienpolitik floppt trotz Staatsknete. *Spiegel online.* Verfügbar unter: http://www.spiegel.de/ politik/deutschland/0,1518,759234,00.html. Letzter Zugriff: 21.02.2012.

Spiegel online (06.09.2012): Mehr junge Menschen schlittern in die Pleite. *Spiegel online.* Verfügbar unter: http:// www.spiegel.de/unispiegel/jobundberuf/insolvenz-unter-jugend lichen-zahl-der-pleite-faelle-steigt-a-854334.html. Letzter Zugriff: 27.09.2012.

Sraffa, P. (Ed.) (1962): *The Works and Correspondence of David Ricardo, Vol. 3.* Cambridge: Cambridge University Press.

Statistisches Bundesamt (2002): *Sechs Monate Euro - Eine Zwischenbilanz der amtlichen Preisstatistik.* Wiesbaden.

Statistisches Bundesamt (2011): *Private Haushalte – Einkommen, Ausgaben, Ausstattung.* Wiesbaden.

Statistisches Bundesamt (2012a): *Alter im Wandel – Ältere Menschen in Deutschland und der EU.* Wiesbaden.

Statistisches Bundesamt (2012b): *Preise und Preisindizes für Nachrichtenübermittlung.* Wiesbaden.

Stavrova, O., Schlösser, T. & Fetchenhauer, D. (2011): Are the unemployed equally unhappy all around the world? The role of the social norms to work and welfare state provision in 28 OECD countries. *Journal of Economic Psychology, 32(1)*, 159-171.

Storbeck, O. (31.01.2011): Das Problem der Schere zwischen Arm und Reich. *Handelsblatt.* Verfügbar unter: http://www.handelsblatt.com/politik/oekonomie/nachrichten/das-problem-der-schere-zwischen-arm-und-reich/3820264. html?p3820264=all. Letzter Zugriff: 05.04.2012.

Strack, F. & Mussweiler, T. (1997): Explaining the enigmatic anchoring effect: Mechanisms of selective accessibility. *Journal of personality and social psychology, 73(3)*, 437-446.

Streit, M. E. & Wohlgemuth, M. (2000): Walter Eucken und Friedrich A. von Hayek: Initiatoren der Ordnungsökonomik. In: B. Külp, V. Vanberg (Ed.), *Freiheit und wettbewerbliche Ordnung* (pp. 461-498). Freiburg, Berlin, München: Haufe Verlagsgruppe.

Strotz, R. H. (1955): Myopia and Inconsistency in Dynamic Utility Maximization. *The Review of Economic Studies, 23(3)*, 165-180.

Stumberger, R. (25.02.2010): Der ewige »Florida-Rolf«. *Neues Deutschland.* Verfügbar unter: http://www.neues-deutschland.de/artikel/165861.der-ewige-florida-rolf.html. Letzter Zugriff: 23.07.2011.

Süddeutsche Zeitung (06.04.2012): Streit um Schweizer Steuerabkommen. *Süddeutsche Zeitung.* Verfügbar unter: http://www.sueddeutsche.de/politik/2.220/streit-um-schweizer - steuerabkommen-schaeuble-wirft-opposition-billige-polemik-vor - 1.1327132. Letzter Zugriff: 07.09.2012.

Sugarman, D. B. (1986): Active Versus Passive Euthanasia: An Attributional Analysis. *Journal of Applied Social Psychology, 16(1)*, 60-76.

Susewind, M. & Hoelzl, E. (2012): Feel the Moral Weight on Your Shoulders – How Material Objects are Experienced as Heavier or Lighter through Moral Meaning. *Working Paper.*

Susewind, M. & Hoelzl, E. (2011): When moral consumption makes people better or makes people worse – opposing impacts of positive self-signals through consumption. Paper präsentiert bei *The IAREP/SABE/ICABEEP 2011 Conference*, Exeter, Great Britain.

Svedsäter, H., Gamble, A. & Gärling, T. (2007): Money illusion in intuitive financial judgments: Influences of nominal representation of share prices. *The Journal of Socio-Economics, 36(5)*, 698-712.

Swim, J., Claytin, S., Doherty, T., Gifford, R., Howard, G., Reser, J. et al. (2009): *Psychology and Global Climate Change: Addressing a Multifaceted Phenomenon and Set of Challenges.* Washington D.C.: American Psychological Association´s Task Force on the Interface between Psychology and Global Change. Verfügbar unter: http://www.apa.org/science/about/publications/climate -change.aspx. Letzter Zugriff: 05.05.2011.

Taylor, P., Funk, C. & Clark, A. (2007): *We Try Hard. We Fall Short. Americans Assess Their Saving Habits.* Washington D.C.: Pew Research Center.

Thaler, R. H. (1990): Anomalies: Saving, Fungibility, and Mental Accounts. *The Journal of Economic Perspectives, 4(1)*, 193-205.

Thaler, R. H. & Shefrin, H. M. (1981): An Economic Theory of Self-Control. *The Journal of Political Economy, 89(2)*, 392-406.

Thaler, R. H. & Sunstein, C. R. (2003): Libertarian paternalism. *The American Economic Review, 93(2)*, 175-179.

Thaler, R. H. & Sunstein, C. R. (2009): *Nudge. Wie man kluge Entscheidungen anstößt.* Berlin: Econ.

Thorndike, E. L. (1932): *The fundamentals of learning.* New York: Teachers College Bureau of Publications.

Thorun, C. (2010): *Was Verbraucherpolitik von der Verhaltensökonomik lernen kann – ein Blick ins Ausland.* Bonn: Friedrich Ebert Stiftung.

Tietzel, M. (1981): Die Rationalitätsannahme in den Wirtschaftswissenschaften oder Der homo oeconomicus und seine Verwandten. *Jahrbuch für Sozialwissenschaft, Vol. 32* (pp. 115-138).

Tigges, C. (23.04.2008): Kreditkartenschulden auf Rekordniveau. *Frankfurter Allgemeine Zeitung.* Verfügbar unter: http://www.faz.net/aktuell/wirtschaft/amerikanischer-konsumkreditkartenschulden-auf-rekordniveau-1544889.html. Letzter Zugriff: 04.07.2012.

TNS Infratest (2009): *Wechselverhalten, Bedeutung der Marke und Kundenbindung im Strommarkt.* München.

TNS Infratest (2011): *Spendenmonitor.* München.

Tobin, J. (1972): Inflation and Unemployment. *American Economic Review, 62(1),* 1-18.

Traut-Mattausch, E., Schulz-Hardt, S., Greitemeyer, T. & Frey, D. (2004): Expectancy confirmation in spite of disconfirming evidence: The case of price increases due to the introduction of the Euro. *European Journal of Social Psychology, 34(6),* 739-760.

Trivers, R. L. (1971): Evolution of Reciprocal Altruism. *Quarterly Review of Biology, 46(1),* 35-57.

Tversky, A. & Kahneman, D. (1973): Availability: a heuristic for judging frequency and probability. *Cognitive psychology, 5(2),* 207-232.

Tversky, A. & Kahneman, D. (1974): Judgment under uncertainty: Heuristics and biases. *Science, 185(4157),* 1124-1131.

Tversky, A. & Kahneman, D. (1981): The framing of decisions and the psychology of choice. *Science, 211(4481),* 453-458.

Tversky, A. & Kahneman, D. (1992): Advances in prospect theory: Cumulative representation of uncertainty. *Journal of Risk and Uncertainty, 5,* 297–323.

Tyran, J.-R. (2007): Money illusion and the market. *Science, 317(5841),* 1042-1043.

Ulrich, B. & Wefing, H. (17.02.2011): Interview mit Christian Lindner. *Die ZEIT*, 10-11.

Vanberg, V. (2003): Friedrich A. Hayek und die Freiburger Schule. In: H. Lenel et al. (Eds.), *ORDO Jahrbuch für die Ordnung von Wirtschaft und Gesellschaft*, Vol. 54 (pp. 3-20). Stuttgart: Lucius & Lucius.

Vanberg, V. J. (2005): Das Paradoxon der Marktwirtschaft: Die Verfassung des Marktes und das Problem der „sozialen Sicherheit". *Freiburger Diskussionspapiere zur Ordnungsökonomik, 5(5)*.

Vanberg, V. J. (2011): The Freiburg School: Walter Eucken and Ordoliberalism. *Freiburg Discussion Papers on Constitutional Economics, 4(11)*.

Verbraucherzentrale (2011): *Beratungsprotokolle: Besserer Schutz für Anleger.* Verfügbar unter: http://www.vz-nrw.de/UNIQ13351 8173325215/link656761A.html. Letzter Zugriff: 01.11.2011.

Verlegh, P. W. J. & Steenkamp, J. B. E. M. (1999): A review and meta-analysis of country-of-origin research. *Journal of Economic Psychology, 20(5)*, 521-546.

Wärneryd, K.-E. (1989): On the psychology of saving: An essay on economic behavior. *Journal of Economic Psychology, 10(4)*, 515-541.

Webley, P. & Nyhus, E. K. (2006): Parents´ influence on children´s future orientation and saving. *Journal of Economic Psychology, 27*, 140-164.

Welt (26.09.2012): Steinbrücks Bankenpläne entzücken die SPD. *Die Welt.* Verfügbar unter: http://www.welt.de/politik/deutschland/article 109468452/Steinbruecks-Bankenplaene-entzuecken-die-SPD.html. Letzter Zugriff: 13.10.2012.

Wickert, U. (2011): *Redet Geld, schweigt die Welt.* Hamburg: Hoffmann und Campe.

Wilner, A. & Robbins, A. (2003): *Quarterlife Crisis: Die Sinnkrise der Mittzwanziger.* München: Ullstein Verlag.

Winkelmann, L. & Winkelmann, R. (1998): Why are the unemployed so unhappy? Evidence from panel data. *Economica, 65(257)*, 1-15.

Wirtschaftswoche (30.04.2008): Werden Millionen von Versicherungskunden abgezockt? *Wirtschaftswoche*. Verfügbar unter: http://www.wiwo.de/unternehmen/provisionsabhaen giger-verkauf-werden-millionen-von-versicherungskunden-abge zockt-seite-2/5140996-2.htm. Letzter Zugriff: 08.01.2012.

Wu, X., Perloff, J. M. & Golan, A. (2002): Effects of government policies on income distribution and welfare. UC Berkely, Department of Agricultural and Resource Economics. Verfügbar unter: http://escholarship.org/uc/item/74r4h1fc. Letzter Zugriff: 15.09.2011.

ZEIT online (10.06.2012a): Jeder vierte Deutsche ist fettleibig. Verfügbar unter: http://www.zeit.de/wissen/gesundheit/ 2012-06/gesundheitssurvey-fettleibigkeit. Letzter Zugriff: 20.07.2012.

ZEIT online (22.09.2012b): Steinbrück stellt sich gegen Bankenhilfen aus ESM. Verfügbar unter: http://www.zeit.de/wirtschaft/2012-09/steinbrueck-banken-esm. Letzter Zugriff: 30.10.2012.

Gesellschaftspolitische Schriftenreihe der Begabtenförderung der Konrad-Adenauer-Stiftung e. V.

hrsg. von Prof. Dr. Armin Dittmann (Universität Hohenheim), Prof. Dr. Dr. Wolf D. Gruner (Universität Rostock), Prof. Dr. Oliver Jahraus (Universität München), Prof. Dr. Beate Neuss (Universität Chemnitz), Prof. Dr. Günther Rüther (Konrad-Adenauer-Stiftung)

Nicole Weisheit-Zenz
Öffentliche Meinung im Dienste des Regimes?
Soziale Kontrolle und ‚Opposition' in der DDR in den letzten Jahren ihres Bestehens
Wie nutzte das DDR-Regime Mechanismen öffentlicher Meinung zur sozialen Kontrolle und Stabilisierung seiner Herrschaft? Das vielfältige Spektrum der in dieser Studie untersuchten Mittel reicht von Medienlenkung und Propaganda über die Sozialisation der Bürger bis hin zu den Maßnahmen der Staatssicherheit. Andererseits: Wie gelang es den Bürgerinnen und Bürgern in den letzten Jahren des SED-Staats mehr und mehr Einfluss auf die öffentliche Meinung zu nehmen und sie gegen das Regime und seine Repräsentanten zu mobilisieren? Welche Rolle spielten neben den Aktionen von Oppositionellen und Demonstrationen die Möglichkeiten einer kritischen verbalen und schriftlichen Kommunikation auf unterschiedlichsten Ebenen?
Bd. 4, 2010, 536 S., 44,90 €, br., ISBN 978-3-643-10716-9

Maria Elisabeth Rotter
Faktor Bürokratie
Der Einfluss bürokratischer Politik auf deutsche und amerikanische Demokratieförderung in Polen und der Ukraine
Bd. 5, 2011, 392 S., 39,90 €, br., ISBN 978-3-643-11439-6

LIT Verlag Berlin – Münster – Wien – Zürich – London
Auslieferung Deutschland / Österreich / Schweiz: siehe Impressumsseite